中华古玩艺术

杨昆宁 著

中 华 古 玩 艺 术

「中华古玩艺术」将古玩所涉及的内容进一步理论化、系统化，从陶器、瓷器、紫砂壶、玉器、青铜器、古币、书画、杂项等二十多个方面，分门别类地介绍了各类古玩器物的人文历史、工艺美术及鉴别、辨伪等方面的知识，几乎涉及中华古玩的各个领域，既充分地把握了明确的系统性，又解决了物与史的结合。

云南大学出版社
Yunnan University Press

图书在版编目（CIP）数据

　　中华古玩艺术 / 杨昆宁著. 一昆明：云南大学出版社，2010
　　ISBN 978-7-5482-0276-9

　　Ⅰ．①中… Ⅱ.①杨… Ⅲ.①古玩—研究—中国
Ⅳ.①K87

中国版本图书馆CIP数据核字（2010）第219307号

策划编辑：张丽华
责任编辑：张丽华
　　　　　李　红
装帧设计：刘　雨

中华古玩艺术
古玩
Chinese Antique Art

杨昆宁　著

出版发行：云南大学出版社
制　　版：昆明雅昌图文信息技术有限公司
印　　装：昆明富新春彩色印务有限公司
开　　本：787mm×1092mm　1/16
印　　张：32.75
字　　数：537千
版　　次：2011年4月第1版
印　　次：2011年4月第1次印刷
书　　号：ISBN 978-7-5482-0276-9
定　　价：198.00元

社　　址：昆明市翠湖北路2号云南大学英华园内
邮　　编：650091
电　　话：（0871）5033244　5031071
网　　址：http://www.ynup.com
E-mail：market@ynup.com

自 序

　　写完了《中华古玩艺术》后，再写本书的自序时，颇感踟蹰。老实说，前几年虽出版了两本艺术类的书，但都是茶文化艺术，或茶品包装设计门类的。而真正涉及古玩艺术文化，论其工艺美术和设计艺术方面的专著，这还是第一本。

　　器里乾坤，盛世收藏。近年来，赏玩古董字画，青铜瓷器，文房四宝，方兴未艾，市井收藏，蔚然成风。撰写此书前，我曾参阅了一些古玩收藏与鉴定、工艺美术史及设计艺术方面的书籍，从古玩门类的实际出发，认真学习了前人的研究成果，发现国内论述古玩的书籍和文献，归纳起来，不外乎这么几类：一类为工具书，专门为读者查考古玩器物的类别、源流、形制、年代、评价及鉴别、辨伪而编纂的专业书籍、辞典、手册、年鉴、百科全书等，如《中国艺术品收藏鉴赏百科》、《工艺美术辞典》、《古玩手册》，该类书籍注重考古记事，鉴别与辨伪；另一类为教科书，专门从中国古代艺术的历史沿革，及美术思想、工艺设计等学科系统的脉络出发，为艺术类学生教学和古玩爱好者、收藏者、古玩商自学需要而编写的书籍，如《中国工艺美术史》、《中国雕塑史》、《中国设计艺术史纲》等，该类书籍注重学科论述、审美分析和工艺技法阐述。还有一类为文史书，在专门论述中国文化史的基础上，从精神文化、物质文化、政治文化、审美文化、民俗文化、器物文化的层面，概而论之，阐述中国古玩在不同历史时期的文化渊源和艺术思想，如《中国通史》、《中国文化史》、《中国文化概论》等，该类书籍注重文化材料，是一类专门研究中国历史文化的理论书籍。

　　我不是一个古玩商、鉴古家、藏友，更不是文物学者和考古专家。

平素我专门做哲学的学问，在课堂上讲授哲学的课程。闲暇时，研究点儿艺术哲学的问题，喜好量力而行，收藏一些古玩杂器的玩艺儿。坦率地讲，我只能算是一个业余的，雅喜赏玩收藏，谈艺论古，对古玩艺术品有着浓厚兴趣的"准"学者或藏家。我深信，研究哲学的人如果不学点历史、文学、艺术、美学，懂得一些考古记事、古玩艺术品鉴赏知识，那会是一个更大的欠缺。所以，这些年我仿效痴古玩人，涉足古玩领域，研究中国古代艺术文化。我虽称不上是地道的鉴古专家，但还是获得了一些古玩方面的心得体会。鉴于现状，知彼知己，凭借自己所掌握的古玩各门类的学科知识，先试着出一本这方面的专著，只当作引玉之砖，就起名叫

明、清时期的"皇城北京"

《中华古玩艺术》吧。

　　《中华古玩艺术》将古玩所涉及的内容进一步理论化、系统化，从陶器、瓷器、紫砂壶、玉器、青铜器、古币、书画、杂项等二十多个方面，分门别类地介绍了各类古玩器物的人文历史、工艺美术及鉴别、辨伪等方面的知识，几乎涉及了中华古玩的各个领域，既充分地把握了明确的系统性，又解决了物与史的结合。在学术上，我在博采众长的基础上，力图有所前进。本书第一章：中华古玩艺术思想，首次提出了"古玩"中的哲学思想、美学理论、设计艺术等新观点，并从不同角度去探索古玩与社会、哲学、美学、艺术以及科学文化的内在联系，从而做到

历史与逻辑的统一，这是一种大胆的尝试。以下各章分别沿着时代的气息和历史发展脉络，贯串历史学、文化学、民俗学、工艺美术史和设计艺术及民族审美的思想材料，从不同视角来阐述古玩艺术品，纂述中华古玩的历史沿革和发展，分析工艺美术特色，强调中华古玩审美理论的民族特点和普遍意义，为弘扬中华五千年灿烂文化做一点微薄的贡献。

《中华古玩艺术》的另一个突出的特点是重视史料，坚持以史料为基础，由史论物，物从史出，史中有论，史论结合。按历史观、文化学和工艺史的本来面目，诠释器里乾坤，阐述工艺美术思想，点评古玩工艺美术元素，分析古玩设计艺术思想，最后再总结出古玩的收藏与鉴定方法，有一定的鉴赏性、资料性和收藏性。本书意欲步武前人，推陈出新。选目称谓是否得当，尚祈读者指正。

目 录 Contents

目　录　Contents

目 录 Contents

目　录　Contents

目 录　Contents

第一章　　中华古玩艺术思想

第一节　　古玩的概念与分类

一、何为"中华"

"中华"，古代称黄河流域一带为中华，是汉族最初兴起的地方，后来借称"中国"。上古时的华夏族（汉族古称），始建于黄河流域，因自认为居天下之中央，而将周边地区称为四方，故称中国。《诗经·大雅·生民之什》载："民亦劳止，汔可小康。惠此中国，以绥四方。"《庄子·田子方》载："吾中国之君子，明乎礼义而陋于知人心。"可见，"中国"是一个地域性概念。中国亦称中华，中华之"华"含有文采、精粹、光辉之义，意谓文化之发达。元王元亮在《唐律疏议》释文中称："中华者，中国也。亲被王教，自属中国，衣冠威仪，习俗孝悌，居身礼仪，故谓中华。"华夏民族在其发展壮大的过程中，与周边少数民族彼此交往、相互融合，使得华夏族的范围不断扩大，逐渐形成华夏文化。在漫长的历史进程中，中国境内各民族之间的联系纽带更加牢固，民族共同体诸要素（共同语言、共同地域、共同经济生活以及表现于共同文化上的共同心理素质）更趋完备，中国文化本身亦更趋成熟。进入近代以后，"中华民族"开始成为中国境内诸民族的共同称谓，中国人具备了更为自觉的民族观念。

"中华"之得名，由来已久。"中"，意谓居四方之中。"华"，本义为文采、精粹、光辉，用以族名，蕴涵文化发达之义。中华民族是中国文化的创造主体，传承千载文明，恢弘中华五千年灿烂文化。

二、何为"古玩"

"古玩"一词，在中国语言系统中并非古已有之。它以文字的形式出现最早是在明代，见于明董其昌《骨董十三说》一书中。"古玩"的本义，明代指杂古器物，明晓古人所遗之精华。古玩还与食品有关。民国人文学大师赵汝珍在《赵汝珍讲古玩》一书中这

"中华古玩艺术"将古玩所涉及的内容进一步理论化、系统化，从陶器、瓷器、青铜器、古币、书画、器皿等二十多个方面，分门别类地介绍了各类古器物的人文历史、工艺美术及鉴別仿伪等方面的几种伪等方面的各个领域，既充分地撷取了平淡及中华古玩的各个领域，既充分地撷取了明晰的系统性，又解决了物与史的结合。

样写道："古玩旧称'骨董'，零杂之义也。"董其昌《骨董十三说》谓："杂古器物不类者为类，名'骨董'。故以食品杂烹之，曰'骨董羹'；杂埋饭中蒸之，曰'骨董饭'。又谓'骨'者，所存过去之精华，如肉腐而骨存也；'董'者，明晓也。'骨董'云者，即明晓古人所遗之精华也。或者又谓'骨董'云者，即古铜之转音。"董其昌这位明代晚期著名书画家、松江画派鼻祖在上述对"古玩"的解释中，真令我们有几分晦涩难懂之感。接着，赵汝珍在书中又对"古玩"作了结论性的论述："所谓古玩者，即古代遗存珍奇物品之统称。"

换而言之，我们今天对"古玩"一词的解释，已经不那么八股味了，更加直白易懂，一目了然。《现代汉语词典》中解释："古玩，亦古董。'古董'，又称骨董，是古人留下来的器物，可供了解古代文化的参考。"确切地说，古玩是什么？不是老的玩意儿都是古玩，也不是所有的文物就是古董，但所有的文物就是古玩。古玩是不同历史时代的物质文化遗存，具有一定的文化内涵和较高的艺术装饰水准的器物。如陶器、瓷器、青铜器、古币、玉器、器皿、书画等各种艺术品。它具有历史性、人文性、艺术性、工艺性、珍奇性、材料性和文玩性等。总而言之，古玩就是老祖宗给我们留下来的文化遗产及珍奇物品。它是人类文明和历史变革的缩影，融合了文化学、历史学、科技史学、方志学、金石学、博物学、鉴定学、工艺学、设计美学等众多学科的知识内涵，且经过了历朝历代的起伏变迁及历史的演变。它能遗存至今，正是因为古董既是文化遗产、珍奇物品，又可为茶余饭后的一种文玩之物、藏玩之品。千百年来，古董玩意儿，依然不衰，盛世收藏，成为时尚。它无穷的魅力与独到的乐趣，就在于古董藏玩。不玩者，文物也；玩者，古董也。

三、古玩的价值

古玩属于艺术的范畴，是一种社会意识形态的东西，受到上层建筑和经济基础的制约。因为"支配着物质生产资料的阶级，同时也支配着精神生产的资料"（马克思、恩格斯《共产党宣言》）。如两宋的山水花鸟画特别盛行，其重要原因之一，就是为了供宫廷、贵族、大地主、富商以及新兴的市民阶级玩赏和享乐。许多帝王既是诗人，又是画家，如宋仁宗、神宗、徽宗、钦宗等，他们开设翰林图画院，设置名位，进行题试，许多画家获得了他们的恩宠和嘉奖。再如，清代的康熙、雍正、乾隆三朝盛世，瓷器的发展达到了顶峰。瓷器成为帝王将相、皇亲国戚赏玩、摆设的器物，同时，也成为统治者作为赏赐群臣的玩意儿。可见，在阶级社会里，艺术具有明显的阶级性。

作为意识形态的古玩，一旦步入艺术领域，它便超越了自身的初始意义。古玩既折射出创作主体的世界观、文化观、历史观、艺术观、价值观，又包括着接受客体的情感认知和审美评价。因而，从古玩自身所体现出的价值来看，古玩价值，一是在古玩；二是在人自己。古玩凝结着历史文化遗存中的人类劳动痕迹，是人类智慧的结晶和历史进步的标志，它具有明显的双重特性，即有形价值和隐形价值。当今盛世，古玩收藏已被纳入世界性的艺术品投资范畴，受到世人的追捧。人们追崇古玩，往往是体现在它的有形价值和无形价值上。譬如，经济价值（即古玩的货币标准）、赏玩价值（即古玩的工艺美术功能）、珍奇价值（即古玩传世的稀有身价）、无形价值（即古玩人的品质人格）等。

古玩的经济价值：古玩的经济价值集中体现在古玩传世的有形价值上。首先，要看它的窑口、器型、胎质等。其次，要看它的艺术含量，如造型美、绘画美、工艺美、釉色美、装饰美、锈色美、包浆美、天然美、质地美及人文美等。凡是艺术价值高的古玩，都具有多视角、多方位、大文化系统的艺术美感，这是古玩价值衡量、价格定位的砝码。如2007年，伦敦佳士得拍卖会上，一件元代"鬼谷下山"青花大罐，竟拍出了两亿多人民币的天价。这在让世人惊呼中国瓷器魅力的同时，又掀起世界范围内投资收藏中国古瓷器的热潮。佳士得效应即说明了"物以稀为贵"的哲理。

"中华古玩艺术"将古玩所涉及的内容进一步理论化、系统化，以陶器、瓷器、紫砂壶、玉器、青铜器、书画、古币、杂项等二十多个方面，分门别类地介绍了各类古玩器物的人文历史、工艺美术及鉴别，群仿仿冒等方面的知识，几乎涉及中华古玩的各个领域。既充分诠释了物明确的系统性，又解决了物与史的结合。

一中华古玩艺术,将古玩所涉及的内容进一步理论化、系统化。从陶器、瓷器、紫砂壶、玉器、青铜器、古车、书画、古籍等二十多个方面,分门别类地介绍了各类古玩器物的知识、工艺美术及鉴赏等各个方面的知识,几乎涉及中华古玩的各个领域,既充分地把握了明确的系统性,又解决了物与史的结合。

［元］"鬼谷下山"青花罐

古玩的赏玩价值:古玩的赏玩价值集中体现在古玩自身固有的工艺美术功能上。古玩是消遣把玩的奢侈妙品,既可欣赏,又可把玩。玩者,既可赏玩,由此赏心悦目;又可把玩,使之修身养性。从而达到物里乾坤,大美于器,天人合一的境界。

古玩的珍奇价值:古玩的珍奇价值集中体现在古玩传世的稀有身价上,具体表现在古玩的装饰工艺和材质品相方面。譬如,商代的铜玉,做工精美,技艺精巧,为后世赞叹;唐宋的书画,其造诣之精,为后世所不能超越;明代宣炉制作精细,铸造考究,有多至十二炼之说,是后代所为之仿效的典范。物以稀为贵,古玩无定价,十元之物可以千元所得,千元之物也可以十元所得。这就在于古玩自身的珍奇价值之所在。

古玩的无形价值:古玩的无形价值集中体现在古玩自身的文化内涵之中,它孕育出古玩不朽的艺术生命力,这一点是十分重要的。如果说古玩的有形价值造就了古器物的身价,那么无形价值却塑造出收藏家的品质人格。以藏玉为例,我国自古就有"君子比德于玉"的古训,《礼记·玉藻》载:"君子无故,玉不去身。"孔子将"君子佩玉"的内涵,归结为"仁、义、智、勇、洁"五德,这也就是玉的品格。古玩的无形价值不像有形价值那样直截了当,它常常是隐藏于物的深处。正因为它是一种物化的精神力量,所以，它所产生的效应与回报，有时要远远超过有形价值。齐白石先生一生收藏砚，珍爱砚，他最珍爱的是一方青石砚，生怕丢失，又担心他百年之后，子孙将其转赠于人，于是亲手在砚体上刻下一行小字："片真老空石也，是吾子孙不得与人，乙酉八十九岁，齐白石记于京华铁栅屋。"齐白石老人的一席话说出了青石砚的品格价值，这种品格是用金钱也买不到的。"士为知己者死"，后来齐白石认定毛泽东是自己的知音，遂自己违背"不得与人"的规约，将该砚送给了毛泽东。

齐白石片真老空石砚

四、古玩的种类

赵汝珍在《赵汝珍讲古玩》一书中说："古玩者，古人遗留物器，可为文人之珍玩者。按字面言之，似有轻忽之义，宛如古代玩物也。其实非玩物，乃历代的宝物也。玩者，乃保有者自谦之义耳。明乎此，则知古玩之所包括矣。凡古代遗存之宝贵珍奇均属之。分言之，有书画、瓷器、铜器、古钱、宣炉、古铜镜、玉器、砚、碑帖、古墨、古书、各代名纸、古代砖瓦、偶像、印章、丝绣、景泰蓝、漆器、宜兴壶、珐琅、料器、法花、牙器、彩墨、笔格、笔筒、竹刻、石雕、木器、扇、名石等数十类。"

古玩，是古人遗留下来的、可以为人们所珍玩的器物。从字

面上来讲，似乎有轻浮之义，有玩物丧志之嫌。在旧社会，有些所谓的风雅人物，专门讲究收集古董，把玩生活，一点正经事儿都不干，所以人们就称这类人玩物丧志。其实，当今的古玩藏家们并不都是玩物丧志、无所事事之人。甚至，有的古玩藏家是玩物立志、弘扬中华文化、光大人文精神、传承历史国粹的有志之士。古玩也绝非玩物，而是历代的宝物，是老祖宗留下来的东西。"古玩"是古玩拥有者自谦的话，雅喜者视为文玩，不好者看成旧物。知道这点，就知道了古玩应该包括哪些种类。广义地讲，凡是古代遗存下来的珍奇宝贵的物品，都属于古玩的范畴。

除了上述赵汝珍对古玩的归类外，今天，古玩按照物质文化种属可以大致划分为：陶器、瓷器、玉器、青铜器、漆器、木器、珊瑚器、琉璃器（料器、玻璃器）、古币、书画、宣炉、景泰蓝、古铜镜、玉雕器、珐琅器、金银器、宜兴壶、名石、扇、鼻烟壶、文房四宝、碑帖、古墨、笔筒、古书、砚、织绣（丝绣）、古代砖瓦（秦砖汉瓦）、竹雕、玉雕、石雕、木雕、印章、古代家具、钟表等三十余类。

第二节　　古玩的哲学思想

爱因斯坦说："哲学是科学之母。"哲学是时代的灵魂。哲学是对人类精神生活和物质生活的反思，它反映时代物质文化与精神文化的脉搏。古玩不是棺木里的一具僵尸，一具穿戴着华丽衣冠的尸体，它是人类的物质文化遗存，它具有历史性、物质性、生命性、环境性、社会性、文化性和艺术性。我认为，认定一件古玩艺术品不是孤立的，而在于找出艺术品从属的并且能诠释艺术品的总体。

古玩艺术品是一定社会生活在制造者头脑中反映的产物，因此就古玩艺术品创作同现实的关系来看，本质上就是一种反映现实的活动。同时，也是一种反映统治阶级的生活情趣、政治趣味或伦理道德规范的产物。从哲学史的角度上讲，一定时期的哲学观念，对古玩艺术品的思想内容、图案纹饰的构成、艺术家的风格，甚至艺术品的形式，都会产生较大的影响。这些都是一件古玩艺术品所从属的总体要素之一。

当我们走进古玩城，步入古玩商铺，就会发现这样一种现象：无论是一件瓷器、一尊铜像、一幅字画、一枚古币、一件玉雕或一套明清木器，除了使我们得到视觉、心理和行为上的艺术享受之外，还能使我们体察到某个时代、某个地区、某代帝王、某一匠师的历史背景、哲学思想、艺术品位和生活状况。如以玉器为例，孔子之前，玉的社会功能经历了从灵玉到礼玉的阶段。原始先民崇拜祖宗神灵和天地自然，认为人与祖宗神灵、天地自然之间有种沟通媒介。以玉沟通天地，敬奉祖宗，尊神事鬼，成为原始部落生存发展的一个重要的精神依托和日常仪规。

新石器时代，华夏先民们就开始了对原始龙的图腾崇拜。公元前4000—3000年的红山文化时期，人们就将"龙"作为原始部落中氏族的标志及族徽。氏族社会中，人们往往相信自己的祖先是一种特定的动物、植物或其他无生命的东西，这种物种就成为氏族祖先的象征和保护神，而这个保护神就是"龙"。在漫长的远古岁月中，动物图腾形象与其他原始宗教中动物崇拜形象融合在一起，形成了原始的龙形象。1971年，内蒙古自治区翁牛特旗三星他拉村出土的碧玉龙，被称为"中华第一玉龙"。"C"形蜷体玉龙，高26厘米，龙首吻部前凸，略翘，嘴紧闭，鼻端平缓，端面近椭圆形，双眼凸起，呈细长梭形，额及额底皆刻划细密的斜方格纹，龙的身躯光素无纹，并弯曲成"C"字形，无足、无爪、无鳞、无鳍，基本上是蛇形。颈脊长鬃飞扬，在光滑弯弧的背部，有一对穿的小孔，可供系绳悬挂。这就是中国较早出现的原始龙的形象。"龙"脱掉"原始"二字，即由原龙纹变成真正的龙纹，约在商代。远古的黄帝、炎帝的氏族，都赋予了"龙"神圣的意义，并在形态上也被神化。从此，"龙"成了华夏的象征、中华民族的象征、中国文化的象征。

两千多年前，伟大的爱国诗人屈原在《九歌·涉江》中曰："登昆仑兮食玉英，与天地兮同寿，与日月兮齐光……"诗歌反映出屈原曾经向往在精神世界与物质世界之间对话。《周礼·春官·大宗伯》载："以玉作六器，以礼天地四方，以苍璧礼天，以黄

华夏银行的标志设计原型来自于红山"C"形玉龙

琼礼地，以青圭礼东方，以赤璋礼南方，以白琥礼西方，以玄璜礼北方。"这既说用自然玉石琢成的器物，又表现出玉器的图腾功能。后来，随着王权政治走向统治地位，玉在继续发挥尊神事鬼功能的同时，又增加了一层权力地位的象征意义。至西周时，周公致力于制礼作乐，等级区别、名物制度、揖让周旋，都有明确规定，玉便是礼的重要载体。《周礼·春官·大宗伯》载："以玉作六瑞，以等邦国。王执镇圭，公执桓圭，侯执信圭，伯执躬圭，子执谷璧，男执蒲璧。"《周礼》中对君王和公侯大臣用玉作了规定，以用玉表示不同等级和权力，并用玉作六器，都是将玉作为奴隶主阶级治国安邦的工具，同时也表现出奴隶社会图腾崇拜的玉文化思想。

春秋时期，"玉"就被赋予了"仁"的儒家哲学思想。《礼记·聘义》载孔子曰："夫昔者，君子比德于玉焉。温润而泽，仁也；缜密以栗，知也；廉而不刿，义也；垂之如坠，礼也；叩之其声清越以长，其终诎然，乐也；瑕不掩瑜，瑜不掩瑕，忠也；孚尹旁达，信也；气如白虹，天也；精神见于山川，地也；圭璋特达，德也；天下莫不贵者，道也。《诗》云：言念君子，温其如玉，故君子贵之也。"这是孔子从儒家学派哲学思想的角度，用拟人化手法阐释美玉的概念。归而论之，孔子在政治思想上的最大创新是纳"仁"入"礼"。他讲"礼"以"仁"为思想基础；讲"仁"以"礼"为政治原则。孔子把"仁"看成是伦理道德的最高范畴，也是孔子思想体系的理论核心，并将其基本含义理解为"仁者，爱人"，提出"仁者爱人"的命题，客观上具有泛爱之义，主观上又体现了对人格的一定尊重。

换言之，当时的奴隶主贵族是不把奴隶当人看的，奴隶只是他们的牛马。玉与玉雕制品，也只能成为奴隶主贵族佩戴的装饰品。根据文献记载，周武王灭商时，商纣王披玉自焚。武王所得到的商代玉器更是多得惊人，有"旧宝玉万四千，佩玉亿有八五"。可见，美玉在奴隶社会只为奴隶主统治阶级所有。

有"字圣"之称的汉代经学家、文字学家许慎在《说文解字》中说："玉，石之美者，有五德；润泽以温，仁之方也；䚡理自外，可以知中，义之方也；其声舒扬，专以远闻，智之方也；不挠而折，勇之方也；锐廉而不忮，洁之方也。"基本上承袭了孔子的美玉哲学思想。《周礼》中对君王和公侯大臣用玉作了规定，以用玉表示不同等级和权力，并用玉作六器。春秋战国时期，管子、孔子"比德于玉"，把玉的物理性质同哲学思想和道德行为相联系，提出了九德、十一德之说，如《礼记》中孔子说，玉之贵是"夫昔者，君子德于玉"。在"圣人"、"君子"应具备"仁、义、礼、智、信"五个品质的基础上，孔子提出玉的"仁、智、义、礼、乐、忠、信、天、地、德、道"等十一德思想，是一种抽象的"道德之爱"。在奴隶社会，孔子提出的这种道德观念，表现了对人的重视和对人与美玉伦理之间的关系有了新的认识，在中国玉文化史上一大进步。"道德之爱"这些以美为中心的观念逐步为社会所接受，成为大家为人处世的标准，成为人们的精神支柱。孔子也成为中国美学理论最为重要的奠基者，他在美学上的贡献在于不把个体与社会看成是绝对不能相容的东西，他一方面充分肯定了个体感性存在的现实性、合理性以及人格的独立性、主动性；另一方面又认为个体只有在社会中才能得到发展，个体感性的愉快和满足、个体人格的发展，同社会的伦理道德要求是可以而且应该统一起来的。

一切古玩艺术品都是社会生活的反映。辩证唯物主义认为，存在是第一性的，意识是第二性的；意识是存在的反映。古玩艺术品作为一种社会意识形态，所以也是现实社会生活的反映。描写自然景物的艺术作品，如山水花鸟画，以自然景物为素材，其意识形态是从艺术形象所渗透的思想感情和寄托的理想愿望中体现出来的。中国古代画家所谓"以自然为师"、"寄情山水"，就是说在对山水景物的观察体验中寄托自己的情感志趣，同时又通过山水画把这种情感志趣体现出来，而这情感志趣，仍然是在社会生活中形成的。宋徽宗赵佶和清初的朱耷（八大山人）都擅长花鸟画，但是赵佶的花鸟画富贵华丽，朱耷的则孤傲清冷。他们的画风格各异，这是因为赵佶身为帝王，而朱耷则是明朝宗室的遗民，两人的社会地位和生活感受是截然不同的。封建社会一些正直不阿的文人画家喜欢画梅、兰、竹、菊，以象征自己的高风亮节；现代有些画家借松树、雄鹰的形象来歌颂

革命者的气节。这些都是社会生活比较曲折的反映。徐悲鸿在新中国成立之初画了一匹奔马，画上提辞"山河百战归民主，铲除崎岖大道平"，更是清楚地表现奔马的形象是象征在社会主义大道上起步飞奔的祖国，蕴涵着深刻的艺术哲学思想。

再如，当我们展开北宋张择端的《清明上河图》时，一千多年前的京城汴梁（今河南开封市）的景象就呈现在眼前。映入眼帘是人群熙攘的街市和跨河的拱桥，各种店铺和摊贩，挑担、拉车的劳动者和骑马、坐轿的达官贵人，河上行使和停靠的大木船等。此情此景，让我们对当时的城市面貌、政治制度、经济状况、民情风俗、各阶层人们的生活等诸多方面都能有所了解。其实，这些就是古玩艺术品中所表现出的一些艺术哲学思想。

车尔尼雪夫斯基说："再现生活是艺术一般性格的特点，是它的本质。"反映生活是艺术所固有的本质特征之一，世界上没有不具备这个本质特征的古玩艺术品。作为意识形态的艺术，就是社会生活的反映。这也就是古玩艺术品的哲学内涵。

古玩艺术在接受其意识形态影响的同时，也对形成人们的哲学思想、政治态度、审美标准、道德原则、宗教信仰等，发挥着积极的作用。仅以艺术对佛教的影响为例，建筑家为佛教修建宏伟寺院，雕塑家为佛教寺院塑造出庄严肃穆的佛像，能工巧匠为佛殿铸造的鼎炉、烛台、钟、钹等，都是艺术对佛教影响的物质产物。

第三节　　古玩的图像美学

一提起图像美学，就会想起图像艺术，也就会不约而同地联想到悬挂在客厅墙壁上的山水字画，或摆设在博古架上的瓷器和木雕像。广义地讲，它们都属于"图像艺术"（Graphic art）的范畴。

一、古玩图像艺术的范畴

古玩的图像艺术，是中华传统艺术领域的一个重要组成部分。如果把艺术中的"二维"和"三维"空间造型称为"图像"，那么，手工艺术、建筑艺术、宗教艺术等领域中反映出的中国民俗社会生活的寓意性图像，就称为"民俗图像艺术"。它不同于建立在写实基础之上的西方艺术，它是一种最直接地抒发人类社会情感和意念的民众艺术，显示出中华民族几千年传统文化中的精华。

古玩图像艺术存在于：①手工艺：青铜、金银饰品、陶器、瓷器、漆器、玉雕、牙雕、木雕、石刻、泥塑、皮影、刺绣、剪纸；②建筑：宫殿、寝陵、寺庙、民居、亭、台、阁、塔、桥；③宗教：图腾、礼乐、仪仗、祭神、求仙、社火、傩舞、佛教石窟艺术等工艺美术。诸如，景德镇的瓷器、宜兴的紫砂壶、扬州的雕刻本、苏州的玉雕、无锡的惠山泥人、乐清的黄杨木雕、北京的景泰蓝、福建的脱胎漆器、广东肇庆的端砚，以及分布全国各地的民间刺绣、扎染、蜡染和年画、剪纸、皮影、木偶等民俗工艺用品中，都存在着民俗图像艺术元素。中华古玩的图像艺术已有数千年历史，反映了广泛的社会审美情趣，显示出强大的普及性。

古玩图像艺术的题材内容，大多为社会生活的写照：①神话宗教：伏羲、女娲、神仙、鬼怪、奇禽异兽、四灵、祥瑞；②历史故事：帝王将相、圣贤高士、才子佳人、烈女孝子；③社会生产：耕稼、渔猎、畜牧、纺织、丰收、鸟兽虫鱼、花草树木；④民俗生活：车、马、船、宴、舞、乐、伎、斗、戏等。

二、古玩图像艺术中的美学思想

从美学的哲学基础上讲，美既有客观性，也有主观性。美是物在人的主观意识中的反映，是一种观念。美的意识、美的观念，是由社会存在决定的，社会存在怎样，社会物质生活条件怎样，美的观念就会怎样，这就是美的观念的客观性。美是客观的，但不一定都有社会性。我们日常生活中所谓客观事物的美，即在于客观事物本身，不在于欣赏者的主观感受。但是，这并不能说美感的对象一定是社会的，或美的观念内容一定是社会的。美是主客观的辩证统一。美是客观方面某些事物、性质和形状适合主观方面的意识形态，可以交融在一起而成为一个完整形象的那种特质。美既有客观

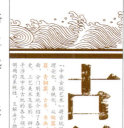

性，也有主观性。

艺术美离不开人的创造活动。美作为感性与理性、形式与内容、真与善、合规律性与合目的性的统一（李泽厚：《批判哲学的批判》第十章），与人性一样，是人类历史的伟大成果。研究一件古玩艺术品，特别是一件复杂的历史器物，都要进行具体的历史分析，在考察一些复杂的现象时，为了弄清它的本质，首先要看某些现象在历史上是怎样产生的。研究古玩图像艺术美的本质问题也是如此。

首先，从石器的造型上看美的产生。马克思曾经说过："劳动创造了美。"美既不是唯心主义所说的精神、观念的产物，也不是机械唯物主义所说的某种亘古以来就存在的、同人类无关的自然属性，而是人改造世界的实践活动的产物。人类劳动是从制造工具开始的，工具的制造最为明显地体现了人类有意识、有目的的活动。从工具造型的演变上充分体现了人类自由创造的特性，并具体说明了美的产生是使用价值先于审美价值。如距今五十万年的旧石器时代的北京周口店猿人，当时使用的是打制石器，十分粗糙，没有定型，往往一器多用，在外形上和天然石块几乎一样。但是，毕竟北京周口店猿人在石面上留下了人的意志行为烙印。从材料的选择到外形的加工，都体现了人类自觉、有意识、有目的的改造活动。尽管北京周口店猿人打制的石器粗糙、笨拙，但对人类历史的意义却极为重大，它标志着人类脱离了动物世界。又如半坡文化和大汶口文化，说明人类的石器工具已进入到新石器时代。这些石器大多是人为磨制的，所以磨制石器成为新石器时代与旧石器时代划分的标志。最早的磨制石器主要是将刃部磨光，后来渐渐地发展到通体磨光。同时在这一时期还出现了割锯等先进的磨制技术。新石器时代磨制的石器主要有斧、凿、铲、镞等。在大汶口出土的器物中还有许多头饰、颈饰、臂饰，这说明公元前4500—前2500年已能生产出这样的磨制产品，可以说是人类创造美的杰作，也说明人们的审美需求越来越高。

其次，从古代"美"字的含义上看美的产生。许慎在《说文解字》中说："美，甘也。从羊从大。羊在六畜主给膳也。美与善同意。"所谓"美与善同意"，说明美的事物起初是和实用相结合的。在甲骨文中的"羊"字，洗练地表现了羊的外部特征，从羊角上表现了一种对称的美，在甲骨文中有不少的"羊"字就是一些美丽的图案化羊头。古代对农作物也有称为美的。如孟子曾说："五谷者，种之美者也。"上述所说的"美"与"善"、"红"同意，也体现了美与实用的关系。无论"羊"也好，农作物也罢，它们对人类的物质生活有着生死存亡的生存价值，所以古今才视它为美。

再次，从彩陶造型和纹饰上看美的产生。彩陶的造型和纹饰体现了人类自觉地美化产品。陶器是在实用的基础上更自觉地美化产品，表现在：第一，陶器造型和纹饰具有更多的自由和想象的成分，体现了人的精神特征，从形象中流露出当时人们在美的创造中的喜悦。如马家窑类型的尖底瓶，有一种流动的韵律感，瓶上画的是四方连续的旋纹，好像雨洒水面涡点四溅，又好像枝叶交错，果实累累。这些纹饰和汲水瓶设计十分巧妙，在使用中的旋动感极为协调，充满了想象和创造的喜悦。第二，比较自觉而娴熟地运用形式美的法则。一方面彩陶的纹饰直接反映出自然的形象，如鱼纹、鸟兽纹、花果纹等。如仰韶文化时期的彩绘陶缸上面就绘有鹳鱼石斧图案。另一方面出现了几何形的纹饰。这些图形大都是从自然和生活形象中提炼、概括出来的，体现出了图案纹饰的形式美、装饰美。再一方面有些几何纹饰是和生产技术相互联系的。如南方地区的印纹陶上的几何纹饰，最初可能是受到史前编织技术的影响，表现出程式化、规格化和力量感的美的新元素。

总之，劳动创造了人，美产生于劳动，在劳动生产过程中，美又得到了发展。

三、古玩图像艺术中的美学价值

古玩艺术图像始于史前的华夏民族文化。早期的象形汉字，既是字，又是画，是一种形象化的寓意图像。它摹似形，却反映出艺术的属性，并表达了人类的思想意念，可以说是最早的象征符号图像。

从人类社会由野蛮演化为文明的进程上看，人类从动物开始，对客观自然世界缺乏科学的了解，最初使用了野蛮和愚昧的手段，随后

将自然力量人格化并进行图腾崇拜。这种宗教信仰渗入道德、法律和文化各个领域,艺术也成为宗教的派生物。传说中尧、舜把祭祀和显示身份等级的玉器定成系统化的制度:"五瑞"、"五器",设计了五彩章服。到了禹时,发展为浇铸九鼎,雕饰神鬼百物。殷商青铜时代,青铜器物成为祭神之物。西周时期,龙与凤成为国家的图腾。典礼旗帜上的标志为日月、蛟龙、熊虎、鸟雀、龟蛇等,盾牌以龙为图像。战国铜镜纹样呈旋转纵放的云雷纹或幻想的动物纹样,漆器有二凤或三凤盘及神鸟盘。秦汉时期的瓦当上也以青龙、白虎、朱雀、玄武四神纹为主要纹饰。汉代画像砖的图案大多以伏羲、女娲、祝融、神农、颛顼、高辛、帝尧、帝舜、夏禹、夏桀及车马、人物等。经六朝至唐代时,诸王饰以盘龙及鹿,尚书饰以对雁,禁军饰以麒麟,此外还有天马、仙鹤、字等。

从群体意识性寓意图像的成因上讲,是由于历史的变迁和地理环境的差异,而产生了审美意识上的差异性。如黄河流域文化和长江流域文化,各自都有着不同的审美差异。中原文化多受到儒家哲学思想"兼济天下"的影响,崇尚"古朴、博大、深沉、崇高"之美。长江流域的楚汉文化则受到道家老庄哲学的影响,表现为超脱的"独善其身"、"遗世绝俗"的美学观念,其艺术呈现为淡雅、超然、飘洒的审美形式。

第四节　　古玩的符号行为

古玩是不同历史时代的物质文化遗存,是具有一定的文化内涵和较高的艺术装饰水准的物品。可以这么说,古玩是物质文化遗存,而文字、图案则是古玩的符号。古玩的符号行为,则是以文字、图案为物质手段,构成一种表现和想象的图像,再由图像符号的方式反映现实生活,表现古玩创造者的审美感受。

古玩的图像符号可以概括为三个类型:

一是图像符号。图像符号是通过模拟对象或与对象的相似而构成的,如文字、图案。新石器时期的仰韶文化半坡遗址的"鱼蛙纹彩陶盆"中的鱼蛙彩绘、河姆渡文化遗址出土的"河姆渡猪纹钵"

陶器，这些都是模拟动物对象的图像符号，说明了早在新石器时代，我们的祖先们就已经将天然漆用于装饰和美化生活器具了。

二是抽象符号。抽象符号与所涉及的对象之间有因果或是时空上的关联，以变形的方式表现出来。如今天宁夏银川贺兰山一带的新石器时代的崖画遗址，是现存的古崖画，它采用写实或抽象的艺术手法，用羊、牛、马、驼、虎等多种动物图案和抽象符号，记录了原始人类在3000年前至10000年前放牧、狩猎、战争等生活场景，构图清晰，造型优美。这是处在萌芽之中的原始刻划艺术。又如云南沧源的崖画是我国目前为止所发现的最古老的崖画之一。崖画绘制在垂直的石灰岩崖面上，画面距地面2~10米，画面高3米，长27米。图像的物体大的约0.3米，小的约0.05米不等。可辨认的图像有1063个，包括人物、动物、房屋、道路、山洞、树木、太阳、舟船、手印等，多为狩猎和采集场面，也有舞蹈、战争等内容。据测定，崖画产生于公元前3000多年的新石器时代晚期。

云南沧源崖画

三是象征符号。从古至今，象征符号是人类最具有思考潜力与主观表现力的行为符号。譬如，我国古代的青铜器，从历史上看，由于各朝各代的制度不同，导致青铜器物的名称也互不相同。青铜器的种类，根据生活用途的不同，大体可以分为礼器、兵器、乐器、杂器、农器五类。礼器是用于祭祀宴飨之器，象征着祭祀礼仪；兵器是为战争所用之器，象征着国家军队；乐器是音乐所用之

器，象征着宫廷庆典；杂器是一切日用所需之器，象征着家庭生活；农器是农业耕作之器，象征着四季春秋。历史上，夏禹铸的九鼎是为传国之宝器，象征着国家的神圣与威严。

人类的意识过程是一个将具象事物、事件符号化的转化过程，创意即是对符号的选择、组合、转换或引申。如在我国传统民间的图形中，莲和蛙的形象组合是一种较为常见的象征符号，"莲"谐音"连"，而"蛙"谐音"娃"。这个图形组合象征多子多福，同时它又是一个典型的生殖崇拜符号，在建筑、陶器、装饰、服装等器物上被广泛应用。"蝙蝠"谐音"福"，表示福到。"浮萍"谐音"萍"，表示平平安安。又如，清代赏赐之风盛行，皇帝所赐群臣的瓷器叫"赏瓶"（玉壶春瓶），"赏瓶"多以白地青花莲为装饰。"青花"意有为官以清，白为重；"莲"意有廉洁。还有"海水"，象征四海升平；"麒麟送子"象征着多子多孙多福；"过枝癞瓜"象征着缠绵的喜庆吉祥等。

第五节　　古玩的造型艺术

如果将古玩看做是一件造型艺术的杰作，那么，关于造型与视觉的关系认识，就构成了古玩对造型本质的思辨性话题。从纯造型的角度来看，古玩的造型是一种视觉艺术形态。

"造型艺术"一词源于德语"bilden de Kunst"，此概念最早由德国文艺理论家G.E.莱辛使用。德语的"bilden"，原是模写或制作模拟像的意思。"bilden de Kunst"一词曾经仅指绘画和雕塑等再现客观具体形象的艺术，以致今天有时也仍用这种狭义的解释。英语plastic art在狭义上仅指雕塑。

工艺美术，其实就是造型艺术，它具有造型艺术的普遍特征，但它又有别于其他艺术形态，具有自己鲜明的独有特性。造型艺术是物质生产和艺术生产的统一，它既要满足人们的物质生活需要，又要满足人们的精神生活需要，既要实用，又要美观。这种实用与审美相统一的两重性，也就是物质文明与精神文明的结合，这就是造型艺术的本质特征。

就中国的造型艺术而论，新石器时代以后，随着抽象思维的发展，逐渐形成了观念造型。

史前社会的抽象造型社会生活的反映，首先表现为艺术品反映出来的生活，总是渗透着作者对实际生活的认识感受。如商代早期的三星堆文化中，就出现了人兽同体、人鸟组合的造型艺术。三星堆文化中的人鸟组合图式多为圆雕，以三维立体为创作形式。在三星堆文化中，雕刻技艺已被古蜀人熟练掌握，三星堆遗址出土的金杖、青铜人面像、青铜立人像、青铜神树、青铜祭器饰纹就是例证。人鸟组合图式采用铸造技术，显然与其表现动机、追求的目的和效果相关，与其"崇鸟重人"的主体意识相关。从造型艺术的角度上讲，三星堆文化的人鸟组合图式器物多样，种类多样，形制多样，说明这并非个别现象，而是具有普遍性，但以人鸟同形的组合图式为代表，又显示出其独特性。从造型艺术的思想角度上讲，三星堆文化中的人鸟组合图式器物是以生活中实际的人物、动物和植物做原型的，但绝不是对生活原型机械地模拟。归根到底，表现了对生活中的自然形式符合一定艺术表现规律的原始改造。

随着社会生产力的提高和艺术的发展，工艺美术摆脱了对于生产劳动的直接依赖，所反映社会生活的范围越来越广。从越来越多的艺术品中，可以看出造型艺术发展得更加广阔，反映社会生活的造型艺术图案更加丰富多彩。

从雕塑造型艺术的角度看，汉代的玉器造型工艺继承了战国时代玉器造型的传统。在雕琢工艺方面，圆雕、高浮雕、透雕的玉器和镶玉器物较前增多。纹饰的风格由以抽象为主转向以写实为主，装饰品可分为人身上的玉饰和器物上的玉饰两大类。人身上的玉饰主要是佩玉，计有璜、环、琥、珑和玉舞人等。玉环的纹饰优美多样，在佩玉中占有重要的地位。汉代圆雕的工艺美术品数量虽不多，但表现了汉代玉器造型艺术的高度水平。六朝时期，对美术的造型特征有了理论性的概括，西晋文学家、书法家陆机说："存形莫善于画。"南齐绘画艺术大师、中国画理论创始人、绘画"六法"创始人谢赫在《古画品录》中提出"气韵生动；骨法用笔；应物象形；随类赋彩；经营置位；传移模写"，其中的"应物象形"

《中华古玩艺术》将古玩所涉及的内容进一步理论化、系统化，从陶器、瓷器、青铜器、玉器、青铜器、古画、书画、杂项等二十多个方面，分门别类地介绍了各具古玩器物的人文历史、工艺美术及鉴别，种种璀璨夺目的知识。几乎涉及中华古玩的各个领域，既无分地把握了中华古玩的系统性，又解决了理论与实际的结合

就是指绘画的造型艺术。康熙时期的陶瓷造型艺术，是瓷器古玩造型艺术成就的鼎盛时期。康熙瓷器造型的艺术特色非常鲜明，风格挺拔、遒劲，体现出阳刚之美。这种美的形态，可以用"大"字来概括。器物体积硕大所唤起的是一种力量上的审美感受。如故宫博物院收藏的"康熙青花万寿字瓶"，高达82厘米。瓷器所具有的阳刚之美，更在于造型的挺拔、遒劲。这一时代风格的形成，从器物的形状来看，出现了更多的方形器，如蟠螭耳方瓶、方棒槌瓶、六方执壶等。康熙时期的器物形体转折清楚、肯定，各部位间有明确的交接线，有清楚的线角变化。诸观音尊、莱菔尊、荸荠扁瓶等，细部处理都一丝不苟。

从陶瓷工艺美术的角度讲，造型中的线条直线不同于几何学意义上的直线。康熙瓷器往往在直线中含有曲线的成分。这一时期流行的直筒形笔筒，其实它的立面轮廓线也微微内凹或呈束腰状，而观音尊、花觚、圆棒槌瓶等，都是以直线为基调而保持有曲线的内涵。当然这种曲线的长度有限，曲度也很小，并不影响线形的主体所形成的特色，却体现出刚中带柔的风韵。

中国从20世纪初以来才广泛使用"造型艺术"这个舶来的概念，并结合中国的艺术类别，把书画、雕塑、篆刻等纳入它的外延中，这一点又与西方不同。在我看来，今天除了书画、雕塑和篆刻外，还应该将陶瓷、青铜器或各种工艺美术品、民间剪纸以及实用美术中的美术字、图案、商品广告、橱窗设计、产品造形设计，包装设计等，甚至是建筑艺术，都纳入造形艺术的范畴。

造型艺术中创造艺术形象的手法和手段多种多样。如绘画借助于色彩、明暗、线条、解剖和透视；雕塑借助于体积和结构；雕刻借助于凹凸的线条等。这些手法和手段，通过长期的艺术实践，形成了这些造型艺术各自独具的特殊的艺术语言，并决定了这些艺术各不相同的表现法则以及艺术作品的感染力。

第六节　　古玩的艺术特征

中国艺术源远流长。距今约1.8万年前的山顶洞人，用兽齿、鱼骨、介壳和海蚶壳，加工钻孔涂上红色并加以组合制成装饰品，还有用赤铁矿将石珠染红，这说明史前"山顶洞文化"已有了爱美的观念。7000年前出现的崖画、彩陶、玉器，可以看成是中国古代艺术的开始，到公元前5000年的仰韶文化，彩陶已经达到了一定的艺术高度，并且分布地域广阔，数量众多，成为最能体现中国艺术和文化特性的东西。

从原始彩陶的图案上看，半坡的人面形花纹图案、庙底沟的花瓣纹图案、马家窑的线条花纹图案、马家窑型的舞蹈纹图案、半山的旋涡纹图案等，这些都是新石器时期各个不同阶段原始彩陶所表现出的时代艺术特征。

从青铜器、瓷器的纹饰上看，商代的饕餮纹、周代的窃曲纹、战国的蟠螭纹、汉代的四神纹、六朝的莲花、唐代的牡丹、元代的松竹梅、明代的串枝莲等，都是各个历史时期中国古代文化艺术的特征表现。换言之，古玩装饰纹样不仅反映了古代艺术的时代特点和民族特点，而且反映了当时的社会风气和政治面貌。如原始社会的彩陶上的各种几何纹样，有的和生产、编织物有关，有的则是抽象的动物图案，是原始氏族部落的图腾标志。由商周至汉魏六朝，是以动物纹为主体的装饰阶段。这一时期，人们对天和神的宗教观念，通过这些现实的和想象的动物纹表现出来。隋唐以后，花鸟图案在装饰中占据主要地位，反映了人们生活水平的提高，生产的发展、思想的开放。

从艺术风格上看，不同历史时期的古玩艺术品具有不同时代的艺术特点，如商代的威严庄重，周代的秩序，战国的清冷，汉代的凝重，六朝的青瘦，唐代的丰满华丽，宋代的理想冷美，元代的粗犷豪放，明代的五彩敦厚，清代的繁丽纤巧等。

总之，无论古今，艺术都是一定的社会生活在艺术家头脑中的反映，是观念形态性的东西。作为观念形态性的古玩艺术品，它的内容特征取决于它所反映出的对象的特殊性和把握方式的辩证统一。从这方面看，艺术作品与科学著作在内容上又有所区别。科学著作是透过现象去反映客观事物的本质；而艺术作品则在事物的本质与现象、普遍性与特殊性的统一中反映客观现实。虽然，艺术家有为"花鸟写

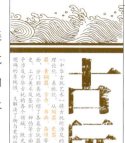

生"、"山水留影"、"万虫写照,百鸟传神"的说法,但进入艺术作品的自然对象,则是自然本身的一些属性的直接再现。无论表现得明显或隐晦、直接或间接,那傲岸的松、柔美的柳、坚定的石、自在的云等,都是某种社会生活条件所形成的人的性格或精神风貌的象征。古代画论中讲"凡画山水,最要得山水性情",而且说"山性即我性,水情即我情"。可见,艺术的真实性,就是艺术作品反映社会生活所达到的正确程度。艺术的真实不等于生活的真实。艺术的真实,是艺术家对实际生活事物进行正确的选择、提炼与加工、创造,通过艺术形象反映出来的某些本质的方面。

古玩艺术品作为满足人们特殊精神需要的审美对象,它在年代、内容、称谓、形制上有不同于其他工艺美术艺术品的特征。只有掌握这些特征,我们才能更好地理解和赏玩中华古玩艺术品。

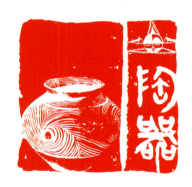

第二章　陶　器

第一节　概　说

中国是世界上文明兴起最早的国家之一，也是人类起源和发展的摇篮之一。自从地球上有了人，有了人类文明，有了阶级斗争开始，中国的历史就不断地由低级向高级再向更高级阶段发展着、延续着、恢弘着、前进着，并为世界历史的发展作出了独特的贡献。

大约距今170万年前，元谋人揭开了中国历史的序幕，并孕育出大墩子新石器时代辉煌灿烂的史前文明。大墩子文化属于长江上游原始社会晚期的文化。那时候的生产力极为低下，生产关系极为简单，人与人之间是平等的，没有阶级，也没有剥削；没有国家，也没有军队。上古时期，汉族的祖先华夏族始建于黄河流域，自认为居天下之中央，故名"中国"，而将周边地区称为"四方"。

距今约四五十万年的北京人，已经会制造石器，他们用砾石为原料，把砾石打成石片，一般不作第二次加工，便成为工具。所以，石器的形状，缺乏一定的造型。他们用这种粗糙的石片工具去制造木棍，或拿去刮割兽皮和兽肉。考古学上称使用这种原始石器的时代为旧石器时代，北京人就属于旧石器时代的初期阶段。距今约1.8万年的山顶洞人，已知道将石珠、兽牙加工、钻孔、涂上红色并加以组合，制成装饰品，其中寄寓了原始的审美意识。

旧石器时代工具

"北京人"旧石器时代工具

山顶洞人复原像

一中华古玩艺术·将古玩所涉及的内容进一步理论化、系统化。从陶器、瓷器、紫砂壶、玉器、青铜器、古币、书画、杂项等二十多个方面、分门别类地介绍了各类古玩器物的人文历史、工艺美术及鉴别、辨伪等方面的知识。几乎涉及中华古玩的各个领域。既充分地把握了物与史的结合，又解决了物与史的结合，明确的系统性。

周口店遗址

相关链接

北京人遗址博物馆

　　北京人遗址博物馆位于北京市房山区周口店镇西的龙骨山上，是一处华北地区旧石器时代文化遗址。周口店第一地点是五十万年前的北京人栖息的地方，被称为"北京人"遗址，是周口店遗址中最重要的遗址。这一遗址是1921年由瑞典学者安特生首先发现的，此后又有多名学者对其进行了发掘。1927年，加拿大学者步达生对周口店遗址进行正式发掘，并将周口店发现的三枚人的牙齿正式命名为"中国猿人北京种"。1929年，中国考古学者裴文中发掘了"北京人"第一个头盖骨，轰动了世界。

　　周口店第一地点发现北京人用火的遗迹，把人类用火的历史提前了几十万年。遗址中发现有5个灰烬层、3处灰堆遗存以及大量的烧骨，灰烬层最厚处可达6米。这些遗迹表明北京人不仅懂得用火，而且会保存火种。遗址中还出土了数以万计的石制品，原料均来自于遗址附近，石制品多为小型器，器型种类繁多，早期石器较

"北京人"周口店遗址博物馆

粗大，砍砸器居重要地位。中期石器形制变小，尖刃器居重要地位。晚期石器更趋于小型化，石锥是这一时期特有的石器。

1973年在龙骨山东南角新洞穴中发现距今约十万年的人的齿化石一枚，被命名为"新洞人"。在此遗址上建成了"北京人"遗址博物馆，并在龙骨山建立了"古人类公园"。1987年12月，周口店"北京人"遗址被世界教科文组织列为"世界遗产名录"的文化遗产。

在漫长的旧石器时代里，人们慢慢地学会了制造磨光的、比较精致的石头工具，这就成为新石器时代的标志。依据地下考古发掘，新石器时代大概开始于近1万年前，在此，以前则是旧石器时代。

原始社会时期，随着原始农业和原始手工业的出现，中国上古时期的美术创造主要体现在陶器的造型和装饰上。从长江流域公元前5000—前3300年的河姆渡文化遗址到黄河流公元前5000—前3000年的仰韶文化遗址，以及公元前4500—前2500年的大汶口文化遗址中发现的大量的骨器、石器、陶器及其他文物，为后人了解那段没有文字记载的历史提供了丰富翔实的实物资料。江苏省出土的新石器时代的七孔石刀，十分精美，石刀由花岗岩制成，呈长方形，刀身光滑，上部有七个对钻而成的圆孔，排列成有趣味的弧形，可供安柄之用，既实用又美观。七孔石刀的发现，标志着原始社会工艺美术的独特成就，显示出辉煌的史前文明。有文献记载：黄帝的臣子史皇"善画，体象天地，功侔造化，写鱼龙龟鸟之形"。史皇创造图画的传说正是这一时期原始美术发展的反映。

新石器时代工具穿孔石铲

七孔石刀

《中华古玩艺术》将古玩所涉及的内容进一步理论化、系统化。从陶器、青铜器、武器、紫砂壶、玉器、古币、书画、盆景二十余个方面，分门别类地介绍了各类古玩器物的人文历史、工艺美术及鉴别、科仿等方面的知识，几乎涉及中华古玩的各个领域；既充分地把握了明晰的系统性，又解读了物与史的结合

一中华古玩艺术一将古玩所涉及的内容逐一步理论化、系统化。从陶器、玉器、青铜器、古币、瓷器、紫砂壶、杂项等二十多个方面，分门别类地介绍了各类古玩器的人文历史、工艺美术及鉴别等方面的知识，几乎涉及中华古玩的各个领域。既充分地把握了古玩明晰的系统性，又解决了事物与文的结合。

　　神话和传说为这一段历史增添了许多浪漫主义和英雄主义色彩；史前文明时期的文化遗存为我们了解那段没有文字记载的历史提供了丰富的实物资料。

　　1954年西安半坡遗址出土的一百多件陶器上发现的刻划符号共一百余个，二十余种。这种符号，应看做中国最古老的文字。原始社会后期，彩绘十分盛行，在考古挖掘出土的众多彩陶中，彩陶上都绘有三角纹、线纹等各种纹饰和枝叶、游鱼、人头、几何图案等精美装饰纹样。以仰韶文化彩陶艺术中的"鱼形"占有主要地位。从古至今，鱼被中国民间视为吉祥之物。从彩陶上的颜色来看，新石器时代彩陶的用色，一般多采用黑色或深红色绘花纹。譬如，新石器时代的"鹳衔鱼纹彩陶缸"，就表现了一种原始艺术设计美。原始祖先们用橙红色的底色，在夹砂红陶的外缸壁上绘出鹳、鱼、石斧等珍禽异鸟元素，以线条组合，描绘出鹳的眼睛、鱼身和石斧的形态结构，画面原始古朴，粗犷有力，表现出具有华夏史前文化的艺术绘画特征。

半坡型鱼形图案彩陶盆

庙底沟型鹳衔鱼纹彩陶缸

1971年以来，云南省博物馆在元谋盆地发现了以大墩子为代表的多处新时器时代遗址，这是我国长江上游原始社会晚期文化的重要组成遗址之一。元谋大墩子遗址为新石器时代晚期的文化层，各文化层的出土遗物丰富，包括陶、石、骨、角、牙、蚌器与粳稻、动物骨骼等。大墩子遗址出土生产工具与日常生活用具805件，在这些精美而实用的器物上，绘有人与自然、动物、图腾的印模图案，生动地表明了我们祖先在同大自然斗争中，用自己的智慧创造了悠久的物质文化。

元谋新石器时代陶瓶、鸡形陶壶

1977年，在河姆渡文化遗址出土的大量生活器具上发现，早在新石器时期，我们的祖先们就已经将天然漆用于装饰和美化生活器具了。在今天宁夏银川贺兰山一带的新石器时代的岩画遗址中发现的古岩画，采用写实或抽象的艺术手法，有羊、牛、马、驼、虎等多种动物图案和抽象符号，构图清晰，造型优美，记录了原始人类在3000年前至10000年前放牧、狩猎、征战等生活场景，这是处在萌芽之中的原始刻划艺术。

河姆渡文化时期猪纹钵陶器

贺兰山岩画

　　陶器的发明，揭开了人类利用自然、改造自然的新的一页，具有重大的历史意义，是人类生产发展史上的一个里程碑。

　　从目前所知的考古材料来看，陶器中有新石器时代磁山文化的红陶（公元前6000—前5000年），有仰韶文化的彩陶、灰陶（公元前5000—前3000年），有大汶口的"蛋壳黑陶"（公元前4500—前2500年），有商代的白陶（公元前1562—前1600年），有的西周的硬陶（公元前1066—前771年），还有秦代的"兵马俑"、汉代的"釉陶"、唐代的"唐三彩"等。到了宋代，瓷器的生产迅猛发展，制陶业趋于没落，但是有些特殊的陶器品种仍然具有独特的魅力，如宋、辽三彩器和明、清至今的紫砂壶、琉璃、珐琅器及广东石湾的陶塑等，都别具一格，备受赞赏。

第二节　　陶器种类及其特征

一、红　陶

红陶是新石器时期出现的一种器表呈红色的陶器，是中国最早

大汶口文化时期兽形红陶尊

仰韶文化时期船形彩陶壶

仰韶文化时期人头器口红陶瓶

的陶器品种之一。人类发明陶器以红陶为主，灰陶、黑陶次之。早在新石器时代的磁山文化时期，就已经出现敞口直壁平底夹砂红褐色陶盂、陶支架等生活用具。红陶分细泥红陶和夹红陶两种，主要原料是黏土。它的烧成原理是：陶坯入窑焙烧时采用氧化焰气，使陶胎中的铁转化为三价铁，器表便呈红色。根据陶胎粗细及含砂与否，可分为泥质红陶和夹砂红陶。陶土比较纯净细腻、含细砂极少者，称为泥质红陶，主要做饮食器具和盛储用具；陶土中掺有细砂者，能耐火，主要做炊具，称为夹砂红陶。

二、彩　陶

彩陶发源于新石器时期，是中国最具代表性的原始陶器之一，是人类在新石器时代伴随着相对定居的农耕文化环境下发明的烧陶技术，是指一种绘有黑色、红色的装饰花纹的红褐色或棕黄色的陶器。这一时期的文化，被史学家称为"彩陶文化"，又因其最早发现于河南渑池仰韶村，故又称之"仰韶文化"。根据彩陶时间的先后和艺术风格的不同，一般彩陶文化分成半坡型、庙底沟型、马家窑型、半山型和马厂型等五种类型。

彩陶的器型大多是日常生活用品，常见的有盆、碗、瓶、罐、瓮、钵等。在仰韶文化遗址中发现，这一时期的制陶工艺已经相当成熟，彩陶器皿多为细泥红陶和夹砂红陶。彩陶的造型优美，表面用红彩或黑彩画出绚丽多彩的几何形图案和动物形花纹，其中人面形纹、鱼纹、

鹿纹、蛙纹与鸟纹等形象逼真、生动。不少出土的彩陶器为艺术珍品，如水鸟啄鱼纹船形壶、人面纹彩陶盆、鱼蛙纹彩陶盆、鹳衔鱼纹彩陶缸等。仰韶文化时期的陶塑艺术品也很精巧，有泥塑在陶器上的各种动物塑像，如隼形饰、羊头器钮、鸟形盖把、人面头像、壁虎及鹰等。

我国的彩陶出土较晚，至今不上百年。但是，彩陶的创烧到今天却已有了8000年的历史。彩陶文化分布广泛，时间跨度长，在世界彩陶历史中工艺美术成就最高。从彩陶的历史成就和制作工艺来讲，陕、甘、宁、青诸省区的仰韶文化、马家窑文化和山东的大汶口文化彩陶最具收藏价值。

半坡型小口尖底陶瓶

三、灰　陶

灰陶，亦称灰色陶器，是新石器时期出现的一种器表呈灰色的陶器。灰陶在新石器早期裴李岗文化遗址中已经出现，仰韶文化、龙山文化时期都有一定数量的灰陶，特别是用于蒸煮的器皿，多为夹砂灰陶。到夏代的二里头文化早期（距今大约3500至3800年），以灰陶和夹砂陶为主。

灰色陶器的烧制原理是：坯体入窑以后，用还原焰焙烧，陶胎的铁氧化物还原为二价铁，使陶胎呈现灰色。烧成温度一般在840℃～900℃，最高可达1100℃。根据胎质的粗细及含砂与否，可分为泥质灰陶和夹砂灰陶。龙山文化、屈家岭文化后期等都以灰陶为主。

良渚文化时期灰陶带盖双层簋

四、黑 陶

黑陶，产生于我国新石器时代晚期，是黄河中下游原始文化的杰作。1928年，我国著名考古学者吴金鼎在山东省章丘县龙山镇的考古发掘中，首次发现了这一史前遗存，故被命名为"龙山文化"。因以黑色陶器为主要特征，又称为"黑陶文化"。

据传说，有虞氏、夏后氏都尚黑。墨子行夏道，衣服用黑色布。韩非子说，舜和禹都在木制饮食器、祭器外面涂漆，反映当时崇尚黑色。由此应用在陶器上，就有了黑陶的制造。相传禹制陶于河滨，制陶器远在舜以前，舜以制陶器著称。《韩非子·十过篇》说禹作祭器，外面黑色，里面红色，城子崖遗物中正有一种表面漆黑，里面红色，叫做亮黑色红的陶器。

黑陶，是继仰韶文化彩陶之后的优秀陶种，是最具代表性的原始陶器之一。它出现于新石器时代晚期的大汶口文化（公元前4500—前2500年）、良渚文化（公元前3300—前2250年）、龙山文化（公元前2800—前2300年）、屈家岭文化（公元前2750—前2650年）等遗址中。

黑陶的烧成温度达1000℃左右。黑陶有细泥、泥质和夹砂三种。其中，以细泥薄壁黑陶制作水平最高，有"黑如漆、薄如纸"的

美称。黑陶多为轮制，陶土经过淘洗、轮制，胎壁极薄，再经打磨，烧成漆黑光亮，形制优美，有"蛋壳陶"之称。这一时期的黑陶，以素面磨光的最多，带纹饰的较少，有弦纹、划纹、镂孔等。陶器常见的有盆、盘、碗、罐及豆形器、鼎形器、簋（音鬼）形器、甑（音曾）形器、鬲（音利）形器、鬶（音归）形器等。黑陶种类繁多，制陶技术精巧，说明龙山文化的制陶技艺显然高于仰韶文化。

龙山文化时期高圈足黑陶盘

黑陶选用的泥土来自于黄河下游冲积平原，是黄河在其奔流过程中所携带的大颗粒泥沙沉于河底，经过不断冲刷，流至其下游，因此它的深层泥土土质特别细腻，无沙且黏性大，而且富含多种矿物元素，在烧制中能产生纯黑均匀质感，适合于黑陶制作。

黑陶工艺装饰一般不用彩绘，多朴素无华。工艺以弦纹见

龙山文化时期黑陶罐

长，喜用线雕、浅雕、深雕、镂空等技法，用手工雕刻出凸凹的单线或复线轮纹，使人产生一种节奏和韵律美的感觉，同时也增添了其耐人寻味的艺术魅力。

黑陶工艺具有黑、薄、光、钮四个特点。黑是指陶器表面所呈现纯净的黑色，是以独特的无釉、无彩碳化窑变的古老工艺烧制而成的，出窑后浑然天成，不需再作任何处理，其外观效果黑如漆；薄是指陶器只有0.05～0.1厘米厚，故有"蛋皮（壳）陶"之说；光是指陶器有亮如镜的光泽表面；钮是器物多有穿绳或手持的器耳或盖钮。所以，黑陶也就有了"黑如漆，薄如纸，硬如瓷"的称谓。在器物烧成的最后一个阶段，从窑顶徐徐加水，使木炭熄灭，产生浓烟，有意让烟熏黑而形成黑色陶器。黑陶是继彩陶之后，中国新石器时代制陶业出现的又一个高峰。

五、白　陶

白陶是一种呈白色的素胎陶器，出现于新石器时代中期，商代后期发展到顶峰，至西周逐渐衰落。白陶在河南豫西一带的龙山文化晚期和二里头文化早期遗址中就有发现。

新石器时期至商代的白色陶器，是用高岭土烧制而成，质地洁白细腻，器形多为生活用品，如壶、罍（音雷）、鬶（音善）、卣（音酉）、簋（音鬼）等。其纹饰主要吸取青铜器的装饰纹样，如兽面纹、饕餮纹、夔（音奎）纹、云雷纹、曲折纹等。其装饰方法有刻纹和浅浮雕两种。

新石器时代白衣色陶钵

"中华古玩艺术"丛书古玩所涉及的内容通一步理论化、系统化，从陶器、瓷器、紫砂壶、玉器、青铜器、古币、书画、杂项等二十多个方面，分门别类地介绍了各类古玩器物的人文历史、工艺美术及鉴别、料伪伪等方面的知识。几乎涉及中华古玩的各个领域，既无分地把握了明确的系统性，又解决了物与文的结合

古玩

"中华古玩艺术"将古玩所涉及的内容进一步
理论化、系统化。以陶器、瓷器、紫砂壶、玉
器、青铜器、古币、杂项等二十多个方
面，分门别类地介绍了各类古玩器物的知识。一方
面，工艺美术及鉴别等方面的知识，另一方
史，分门别类地把握了神传等方面的知识。几
乎涉及中华古玩的各个领域，既分地把握了
明确的系统性，又解决了物与史的结合。

大汶口文化时期白陶鬶

　　白陶以瓷土和高岭土为原料，是在1200℃左右的温度中烧成
的陶器，由于胎质中所含氧化铁比例极低，大约只有1.6%，因此烧
成后表里和胎质都呈白色。白陶多为手工制作，兼有泥条盘制和轮
制法，其纹饰是用印模在做好的坯胎上捺印出来，最初只是出于防
止器物变形，有加固陶坯的目的，故早期的印纹陶上多留有布纹、
席纹和绳纹的痕迹，后随技术的提高和人们审美能力的发展，纹样
逐渐趋于丰富、精美。印纹陶的纹样均为几何形，主要有水波纹、
米字纹、回纹、方格纹、编织纹、云雷纹。其纹饰多与器形相协
调，如曲折纹、云雷纹、回纹等较粗犷的纹样，多用于瓮、坛及较
大的罐等。而小件的盂、钵等多饰以米字纹、方格纹等细密、秀美
的纹样，其中尤以商、西周、春秋时期的纹饰线划均匀，结构严
谨，且富有韵律感。因其比一般陶器胎质坚硬且洁净美观，在当时
多为统治阶级所用。夏商时器形主要有酒器和豆、钵等食器，器表
多刻饕餮纹、夔纹、云雷纹和曲折纹等精美图案，是仿同期青铜礼
器的一种极珍贵的工艺品。

六、硬　陶

　　硬陶，亦称印纹硬陶，是古代陶器的一种。在江西、湖南和福
建等地的新石器时代晚期遗址中都有出土。
　　西周的硬陶，在长江中下游地区发现较多，黄河中下游地区

也有少量发现。西周是印纹硬陶发展的兴盛时期，其胎质原料根据化学组成分析，基本接近原始青瓷。因印纹硬陶所用原料含铁量较高，胎色较深，多呈紫褐、红褐、黄褐和灰褐色。印纹硬陶坚固耐用，绝大多数是贮盛器。胎质比一般陶器坚硬、细腻，烧成温度较高，器表拍印有以几何形图案为主的纹饰。陶器表里、胎质多呈紫褐色、红褐色、灰褐色和黄褐色。其中以紫褐色硬陶烧成温度最高，有的已达烧结程度。成型基本上采用泥条盘筑法。

原始社会硬陶

七、"兵马俑"

秦代的陶器制作十分普遍，尤其在陶塑方面取得了突出的成就，具有很高的艺术水平。举世闻名的秦始皇陵兵马俑，大量出土的陶俑、陶马、陶战车，充分反映了秦代雕塑工艺的卓越成就。

秦兵马俑是秦始皇陵陪葬的兵马陶塑群。1974年在陕西临潼县秦始皇陵东侧出土，共有4处，每处均为土木结构建筑，在地面以下2米左右。一号坑为东西向的长方形坑，长230米，南北宽62米，四周各有五个门道，占地14620平方米，有6000多个兵马俑；二号坑东西长124米，南北宽58米，面积约6000平方米，出土步兵俑596件，木质战车87乘，车士216件，陶马356件，骑士116

秦始皇陵武士俑

"中华古玩艺术"将古玩所涉及的内容进一步理论化、系统化。从陶瓷、青铜器、古币、书画、杂项等二十多个方面，分门别类地介绍了各类古玩器物的人文历史、工艺美术及鉴别仿伪等方面的知识，几乎涉及中华古玩的各个领域，既充分地把握了明确的系统性，又解决了物与史的结合。

件，马鞍116件；三号坑面积仅约520平方米，东西长17.6米，南北宽21.4米，呈"凸"字形状，出土木制战车1乘，陶马4匹，武士俑68件，坑内陶俑以夹道式排列。兵马俑各坑共发掘出7000件秦代陶俑及大量的战马、战车和武器，规模之大，陶俑之多，艺术价值之高，堪称迄今为止世界帝王陵墓之最，代表了秦代雕塑艺术的最高成就。

秦兵陶俑陶马，体形高大，形态生动，采用现实主义艺术手法，塑造出了众多的武士俑，他们昂首挺胸，胸前有彩线挽成的结穗。军吏头戴长冠，数量比武将多。列队的武士俑凛然伫立，神态威严勇猛，具有典型的古代中国人的气概。他们身穿铠甲，腿挂行滕（裹腿），足登方口齐尖履。战袍和衣裤的衣褶贴体，圆润无皱。有的手持刀剑，有的手握长枪。兵马俑的车兵、步兵、骑兵列成各种阵势。陶马大小和真马接近，一般高约1.70米，长2米左右，体态劲健，双耳竖立，有的张嘴嘶鸣，有的闭嘴静立，似以待命。

秦始皇陵陶马俑

兵马俑多用模塑结合的方法制成。从绘制工艺上看，先用陶模作出初胎，再覆盖一层细泥，然后进行加工刻划着彩。秦俑彩绘主要有朱红、枣红、绿、粉绿、蓝、湖蓝、中黄、枯黄、桔黄、赭、白、黑等十几种，其中以朱红、粉绿、赭色为主。不同的部位用不同的色彩，以体现彩俑的质感。秦俑彩绘工序复杂，手法多样，着色讲究，充分显示了彩绘的层次和质感，使雕塑与彩绘达到相得益彰的艺术效果。从制作工艺上看，陶俑、陶马的头、手、腿都是采用分模制作，然后黏接。有的陶俑是先烧后接，有的是先接后烧。兵马俑的烧制，火候匀，色泽纯，硬度大，不裂又不变形。秦始皇兵马俑陪葬坑，宏大的陶艺工程，反映了秦代窑技彩绘的高度水平，体现了我国古代劳动人民的伟大智慧，它是迄今世界上最大的地下军事博物馆，被人们称为世界第八大奇迹。

秦始皇陵兵马俑

相关链接

中国秦始皇陵兵马俑博物馆

中国秦始皇陵兵马俑博物馆位于陕西省西安市临潼县秦陵镇。1974年在秦始皇陵东约1.5公里的地方，发掘出三个秦始皇大型兵马俑坑。1975年后，在原址上建成了一座以拱形钢架为主体的卷棚式结构的半地下式秦兵马俑展览大厅。除展览大厅外还设有陈列室。一号坑呈长方形军阵，由步兵和战车组成的秦军排列有序主体部队。二号坑由兵车、步兵和骑兵穿插组成混合军阵。三号坑是统领一、二号坑的秦军的军事指挥中心。1979年建成并正式对外开放。1987年12月，秦始皇陵兵马俑被世界教科文组织列为"世界遗产名录"的文化遗产。秦始皇陵是世界上规模最大、结构最奇特、内涵最丰富的帝王陵墓之一，可以说是世界第八大奇迹，它可以同埃及的金字塔和古希腊雕塑相媲美，是世界人类文化的宝贵财富，而它的发现本身就是20世纪中国最壮观的考古成就。秦始皇陵兵马俑充分表现了2000多年前中国人民巧夺天工的艺术才能，它是中华民族的骄傲。

一中华古玩艺术，将古玩所涉及的内容进一步理论化、系统化。从**陶器**、**武器**、**紫砂壶**、**玉器**、**青铜器**、**古币**、**书画**、**备墙**等二十多个方面，分门别类地介绍了各类古玩器物的人文历史、工艺美术及鉴别，畅价等方面的知识，几手涉及中华古玩的各个领域，既充分地把握了明确的系统性，又涉及了物与史的结合。

秦始皇陵兵马俑

八、釉 陶

釉陶是汉代出现的一种在釉料中加入助熔剂——铅的釉陶陶器，又称"铅釉陶"。铅釉陶的烧制成功，是汉代制陶工艺的杰出成就。

中国的釉陶大约是在公元前4世纪的战国中期出现的。据国内的考古资料，西汉武帝时期出现了铅釉陶，以黏土做胎，以铅的化合物作为基本助熔剂，主要呈色剂是铜和铁，在氧化气氛中烧成。铜呈现翠绿色，铁呈现出黄褐和棕红色。釉层清澈透明，

釉面光泽平滑。开始时只施绿、褐黄等单色釉，到王莽时期出现同时施黄、绿、酱红、褐色的复色釉。东汉是釉陶最发达的时期，但基本上都是明器。釉陶器的种类有壶、樽、罐、洗、博山炉、瓶等，还有坞壁建筑模型和俑人、猴、鸭、狗、鸡等陶塑；此外，新出现了黑色釉。中国釉陶的着色剂，绿色是铜，酱黄色、褐色、黑色是铁，熔剂是铅。据化验，东汉绿釉陶器釉的成分中，硅酸占29.91％，氧化铝占65.45％，氧化亚铁占0.80％，氧化铜占2.60％，钙、钾、钠等碱金属的氧化物占0.94％。烧成温度在700℃～800℃之间。

［三国·吴］青釉鸡首壶

九、"唐三彩"

唐代的陶瓷，除了青瓷、白瓷为主体的瓷器系统外，又出现了一朵奇异的陶器之花——"唐三彩"。

唐三彩，是一种盛行于唐代的陶器，是在白地陶胎上，刷一层无色釉之后，以黄、绿、青三色，在器皿上绘画花朵、斑点或者几何纹等图案，再烧制而成，有各种色彩斑斓的色釉人物、动物和日常用品，色彩艳丽，造型生动。后来，人们习惯地把这类彩色陶器称为"唐三彩"。唐代是中国封建社会的鼎盛时期，经济上繁荣兴盛，文化艺术上群芳争艳，唐三彩就是在这样一个鼎盛时期里产生出的一种彩陶工艺品。

唐三彩的制作地点，分布在长安和洛阳两地。在长安烧制的称

［唐］三彩女立俑

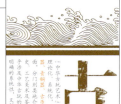

一中华古玩艺术（将古玩所涉及的内容进一步理论化、系统化，从陶器、瓷器、紫砂壶、玉器、青铜器、古币、书画、杂项等二十多个方面，分门别类地介绍了各类古玩器物的人文历史、工艺美术及鉴别等方面的知识，几乎涉及中华古玩的各个领域，既充分地把握了明确的系统性，又解决了物与史的综合

"西窑"，在洛阳烧制的称"东窑"。唐代厚葬之风盛行，唐三彩制品一般作为明器之用。据《唐会要》记载："王公百官，竟为厚葬，偶人像马，雕饰如生，徒于炫耀路人，本不因心致礼，更相扇动，破产倾资，风俗流成，下兼士庶。"由此看出，大量制作明器厚葬，不仅王公百官，而且下兼士庶，形成了一种社会风气。

唐三彩的制品大致分为：器皿、人物、动物。唐三彩器皿有碗盘、水器、酒器、文具、家具、炉、建筑模型等。唐三彩人物有妇女、文官、武士、牵马俑、胡俑、天王等。唐三彩动物有鸟、狮、骆驼、马等。骆驼是唐代通往西域的重要交通工具，反映着唐代丝绸之路贸易通商的情景。

唐三彩的产生已有1300多年的历史了，它吸取了中国国画、雕塑等工艺美术的特点，采用轮制、模制和雕塑等制作方法。唐三彩的大型器皿多是轮制，异型器物采用模制，人物、动物则多用雕塑。唐三彩的装饰图案多用堆贴、刻画等形式的装饰图案，线条粗犷有力，色彩艳丽张扬。唐三彩的装饰方法主要有印花、划花、洒花、堆花、釉下彩、绞釉和绞胎等。早期多采用堆贴，中期流行划花，晚期则出现了绞釉和洒花等方法。

［唐］黑釉三彩马

［唐］三彩胡人牵骆驼俑

第三节　　陶器工艺

陶器的出现，是新石器时代的主要特征之一。陶器是一种专门的陶土制作技艺，是根据不同的用途对原料进行加工，并根据原料需要选择火烧的温度。陶器的制作方法往往是按照器物的需要进行，小型的器皿用捏制，较大的器物，则要搓成泥条，盘筑成器型，或者几部分相接，然后表里抹平，加以修整成器。

陶器的表面加工方法多样，这里主要介绍压磨和压印两种方法。压磨是用平滑的石子在陶坯上压磨使之光滑。施加陶衣，进而加以彩绘。压印是用特制的工具在陶坯上压出绳纹或条纹，从而使得陶壁坚实，也使压纹成为装饰，增加陶器的艺术美感。除此之外，还有堆贴和刻划等多种方法。

新石器时代的陶器工艺是原始手工业的重要组成部分，是最具特色的一种工艺美术，主要代表陶器有：彩陶、黑陶、几何印纹陶等。

一、彩　陶

新石器时代的晚期，制陶技术已经发展到很高的水平，能够制作出非常精美的"彩陶"。所谓"彩陶"，是指一种绘有黑色、红色装饰花纹的红褐色或黄棕色的陶器。历史学家们把这个时期的文化，称为"彩陶文化"。因为彩陶最早是在河南渑池仰韶村发现，所以也叫"仰韶文化"。

彩陶分布的地区很广，黄河中上游的河南、河北、山西、陕西、甘肃、青海等地有仰韶文化；黄河下游和淮河下游有大汶口文化和青莲冈文化；长江中下游有河姆渡文化和屈家岭文化。这些不同地区、不同文化的彩陶工艺各具特色，形成了不同的彩陶类型。彩陶的工艺根据彩陶文化时间的先后、艺术风格特点的不同，分为半坡型、庙底沟型、马家窑型、半山型、马厂型等。

半坡型：史称"仰韶半坡型彩陶"。半坡型彩陶分布在渭河流域，以陕西的关中平原为中心，向四周扩散发展，往西达到甘

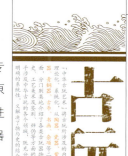

肃陇东的天水、平凉地区，大约在公元前4000—前5000年。半坡型陶器早期以红陶为主，晚期灰黑陶增多。其品种主要有水器、饮食器、储盛器、炊器。其装饰方法有捺印、划纹、堆饰等。其装饰花纹以宽带纹为主，还有折线纹、三角纹、斜线纹、菱形纹、辫形纹等几何图案。

半坡型鱼形纹彩陶盆正面图

半坡型陶器的鱼形花纹，是最具有代表性的装饰纹样，有十余种。鱼纹多饰于卷唇折腹圜底盆的肩部或卷唇圜底盆的内璧。鱼纹又可分为单体鱼纹和复体鱼纹两类。

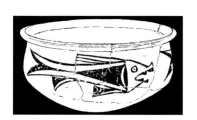

半坡型鱼形纹彩陶盆墨图

在半坡型彩陶的纹饰中，人面鱼纹最具特色。"人面鱼纹彩陶盆"为新石器时期儿童瓮棺的棺盖。仰韶文化时期流行一种瓮棺葬的习俗，把夭折的儿童置于瓮中，以瓮为棺，以盆为盖，埋在房屋附近。人面鱼纹彩陶盆内画有人面，人面两侧各有一条小鱼附于人的耳部。人面为圆形，眼以上涂成黑色或空白的三角形。有史学者根据《山海经》中曾有巫师以两蛇作耳环的说法，认为人面鱼纹表现的是巫师以两蛇作耳环，寓意为巫师请蛇附体，进入冥界为夭折的儿童招魂。

半坡型人面鱼纹彩陶盆俯视图

　　庙底沟型：庙底沟型彩陶是在半坡型彩陶的基础上发展起来的，距今约2780年至3900年。庙底沟型彩陶的分布以陕西的关中平原为中心，向四周扩散发展，东至山西南部、河南西部，西达甘肃的陇东、陇西、陇南以及青海的东部。

　　庙底沟型彩陶的造型，以大口鼓腹小平底钵最为典型。庙底沟型彩陶较少使用白色陶衣，多是在赭红色的陶胎上施以黑彩，很少运用红彩或红黑两彩装饰。庙底沟型彩陶的装饰多用带状纹、垂弧纹、平行条纹、圆点纹、回旋钩连纹、网格纹等几何纹样，还有花瓣纹、羽状叶纹、鸟纹等。

　　庙底沟型彩陶多用直线和曲线结合，构成曲边三角形。纹饰的黑白双关是它的重要特征，有律动之美，富有节奏感。

庙底沟型彩绘鹳衔鱼纹彩陶缸

《中华古玩艺术》讲古玩所涉及的内容进一步理论化、系统化。从陶器、青铜器、古币、瓷器、紫砂壶、玉器、杂项等二十多个人文历史、分门类地介绍了各类古玩器物的知识，几乎涉及中华古玩的各个领域，既无分地把握了工艺美术及鉴别、辨伪等方面的知识，又解决了收与史的结合，明晰的系统性。

古玩

庙底沟型彩陶钵

马家窑型彩陶罐

马家窑型：马家窑文化是仰韶文化向西发展的一种地方类型，大约在公元前3300—前2050年。马家窑文化以彩陶器为代表，它的器型多样，图案极为丰富，是我们远古先民创造出来的灿烂文化，也是彩陶艺术发展的顶峰。马家窑型彩陶，主要分布在甘肃和青海等地。马家窑型彩陶晚于半坡型、庙底沟型，根据考古出土的地层分析，它是由庙底沟型发展和分化而来的。

马家窑型彩陶的造型有壶、罐、翁、盆、钵、豆、碗等，以大口的盆、钵为主，陶器多以小口的壶、罐为主。

马家窑型菱形锯齿纹人头饰彩陶壶

马家窑型彩陶的装饰内容十分丰富，装饰多用同心圆为中心组成的器皿图案，运用曲线和直线的组合，产生对比的艺术效果。

马家窑型彩陶的艺术特点，可归纳为以下几个特点：一是满。马家窑型彩陶的装饰，从器物的口沿到接近底部，几乎都装饰满了线条花纹，显得多而满。二是内彩。器物的内壁绘彩，是马家窑型彩陶的一种常见的装饰方法，也有内外都加彩的。三是点和螺旋纹。点的运用，成为那个时期装饰的特点，在点的外面围以螺旋纹。因此，马家窑型彩陶的艺术风格，可用旋动、流畅来概况。在马家窑型彩陶中最具艺术特点的是"舞蹈纹彩陶盆"。

马家窑型舞蹈纹彩陶盆

"舞蹈纹彩陶盆"高14厘米，口径29厘米，底部10厘米。彩陶盆为卷唇平底，内壁绘有四道平行带纹，最上一道较粗，口缘处也有一圈带纹，上下两组纹饰间有舞蹈人三组，每组两边用内向弧线分隔，两组弧线间还有一条斜向的柳叶形宽线。舞蹈纹每组五人，手拉手，面向一致，踏歌而舞，头上有辫发，外侧的两人的一臂均为两道线，表示舞蹈动作，动作欢快活泼而又协调统一，生动地反映了原始时期先民们的生活场景。更值得注意的是，在陶盆上每个人物的体侧都有一尾状物，可能是模拟动物的一种装饰。舞蹈人足下的四道平圆圈线，也可能是表示人们在湖边或坡地进行舞蹈表演的情景。彩陶盆的外壁用三道线装饰，它模拟三道绳圈将陶盆紧紧地捆扎着。"舞蹈纹彩陶盆"是一件杰出的新石器时期彩陶制品。

据民俗学的考证，舞蹈在氏族社会时代就已经有了很大的发展，这主要是因为原始人类生活在真正自由、平等的社会中。传说，"凡音乐以舞为主，自黄帝云门（舞）至周大武（舞），皆太庙舞。乐所以乐君之德，舞所以象君之功"。这些传说当然大都是后人凭想象而载。因为当时的人还没有我们今天所有的伴奏乐曲，他们只能手拉手踏歌起舞。但是氏族社会时代已有了歌舞，这一点是可以断言的。

半山型：半山型的称谓，是以首次在甘肃宁定县半山地区发

"中华古玩艺术"将古玩所涉及的内容进一步理论化、系统化，从园器、青铜器、古币、书画、杂项、紫砂壶、玉器等二十多个方面，分门别类地介绍了各类古玩器物的人文历史、工艺美术及鉴别、辨伪等方面的知识，几乎涉及中华古玩的各个领域，既充分地把握了明确的系统性，又解决了物与史的综合

古玩

"中华古玩艺术"将古玩所涉及的内容进一步
理论化、系统化。从图器、无器、青铜器、古币、
书画、玉器等二十个方面，分门别类，介绍了各类
古玩器物的人文历史、工艺美术及鉴别、辨伪等方
面的知识。几乎涉及中华古玩的各个领域。既充分
地揭示了明确的系统性，又解读了物与史的结合。

现而得名，距今约4500年。半山型彩陶的造型，主要是以短颈、广
肩、鼓腹的彩陶罐为特点。罐体近似球形，底部微向内收，形成小
底。器体较矮，器腹的直径与高度几乎相等。

半山型旋涡纹彩陶壶

半山型彩陶的装饰，其图案大体可以分为两种：一是旋涡纹
（又称螺旋纹）装饰纹样。半山型彩陶的旋涡纹有的排成单独的个
体，有的彼此钩连。二是用葫芦形纹作面的分割，使装饰面分割为
数个单位。半山型彩陶多以曲线为主，还常见锯齿纹陶器。陶器上
彩绘的线条红、黑相间，产生一种视觉流动之美。

马厂型：马厂型彩陶是在青海乐都县马厂区域新石器时代晚期
的墓葬里发现的，它是由半山型彩陶发展而来，距今约4000年。

马厂型彩陶的造型以罐为主。其中，小口双耳罐最为典型。除
此之外，马厂型彩陶还有提梁罐、双连罐、带流罐、鸭型壶、豆、
勺等器物。

马厂型彩陶的装饰，常见的有折线纹、回纹，以人形纹（又叫
蛙纹）最具特色。马厂型彩陶盛行陶衣，即在陶器表面上涂一层泥
浆，采用"色衬"的方法，在陶胎上先用黄褐色衬地，再绘黑色图
案，以增强陶器装饰的色彩对比效果。

马厂型彩陶具有简洁、大方的艺术风格。它的装饰不及半山型
精制，但显得粗犷、豪放。在马厂型彩陶装饰中网纹最具特色，几
十根或上百根交织在一起形成方格形网纹图案，线条流畅规整，反
映了当时原始祖先熟练的描绘技艺。

从中国文化学的角度上讲，如果说彩陶花纹是原始氏族部落的

马厂型彩陶神人纹壶

图腾标志，或是具有特殊意义的符号。那么，仰韶文化的半坡型与庙底沟型分别属于以鱼和鸟为图腾的不同部落氏族。马家窑型分别属于以鸟和蛙为图腾的两个部落氏族。鸟纹经过一个时期的发展，到马家窑型时期即已开始漩涡纹化，而马厂型的大圆圈纹，形象模拟太阳，可称为拟日纹，它是马家窑型的漩涡纹的继续发展。可见，鸟纹同拟日纹本来是有联系的。

在我国古代的神话传说中，有很多关于鸟和蛙的故事，这些都可能和原始图腾崇拜有关。后来，鸟的形象逐渐演变为代表太阳的金鸟（即太阳鸟），蛙的形象则逐渐演变为代表月亮的蟾蜍。综观半坡型、庙底沟型到马家窑型的鸟纹和蛙纹、半山型和马厂型的拟日纹，大概都是太阳神和月亮神的天象崇拜在彩陶花纹上的体现。

中国彩陶有两个特点：一是彩陶图案从具体到抽象的过程与中国文化观念的演进同步；二是彩陶图案的结构与中国美学的基本法则相合。中国彩陶图案由具体物象到抽象图案的演化，有迹象可循的有鱼的抽象化（半坡型彩陶）、鸟的抽象化（庙底沟型彩陶）、蛙的抽象化（马家窑型彩陶）、人兽合一的抽象化（半山型、马厂型彩陶）等。上古的中国文化，在从原始感性的自然崇拜向识知理性的天人合一的演化中，原始社会层面中原始的神变为人世间的三皇五帝。这一时期，神话历史化了，人物宇宙化了，人可以"赞天地之化育"，与天地"相参"；在宇宙论层面是原始的帝和神转化为气的宇宙。由神到气，由人到天，是一个

由实到虚的过程。原始彩陶图案由具象到抽象、由实到虚，正应合了这种思想演化的轨迹。

中国彩陶蕴涵有两大艺术法则：以圆为上和仰观俯察。彩陶器型大都为圆形，将具象图案绘集于圆周，形成视觉焦点，以点带面，面向四方，形成一个既没有起点也没有终点的哲学思想，体现了中国原始社会"天圆地方"的素朴宇宙观。彩陶注意"仰观俯察"、由上观下的视觉效果，如瓶与罐，在绘制四方图案之前就考虑照顾到瓶、罐颈口边缘处的图案位置，使得由上观下俯视时，也能形成一幅完整和谐的图案。这也是后来在诗、书、画和建筑中广泛应用的艺术法则。

新石器时代鱼鸟纹彩陶壶

新石器时代漩涡纹彩陶瓶

新石器时代鱼纹簋形彩陶　　新石器时代鸟纹彩陶壶

常见陶器纹路图

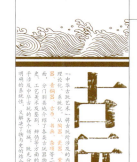

"中华古玩艺术"将古玩所涉及的内容进一步理论化、系统化。从陶器、瓷器、紫砂壶、玉器、青铜、书画、杂项等二十多个方面，分门别类地介绍了各类古玩物的人文历史、工艺美术及鉴别，种仿等方面的知识，几乎涉及中华古玩的各个领域，既先分地把握了明确的系统性，又解决了物与史的结合

二、黑　陶

在新石期时代晚期，当我国中原和西北地区的彩陶工艺衰落之后，在黄河下游和东部沿海的广大地区，悄然兴起了另一种文化，这种文化以出现较多的黑色陶器为特征，所以称之为"黑陶文化"。由于这种文化最早发现于山东历城龙山镇，所以也称"龙山文化"（公元前2800—前2300年）。龙山文化可以分为四种类型：即黄河流域的早期龙山文化；陕西、河南龙山文化；典型龙山文化；长江下游的良渚文化（公元前3300—前2250年）。

「中华古玩艺术」将古玩所涉及的内容进一步理论化、系统化。从陶器、瓷器、青铜器、古书、杂项等二十多个方面，分门别类地介绍了各类古玩器物的人文历史。工艺美术及鉴别、辨伪等方面的知识，几乎涉及中华古玩的各个领域，既充分地把握了明确的系统性，又融会了物与史的结合。

新石期时代晚期，黑陶的工艺已经由手工的泥条盘筑法发展到轮制法。轮制法的运用使得器物浑圆工整，器皿的口、腹、底逐步规范到正圆的形式。黑陶的陶胎厚薄均匀，从而大大地提高了制陶的生产。

黑陶的工艺具有黑、薄、光、纽四个特点。黑指陶器具有乌黑的色彩；薄指陶器的陶胎薄，所以黑陶又有"蛋皮陶"之称；光指黑陶具有光泽的器表；纽指陶器的特征，器物上多有穿绳或手持的器耳和盖纽。黑陶的造型比之彩陶的工艺更加丰富多彩，陶器的品种除了尖底瓶、罐、盂等彩陶工艺的造型外，还大量出现了鬲、甗（音彦）、豆、斝（音贾）、鬶（音归）、簋（音鬼）、杯、甑（音曾）等品种。黑陶的工艺装饰一般不用彩绘，除用镂空的手法雕镂花纹外，大多的器皿装饰都朴素无华。在陶器在轮制过程中，往往在器皿上形成凹凸的单线或复线轮纹（或称弦纹），给人一种流动中的节奏之美。

新石器时代黑陶

新石器时代黑陶

三、几何印纹陶

在新石期时代晚期，我国的制陶工艺，除了早期以黄河中上游为中心的彩陶，以及继以黄河下游为中心的黑陶工艺外，长江以南广大地区又出现了另一种陶器，这种陶器被人们称之为"几何印纹陶"。有很多线索可以说明这一时期陶器上的几何纹样是由鱼形的纹样演变来的，也有的是由动物图案演变而来的。如螺旋形纹饰是由鸟纹变化来的，波浪形的曲线蚊和垂幛纹是由蛙纹演变而来的。这些纹样题材可能来源于当时不同的原始氏族部落的图腾标志。

几何印纹陶，可以分为印纹软陶和印纹硬陶两种。印纹软陶分泥质和细砂质，印纹软陶的火度较低，胎作红褐色、灰白色或灰色。印纹硬陶的火度较高，胎作灰色。器形有罐、尊、瓿（音部）、簋、豆、盘杯、盂等。

新石器时代蛙纹彩陶罐

新石器时代方格纹彩陶罐

新石器时代方格印纹彩陶

几何印纹陶的制作工艺，有手制、模制和轮制几种。陶器上的几何形花纹，是在陶坯未干前用印模按照所定部位捺印上去的，然后再进行烧制而成。有的由于印模的捺印部位不准，所以花纹往往有重复交错的纹样。这类几何纹常见的有水浪纹、米字纹、回纹、方格纹、编织纹、绳纹等数十种。

第四节　　陶器的鉴定与收藏

一、陶瓷鉴定

鉴定古陶瓷可以从以下几个方面入手：

辨真伪："辨真伪"就是要掌握"真"和"伪"陶瓷的陶器特征、纹样特色，因为各个历史时期，各个窑口的陶瓷都有自己的特征和属性。

胎体：仿制品胎体轻重不一，这是因为仿制品与真品所用胎料不同，也不可能相同。现代造假古陶瓷者，用计算机等最新科技手段分析作伪对象的胎、釉成分、配方及模拟古器的烧成窑炉气氛，乃至仿造古代窑炉等，所仿古器在胎、釉手感、外观上几可乱真，不易辨真伪，但鉴定者可从真、伪品的其他方面去突破，主要是不同时代的人的社会文化因素在器物上的反映。

胎质：仿制品胎质细腻糠软，而古陶胎质细密、坚硬，且无法仿制。鉴定方法只要在陶器上滴一滴水，水迅速渗透到陶器中的必定为仿品或赝品。

轮廓线：仿制品轮廓线条生硬。曲直纹路不一。仿品上的各部位的轮廓线线条过于精细，所以生硬呆板，远不及真品的流畅自然。

泛铅：无论是否经过水侵或土埋，古陶经历了上百数千年的氧化，器物上都会有一种"泛铅"现象，即古陶表面的黑斑点，这一点是现代仿品永远无法仿制的。

造型：仿制品的器物纹饰存在过于强烈、夸张的手法特征，看上去极不协调自然，有的仿得非驴非马。这是因为造假者既想仿得像，又想仿得真，再加之运用现代的高科技手段所导致的。其实，越是年代久远的古陶，造型做工越是粗糙，反观现代仿品，瓷胎细腻，造型做工较为精致。在仿品的古玩器物中，现代的仿品其造型多为兵马俑、仕女像和动物类中小器，仿造大器的比较少。

工艺：汉代陶俑一般为红陶、浅灰陶、灰褐陶，大都是手捏成型，洗尽土锈后，在耳朵处用放大镜看，偶尔还会看到大拇指的指纹。一般到汉代的汉俑都是经过合模加捏、刻划、堆塑等多种手法制成，范线清晰。从工艺上讲，真品汉俑整体是由两个以上部分构成，尤其是头颈部分都留有间隙，即头都是套上去的。新仿汉俑大都是用真品翻模，一次成型，没有经过合范工艺，没有留下合范后用竹片等工具削刮的遗痕。

土锈：土锈是鉴定陶俑的重要手段。土墓出土的到代陶俑，几乎布满了风化的痕迹，表层很酥。风化严重的，土锈与陶胎浑然一体，用手指甲轻轻一刮，土锈与陶体表层如粉末状落下。如果风化不严重，土锈相对就比较硬。而崖墓出土的汉代陶俑，表面局部会带有一些附着牢固的白色黏结，这是由崖墓中的碳酸钙自然形成的，其厚薄不匀，分布散乱。新仿的汉代陶俑的土锈，一般是直接用水掺和墓土刷上去的，再经过太阳曝晒，这种假土锈一擦拭就很容易掉落。有的陶俑还用水掺胶水再沾墓土、黄土、汉砖粉末，扑打在陶俑表面上。这类陶俑如用布稍加擦拭，假土锈就脱离。

另外，鉴定古陶瓷还要学会断年代、判窑口。断年代，就是要对古陶瓷制造的年代进行断定和推理，还要对古陶瓷所属年代的历史背景、文化特征、民间习俗等进行研究和归纳。判窑口，就是要对古陶瓷的窑口进行地域性、特征性的考证和判别。这些对鉴定古陶瓷是十分重要的。

二、陶瓷收藏

除污：一般的污渍、土锈可以用碱性稀释后的溶液浸泡，可根据污渍的多少确定浓度和时间。

季节：冬季洗刷薄瓷胎的器物时，要谨慎控制水温，防止冷热

不均或过热使器物破裂。

护彩：粉彩瓷器有的由于年代过久，彩瓷上色彩中含铅成分多，出现了釉面泛铅现象，所以一定要小心翼翼呵护，除污时可以用棉签蘸淡硝酸擦去，再用清水冲洗。洗刷时最好用木盆和塑料盆，不要直接在瓷盆里洗刷。

第三章　瓷器

第一节　概　说

　　瓷器，是中国古代的一项伟大发明。在漫长的岁月中，勤劳智慧的中国先民们点土成金，写下了光辉灿烂的篇章，为人类文明作出了巨大的贡献。享有盛誉的中华瓷器，已成为世界各大博物馆里耀眼的明珠，也将越来越广泛地成为中国和世界各地专家学者的研究对象，并为广大收藏家和陶瓷爱好者所珍藏。

　　中国瓷器的发明和发展，有着从低级到高级、从原始到成熟逐步发展的过程。早在公元前1600—前1046年的商代，我国已出现原始青瓷，再经过1000多年的发展，到东汉时期终于摆脱了原始瓷器状态，烧制出成熟的青瓷器，这是我国陶瓷发展史上的一个重要里程碑。

　　东汉烧制成功青瓷之后，我国在六朝时期进入了瓷器时代。经过六朝（三国、两晋、南北朝）和隋代共330多年的发展，到了唐朝，政治稳定、经济繁荣、社会的进步促进了制瓷业的发展，形成"北白南青"两大窑系。北方以邢窑白瓷"类银类雪"为代表；南方以越窑青瓷"类玉类冰"为典范。同时还烧出成熟的黑、黄、花瓷，最引人注目的是创烧出中外闻名的唐三彩和釉下彩。《景德镇陶录》称"陶至唐而盛，始有窑名"，这时各地制瓷中心都有了窑名，这反映了烧瓷的兴盛和不同的艺术特色。

　　唐代经过"安史之乱"，国势日衰。唐灭亡后的五十多年时间里，我国又处于四分五裂状态的局面。北方由后梁、后唐、后晋、后汉、后周五个朝代先后统治黄河流域。南方各地存在着前蜀、吴、闽、吴越、楚、南汉、荆南、后蜀、南唐、北汉等十个政权。历史上称为"五代十国"。五代虽然历史短暂，但是陶瓷工艺仍取得一定的成就，其中最有特点是钱越的越窑，这种精美的越器禁止民间使用，因而又称之为"秘色瓷"。另外，五代时期还有一种叫做"柴窑"的瓷器。传说创烧于后周，窑址在河南郑州。柴世宗曾批其款式为"雨过天青云破处，者般（即这般）颜色作将来"。这类记载，最早见于明代有关陶瓷的著作，如曹昭的《格古要论》、张应文《清秘藏》、文震亨的《长物志》、高濂的《燕闲清赏笺》

等。清代一些论瓷的著作，则更是添枝加叶，神秘渲染，但未见实物。至今，柴窑的窑址尚未发现，既无实物可考，又无论据可言。所以，柴窑是不是存在，仍是陶瓷史上一个悬而未决的问题。

宋代是我国瓷器空前发展的鼎盛时期，出现了百花齐放、百花争艳的瓷业局面，名窑遍及南北各地。其中，北方的磁州窑、南方的吉州窑产量最大，具有浓厚的民间艺术特点。举世闻名的汝、官、哥、定、钧五大名窑更是为世所珍。还有耀州窑、湖田窑、龙泉窑、建窑等也是风格独特，各领风骚，呈现出欣欣向荣的大好局面，形成了我国陶瓷发展史上的第一个高峰。

元代的陶瓷业，总体说来是萧条、衰落的。制瓷业除了官办的窑场外，民间瓷窑大都质量不高。然而，这时期的制瓷技术仍有新的发展，朝廷在景德镇设"浮梁瓷局"统理窑务，发明了瓷石加高岭土的二元配方，烧制出大型瓷器，并成功地烧制出典型的元青花和釉里红等瓷器，尤其是元青花的烧制成功，在中国陶瓷史上具有划时代的意义。元代瓷器的装饰手法主要有印花刻花、划花、贴花、捏塑、绘花等。装饰纹样题材广泛，动物纹有龙、凤、麒麟、仙鹤、水禽、狮子、海马、鱼等；植物纹有松、竹、梅、菊、荷花、牡丹、宝相花、石榴、山茶、萱草、葡萄、海棠、蔓草、芭蕉、水藻等。此外，还有云纹、海涛、山石、八宝和人物故事等。

我国的陶瓷业，经过宋、元两朝的发展，到明代又进入了一个新的阶段。如果说，在明代以前，我国陶瓷的釉色是以青瓷为主，到了明代以后则崇尚白瓷。白瓷的发展，为陶瓷工艺的装饰开辟了广阔的新天地。唐宋时期流行的刻花、划花、印花等工艺方法，到明代已经逐渐衰落。代之而起的是画花装饰工艺，主要是青花、五彩等，成为明代陶瓷的主要装饰方法。明代各朝的瓷器纹样主要有：宣德青花，多用缠枝花、一束莲、牡丹、鹊梅、三友图等；成化青花，多用婴戏、人物仕女、草虫小景、棕榈、葡萄等；弘治和正德青花，多用缠枝莲、八宝、连理牡丹、栅栏树石、高士吟眺等；嘉靖青花，多用莲花鱼藻、云鹤、海马、寿山福海、祥麟瑞兽、八仙过海、人物楼台等；隆庆和万历青花，多用寿字树、狮鹿、攀枝娃娃、凤穿牡丹、折枝花果等；晚明青花，多用各种写生花。从釉色看，宣德青花色"浓"，成化青花色"淡"，弘治和正德青花色"暗"，嘉靖、万历青花色"紫"。

明代以来，景德镇已成为全国制瓷业的中心。明洪武二年（1370年）开始在景德镇珠山设立"御窑厂"，即官窑瓷器厂。景德镇200多年来烧制出许许多多供皇室使用的瓷器，代表作品如永乐的压手杯、宣德的青花瓷、成化的斗彩、万历五彩等都是稀世珍品。御窑厂的存在也带动了民窑的进一步发展。景德镇烧制出青花、白瓷、彩瓷、单色釉等品种，繁花似锦，五彩缤纷，成为全国的瓷都。

清代的陶瓷，继承明代的传统，以景德镇为烧造中心，在生产技艺上，仍有创新和突破。釉色方面，更为丰富多彩。彩绘方面，创烧出的粉彩、珐琅彩都达到了较高的水平。清朝康、雍、乾三个时期，瓷器的发展臻于鼎盛，达到了历史上艺术瓷器最高水平，是中国陶瓷发展史上的第二个高峰。清朝景德镇瓷业盛况空前，仍保持中国瓷都的地位。

康熙时期的瓷器工艺，从釉色上讲，以红釉为特征，红釉又称宝石红。康熙红釉颜色鲜艳，特点是挂不住口。器皿的口沿部，红釉下垂淌，从此有了脱口垂釉郎不流的"郎窑红"。另外，康熙时期创烧的珐琅彩瓷也闻名于世。康熙时期的瓷器装饰纹样题材常见的有雏鸡牡丹、冰纹梅花、四季景、人物、刀马人、曲艺故事、全篇诗文、耕织图、渔家乐、祈福祝寿、锦绣开光等。

雍正朝虽然只有13年，但制瓷工艺达到了登峰造极的地步。雍正粉彩细腻精致，最有成就，雍正瓷器多仿成化作品。装饰花纹以花鸟为主，多采用折枝花。八桃的桃子红色常用刷色的方法进行敷色。皮球花则有二联、三联或五联。彩绘技艺精湛。《陶雅》载："粉彩以雍正朝为最美……鲜妍夺目，工致殊常。"雍正时期的瓷器逸丽清秀，富有装饰性。

乾隆时期的瓷器，初期继承康熙、雍正朝的传统风格，产生了不少秀丽精巧的瓷器作品。乾隆时期的瓷器在其他技艺方面所取得的成就，仍然占有重要地位。《景德镇陶录》中说："其彩色则雾红、矾红、雾青、粉青、紫绿、金银、漆黑杂彩。"可以说是无色

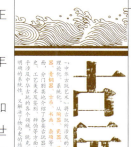

不备。乾隆时期瓷器在绘制方面,珐琅彩是这一时期的重要品种。珐琅彩始于康熙,最早珐琅彩所用彩料是进口的,所以也叫"洋瓷"。至雍正时期,所用彩料已能自己烧制。而珐琅彩的制作,则是乾隆时期为极盛。乾隆时期的瓷器特点是高贵富丽,细致精巧。

乾隆时期是我国制瓷业盛极而衰的转折点,到嘉庆以后,瓷艺急转直下。尤其是道光时期的鸦片战争,使中国沦为半殖民地半封建社会,国力衰竭,制瓷业一落千丈,直到光绪时稍微有点回光返照,但1911年辛亥革命的爆发,清王朝寿终正寝。长达数千年的中国古陶瓷发展史,至此落下帷幕。

纵观中国几千年的古陶瓷器发展史,它虽然是以衰退而告终,但是它给后人留下的这份珍贵而又丰富的遗产,将永远放射出灿烂的光辉。

相关链接一

高岭土的由来

瓷器是中国古代的伟大发明。而做瓷器所用的瓷土,现在世界上都把它叫做"高岭土",这种高岭土就出产在我国景德镇的高岭村。据说,高岭土是由景德镇的高岭村一家姓盛的穷苦夫妻发现的。高岭土的传说,版本很多,至今盛传高岭土的故事,多为盛家夫妻发现说。故事里讲道,很久以前,自从盛家夫妻发现高岭土后,高岭村的穷人们在盛家夫妻的带领下,改行挖土建窑烧瓷器。银光闪闪的土石,让高岭村的穷人们日子越过越好,生活水平愈来愈高。从此,松山因地处高岭,就改名叫高岭山,山上的瓷土,就叫做高岭土。高岭土的使用,使得景德镇一千七百多年的窑火生生不息,树立起世界瓷都的历史丰碑。

瓷土(高岭土)是瓷器的胎料,含铁量一般在3%以下,比陶土的含铁量低,瓷器与陶器的烧制温度也不同,陶器约800℃,瓷器则比陶土高,约1200℃。高温烧制出的瓷器,胎体坚固密致,断面基本不吸水,敲击时有清脆的金属声。

质纯的高岭土白度高、质软、易分散悬浮于水中,有良好的可塑性、高的黏结性和优良的电绝缘性能；具有良好的抗酸溶性、很低的阳离子交换量、较好的耐火性等理化性质。因此高岭土已成为造纸、陶瓷、橡胶、化工、涂料、医药和国防等几十个行业所必需的矿物原料。

高岭土矿石

相关链接二

瓷都——景德镇

《景德镇陶录》载："景德镇水土宜陶，陈以来土人多业此。"水与土是景德镇得天独厚的自然条件和资源优势，也是构筑瓷都历史丰碑的基础。

今天的景德镇市，坐落在黄山、怀玉山余脉与鄱阳湖的平原过渡地带。自古以来，景德镇是中外著名的"瓷都"，与佛山、汉口、朱仙镇并称四大名镇。景德镇由于制瓷历史悠久，瓷器质地精良，对外影响大，"瓷都"两字成了景德镇的代名词。

宋代以前，景德镇有昌南、新平、浮梁县等称谓。北宋景德元年（1104年）复置镇。真宗时，因该地制瓷贡京，器底令陶工书

"中华古玩艺术"将古玩所涉及的内容进一步理论化、系统化，从陶器、瓷器、玉器、青铜器、古币、书画、杂项等二十多个方面，分门别类地介绍了各类古玩器物的人文历史、工艺美术及鉴别辨伪等方面的知识，几乎涉及中华古玩的各个领域，既充分地把握了明确的系统性，又解决了物与史的结合

古玩

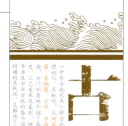

上"景德"二字,由此改名为"景德镇"。自此,景德镇名再未更改。当代,"中国"的英文名称为"China",意思是"瓷器"。由古论今,"Chian"的英文发音源自景德镇的历史名称"昌南",由此得来了今天中国的英文名字。

从现有的文献资料看,景德镇制瓷的历史可以追溯到东汉时期,从东晋开始烧制瓷器,距今已有1600多年的历史。以后,在三国、两晋、南北朝时期的360多年间,景德镇制瓷业进入瓷器阶段。

唐代,景德镇的陶工掌握了用高火度烧制陶器的技术,"陶窑"和"霍窑"是其佼佼者的代表。《景德镇陶录》称:"陶窑,唐初器也,土惟白壤,体稍薄,色素润,镇中秀里人陶氏所烧造。"陶窑所制陶器,为陶玉所开,被誉为"假玉器",应诏贡献于宫廷。"霍窑"所产瓷器,"色亦素,土善腻,质薄,佳者莹缜如玉"。因瓷器精美,贡献于朝廷,受唐高祖钟爱。景德镇瓷器从此进入一个继往开来的新时期。

宋代奠定了景德镇"瓷都"的地位。宋时,华夏大地,名窑林立,而景德镇瓷器在胎质、造型、釉色、制作等方面更胜一筹,其代表瓷器为影青瓷。青瓷造型秀美,胎质细腻,体薄透光,釉色似玉。据说,当时的景德镇有窑300余座,是制瓷的鼎盛时期。

景德镇

元代，景德镇设立了"浮梁瓷局"，青花白瓷和釉里红瓷创制成功，景德镇制瓷业迎来了一个创新时期。

1368年，明王朝开国。在元代的基础上，明王朝把瓷业的工奴制和烧造、管理进一步完善提高。明代的景德镇成为全国制瓷业的中心。《明史》和郑和随行翻译费信所著的《星槎胜览》记载，郑和下西洋对发展中国的陶瓷生产，特别对发展景德镇的青花瓷，起了很大的促进作用。由于郑和七次下西洋，景德镇青花瓷、浙江青瓷、福建白瓷扬名海外，并由东非传至欧洲，使中国瓷器，特别是景德镇青花瓷，名声大振，海外需求大量增加。

清代康熙、雍正、乾隆三朝，是景德镇瓷器生产的高峰时期。粉彩、珐琅彩瓷器让近代中国迎来了瓷业生产的黄金时代。

景德镇古窑

相关链接三

景德镇瓷器历史博物馆

景德镇瓷器历史博物馆，又叫"景德镇陶瓷民俗博览馆"，位于景德镇市瓷都大道盘龙岗，于1980年开始筹建，1984年正式对外开放。博览馆占地83公顷，以研究、展示瓷业习俗、传统、工艺，开发旅游为主。馆内的古建筑有"明间"、"清园"等明清古建筑群12栋，占地4600平方米，属省级文物保护单位。该馆现有馆

藏文物5000余件，其中国家一级文物100余件。

景德镇盘龙岗古窑

第二节　　瓷的种类及其特征

一、冷美的"秘色瓷"

　　五代瓷器最有特色的就是钱越的越窑，当时朝廷设官监制，其瓷器专供宫廷使用或进贡给中原，禁止民间使用，因而称为"秘色窑"。越窑烧制的瓷器称为"秘色瓷"，也称越窑青瓷，是五代吴越国帝王专用的瓷器，是一种庶民不得使用的"越器"或"金扣器"，它创烧于唐，兴盛于五代。关于"秘色瓷"的贡奉，文献记载很多。相传五代时吴越国王钱镠命令烧造瓷器专供钱氏宫廷所用，并入贡中原朝廷，庶民不得使用，故称"越窑瓷"为"秘色瓷"。周辉《清波杂志》载："越上秘色器，钱氏有国日，供奉之物，不得臣下用，故曰秘色。"追述起来，"越窑秘色"一词最早见于唐代诗人陆龟蒙的《秘色越器》诗中："九秋风露越窑开，夺得千峰翠色来。好向中宵盛沆瀣，共嵇中散斗遗杯。"可见"秘色瓷"最初是指唐代越窑烧制出的青瓷精品。1987年从陕西法门寺塔唐代地宫中发掘出16件越窑青瓷，从而印证了唐、五代及宋朝文献中对"秘色越器"的记载。这批"秘色瓷"除两件为青黄色外，其余釉面青碧，晶莹润泽，有如湖面一般清澈碧绿。法门寺"秘色瓷"的出土，解决了陶瓷界长期以来争论不休的问题，同时有力地说明了"秘色瓷"晚唐时开始烧造，五代时达到高峰。

［唐］法门寺秘色瓷碟

［唐］秘色天鹅笔洗

［唐］秘色八棱净水瓶

　　"秘色瓷"在法门寺地宫未开启之前在人们眼里一直是个谜。世人只是从记载中知道它是皇家的一种专用器物，由"越窑"烧制。从配方、制坯、上釉到烧造整个工艺都是秘不外传的，其色彩只能从唐诗"九秋风露越窑开，夺得千峰翠色来"的描写中去发挥各自的想象。法门寺地宫出土的瓷碗、瓷盘、瓷碟，从"地宫宝物帐碑文"中才得知，它们就是神奇的"秘色瓷"，这才让今人一睹秘色瓷的风采。这些秘色瓷色泽绿黄，晶莹润泽，尤其是其中两个银棱秘色瓷碗，高7厘米，口径23.7厘米，碗口为五瓣葵花形，斜壁，平底，内土黄色釉，外黑色漆皮，贴金双鸟和银白团花五朵，非常精美。地宫中发现的13件宫廷专用瓷——秘色瓷，是世

界上发现有碑文记载证实的最早、最精美的宫廷瓷器。

法门寺地宫秘色瓷器的发现，在我国陶瓷史考古上具有突破性的历史意义，为今天鉴定秘色瓷的烧造年代和特点提供了实物标准和佐证。

越窑的"越"，指浙江地区，唐代称越州，是我国青瓷的主要产地。越窑的特点是，瓷器的胎骨较薄，施釉均匀，釉色青翠莹润。

［五代］秘色瓷胭脂盒

越窑青瓷的品种十分丰富，有碗、壶、瓶、罐、盒、罂和雕塑等。同类器皿又有多种制式。以碗为例，分圆口、花口。圆口碗以斜壁呈45度的浅身敞口多见，据考证，当时主要用于喝茶，所以也叫茶盏。花口碗则有四瓣、六瓣等，如晚唐越窑海棠式大碗就是花口碗中的最具代表性的品种，因为器大规整，釉色青黄和造型酷似四瓣海棠花而显得名贵。壶又是一种特色器，形状分盘口、直口、喇叭口，壶身有圆腹、瓜楞形腹、椭圆形腹等。唐代执壶最明显的特点是短直流、小曲柄、体态饱满。晚唐至五代，流与柄相对加长放大，腹体喜作成瓜果形。宋时则形体轻盈秀长，尤其流和柄，几乎高于壶口。这一时期的碗、壶、水盂等造型变化，可发现一些小规律：花口或瓜楞体呈四瓣通常为唐，五瓣系唐末、五代，六瓣属宋直、短流的壶为唐，曲流或长曲流为五代或宋；平底足器物的年代相对较早，玉璧形底足多数属唐中晚期之物，唐末五代出现了玉环形浅圈足，宋代圈足相对见高见窄。另外，由于叠烧

［唐］邢台白瓷碗心内支钉痕

法世袭沿用，鼎盛时期的部分越窑产品依然在器内可见到支烧痕，晚唐越窑海棠式花口大碗的碗心内就有数颗支钉痕。这说明，唐末五代的越窑叠烧器皿未必都属粗瓷，收集时当多一分细心。

越窑青瓷，以瓷的青色为美，追求类玉的效果。越窑青瓷，越窑瓷器的装饰方法，有刻花、划花、印花、堆花等类型。刻花是用熟练流利的线条，表现出狮子、鸾凤、鹦鹉、鸳鸯、飞雁、龙水、双鱼、牡丹、莲花、卷草以及人物、山水等纹样。堆花的方法就是在器物上堆贴出浮雕式的各种花纹。越窑青瓷的造型、款式新颖。壶多为短嘴，有把手或大耳。除此之外，还有扁壶、凤头壶、凤头龙柄壶等。杯则有小杯耳做把，或有高足。这些都反映了唐代陶瓷工艺的多彩张扬，也反映了其在传统艺术基础上吸收外来文化、推陈出新的面貌。

越窑的烧制地点，现已发现有浙江余姚上林湖木杓弯窑、鳖唇山窑、上岙湖窑、白洋湖窑等，绍兴九岩窑和温州西上窑，上虞百官镇坳前山窑，这些都是越窑系统。"九秋风露越窑开，夺得千峰翠色来。"这句唐诗，道出了"秘色瓷"的冷美之魂。

［五代］越窑青瓷莲花盏托

二、瓷中贵族"釉里红"

"釉里红瓷"是釉下呈现红色花纹，具有宝石般的富丽感，与青花一样，也是一次烧成。因瓷色风韵在瓷器中被誉为"人间瑰宝"、"瓷中贵族"。

釉里红，是元代江西景德镇创烧的一种釉下彩绘。釉里红和钧

古玩

“中华古玩艺术”将古玩所涉及的内容进一步理论化、系统化，以图鉴、实物、古币、书画等二十多个方面，分门别类地介绍了各类古玩器物的人文历史，工艺美术及鉴赏方面的知识，几乎涉足了中华古玩的各个领域，既充分地把握了明清的系统性，又解决了横与史的结合。

窑紫红釉的烧制有关，它以氧化铜在瓷坯上绘画图案，然后施透明釉，高温还原焰烧而成。古代瓷匠画工在制作釉里红瓷器时，先要在瓷坯上描绘图案，然后施上一层透明釉后，再进窑在1300℃左右的高温中一次烧成。

元代釉里红大多呈灰白色，器物以碗、罐居多。装饰简单，有缠枝莲、缠枝牡丹、草叶纹等。

[明·洪武] 釉里红

[元] 青花釉里红镂雕花卉纹盖罐

明洪武年间釉里红较为盛行，花色浅红而带灰暗。器物釉面上有的还有纹片。除了玉壶春瓶、玉壶春执壶及口径在20厘米的大碗为釉底外，其他均为糙底。装饰以线描为主，纹饰有缠枝菊纹、缠枝牡丹、缠枝莲等，与元代的人物故事、动物、鱼藻等图案相比，就显得简单了。器型除了瓶、壶外，还有盘、碗、罐等。

清雍正时的釉里红呈色鲜红且有层次，烧造得极为成功。当时器型有盘、碗、瓶等，纹饰以三鱼、五蝠为多见。

釉里红瓷，指用铜红料在胎上着彩，然后罩以透明釉在高温还原气氛中一次烧成，使釉下呈现红色花纹的瓷器。从元代所存的实物来看，釉里红瓷器创烧于元代景德镇。由于釉里红以铜红料为呈色剂，而铜红釉在烧造技术上难度很大，正常显色不仅与彩料中的

[元] 釉里红堆塑
螭龙高足杯

铜含量和基釉的成分有关，而且对烧造的气氛和窑温的要求都十分敏感，配方和烧成条件的任何细小变化都会导致色调不正，因此发色纯正的釉里红瓷在元代很少见，大多是灰红色。明洪武时期釉里红仍然较少，发色多呈淡红色或偏灰色，甚至有些烧成了"釉里黑"。到了永乐、宣德时期，釉里红的发色工艺逐渐提高，发色多呈宝石红，也有淡红色，色彩鲜艳。这与当时的透明白釉提炼的质量有关。宣德以后釉里红又开始走向下坡，直到清代康、雍、乾三朝，它才得以复苏，这时的釉里红发色工艺更加成熟，色彩多呈较为纯正的红色。

釉里红的制作方法，其最大特点就是烧制难度大，成品率极低。它是用铜的氧化物（铜花）为发色剂配制的彩料，在坯体上（或先施以青白釉的坯胎土）描绘图案纹饰，再盖一层青白釉，然后装匣入窑，经1250℃～1280℃的强还原焰气氛，使高价铜还原成低价铜，呈现娇妍而沉着的红色花纹。

在釉里红的家族里还有一种釉里红叫"青花釉里红"。青花釉里红是瓷器釉下彩的一种，俗称"青花加紫"。瓷器装饰手法是在青花间用铜红加绘纹饰，以色彩绚丽秀美而著称。青花釉里红始于元代，过渡于明代，直到清雍正时期才成功烧制出成熟的青花釉里红瓷。雍正、乾隆时期朝廷派驻景德镇的督陶官唐英在

［明·洪武］釉里红缠枝牡丹纹碗

［清·乾隆］ 青花釉里红海水云龙图扁壶

《陶成纪事碑》中记载"釉里红器皿，有通用红釉绘花者，有青叶红花者"。即指青花画叶，釉里红绘花（果）的青花釉里红品种。乾隆时期的青花釉里红鲜艳绚丽。由于烧成难度大，青花釉里红被视为瓷器珍品。

釉里红瓷和青花瓷一样，是景德镇元代陶工的杰出创造。它们产生的时代相同，而且在工艺制作、装饰题材与绘画风格等方面都极为相似。釉里红与青花合二为一，真可谓一对惹人喜爱的孪生姊妹。由于釉里红有严格的煅烧条件，烧成范围狭窄，比起青花来要娇气得多，所以其品种、产量及所产生的影响就不如青花瓷了。但它具有青花不具备的那种红宝石般的富丽高贵，加上难以烧成而导致的"物以稀为贵"的客观原因，由此也就有了"瓷中贵族"的称谓。

三、热烈的"五彩"

"五彩"又称古彩，是釉上彩绘瓷，五彩指以红、绿、黄、褐、紫为主，或以釉下蓝色为主。五彩瓷分为纯釉上五彩和青花五彩两种。纯釉上五彩，是指在已烧成的白釉瓷器上用多种彩料绘画纹样，再经过低温二次烧成的品种。青花五彩，是指在釉下用青花描画出所绘图案的蓝彩部分，罩釉烧成，再在其余部分各按所需绘彩，复入彩炉二次烧成。

五彩瓷的工艺，是在已烧成的白瓷上以低温色料描绘图案纹样，然后经第二次入窑烧成，最主要特点是有绚丽的色彩。《南窑笔记》称："彩色有矾红，用皂矾炼者，以陈为佳；黄色用石末铅粉，入矾红少许配成；用铅粉、石末入铜花为绿色；铅粉石末入青料则成紫色；翠色则以京翠为上，广翠次之。"这些颜料是含有铁、钴、铜、锰、锑等矿物元素着色剂的低温色料。五彩是将这些颜色巧妙搭配在一起，构成丰富多彩的装饰效果。色料是成就五彩的基本条件。它的特点是颜色丰富繁多，五彩斑斓，但不一定都有五种颜色，基本色调以红、黄、绿、蓝、紫等为主，主要着色剂为铜、铁、锰等金属盐类。

五彩瓷的装饰方法是用料笔勾线。勾线所用的料笔必须具备

"尖、圆、齐、健"四大特点。"尖"是指笔头要尖细，便于画点；"圆"是指笔肚挺而圆，便于储料；"齐"是指笔尖蘸油后压扁，顶端的笔毛整齐，勾勒粗、细线时均可运用；"健"是指蘸料后笔毛富有弹性，描绘时便于操作。填色与染色是五彩瓷工艺的另一重要部分，填色、染色的好坏，直接影响到五彩的效果。五彩填色要求沿着勾勒的图案轮廓，平整均匀，笔笔连接地填平填实，并做到颜料稍厚、瓷面光洁。染色时，主要针对矾红颜色施以洗染，以表现图案纹样的深浅、浓淡的不同变化。

五彩瓷的装饰题材广泛而丰富，画面内容无论是一种或数种植物，甚至具有传统宗教以及神话色彩的图案、纹样和造型，都采取"观物取象"的方式，把所要表现的对象形式化、规律化、秩序化，强调其象征意义。在构图和纹样的组织中呈现出一种秩序形式，这种形式无论变化与统一、对比与调和、节奏与韵律，都给人以节律和美感。

明代五彩

五彩瓷始创于元，成熟于明。明初的彩瓷继承了元代烧造釉里红的技艺，瓷器品质与元代较为接近，釉汗肥厚，红色大多灰暗，呈黑红色。从釉里红大盘的胎、釉、造型、砂底火石红斑等都可以看出明初瓷的特征，盘的纹饰系明代瓷盘最典型的纹饰。明宣德青花五彩为世上罕见，瓶口下侧有楷书"大明宣德年制"六字款。整体画工细腻，形象逼真，形态自然。

明代洪武年间，朝廷在景德镇设置了御窑厂。御窑厂平时由饶州府的官吏管理，每逢批量烧造时，朝廷便派宦官至景德镇督陶。御窑厂烧造的陶瓷数量很大，不惜人力、物力，追求"至精至美之瓷"。御窑厂所用的工匠技艺熟练而高超，正因为不惜耗时费力，精益求精，这样才能有精美的五彩瓷烧制出来。

洪武窑五彩瓷：明代早期釉上五彩瓷器传世品不多，这是由于当时景德镇沿袭元代制瓷主流产品青花、釉里红的生产。到了洪武时期，釉上红彩才拉开了明代五彩瓷的序幕。

洪武时期的五彩瓷器很少见，主要原因是洪武朝御窑厂设置

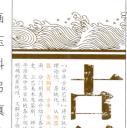
古玩

"中华古玩艺术"将古玩所涉及的内容进一步理论化、系统化，从陶器、青铜器、古币、书画、瓷器、紫砂壶、玉器等二十多个分门别类地介绍了各类古玩器物的人文历史、工艺美术及鉴别的知识，几乎涉及中华古玩的各个领域，既无分地把握了明晰的系统性，又解决了物与史的结合。

较晚，当时所制造的瓷器大多为民窑所烧。20世纪60年代中期，在南京明王朝遗址中发现了洪武时期釉上红彩龙纹瓷盘残片，在残片的盘壁上各画有五爪红龙两条及云彩两朵，构图极具动感，笔意潇洒苍劲，龙纹图案空间安排疏密得当，云朵画法生动活泼，胎壁匀称，轻且薄，瓷盘里外龙纹叠合为一，表现出明代初期高超精致的制瓷水平。

明洪武时期的"五彩束莲纹玉壶春瓶"，从工艺美术的角度上看，具有鲜明的承上启下的印迹。它在造型上缺少明代中期的隽永秀美，而显得粗犷笨拙。器型的尺度、比例上的一些细节之处也显得不够严谨，装饰上还留有元代的多层装饰的遗韵，莲纹画得粗犷豪放，但从整体上看，它与元代瓷器的造型还是有了很大的区别。

宣德窑五彩：宣德五彩是釉上红彩和五彩的开端，为后世彩瓷的发展奠定了基础。宣德彩瓷最突出的成就是发明了釉下彩和釉上彩相结合的工艺。也就是将釉下青花和釉上矾红同施于器皿之上，这就是著名的青花红彩瓷。如青花红彩海兽高足杯、青花红彩海涛龙纹碗都十分精美，前者以青花绘海水，蓝白相间的滚滚波涛，汹涌澎湃，红艳的海兽随跃动翻腾的海浪上下遨游，形成极强的动感，青红相映，情趣盎然。后者反其道而行，以红彩为海涛，青花绘各种姿态的游龙，新颖别致，生动活泼，艳丽无比，与前者异曲而同工。青花和釉上红彩结合的成功为彩瓷的发展开辟了新的途径。随之而起的就是宣德时期的釉下青花和多种釉上彩相结合的新工艺——"宣德五彩"。

1985年，在我国西藏萨伽寺发现了两件极为罕见的明代宣德青花五彩传世品——"宣德御窑青花五彩莲池鸳鸯纹碗"。青花五彩莲池鸳鸯纹碗，是明朝宣德五彩的精品。在碗口口沿内侧，书有一周16字的青花藏文吉祥经，字体工整挺秀，寓意深刻美好，装饰效果极佳。外壁口沿至上腹部为一周青花云龙纹，上下共有青花弦纹三道，形成一个装饰区间，圈足外壁绘海水纹。器形为敞口碗，碗口直径为24.7厘米。

明代五彩瓷器经过数朝的发展，到嘉靖、万历时已相当成熟，质量和数量蔚然可观，开创了五彩瓷制作的新局面，在陶瓷史

古玩

［明·宣德］青花五彩莲池鸳鸯纹高足碗

［明·宣德］青花
五彩莲池鸳鸯纹高
足碗内部

上作出了杰出贡献。

嘉靖窑五彩：嘉靖釉上五彩以红、绿、黄、紫、孔雀蓝、黑彩描画图案，其中红、绿、黄为主色，亦有金彩等多种色彩的五彩器。嘉靖时期的"五彩云鹤纹罐"，造型圆浑饱满，纹饰粗犷豪放，通体以青花加红、绿、黄三色彩绘；黄鹤均先以红彩勾画轮廓线，再填以黄彩，杂宝及朵花点缀其间，主题纹饰上下分别绘变形莲瓣纹及蕉叶纹，整个画面热烈而不浮躁，非常典型地显示了嘉靖五彩的特点。

嘉靖五彩瓷器的装饰内容丰富，有以龙凤为主体并配以水波、祥云纹的图案，也有以花卉、禽鸟为主题的图案，还有以婴戏或人物故事为题材的图案。"五彩天马纹盖罐"造型端庄，胎紧釉润，主体纹饰绘四匹天马，形象夸张简练，极富动态，其他配衬纹饰有彩云、海水纹，整个画面不使用青花，属纯正釉上五彩作品。

嘉靖五彩瓷传世品很多，其中大器较多，如大罐、大缸、大盘等。嘉靖五彩器，多数有六字青花楷书款。

万历窑五彩：以沿袭前朝五彩风格为主体，万历年间五彩瓷器的装饰一改前朝构图清新疏朗的风格，以图案纹样满密为胜，特别是采用镂空工艺。装饰的内容大多以龙凤、花草为主，善用婴戏、八仙、百鹿等图案。另外，还以吉祥内容为题材，如福、禄、寿、喜等祝福的吉语采用得较多，显出了平民化、市俗化的意味。《博物要览》载："镂空花纹，填以五彩，华若云锦。"以镂空工艺和

［明］五彩五
兽八卦碗

075

一中华古玩艺术，涉古玩所涉及的内容进一步理论化、系统化。从陶器、瓷器、青铜器、古币、书画、杂项等二十多个方面，分门到类地介绍了各类古玩器物的知识，几乎涉及中华古玩的多个领城，既光分地把握了明确的系统性，又兼凑了物与史的结合。

五彩相结合的装饰方法，是五彩瓷在明代出现的新品种。万历时期的"五彩镂空云凤纹瓶"，就是采用了一种十分典型的镂空五彩装饰工艺。该器运用镂雕与彩绘相结合的装饰手法，纹样繁密，多而不乱，镂雕工艺与施彩搭配得巧妙无比，色彩热烈，红、黄、绿、青诸多色彩把整个器物烘托得艳丽华美。

　　明代的五彩瓷博取中国陶瓷艺术近千年的精华，从初创到发展乃至成熟，从洪武、永乐到嘉靖、万历，无论是五彩瓷的颜料，还是彩绘技艺、烧成工艺都已达到了历史的高峰，为中国陶瓷艺术的发展史作出了卓越的贡献。

清代五彩

　　景德镇的制瓷业发展到清代康、雍、乾盛世，尤其是康熙、雍正两朝，五彩瓷又进入了一个新的时代。

　　康熙窑五彩：康熙时期的五彩瓷可以说是真正意义上的五彩瓷。康熙五彩的最大特点是运用了釉上蓝彩和黑彩，利用了红、绿、黄、黑、赭、蓝等多种颜色的搭配和运用。由于有了深色调的蓝和黑，使得康熙五彩的色彩对比更加和谐、沉稳。康熙五彩所用的颜色比明代大大增多，因此康熙五彩比明代单纯釉上五彩更显得娇艳动人。

［清·康熙］五彩水浒人物故事图盘

［清·康熙］五彩开光报春图棒槌瓶

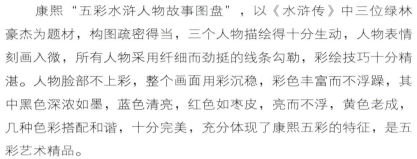

康熙五彩瓷，画工精致，生动传神，改变了明代嘉靖、万历时只重色彩而不讲究造型的粗率画风。彩画手法精妙，官窑人物以耕织图为最佳。民窑五彩器的纹饰，由于不像官窑那样受束缚，题材丰富多样，除了花卉、梅鹊、古装仕女以外，还有戏曲人物等。在描绘各种形象时，勾画的线条简练有力，涂各种彩色后，给人一种明朗感。

康熙"五彩水浒人物故事图盘"，以《水浒传》中三位绿林豪杰为题材，构图疏密得当，三个人物描绘得十分生动，人物表情刻画入微，所有人物采用纤细而劲挺的线条勾勒，彩绘技巧十分精湛。人物脸部不上彩，整个画面用彩沉稳，彩色丰富而不浮躁，其中黑色深浓如墨，蓝色清亮，红色如枣皮，亮而不浮，黄色老成，几种色彩搭配和谐，十分完美，充分体现了康熙五彩的特征，是五彩艺术精品。

康熙五彩瓷器造型、品种繁多，器型各异，大的造型所占比例居多，如尊、觚、鱼缸等都超过前代。康熙时造型新颖，许多器物开陶瓷造型之先河，反映了制坯技术的精熟。如观音尊、棒槌瓶、玉兰花觚、葫芦瓶等，造型饱满、挺拔，有很强的装饰性和艺术性。

康熙五彩装饰方法，突出了瓷绘艺术的特征，更加强调艺术感觉，更接近绘画艺术。从表现技巧上看，无论是勾线填彩形式的，还是没骨小写意形式的，都可以感受到中国画的影响。值得注意的是，康熙五彩已打破了前代五彩勾线平涂的模式，并吸收了西洋绘画的透视表现方法，在色彩处理上也注意了深浅、明暗，使画面具有层次感、立体感，更具有艺术感染力。《陶雅》称："康熙五彩能力最大，纵横变化层出而未穷也。"康熙五彩以独具特色的艺术魅力独步于中国陶瓷艺术殿堂，并对后世产生了深远的影响。

雍正窑五彩：雍正五彩在色彩上一改过去以浓艳为主的特点，趋于清淡、雅致，图案装饰也从繁复变为疏朗，笔意由遒劲趋向纤弱。这种变化由两方面因素造成：一是粉彩已成为当时的主流产品，它的制作方法、审美取向势必影响五彩。雍正五彩在绘制工艺上就结合了粉彩中多层次的技法，从而取得清新静谧的效果；二是雍正五彩在彩绘颜料方面仍以红、黄、蓝、绿、紫、黑、金等色

为主，但彩绘效果已与以往有很大的不同。雍正以后，五彩瓷逐渐被新的彩瓷品种所替代。

［清·雍正］五彩龙凤碗

从道光二十年（1840年）鸦片战争爆发以后，清代政治发生了巨大变化，中国逐渐被沦为半殖民地半封建社会，瓷业的发展同经济、文化及其他事业一样，随同国势日衰，逐渐走下坡路。釉上五彩已不再独领风骚。

宣统年间，湖南醴陵创烧出釉下五彩，这是中国陶瓷发展史上的又一个新成就。它的问世受到国内外人士的一致欢迎。在20世纪初，醴陵釉下五彩瓷器曾先后在南洋劝业会、意大利都朗博览会上获金奖。在1907—1912年，湖南醴陵釉下五彩瓷器曾两次参加世界博览会，均获得一等金牌奖章。釉下五彩瓷器，瓷质细腻，瓷化强度高，釉面玻璃化程度强，纹饰不易磨损；画工精美，釉层下图案五彩缤纷，栩栩如生；画面平滑光亮，有玉一般的润泽和光彩，具有较高的艺术价值和使用价值。

四、瓷中绝代"斗彩"

"斗彩"，又称豆彩、逗彩。斗彩创烧于明成化时期，是釉下彩（青花）与釉上彩相结合的一种装饰方法。斗彩是五彩的一种，斗彩以成化时期制作最为精美。

关于斗彩的记载，最早见于

［清·宣统］醴陵墨彩山水琵琶樽

［清·宣统］醴陵釉下五彩锦绣中华瓷瓶

雍正、乾隆年间的《南窑笔记》："青料画花鸟半体复入彩料，凑其全体，名曰斗彩。"《陶雅》称："何以谓之豆彩，豆者豆青也。……杂以他色曰豆彩。"民国时《饮流斋说瓷》称："何谓豆彩？盖所绘花纹以豆青色为最多，占十分之五六，故曰豆彩也；或称斗彩，谓花朵之攒簇有类斗争，或称逗彩。"可见清朝至民国的瓷书中用"斗"字的同音字讹传出"豆彩"或"逗彩"之说，流行于江西景德镇等地，系从"斗"字的江西方言释义而定名。

[明·成化] 斗彩海马天字罐

[明·成化] 斗彩海马天字罐足款

成化斗彩的器型：成化斗彩的器型小巧精美，以小件器皿为主，瓶、罐等大件器皿较少，俗称"成窑无大器"。器皿中以杯、碗、小罐为多。器型的口有撇口、敞口、直口；腹有浅腹、深腹、直腹、斜腹；足分圈足、高足、卧足等。装饰图案有鸡缸杯、葡萄杯、高士杯、三秋杯、团龙杯、团花鸟杯、莲花杯等。

成化斗彩的装饰题材：植物有莲花、菊花、牡丹、宝相花、葡萄、折枝花果等；动物有小鸟、子母鸡、鸳鸯、龙、海怪、天马等；人物有婴戏、高士等。

成化斗彩的装饰纹样有子母鸡纹、高士纹、三秋纹、灵芝纹、串枝葡萄纹等。

"鸡缸杯"是成化斗彩的代表之作，高3.6厘米，口径8.8厘米，足径3.8厘米。敞口微撇，口下渐敛，平底，卧足。杯体小巧，轮廓线柔韧，直中隐曲，曲中显直，呈现出端庄婉丽、清雅隽

［明·成化］斗彩鸡缸杯

秀的风韵。杯外壁饰子母鸡两群，间以湖石、月季与幽兰，一派初春景象。足底边一周无釉。底心青花双方栏内楷书"大明成化年制"双行六字款。

　　成化斗彩鸡缸杯为酒杯，形似缸形，以子母鸡为主题，并以花卉陪衬。在淡雅的青花轮廓线的衬托下，釉上彩中的红、黄、绿、紫釉色显得浓烈鲜艳。鸡缸杯胎质洁白细腻，薄轻透体，白釉柔和莹润，表里如一。画面的色彩构成，有釉下青花及釉上鲜红、叶绿、水绿、鹅黄、姜黄、黑等彩，运用了填彩、覆彩、染彩、点彩等技法。以青花勾线并平染湖石，以鲜红覆花朵，水绿覆叶片，鹅黄、姜黄填涂小鸡，又以红彩点鸡冠和羽翅，绿彩染坡地渲染。

　　成化斗彩的装饰工艺：斗彩是釉下青花与釉上彩结合的一种陶瓷装饰，斗彩的绘画步骤是先在胎上画好图案的青花部分，罩上透明釉，入窑经1300℃左右高温烧成淡描青花器；烧成后，在留出的空白处用低温彩料填涂、渲染、覆盖、点缀等技法，完成整个图案纹样的填绘；最后，再入彩炉低温烤成。斗彩的绘画借鉴了"景泰蓝"工艺中掐丝填料的技法。这种画法在《南窑笔记》中称"填

［明·成化］斗彩三秋杯

彩"。成化斗彩瓷器绝大多数是用此种方法绘制的，因此填彩是成化斗彩中的一种主要施彩方法。另外，成化斗彩在工艺上要求釉上彩与釉下青花相吻合。青花是构成整个斗彩画面的主色，釉上彩只是略加点缀。釉上用色讲究浓淡而无烘托，以平涂为主，不分层次，故有"花无阴阳向背"、"人物一件衣"之说。

成化斗彩是在宣德青花五彩基础上发展起来的。它将宣德青花五彩瓷器中纹饰使用的勾线填彩技法进一步拓宽，成为器物全部纹饰的装饰方法。正如胡昭静在《明清彩瓷》一书中所述："斗彩工艺正是在其母体'宣窑五彩'中孕育、成长起来的，最后脱离母体而成为独立的名贵品种。"从传世品来看，几乎每件成化斗彩器都用青花勾绘整体纹饰的轮廓线，然后在双勾线内施多种釉上彩，构成一种独具特色的彩瓷。这种装饰工艺既保持了青花幽靓雅致的特色，又增加了浓艳华丽的釉上彩效果。

五、瓷中名片"青花"

"青花"又称白地青花瓷器。它以含氧化钴的钴矿为原料，在陶瓷坯体上描绘纹饰，再罩上一层透明釉，在1300℃左右的高温下一次烧成。钴料烧成后呈现出白地蓝花的效果，英文称为Blue and White。

目前出土发现最早的青花瓷残片始于唐代。所以，唐代就被认为是青花瓷的摇篮，而成熟的青花瓷器则出现在元代，明代青花成为瓷器的主流，清康熙时发展到顶峰。

唐青花

唐代青花瓷是中国最早的青花瓷，它的青料不好，发色不正，但与其他瓷器不同的是，唐代青花瓷开创了以含氧化钴作为发色的先例。

唐代的青花瓷器处于青花瓷的滥觞期，还不能算是真正意义上的青花瓷。从扬州出土的青花瓷残片来看，其青料发色浓艳，带结晶斑，为低"锰"、低"铁"含铜钴料，这种钴料据说是从中西亚

[明·成化]斗彩缠枝莲纹高足杯

1983年扬州出土的唐代青花瓷片

地区进口的。瓷器的胎质多粗松，呈米灰色，烧结度较差。底釉白中泛黄，釉质较粗。胎釉之间施化妆土。器型以小件为主，有盘、碗、罐、盖等。纹饰除鱼藻纹罐外，均有花草纹等。其中花草纹又分两大类：一类是典型的中国传统花草，以石竹花、梅花等小朵花为多见；另一类是在菱形等几何图形中夹以散叶纹，为典型的阿拉伯图案纹饰。从这一点看来，并结合唐青花瓷出土较多的地区扬州为范例，由于扬州是唐代的一个重要港口，从而证明了唐代的青花瓷器当时已经向西亚外销。必须提及，青花瓷始于唐代，所见实物不多。所以，只能说唐代是青花瓷的滥觞期。

1998年印尼爪哇海峡勿里洞水域唐代沉船"黑石号"出水的完整青花瓷器

宋青花

唐青花经过滥觞初创期以后，并没有迅速发展起来，而是昙花一现。到了宋代，唐青花开始走向衰退。目前能见到的宋青花的实物也不多。1950年，在景德镇市郊曾出土过宋代接近青花的瓷碗残片。1954年，又在广州发现了宋巳酉年（1069年）的青花莲瓣缠枝牡丹罐。浙江文管会在龙泉县对北宋太平兴国二年（977年）的金沙塔基进行发掘，曾发现几片青花瓷残片，这是现今最早的青花瓷。

元青花

真正意义上的青花瓷应该说是在元代出现的。元代青花瓷开始流行，后期青花制作已达到成熟。元青花瓷造型厚实饱满，胎质厚重，多有杂质斑点。常在瓷胎上涂一层护胎釉，俗称"火石底"。元青花多大器，这可能与草原马背民族统治者嗜好大块吃肉、大碗喝酒的生活习惯有关。常见的品种大致有以下几种：

大盘：盘口有较宽的半缘，底足小，故弧度较大。一般作为菱花形，有十瓣、十二瓣、十六瓣不等。

瓶：元代青花以玉壶春最为流行。其他各瓶类也大都以玉壶春瓶为基本形态而加以变化。此外还有梅瓶、蒜头瓶、凤尾瓶等。

[元] 青花缠枝牡丹纹美人肩大梅瓶（卵白釉孤品梅瓶）

壶：元青花壶是以玉壶春为基础，加以壶流和把手，流长通腹，柄长通身。

杯：以高足杯为代表。

"中华古玩艺术"将古玩所涉及的内容逐一梳理论化、系统化。从陶器、瓷器、青铜器、古币、书画、杂项等二十多个方面，分门别类地介绍了各类古玩器物的人文历史、工艺美术及鉴别、种伪等方面的知识，几乎涉及中华古玩的各个领域。既充分地把握了明晰的系统性，又解读了物与史的结合。

匜（音移）：这种器物也是流水式样。

除瓷器外，常见的还有铜器和金银器。

炉：腹大，耳高，矮足。

元代青花的装饰方法有印花、刻花、划花、贴花、捏雕、绘花等多种。而瓷器上的划花则是最流行的，开明清瓷器彩绘装饰的先河。

元代青花的装饰花纹可以分为以下几种：

花卉：青花图案多种多样，有缠枝花、折枝花等。花朵留有白边，不填满色。叶有一至五个尖瓣，呈葫芦状。所谓"花无阴面，叶无反侧"，多用平涂的技法，具有较强的装饰性。

松竹梅：这是元代最具时代特色的装饰题材，体现了文人墨客清高自傲的气节，也流露出汉族文人对异族统治者不满的情绪和高洁的心性。这种题材在明清时期被广泛地采用。

鱼藻：藻纹排列有序，叶粗根细，常有鲤、鲇、鳜、鲫鱼配成一组，点缀其间。

[元]青花番莲纹匜

[元]青花莲塘鱼藻纹罐

[元]青花莲塘鸳鸯纹罐

鸳鸯：器皿上的图案有水纹，仿佛有一种流动感。

荷花：常为一束莲，此外有变形莲瓣，常装饰在器皿的肩部或足部。有的花瓣中加饰"琛宝"，如双角、火珠等。

龙凤：龙为细颈，疏发，发角向上，颇有生气。凤为鸡头，鹰嘴，鳞身，花尾。

云纹：有垂云、如意云等。

几何纹：有回纹、卷草纹等。

人物：在元代青花的装饰花纹中，人物是最少的，但皆精品，如"鬼谷下山罐"。

"鬼谷下山罐"，高29.8厘米，口径21.4厘米，底径20厘米，器形不太规整，器身上留有烧制过程中产生的气泡和铁斑、晕散。其胎体莹润，胎骨浑厚，内壁不甚规整，足里微凹，由上、中、下三段拼接而成。整器平口，短颈，丰肩；圆腹，腹至颈部逐渐内收，腹颈交接处直径和口径大体相同；素底，大矮圈足，较宽，较浅，圈足斜削，有明显旋纹。瓷器上的纹饰共有四组：

[元]青花鬼谷下山罐

第一组：瓷罐主体纹饰以鬼谷子独乘虎豹车下山为主要情景。

第二组：器口部有几个连续的水波纹单元。水波纹的画法为元代的典型画法。

第三组：瓷器颈部纹饰为缠枝牡丹，叶片有大有小，有叶脉的痕迹，多则五瓣，少则三瓣，错落有致，叶片顶部细长。叶片和花

［明・洪武］青花缠枝莲纹玉壶春瓶

卉色泽浓郁，叶芽、枝条色泽浅淡，花繁叶密，相映成趣。

第四组：元代"青花鬼谷下山罐"，以"鬼谷下山"为故事场景。描绘出百岁的鬼谷子，双眼半睁半闭，平视前方，神态机警，坐在一只老虎和一只豹子拉着的车上的忐忑神情。

明青花

我国的瓷器发展经过宋代的繁荣，元代的平稳过渡，到了明代又进入了一个新的阶段。如果说在明代以前我国瓷器的釉色是以青瓷为主，明代以后则主要是白瓷。白瓷的发展，为瓷器工艺的装饰开辟了广阔的新天地。唐宋时期所流行的刻花、划花、印花等方法已经渐渐衰落。到了明代，代之而起的是画花装饰，画花的装饰方法，主要是青花、五彩、斗彩等，这些绘画彩技成了明代瓷器的主要装饰方法。

明代以来，景德镇已经成为全国的制瓷中心。产量、规模最大，最兴盛时有官窑五十多座，民窑达九百多座。正所谓"工匠来自四方，器成天下走"。明洪武二年（1369年），在景德镇珠山开设了"御器厂"，即官窑厂。从明晚期开始，青花绘画逐步吸收了一些中国画绘画技法的元素。

洪武窑：洪武二年（1369年），在景德镇建窑二十余座，专门烧造御用瓷器。御用瓷大都以青花为主。常见的品种大致有大小盘、碗、梅瓶、玉壶春瓶等。所用青料以国产料为主，但也不排除有少量进口料。青花发色有的淡蓝，有的泛灰。前者有一部分有晕散现象。纹饰布局仍有元代多层装饰的遗风，题材也变化不大，但许多细节已有变化，如蕉叶的中梗留白；花瓣留白边较之元代更明显清晰；牡丹叶子"缺刻"部位较深，不如元代的肥硕；菊花绘成"扁菊"，花蕊以方格纹表现；龙纹仍是细长身，但除了三爪、四爪外，已出现五爪，爪形似风轮，气势不如元龙凶猛矫健。辅助纹饰的如意云头由元代的三阶云改为二阶云；莲瓣纹内多绘佛家八宝（元代多绘道家杂宝）。碗、小盘多绘云气纹，仅绘于器物外壁的上半部。器物底足多平切，砂底无釉见窑红。未出现年款，带款的器物也极少。

［明·洪武］青花缠枝菊纹盘

［明·洪武］青花龙纹梅瓶

"中华古玩艺术"将古玩所涉及的内容进一步理论化、系统化，从陶器、瓷器、景泰蓝、古铜器、古币、玉器、字画、杂项等二十多个方面，分门别类地介绍了各类古玩器物的人文历史，工艺美术及鉴别、辨伪等方面的知识，几乎涉及中华古玩的各个领域，脱光分地把握了明确的系统性，又解决了物与史的结合。

永乐窑：永乐窑继承和发展了洪武窑，创烧出脱胎白素器，薄如纸，明如镜。压手杯是永乐窑的著名品种。据赵汝珍在《赵汝珍讲古玩》一书中写道："压手杯坦口折腰，砂足滑底，中心画双狮滚毬毯，内有'大明永乐年制'或'永乐年制'的小篆款识，细如粟米，为最上品。鸳鸯心或次之。"永乐窑在装饰手法上，创造出了锥拱法，花纹突出，犹如用槌敲出的一样。

一中华古玩艺术一将古玩所涉及的内容进一步理论化、系统化。古玩，书画、青铜器、瓷器、紫砂壶、玉器。分门别类地介绍了各类古玩器物的历史、工艺美术及鉴别，辨伪等方面的知识，几明确的系统性，又解决了物与物的结合。

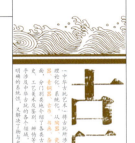

［明·永乐］青花压手杯

［明·永乐］青花海浪缠枝浑莲双凤朝阳双系大扁壶

宣德窑：宣德是明代瓷器鼎盛时期，以青花最为有名。白瓷之精，足以与定窑和汝窑相媲美；青花之精，空前绝后。瓷胎用景德镇东乡的"麻仓"土，洁白细腻。青花原料选用外国进口的"苏泥勃青"，色调深沉雅致，浓厚之处与釉汁融合形成斑点，产生深浅浓淡相宜的自然美。

历代帝王、藏家对宣德青花倍加宠爱，青花色料，瓷花题款，十分精致，堪称瓷、色、画三绝。宣德青花的装饰花纹多用海水云龙、缠枝牡丹和折枝花果等。花大叶小，先画线条再加以渲染。器皿多大盘，有直沿、折沿的造型，折沿又有圆口、菱花口等样式。

宣德时期还创烧出"祭红"。祭红又称霁红，有鲜红、宝石红两种。另外，五彩也始于宣德，瓷器品种有白地画彩、内外夹彩、镂空花纹加五彩、彩地画彩花夹彩、蓝地填五彩、廓外填色釉或锦纹和廓内画彩花、黑白地画绿黄紫三色的素三彩等。宣德彩瓷变化多端，灿烂绚目，前所未有。

宣德青花瓷器，器体厚重，纹饰紧密，底釉略泛青，带款器皿

［明·宣德］青花缠枝花纹盂

［明·宣德］青花缠枝花卉纹豆　　　［明·宣德］青花莲池鸳鸯梵文碗

较多，有四字或六字年款，有"宣德款布全身"之说。宣德青花瓷数量大、品种多、影响广，成为明代瓷器家族中最优秀的品种。

　　成化窑：成化青花不及宣德，以烧制五彩瓷器著称。尤其是青花加彩，在成化时期取得了突破性的成就。青花加彩的装饰方法，又可分为"填彩"和"斗彩"两种。"填彩"就是先在瓷胎上用青花料画出花纹轮廓，然后在花纹轮廓内再填上色彩釉料。"斗彩"又叫逗彩，是在青花加彩工艺的基础上逐渐衍生出来的一种新的装饰方法。第一次将瓷器放在窑内用高温烧成青花，出窑后按照青花勾画出的图案填上彩料，再二次入窑由低温烧制而成。

　　成化瓷器多小件品种，尤其以酒杯著名。代表作品有成化鸡纹酒杯，又称"鸡缸杯"。酒杯的装饰纹样是以子母鸡为题材，表现母鸡带领小鸡觅食、嬉戏的场景，具有浓厚的田园物种的生活气息。鸡缸杯瓷胎洁白细腻，造型小巧玲珑，绘画制作精细，是历代藏家的珍

［明·宣德］青花红海飞象盘

［明·成化］青花梵文小杯

[明·正德]青花
回文和行龙穿花碗

品。《陶说》称："成化……酒杯以鸡缸为最。"成化瓷器画样多以草虫、鱼藻、瓜茄、牡丹、葡萄、优钵罗花、五供养、一串金、西番莲、八吉祥子、子母鸡、婴戏、人物等为主。成化彩绘多为平涂，叶子多齿边，花叶均无阴阳正反，水草飘似海带；山石似钥匙状，无凹凸感。画人只画外衣，故有"成窑一件衣"之称。

成化窑富有秀丽清雅的艺术特点，装饰性强，花纹图案多样。器型有罐、梅瓶、洗、盏托、盘、杯、碗等。炉为三乳足筒式或鼓形炉。款识除"天"字罐外，还有"大明成化年制"六字单、双行款等。

[明·成化]斗彩葡萄纹对花觚

正德窑：正德以祭红为最佳。明代瓷器的发展，在宣德、成化时期达到一定的繁荣后，到明正德年间，明瓷又出现了一个衰落的阶段。

正德时期因"苏泥勃青"渐渐弃用，早期采用平等青，发色灰蓝，后期开始用回青。在装饰手法和纹样组织上比前朝有所发展，流行回纹图案，又称"回回花"。纹饰常见的有凤穿花、鱼藻、狮子绣球、庭园婴戏、树石栏杆、莲托八宝等。器皿造型，盘多为立沿，碗多撇口微卷，成为正德窑的代表，至今仍称为"正德式"。年款多有四字和六字楷书款。

嘉靖窑：明代后期的嘉靖、隆庆、万历三朝，瓷器工艺又进一步得到发展。这时虽然有些青花原料不如前朝，但在产量及制作

090

技艺上，则表现出独到的艺术特色。嘉靖时期景德镇的官窑和民窑又一度繁荣，据明《食货志》记载：仅嘉靖时官窑每年烧制的"五色龙凤诸器"，就达四十四万三千余件。民窑的生产量也很大，每窑可烧小件瓷器千余件，而且分工很细，讲究流程。所谓"一杯功力，过少七十二，方克成器"，"一器动累什百，画者则画而不染，染者则染而不画"。

在造型方面，嘉靖时期流行葫芦瓶，其意为多子多孙多福气。瓶器上圆下方，以象征天圆地方。嘉靖时期装饰纹样多用云藻纹和花棒子。由于道家盛行，瓷器上常常采用八仙、云鹤、璎珞纹和宗教文字图案等。

[明·正德] 青花人物葫芦瓶　　　　[明·嘉靖] 青花龙凤纹双耳瓶

隆万窑：隆庆时间短，在朝六年。所以，瓷学家们常常把隆庆与万历合并概论，称为"隆万窑"。隆万时期的青花瓷器没有太多创新，多淡描青花。纹饰除传统图案之外，还流行锦地开光纹饰，纹饰布局繁密，主题不清。工艺水平总的来说较前朝退步。器型除传统之外，新出现了壁瓶。胎质较粗，釉白中泛青。款识多见"大明万历年造"，也有"大明万历年制"、"万历年造"。隆万时期青花瓷器的外销量很大，万历四十二年（1614年），由荷兰商船运销欧洲的瓷器，就有六万多件。万历器皿造型，以小件器为多，也多制作一些大件器皿。万历时期，流行蒜头瓶。装饰纹饰方面，采用大面积敷彩，莲瓣逐渐图案化，并常用婴戏作题材。

[明·万历] 青花龙碗足款

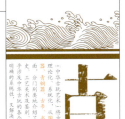

［明·万历］青花双龙盖盒

［明·万历］青花龙碗

　　玉溪窑：玉溪窑是明代景德镇窑以外青花瓷烧造的又一重要窑场，在今云南省玉溪市。玉溪窑创烧于宋元，而止于明，共发现三处窑址。青釉器风格较为接近耀州窑系，其青花器胎质疏松，釉色发灰，釉面呈乳浊状。青花器所绘纹饰，笔法简单粗壮，以鱼藻、折枝花及四佛杵等花纹为主。所绘鱼藻具有鲜明的地方色彩，游鱼常为身子细长如棒，水藻呈带状漂浮。器型有大碗、大盘等，还有玉壶春瓶、罐、香炉等。玉溪窑的装饰技法有印花、划花及无纹饰三种。印花多为阳纹花卉，划花为云纹与水波纹等。

［元］玉溪窑青花鱼藻花卉纹罐

［明］玉溪窑青花折枝花卉纹缸

［元］玉溪窑青花缠枝牡丹纹梅瓶

清代青花

　　青花瓷器始初于唐代，至元代发展成熟后，迅速成为主要的外销瓷。从明初起青花瓷器就成为中国瓷器生产的主流瓷品。到清代，青花瓷器仍占主导地位，上专供于皇室，下普及于民间，外远播于世界，无论是在工艺技术、绘画水平还是产量方面，清代青花都达到了历史上的又一高峰。

清代的制瓷业继承了明代的传统，以景德镇为制瓷业的中心，在生产技艺上继承明代的传统并加以创新。清代瓷器在不同时期有不同特色，尤其康熙、雍正、乾隆三个时期，瓷器工艺美术得到了前所未有的发展，生产技术有了新的创新和突破，釉色的品种增多，琳琅满目。

康熙窑：康熙时期的瓷器工艺，以红釉最具代表性。康熙时期专门派朝廷官员督造瓷业。一方面仿古，凡是前朝名器，都要仿制；另一方面发明创新，推广用途。当时就由江西巡抚兼督陶官郎廷极督造朝廷瓷业，并烧制出闻名于世的红釉瓷，又称"郎窑红"。康熙时期红釉的特点是：色彩绚丽，红艳鲜明，具有一种强烈的玻璃光泽。由于釉汁厚，在高温下产生流淌，呈现出旋状白线，俗称"灯草边"。而底部边缘釉汁流垂凝聚，近乎黑色。为了流釉不过足，工匠用刮刀在圈足外侧刮出一个二层台，阻挡流釉流淌下来，这就是郎窑红瓷器制作过程中的一个独特的技法，因而有"脱口垂足郎不流"的说法。

康熙时期虽然创烧出了色彩绚丽的郎窑红瓷，但青花瓷仍是这一时期的主要品种。瓷器造型，有的沿用旧式；有的加以改造；有的创出新款。如碗，早期的碗敞口碗、直口碗。中期多为折腰碗。后期创烧出盖碗，是一种专门饮茶的器具。盘，多为大型制作。瓶，式样颇多，其中棒捶瓶就是康熙时期最为典型的瓶式，瓶身有方有圆。花觚，是仿青铜器样式的一种盛酒的瓷器，鼓腹，敞口，是当时最流行的瓶式。除此之外，还有梅瓶、天球瓶、蒜头瓶、桶子瓶、葫芦瓶、胆瓶、荸荠瓶、扁瓶、柳叶瓶（俗称美人肩）等。尊，有太白尊、观音尊、马蹄尊、凤尾尊、萝卜尊等。壶，有茄式壶、福字壶、绿字壶、寿字壶等。筒，有笔筒、毛筒等。罐，有将军罐，因罐盖似古代

［清·康熙］郎窑红釉观音尊

武将的军盔而得名。还有冬瓜罐、粥罐等。

[清·康熙] 青花盘

康熙时期的瓷器装饰纹样常见的有：雉鸟牡丹、龙凤、四季景、十二月花、人物、刀马人、戏曲故事，戏曲故事多以古典小说《东周列国志》、《三国演义》、《隋唐演义》、《水浒传》、《西游记》等故事为题材；全篇诗文，常见有《兰亭序》、《赤壁赋》、《出师表》、《醉翁亭记》、《滕王阁序》等，这些古典文化元素大多装饰在笔筒和画缸上。此外，还有"耕织图"、"渔家乐"、"祈福祝寿"、"锦地开光"等。

[清·康熙] 玉壶春瓶

康熙瓷器的款识种类多样，极为讲究，款识有字与图两种。其字外有单圈、双圈、单边、双边、正方、长方、堆料凹雕、地挂白釉、字挂黑釉、地与字挂同色釉、白地蓝字、白地红字、绿地红字、红紫色、天青色、湖水色等。字有楷书、篆书、行书、虞永兴体、宋椠体、欧王体、汉文、满文、回文、蒙文等。康熙中期以后，还流行双圈、秋叶、梅花、团龙、团鹤、团螭、花形、物形等款识。整体字款有"大清康熙年制"和"康熙年制"两种，书写格式有竖二行或三行。

民窑青花多数不书年号款，往往写堂名款，又称斋堂款。如碧云堂制、兴裕堂制、兆庆堂制、惟善堂制、慎得堂制、天宝堂制等。吉言赞颂款有永庆奇珍、奇石宝鼎之珍、慎友鼎玉珍玩等。

雍正窑：雍正以粉彩著称，以青瓷为最美。粉彩是釉上彩装饰手法的一种，又名"软彩"。它是在清康熙年间在五彩的基础上受珐琅彩的影响而产生的新品种，是在彩绘时掺加一种白色的彩料"玻璃白"。"玻璃白"具有乳浊效果，画出的图案可发挥渲染技法的特性，呈现一种粉润的感觉，因此被称为"粉彩"或"软彩"。粉彩用"玻璃白"涂底，五彩不用打底。粉彩用渲染的表现手法，使颜色由深到浅，产生浓淡明暗。五彩则多用单线平涂。粉彩用油料调色，五彩则用胶水着色。粉彩烧制温度为700℃左右，五彩则需要800℃左右。粉彩有温润匀静的美感，五彩则有清新透彻的美貌。前者调和，后者挺拔，故有软硬之别。

雍正时期所烧制的青花瓷器，足以与康熙青瓷媲美。康熙虽仿青瓷，却并不精美，雍正所仿青瓷可与汝窑相埒，仿青技艺超过

《中华古玩艺术》将古玩所涉及的内容进一步理论化、系统化。从陶器、青铜器、玉器、青铜器、古币、书画、瓷器、杂项等二十多个门类里，介绍了各类古玩器物的人文历史、工艺美术来鉴别了各种仿古方面的知识，几乎涉及中华古玩的各个领域，既有古玩的系统性，又解决了物与艺的结合。

"大清康熙年制"（双行六字款）

"康熙御制"（四字款）

［清·雍正］仿明成化青花折枝莲托八宝纹高足杯

古玩

[中华古玩艺术] 将古玩所涉及的内容进一步理论化、系统化。古币、青铜器、竞器、瓷珍瓷、玉器面、分门别美地介绍了各类古玩器物的二十多个方面、工艺美术及鉴别、辨伪等方面的知识,几乎涉及中华古玩的各个领域。既光分地把握了明确的系统性,又解决了物与文的结合

康熙。雍正多仿成化,康熙多仿宣德。康熙多书宣德,雍正多书成化。雍正瓷器装饰纹样以花鸟为主,多采用折枝花。八桃的桃子和红色常用刷色的方法进行敷色。雍正画桃一般只画八个桃,康熙则画九个。皮球花则有二联、三联、五联。彩绘工艺精细,讲究技法,瓷器逸丽清秀,极具装饰性。

[清·康熙]仿明宣德青花仕女图碗

雍正款识多而杂,有官窑款,有民窑款。常见的官窑款是"大清雍正年制"、"雍正年制"、"雍正御制"三种题款。楷书款早期为三行双圈,晚期为双行双圈或双框。楷书款笔法挺拔峻峭,结构方正均匀。早期款略带宋体字风格,横平竖直,横细竖粗。中后期的横竖粗细大体一致,字体极为工整漂亮,成为雍正楷书的自有风格。清代官窑篆书款大量出现是自雍正朝开始的。篆书款也有双行六字、三行六字、双行四字不等。字体笔画粗细大体一致,工整漂亮。总体来看,雍正官窑款主要是"大清雍正年制"六字楷书

[清·雍正]青花花卉扁瓶

款。其次是六字篆书款和四字篆书款。民窑"大清雍正年制"双行六字楷书、篆书款皆有。字体明显不如官窑工整，笔力欠佳。仿宣德、成化、嘉靖、万历等官窑款不少，但与真款相比形神皆相差甚远。花押款不仅在粗瓷上有，在细瓷上也大量出现。还有鼎、炉、灵芝、如意等实物款。

雍正青花中的堂名款，与康熙青花相比要少得多，主要有"郎吟阁制"、"敬恩堂"、"椒声馆"、"庆宜堂"、"养和堂"、"燕喜堂"、"立本堂"等。

乾隆窑：乾隆青花瓷归纳起来有两大类，一类为乾隆创新器，一类为乾隆仿古器。乾隆创新器生产量极大，以社会大众生活用瓷、陈设用瓷为主流，外销出口瓷为主体。在承袭康熙、雍正青花的基础上，发展创新、提高，制作技巧上达到前所未有的成就。

乾隆时期的青花既继承了康熙、雍正两朝的青花式样，又仿制明代永乐、宣德青花特征。乾隆创新器主要是日常生活用瓷、陈设观赏瓷。器皿造型花样翻新，种类繁多。

盘碗类：有圆口、敞口、花口、菱花口、板沿镂空、腰圆形、高足形、攒盘、暖盘、盖碗等。

瓶类：有玉壶春瓶（赏瓶）、梅瓶（有带盖、不带盖两种）、直颈瓶、长颈撇口瓶、棒槌瓶、盘口瓶、洗口瓶、蒜头瓶、胆瓶、马蹄瓶、琮式瓶、灯笼式瓶、双连瓶、六连瓶、七孔瓶、天

"大清雍正年制"（双行六字款）

"雍正御制"（四字款）

［清·乾隆］青花缠枝纹花瓶

球瓶、转心瓶（腹部多有镂空）、葫芦瓶等。

壶类：有各式茶壶，壶形较雍正时期的大，盖面多数隆起。还有执壶、僧帽壶、葫芦壶式两截壶、各种形状的小鼻烟壶等。

尊类：有双耳鹿头尊（因形似鹿头而得名）、兽耳衔环尊、鸠耳尊、贯耳大尊、敞口尊、灯笼尊、鱼篓尊、象耳尊、石榴尊、镂空交泰尊、三牺尊、包袱尊等。尊胎体厚重，形体高大，造型古朴。

乾隆时期的瓷器装饰纹样常见的有：缠枝莲、云龙、八宝、荷莲、三果图、勾莲、折枝莲、把莲、缠枝牡丹、折枝桃、四季花卉、花蝶、花果、海石榴、九桃、云蝠、宝相花、朵花、"寿"字、鱼藻、菊花、蝴蝶、竹石、桃蝠、蕉叶、松竹梅、博古、梵文、诗句、过枝梅、鹊梅、鹭莲、芦雁、狮球纹、团鹤、穿花龙、穿花凤、穿花龙凤、松鼠、葡萄纹等。

［清·乾隆］青花九龙攀芝纹花口瓶

［清·乾隆］青花八吉祥大扁瓶

乾隆瓷器的款识有"乾隆年制"、"大清乾隆年制"、"大清乾隆仿古"三种，以"大清乾隆年制"六字篆书款为主。"大清乾隆年制"六字款明显多于"乾隆年制"四字款。"乾隆年制"楷篆均有，楷书款一般用于彩瓷上。"大清乾隆年制"也楷篆均有，篆书多于楷书。"大清乾隆仿古"一般用于仿古瓷上，青花篆款为主。高足盘、高足碗、双连瓶一般是在足内写篆书六字横款。"大清乾隆年制"款双行多无边圈，三行则多双圈。"乾隆年制"款多双圈。楷书款有六字双行、三行双圈，也有四字双行双圈或双框。

清代康熙、雍正、乾隆三个历史时期瓷器的特点是：康熙窑刚健，雍正窑雅致，乾隆窑华缛；康熙瓷器装饰多用人物，雍正瓷器装饰流行花鸟，乾隆瓷器早期崇尚奇巧，后期注重模仿；康熙时期以五彩为主，雍正时期以粉彩为主，乾隆时期以珐琅彩为主。康、雍、乾三朝瓷器制作工艺达到了很高的水平。

六、华丽的"粉彩"

"粉彩"是一种釉上彩绘，经低温烧成的彩绘技艺。粉彩初创于康熙晚期，盛行于雍正、乾隆时期，民国的"珠山八友"也留下很多粉彩画的瓷器珍品。直到今日，粉彩仍然流行于世。

粉彩瓷的彩绘方法，是先在高温烧成的白瓷素胎上勾画出图案的轮廓，然后用含砷的玻璃白打底，再将颜料施于表层的玻璃白之上，随后用笔轻轻地将颜色依据深浅浓淡的不同需要洗开，使花瓣和人物衣服有浓淡明暗之感。所谓"玻璃白"是不透明的白色乳浊剂，属氧化铅、硅、砷的化合物，利用其乳浊作用，可以使彩绘出现浓淡凹凸的变化，增加了彩绘的表现力，让画面粉润柔和，富于国画风格。粉彩瓷器使用"玻璃白"，并与绘画技法紧密结合，这是景德镇陶匠的一大历史性创举。

粉彩瓷的装饰形式多种多样，有摘枝式、图案式、开光式、通景式、单面彩式、双面彩式等。粉彩瓷的装饰画法，采取了点染与套色的手法，使所要描绘的人物、山水、花卉、鸟虫都显得质感强，明暗清晰，层次分明。粉彩瓷的装饰工艺，彩绘的全过程要经过打图、升图、作图、拍图、画线、采料、填色、洗染等工序。

康熙窑粉彩：粉彩创烧于康熙。康熙晚期在珐琅彩瓷制作的基础上，景德镇御窑开始烧制粉彩瓷器，但制作较粗，仅在红花的花朵中运用粉彩点染，其他纹饰仍沿用五彩的制作。目前主要发现有两个品种：一是白地粉彩器；一是绿、黄、紫三彩瓷上加有胭脂红

"大清乾隆年制"
（六字篆书款）

"乾隆年制"（四字款）

［清·雍正］粉彩
过枝菊蝶九秋盘

（金红）彩。到了雍正朝，无论在造型、胎釉和彩绘方面，粉彩瓷都得到了空前的发展。

［清·康熙］海水纹五子寿星粉彩盘

雍正窑粉彩：粉彩创烧于康熙，兴盛于雍正。雍正时期的粉彩瓷胎白，瓷质佳，彩料比康熙粉彩更加精细，色彩柔和，皴染层次多。大多数在白地上，少量在色地上绘纹饰。以花蝶图为最多，牡丹、月季、海棠、四季花也极为普遍。人物故事图，在粉彩中也比较多。此外，粉彩瓷中谐音的"蝠"（福）、"鹿"（禄）图案十分多见。当时最突出的是"过枝"技法。

雍正粉彩的装饰图案，有团花、团蝶、八桃、蝙蝠（喻意多福多寿）、过枝花卉、水仙灵芝、仕女、麻姑献寿、婴戏等。装饰纹饰疏朗、规整、精细。如"粉彩过枝桃蝠盘"，从盘外壁开始绘桃枝叶及桃，通过盘口过到盘心接绘桃枝叶及蝙蝠，雍正时期一般绘八个桃，乾隆时绘九个，故有"雍八乾九"之说。

［清·雍正］粉彩
团蝶纹碗

［清·雍正］粉彩八桃五蝠盘

从彩绘的手法上看，雍正时期画的蝙蝠翅膀顶端下弯有钩，钩中有一点，嘴上有毛（但不绝对）。仕女幼童人物较小，面目清秀，或有疏简的山石树木等背景，或留较多的空白。常常使用"金红彩"，精细之作还在纹饰上方用墨彩行书题相应的诗词歌赋，并绘红色迎首或压角章，显露出当时社会文人的儒雅之风。

雍正粉彩的造型极为丰富，无论是餐具、文具，还是陈设品，都很优美，一改康熙时古拙厚重之感。大型器规整不变形，小型器各部位处理严谨得当，反映了当时制作技艺的高超。雍正粉彩官窑器多数有"大清雍正年制"两行六字楷书款。民窑精品有私家堂名款，也有图案标记，以器底绘青花笔、锭和如意（谐音"必定如意"）等。

乾隆窑粉彩：粉彩是乾隆瓷器中所占有比重最大的品种之一。乾隆粉彩部分继承了雍正时期在肥润的白釉上绘疏朗艳丽纹饰的特点，如常见的折枝花卉盘、碗、小瓶、面盆、人物笔筒和大件器物鹿头尊等。

"粉彩百鹿图双耳尊"高45厘米，口径16厘米，足径24.2厘米。底书"大清乾隆年制"六字篆书款。尊敞口，口以下渐广，垂腹，圈足。通体施白釉，肩部两侧各有一螭耳。尊体绘百鹿，

［清·乾隆］粉彩百鹿图双耳尊

［清·乾隆］粉彩万花堆和锦上添花

衬以山林、小溪、灵芝、花草等景物。苍松翠柏下群鹿或奔跑，或相偎，或憩息，形态各异。画面中山石、树叶多以绿彩绘成，施彩浓厚；群鹿、枝干以赭、黑等彩作画，群鹿活现，枝干苍劲，笔绘生动细腻。"粉彩百鹿图双耳尊"因其造型似牛头，又名"牛头尊"，又因器型多绘百鹿纹，所以又叫百鹿尊。鹿与"禄"谐音，故又称"百禄尊"。禄即俸禄，百禄形容俸禄之高厚，因此百鹿纹是祝颂加官进禄的吉祥图案。

乾隆粉彩的装饰纹样有山水、婴戏、九桃、瓜蝶、百鹿、花鸟、仕女、百花（亦称"百花不露地"）、八仙、云蝠、福寿、缠枝花、皮球花、花蝶等。除了常见的器型以外，造型新颖的还有贲巴壶、交泰瓶、转颈瓶。款识有青花、红彩、金彩等种类。纹样中也有西洋人物。同时还常以缠枝花作主体，分别加施夔龙、夔凤、蝙蝠或缨络、八吉祥等，组成各种包含祥瑞吉庆、美意延年内容的图案。乾隆时期除了白地绘粉彩外，还有色地粉彩或色地开光中绘粉彩等品种。

［清·乾隆］百花不露地包袱瓶

乾隆粉彩的造型工艺更是精益求精，不论是高达一米多的大型陈设瓷器，还是小至几厘米的扳指、鼻烟壶，造型都非常规整，很少出现夹扁或歪塌现象。更值得一提的是，新奇精巧的镂雕瓷为乾隆时期新创，各式镂雕瓶包括转颈瓶、转心瓶、交泰瓶、套瓶、冠架以及各式转足碗等，千姿百态，是其他时代所无法比拟的。

嘉庆窑粉彩：嘉庆粉彩从传世品看，已经大大逊色于乾隆粉彩。嘉庆时期的瓷器以粉彩为主流，早期的粉彩还有乾隆朝的特点，比较精细，既有"百花不露地"的，也有彩地轧道开光的。"百花不露地"相当精细，个别的甚至是"金地百花"；彩地轧道开光品种不如乾隆时的精细规整，所绘纹饰有的也显呆滞。嘉庆粉彩瓷常见纹饰有花卉、八宝、云龙、罗汉、婴戏、石榴等。器型有瓶、笔筒、洗、盘、碗、茶壶、戟耳瓶等。粉彩器中有部分器物的内壁和底部施豆瓣绿釉，压凤尾纹粉彩器则仍多见各种色地，如黄、红、绿等。这一时期描金工艺的采用也较为普遍。

嘉庆粉彩在装饰上，继续沿用乾隆时期的一些彩绘工艺方法。乾隆的轧道工艺，就常见于嘉庆的粉彩圆器上，如各种色地轧道勾莲开光碗，有开光山水碗、开光花卉碗、开光博古碗等，底均写青花篆书"大清嘉庆年制"款。在琢器上常常采用缠枝"洋花"作色地装饰，器物口沿和足边用料彩、金彩作边饰，腹部开光诗句也有在腹部作凸雕装饰，如凸雕龙纹瓶、凸雕人物大瓶等。这与乾隆粉彩风格相同，仔细观察与乾隆粉彩瓷器又有一些区别，如胎体稍厚重，有的釉面不够平整，色彩较凝厚，纹饰线条也比乾隆时粗，器口及底部所施松石绿釉的颜色比乾隆时稍深等。

嘉庆粉彩瓷器的款识，官窑款识多数在器底，为红彩或金彩或青花篆书"大清嘉庆年制"六字款，字体工整，结构严谨。值得一提的是嘉庆民窑款识，常见一种青花篆书的"大清嘉庆年制"六字款，笔画不齐，均用六字的半边字组成，草率松散，有的还不易识别。

道光窑粉彩：道光时期的粉彩多类同于嘉庆朝。道光粉彩瓷除了白地粉彩器外，所见有各种色地开光粉彩，而且往往和描金工艺结合。器物除瓶、罐及少量文房用具外，大部分是碗、盘等日用器皿，图案以荷花、癞瓜、婴戏图、清装仕女以及各种花蝶虫草为突

［清·嘉庆］紫地粉彩八吉祥贲巴瓶

103

出。亦常见"吉庆有余"、"麻姑献寿"、"太平有象"等吉祥题材，其中凡属"慎德堂制"、"懈竹主人造"及"种德堂制"款的粉彩器，大都比较精致。

道光朝粉彩瓷只是绘瓜蝶、草虫纹饰的略精。署"慎德堂"款的粉彩器是道光皇帝的私人堂款，相当于官窑器，其工艺精湛，主要器型有瓶、罐、花盆、盘、碗、灯笼尊、盖碗等。

［清·道光］湖绿彩地粉彩缠枝花卉纹捧盒及六字篆书款

粉彩缠枝花卉纹捧盒直径18厘米，以湖绿彩为地，满绘粉彩缠枝花卉纹，绘画纹饰工精色艳，极为规整。整器为绿里绿底，底书"大清道光年制"六字篆书款。

七、高贵的"珐琅彩"

珐琅彩，又称"料彩"，俗称"古月轩"，是受铜胎画珐琅的启示而将其技法移植到瓷器上的新彩瓷产品。珐琅彩瓷器是一种非常名贵的宫廷御用瓷器，它创烧于康熙朝，兴盛于雍正朝，结束在乾隆朝。由于它源于仿制铜胎珐琅器工艺，所以在清宫内被称为"瓷胎画珐琅"。宫廷御用的珐琅彩瓷器，制作工艺非常神秘，既秘不外传，又耗费财力。通常是先在景德镇用高温烧制成精细的素胎白瓷，然后送抵北京故宫内务府造办处进行绘彩，彩绘好后再入窑炉，在低温中二次烧制而成。康熙时期珐琅彩瓷的烧制据说主要有武英殿珐琅作［康熙五十七年（1718年）废除］、养心殿珐琅作、圆明园珐琅作。

康熙年间的珐琅彩瓷器所用的彩料全部采用进口料。其中，最突出的一种玫瑰红或者胭脂红色料，与传统瓷器的铁红和铜红相比较，表现出唯我独有的高贵色感，红中蕴涵着阳光般的华丽。这款从海外纯舶来的红色料所用的发色剂——黄金更不同凡响，所以这种美丽的红色被称为金红。

康熙珐琅彩瓷器多以蓝地、深红地、黄地、粉红地、紫地的彩色花卉图案为主，且碗、盘为多，而瓶、盒比较少，博物馆中也能够见到宜兴紫砂胎的珐琅彩茶具，至于白地彩绘的品种则极为罕见。器身上的图案大多作规规矩矩的花卉写生，尚不见山水、人物、鸟兽的踪影，处于一种单调拘谨的状态。

康熙珐琅彩瓷的器型有菱花盘、碗、杯、瓶、小盖盒。

［清·康熙］珐琅彩
黄地牡丹花卉纹碗

［清·康熙］珐琅彩白地锦鸟双耳瓶

雍正是一个学识渊博、艺术品位高的皇帝，他对瓷器的烧制工艺非常严格，对珐琅彩瓷器的制作更是倍加苛刻。雍正时期与康熙时期相比，工艺上有了进步，器皿仍是由景德镇提供烧好的瓷胚或白瓷，由清宫内务府珐琅作坊来完成彩绘和二次烘烧的环节。康熙时期

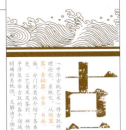

的珐琅彩是用器身外壁不上釉的半成品将其外壁色地施彩，而雍正时期则以白地彩绘为主，并且在原先单纯的缠枝花卉图案基础上增添了多种纹饰，以花卉、翎毛最多，山水其次，人物亦偶有出现。

雍正时期的珐琅彩，最具代表性的作品是"珐琅彩雉鸡牡丹碗"，该碗胎骨极薄，近乎"脱胎"，碗撇口，弧腹，圈足。高6.6厘米，口径14.5厘米，足径6厘米。瓷质洁白，莹润似玉；整个画面用粉红、紫红、藕荷、淡黄、藤黄、杏黄、蓝、绿、赭等十多种彩料绘制成，表现出盛开的牡丹丛中雌雄二雉嬉戏的生动情景；碗的另一面用墨料题"嫩蕊包金粉，重葩结绣云"五言诗句，上有"佳丽"，下有"金成"、"旭映"胭脂水篆体阳文；底心有蓝料双方栏"雍正年制"宋体款识，色彩丰富艳丽，制作精美绝伦。

［清·雍正］珐琅彩雉鸡牡丹碗

雍正珐琅彩瓷器的最大特点在于，在画面上配以与其意相对应的题诗，而且书法极佳，并在题诗的引首、句后有朱文和白文的胭脂水或者抹红印章。妙趣更在于，其印文又往往与画面及题诗的内容相呼应。所以称雍正珐琅彩瓷器为大美不言的诗、书、画、瓷相融合的艺术绝品。康熙时期珐琅彩瓷器的彩料一直采用进口料，自雍正六年（1728年）开始，清宫内务府已经能够自制国产的珐琅彩料，国产彩料颜色种类丰富多彩。这一时期，珐琅彩瓷的装饰图案，一部分是白地彩绘，以花卉、山水为主，基本是雍正的风格及工艺，而另一部分则为色地开光图案，有些是结合青花或者其他色釉装饰以表达歌舞升平的题材。还有一些带有舶来的域外风情，比如珐琅彩瓷上绘有以《圣经》为题材的西洋人物故事画面。

到了乾隆时期，珐琅彩瓷器已经逊色于雍正时期了。乾隆时

［清·雍正］珐琅花鸟纹蒜头瓶

［清·雍正］珐琅彩白地彩绘诗句过墙梅纹盘

珐琅彩瓷器所用白瓷胎，继续由景德镇御窑厂提供。乾隆时期珐琅彩瓷器的装饰题材较前朝更加丰富，除山水、花卉、花鸟、人物外，还有西洋人物，以及受西方"洛可可"艺术风格影响的各种洋花图案，还新增各种色地、色地开光、色地轧道的珐琅彩瓷器。雍正时期盛行的诗、书、画、印相结合的白地珐琅彩瓷，到了乾隆时期仍继续发展。

［清·乾隆］珐琅彩福寿瓶

乾隆珐琅彩瓷器的年款，凡是诗、书、画、印相结合的珐琅彩瓷，一般为"乾隆年制"四字双行蓝料彩印章式宋椠体或楷体款，

围以外粗内细的双线方框，框线也有个别内、外粗细基本一致的。器之较小者，如小瓶、小杯等，由于底部署款之空间狭小，所署蓝料彩四字双行宋椠体或楷书款则不加框栏。有一种蓝料彩四字双行篆书款，外围双线方框，框线外粗内细，多见于瓶类器上，由于这种器物所绘图案较繁密，故没有题诗和闲章，器内和足内均施松石绿釉，款署于松石绿釉地上。

珐琅彩瓷器创烧于康熙，兴盛于雍正，结束在乾隆朝。正是由于它的神秘和皇气，才被世人称为"高贵的珐琅彩"。

[清·乾隆] 珐琅彩紫砂胎壶

八、"珠山八友"的瓷画

随着清朝国力的衰败，景德镇皇家御窑厂也逐之渐渐衰落。而晚清、民国也有一批出类拔萃的优秀民间陶瓷艺术家异军突起，"珠山八友"就是其中技艺超群的代表人物。"珠山八友"当时的名称叫"月圆会"，就是景德镇御窑厂停烧以后部分流落到民间的粉彩和瓷板画的高手艺人。 "八友"分别以王琦、王大凡、汪野亭、邓碧珊、毕伯涛、何许人、程意亭、刘雨岑八位为主体，再加上徐仲南、田鹤仙两个珠山人，其实，"珠山八友"泛指十位。"珠山八友"的瓷画作品个人主体意识及绘画艺术风格独特，从而形成了他们各自的粉彩瓷板画的艺术风格。

"珠山八友"的瓷画作品主要有以下几个方面的特点：

一是内容通俗，雅俗共赏，为时人所喜闻乐见。"珠山八

友"与同时代的瓷画艺人以绘瓷为生，他们或结社相助，或自设画室，勤于笔耕，以求闻达。他们的作品既是艺术品又是商品，一方面具有文人绘画怡情闲适、恬淡超脱的情趣；另一方面为适应社会和市场需要，又有趋合一般受众的世俗之气。其题材广泛，内容丰富。人物画类有太白醉酒、东坡赏砚、踏雪寻梅、富贵寿考、麻姑献寿、桃园结义、风尘三侠、竹林七贤、岳母刺字、木兰从军、秉烛达旦、采药济世、伏虎罗汉等；山水画类有翠峰渔影、溪山烟雨、松窗读书、游江觅句、携琴访友等；花鸟画类有松鹤延年、喜鹊瑞果、翠鸟荷花、白头海棠、绶带红梅、暗香浮影等。这些题材内容多含有故事情节及吉祥之寓意，富有民俗特征。

二是以形写神，形神并貌。"珠山八友"的瓷画创作没有如传统粉彩工艺的过于注重勾描和雕饰，在创造意识的支配下工笔与写意结合，以画工笔的心灵作写意，以画写意寄情山水，勾勒与涂抹交错运用。人物画主次分明，相互呼应，性格突出，气韵生动；山水画山涧溪流，奇峰云海，配上楼宇茅舍，给人一种"结庐在人境，而无车马喧……采菊东篱下，悠然见南山"之感；花鸟画枝叶俯仰掩映，鱼鸟游弋飞鸣，流连戏蝶时时舞，自在娇莺恰恰啼，画面工致而不纤弱，无雕饰之气，奔放而不粗野，无怪诞之弊。"珠山八友"，无论人物、山水、花鸟作品，都出自作者的肺腑，牵动着观赏者的情丝，充分传递出艺术创作的感染力。

三是诗画合璧，相互映衬，相得益彰。"诗中有画，画中有诗"是"珠山八友"瓷画艺术的典型形式。一类作品是通过丰富的画面、生动的形象、绮丽的色彩，以表现感人的情致和幽远的意境。画面上虽没有题诗，而处处荡漾着诗意。如采菊东篱的陶渊明闲适自得，一树梅花一放翁的陆游旷达高迈，以及山水花鸟画中的云山烟树、翠鸟红莲、紫燕桃花等。另一类作品是诗画结合。如邓碧珊的粉彩瓷板画《翻身一跃动春雷》题诗："生趣都从笔底开，翻身一跃动春雷。天公有意施霖雨，为济西江涸辙来。"构思新颖，想象丰富，含蓄深邃。王琦的粉彩瓷板画《钟馗对镜图》题诗："平生貌丑心无愧，何惧狰狞对镜看。"表达了作者肯定外丑内美的美学思想。汪野亭的粉彩瓷板画《朝阳峰顶散明霞》尺幅千里，烟云满纸，题诗：

古玩

"东风先已到农家，携杖闲行玩物华。桃李满林云满谷，朝阳峰顶散明霞。"别具怀抱，余味无穷。王大凡粉彩瓷板画《鸡声唤起中兴业》题诗："不负昂藏七尺躯，岂甘窗下久踟蹰。鸡声唤起中兴业，谁说今吾即故吾。"表露心志，由题而妙。刘雨岑的粉彩瓷板画《白头翁》题诗："寂寂霜山万木枯，月明如水浸平芜。吾头更比卿头白，一样荒凉吊影孤。"借喻比兴，余韵悠远。"珠山八友"常常用诗句描写画中之景，画外之意，抒写自己的情愫，做到诗、书、画、印相辅相成，把瓷画艺术提高到笔墨形式展现之外的高度。

四是形式独特，赏藏并蓄，商品意识感强。"珠山八友"瓷艺作品以瓷板画（四块或八块）、台屏、挂屏、瓶、盆、文房用具等陈设瓷为主。瓷画作品的文人画韵味十足，很有书卷气，它能集各类题材、各家风格为一器，藏家利于收藏。"珠山八友"喜欢在平面或接近平面的器物上表现自我，这体现了他们以"画"为主的文人画追求取向，也迎合了一批官绅贤达和工商业主喜好陈设、附庸风雅的收藏趣味。

王琦（1884—1934），字碧珍，号陶迷散人，祖籍安徽，为"珠山八友"之首。早期以捏面人为生，后向邓碧珊学画瓷板肖像。先以钱慧安仕女画为蓝本，后改学"扬州八怪"之一的黄慎，晚年的作品开始摆脱钱慧安和黄慎的影子，在继承中有了自己的特征，以写意人物画见长。王琦传世之作较多，主要是人物画，尤其善于画神道人物和古典人物。传世赝品人物画居多。王琦的瓷画作品主要有以下几个特点：

第一，人物画在乾隆粉彩的基础上，结合自己早年画瓷像的技艺，又吸收西洋画法，人物头部刻画细腻，以西画手法描绘人物脸部，明暗关系清晰，神情捕捉准确，光影富于变化，有西洋绘画晕染技法，立体感强，被后世称为"西画头子"。

第二，人物画勾线用笔老辣，顿挫有力，衣纹虬结生姿，刚中有柔，整而不乱，介乎于中国传统减笔描与枯柴描之间，衣衫的表现以中锋用笔，有黄慎恣纵的笔意，线条简略流畅，准确凝练，遒劲有力，尽显精神，有以草书入画的放达和力度。尤其中锋用笔，线条放达而又疏松，比黄慎的线条更有力度，也更概括，并能在黄慎的基础

110

上自成一格，做到运笔疏松却又结构紧凑，线条掉阖却又抑扬顿挫。

王琦瓷画作品常见的款识有"西昌勾迷道人王琦写"、"西昌勾迷王琦写于珠山"、"西昌勾迷散人王琦写于珠山陶陶斋"、"西昌勾迷道人王琦写于珠山客次"等。王琦题款中时而自称"陶迷散人"，时而自称"陶迷道人"，两者非笔误。常见印款为"西昌王琦"、"勾迷"、"陶迷画印"、"陶陶斋"、"碧珍"、"王琦画印"等。

王琦钟馗图　　　　　　　王大凡仕女图

王大凡（1888—1961），名堃，号希平居士。祖籍陕西台元，因避战乱，迁居安徽黟县。少年时拜汪晓棠大师为师。晚期作品深得清代大画家吴友如之法，用笔织秀，线条放达，气势洒脱，以文人画中的"意兴"与陶瓷绘画巧妙地结合，画风纯正，与王琦人物画风格大相径庭，其"落地粉彩"技法别具一格。传世赝品，各个时期都有。王大凡的瓷画作品主要有以下几个特点：

第一，用笔用线道劲，似传统线描法中的高古游丝描、铁线描一类，多是中锋用笔，朴拙、厚实、圆润，章法别致，有装饰味，这是王大凡与王琦侧锋用笔画人物画的最大区别。

第二，瓷画作品人物脸部刻画细腻，讲究明暗变化，有西画中的素描和光影变化，晕染手法独特，立体感强。王大凡画仕女以"丹凤眼"、"樱桃嘴"冠之，特点鲜明，并形成一种惯用的程式。

第三，瓷画作品人物画背景多勾描葱郁林木，竹石茅屋，野卉山花，染色青翠，草绿、翠绿、深绿几个层次明显，笔法一丝不苟。

王大凡瓷画作品常见的落款识为"黟山大凡王堃作于希平草庐"、"黟山樵子大凡写于昌江之希平草庐"、"黟山大凡王堃画于昌江"、"黟山王大凡画"、"希平居士昌江客次"、"王堃画"等。常见印款为"大凡"、"王堃"、"王大凡作"等篆款。底款为"希平草庐"。

汪野亭（1884—1942），字平，号传其居士，江西乐平人。早年跟随张晓耕、潘陶宇学画花鸟，25岁时来到景德镇，初画浅绛彩，后画粉彩山水。曾被景德镇陶瓷职业学校聘为教师。画瓷时间长，传世作品较多，气势雄峻，深凝浑厚，高古苍润。

汪野亭的作品早、中、晚期风格各异，特点突出。早期作品模仿浅绛彩名家技法，采用"洋彩"画瓷，并逐渐摸索粉彩色料的调配以及使用方法，开创了用线细密，具浅绛彩风格的早期粉彩山水画；中期作品构图严谨，线条流畅洒脱；晚年作品用线粗犷，色彩明快，极显苍古与奔放之势。成世赝品，不同时期都有。汪野亭的瓷画作品主要有以下几点：

第一，汪野亭的作品以山水画构图，通景法为多。构思完整，布局讲究，画面多是翠峰烟云，路转溪桥，景点连接安排合理，意境别开生面。这种山水通景画法形式，被后继者广为采用。

第二，汪野亭画山石多用折带皴，用线如折弯的带子，横折层叠构成水边岩石的特有结构，并且渗入斧劈皴的擦笔技巧，主次分明，皴、擦、点、染，形质俱佳，深浓浅淡，湿润华滋，具备石质的重量感。

第三，汪野亭的作品之画面，总是林木葱茏，参差错落，层层密密。其树木画法虽然都出于中国画之传统，但他不曾用夹叶法画树，其点叶之法以圆点、"介"字点、"个"字点为多，聚散疏密，笔迹磊落，呈现出汪氏特有的清丽娟秀。

汪野亭山水图

第四，汪野亭在山水画作品中一般都配有杖藜芒屩、策驴寻幽、携琴访友的小人物，以墨夹色，以色合墨之笔率意点画，人物生动，高古脱俗，画面动静相生，别有一番景致意趣。

另外，汪野亭还善于画墨彩山水，在其之前墨彩山水一般用艳黑作画；而他的墨彩山水用珠明料绘就，再加盖雪白。这种墨彩既可画得精细，又可画得粗放，因在珠明料上加盖雪白，故烧成后有一种淡淡的紫色，画面柔和蕴藉，别有韵味。

汪野亭瓷画作品常见的款识为"野亭汪平"、"传芳居士汪野亭"、"野亭汪平画于珠山客次"、"翥山野亭汪平作于珠山客次"、"传芳居士汪野亭于松墨馆"、"垂钓子汪野亭"、"野亭汪平写意"、"翥山汪野亭画"、"翥山野亭汪平写意"等。常见印款为"汪平野亭"、"平生"、"平山"、"汪平"、"老平"、"野亭"、"野亭氏"、"平印"、"汪"等。

邓碧珊（1874—1930），邓碧珊成名较早，是景德镇瓷上肖像画创始人，早年靠绘画瓷板肖像为生，发明了陶瓷肖像结画。20世纪二三十年代以画鱼藻为主，兼画花鸟。借鉴东洋画技法，形成独特风格，在景德镇享有"鱼王"美称。"珠山八友"中他去世最早，故留世作品不多，成世赝品，多为"鱼藻图"。

邓碧珊早期以炭精擦笔画法绘瓷像，借鉴了东洋画精于描摹的技法，层次细腻，笔画精微，有较高的工艺技巧，但留世作品很少。他的鱼藻画，将中国画笔墨意趣与日本绘画技法相结合获得成功之后，又融入肖像画的细腻风格。从笔墨特征来看，邓碧珊的鱼藻瓷画主要有以下几个特点：

第一，邓碧珊画水藻以艳黑勾描，色料有深有浅，有浓有淡，一丛一丛相互交叠，层次丰富又不杂乱。

第二，邓碧珊水藻喜欢用水绿在施有玻璃白的粉底上进行浓淡积染，讲究深浅变化，而模仿品水藻染色时玻璃白打底淡薄，故染色层次少，颜色单薄，没有重叠层次，少厚重感。

第三，邓碧珊画水藻染色时注重冷暖变化，水藻的中心部位和密集处染色以大绿之类的冷色调为主，从水藻中心部位到边缘处，渐次由大绿过渡到草绿或赭绿的暖色调。

邓碧珊鱼乐图

一中华古玩艺术」将古玩所涉及的内容进一步理论化、系统化，以国器、青铜器、古币、书画、瓷器二十多个方面，分门类地全面介绍了各类古器物的人文历史、工艺美术及鉴别。脉络等方面的知识见手法涉及中华古玩的各个领域，既光分地把握了明确的系统性，又解决了物与史的结合。

邓碧珊鱼藻图

第四，邓碧珊的"鱼藻图"上，总是两三尾游鱼，鱼背色调黑重，渐次向鱼腹处淡去，层次微妙。然后在料色未干之时，以点画之笔穿插画鱼鳞，细腻之致，夺造化之工，得其形也得其趣。曾有人问其画鱼秘诀，他一言以蔽之："游而不散。"

第五，邓碧珊的"鱼藻图"上，总是数点浮萍，不是波涛，也无激影，厚不因多，薄不因少，笔精墨妙。而模仿品不甚经意，少而无韵，疏而无神。

邓碧珊瓷画作品常见的款识为"铁肩子邓碧珊画于珠山客邸"、"铁肩子邓碧珊画意"、"邓碧珊画于珠山"、"铁肩子碧珊"、"碧珊写于珠山之南轩"等。

毕伯涛（1885—1961），号黄山樵子，安徽人，清末秀才。其绘画艺术来源于清代画家新罗山人。画风富有生活气息，走笔清新，力脱时习，自成一家，但传世作品不是很多。

毕伯涛的瓷画以小件作品为多，小写意风格，画面疏简，布局考究，出笔利落，主次分明。毕伯涛瓷画有以下几个方面特点：

第一，毕伯涛画枝干常用干笔侧锋挥就，与田鹤仙双勾侧锋画梅干有很大的区别。出笔粗中有细，粗细合度，枝柯旋衍，蘸墨浓淡，不需再填，笔致严谨而洒脱，深浓浅淡相宜，湿润华滋，形质俱佳。

第二，毕伯涛习惯以没骨法画花朵，画面稀疏，随意中见率气，点虱之笔轻快凝练，有"落墨即是，出笔便巧"之特点，花叶的点染秀雅而沉稳。通过运笔、用墨、敷色等表现手法，较具体而简练地描绘花叶的状貌和特征，有时叶脉纹理以扒笔剐出，此乃毕氏画瓷常用之独特技法。

第三，毕伯涛画鸟常以小写意勾染之法，相比程意亭和刘雨岑以丝羽法画鸟更为写意，也见率真。毕氏用笔概括，鸟的动态特征见于笔端。模仿品多刻意工细，套用程意亭、刘雨岑画鸟之法，严谨工整有余而写意之率气不足，常常牛唇不对马嘴。

毕伯涛的瓷板画追求单纯、明丽，画面以墨为主，色彩为辅，有"素以为绚"的效果。

如粉彩瓷板画"双鸟鸣春"，以小写意的手法绘阳春三月中的碧桃春燕。桃枝以干笔皴绘，笔法潇洒纵逸，妙诣独得，嫩梢向风，伸展有姿。桃花以点彩法绘就，正反俯仰，吐芳争艳，以浓色点蕊，求阿睹传神之妙。叶子侧锋撇绘，以扒笔剐出脉纹，细腻生

毕伯涛粉彩花鸟瓷板

动。春燕相向，呢喃轻语，以墨彩描画，传神之处点染赭石，表现得饶有趣味。虽是一幅小景瓷板画，但透出春回大地、春光无限的美妙，表现出毕氏艺术灵动和清纯的特性。

毕伯涛瓷画作品常见的款识为"伯涛写于珠山"、"毕伯涛写于珠山"、"古歙毕伯涛画意"、"古歙中伯涛画并题"、"古歙毕伯涛写于珠山客次"等。毕氏题款之"涛"字笔法讲究，结体独特，符号性很强，鉴定者若能洞察其真谛，是为鉴别毕氏作品真伪手段之一。常见印款为"伯涛"篆款。

何许人（1882—1940），别名花滋，安徽南陵人。少时学绘青花，后改学粉彩。初时常以清初"四王"之作为范本，循古人规范，摹前人画迹。书法从"二王"入手，后学汉隶，善微书，能在径寸印泥盒上书写《出师表》、《赤壁赋》，以画雪景、山水见长。作品法度整饬，笔迹磊落，晶莹剔透，深远荒寒。传世赝品多为雪景山水画。

何许人在1916年以后，以雪景山水瓷画为主。在瓷画工艺上，已逐渐摸索出一套革故鼎新的技法。何许人的画雪景山水，主要有以下几个特点：

第一，何许人在构图上远承宋人造景取势之长，讲究章法布局，注重近、中、远三重构图，山势相叠，坡岸交错，层次有序。

第二，何许人以艳黑为主勾画山岭，以赭石皴染阴阳层次，墨色秀润磊落，次第有序，再以敷粉留白表现雪色。他在傅彩用料时，克服雪景色阶少的特点，巧妙地把粉彩玻璃白运用于雪景山水之中，使画面彩料浓淡自如，雪色逼真，层次有度，既有传统填色的粉润效果，又具有画意生动的意味。注重单薄中追求晶莹的效果，尤其是渲染雪雾天色，层次之微妙，表现出不凡的功力。

第三，何许人在景物描绘上，以细腻的画笔刻画，如蹇驴踏雪，路上留下连串痕迹；若层宇楼台，总以一两处暖色调点醒。

何许人的粉彩雪景瓷板画《雪满梁园》，乃绘宋朝汴京八景之一的"梁园雪雾"。画面以界画技法布景，俯视构图，严谨自然又有气势。以墨彩勾画景色，树竹凌空，枝梢浑全；秀石玲珑剔透，粉装玉砌；重檐楼台雪色浓重，栅栏稍染蓝色，使画面顿显冷艳之

何许人粉彩雪景瓷板

美，楼阁之中饮酒赏雪，庭院里以朱红点缀人物，表现出冰天雪地中的远山如玉琢晶镂一般，笔墨秀润磊落，意境深远。

何许人瓷画作品常见的款识为"许人何处画于溢浦客次"、"许人何处画"、"阳谷许人何处画于溢浦"等。常见印款为"许人"、"何处"、"许人出品"等。

程意亭（1895—1948），程意亭少年时师从潘陶宇、张晓耕研习花鸟画，后到上海拜浙派花鸟画家程瑶笙为师。20世纪30年代初，曾在浮梁县立初级职业学校饰瓷科任教。程意亭工粉彩花鸟，一生勤奋，传世作品较多。

程意亭以小写意笔法作花鸟画，清新灵动，意趣高华，恬淡冲和，风格独具。从程氏花鸟画的笔墨特点来看，主要有以下几个特点：

第一，程意亭画花鸟，多用勾描填色之法，讲究骨法用笔，线条细润劲挺，工整圆润，刚柔相济。特别是以"钉头鼠尾"描法勾勒的花叶，行笔有繁有简，有粗有细。而仿制品的勾勒多落笔随意，收笔飘浮，凝涩枯竭，笔韵含蓄不足，少韧练之气。

［民国］程意亭画粉彩花鸟瓷瓶

第二，程意亭画鸟惯用工笔丝羽法，在勾勒的基础上，用尖细的枯笔丝羽，再以色罩染，以求鸟的羽毛整体有厚度，工细入微，严谨精致。而模仿品细腻不够，层次缺少，工整者多板实僵硬，用工少者又显单薄，丝羽之法难得要领。

程意亭粉彩花鸟瓷板

第三，程意亭画鸟头部均较大，但鸟的形体却很生动，有人问他是否合适，他说："一幅花卉翎毛画上的鸟，多半是作为主将出现，头小就不威武，更难传神。"而模仿品有的执意将鸟头画大，但大而无神，生搬硬套反而使鸟缺少灵性。

程意亭瓷画作品常见的款识有"意亭写"、"程甫意亭写"、"翥山程意亭"、"意亭程甫之笔"、"翥山樵子程意亭"、"翥山樵子程意亭写于佩古斋"、"翥山程意亭写于珠山佛印湖畔"等。程意亭作品常见印款为"程印"、"程氏"、"程"、"程甫"、"意亭"等。

刘雨岑（1904—1969），原名玉成，后改雨岑、雨诚，斋名觉庵，别号澹湖鱼，六十岁后雅称巧翁。安徽太平人，客居江西鄱阳。刘雨岑是"珠山八友"中年纪最轻的一位，有"陶瓷美术家"称号，其陶瓷艺术成就得到我国著名戏剧大师田汉的称颂。刘雨岑以画花鸟著称，不局限于专画某物，画路较广，存世之作较多。传世赝品，多为花鸟画。刘雨岑的瓷画有以下几个方面特点：

第一，刘雨岑早期作品多以兼工带写的手法完成，画面严谨，清丽韶秀，禽鸟的用笔尤为精致，有的接近工笔一路。画花叶时却能稀处补枝，密处缀英，叶子的深浅、浓淡、枯湿等，力求生动有变化、有韵味，设色秀逸，处处可见匠心。

第二，刘雨岑20世纪50、60年代作品写意性较强，画面更简练。如50年代画于景德镇陶研所的花鸟四方笔筒，画面构思精巧，笔法写意，花鸟和蔬果笔墨纤秀工致，格调清新雅致，有任伯年遗风。另外，他在50、60年代的作品还特别注重画面与器形的结合，其中不少画面画于"开堂子"里面。

第三，刘雨岑画禽鸟的灵动性特点显著，精细之中不刻板，笔情墨趣颇足，又能较好地把握粉彩料色的肌理变化，用以表现禽鸟绒毛的质感。如20世纪40年代所画的《暖春图》，画面中心绘一窝小鸟嗷嗷待哺，鸟的绒毛惟妙惟肖。还有《竹篱麻雀图》中的三只落篱麻雀，顾盼生姿，以工笔手法表现得细微生动，意趣渺远，妙诣独到。

刘雨岑瓷画作品常见的款识有"雨城"、"刘雨岑写"、"澹湖渔刘雨岑写"或长题款"澹湖渔刘雨岑写于珠山觉盦暖风和

古玩

"中华古玩艺术"将古玩所涉及的内容进一步理论化、系统化。以陶瓷、青铜器、古币、书画、紫砂壶、玉器、工艺美术及鉴别，分门别类地介绍了各类古玩器物的人文历史，工艺美术及鉴别，辨伪等方面的知识，几乎涉及中华古玩的各个领域。既充分地把握了明确的系统性，又解决了物与史的结合。

刘雨岑粉彩花鸟瓷板

窗下"、"澹湖渔刘雨岑写新罗山人大意于珠山觉盦之南轩"等。常见印款为"玉成"、"雨城"、"雨岑"、"平氏"、"竹"、"人"等。

　　徐仲南（1872—1953），在"珠山八友"中是年纪最大的。徐仲南画瓷时间长，成名稍晚，青年时期以画人物为主，中年则改习山水，晚年画松竹、花鸟，一生以画竹子著称。徐仲南成熟时期的作品主要有以下几个方面特点：

　　第一，徐仲南画竹，聚散得体，疏密浓淡颇有章法。竹叶多为仰叶，叶梢风翻转折，无板滞之敝，爽快生动，萧疏纵逸。

　　第二，徐仲南画竹，胸有成竹，意在笔先，凝缩处不局促，力全而不苦涩。

　　第三，徐仲南画竹，竹干、竹枝，笔道墨韵利落有力，苍劲挺拔，气脉连贯，节节有韵，表现出秀竹劲节凌云之气。

　　徐仲南画石以配竹，多是在画面的左右下角以三七之法起笔，有的一石独居，有的两石相依，用笔波折顿挫，似折带皴，勾画有法，灵透生动，轮廓转折之处虽不见圭角，但有雄浑之气。石块肌理以尖笔斜点皴塌，似雨点皴法，疏密有致，转折处点大色深，笔法中透出轻松的弹力，偶尔在石头边沿或相叠处以皴点苔，清新秀丽。而模仿品轮廓勾描生硬，点皴的布局平均刻板，笔法貌似神离，程式化、概念化太重，稍作比较便一目了然。

徐仲南竹枝图

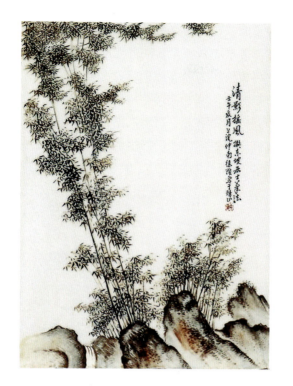

徐仲南清影摇风瓷板画

"中华古玩艺术"将古玩所涉及的内容进一步理论化、系统化,从陶瓷、紫砂壶、玉器、青铜器、古币、书画、杂项等二十多个方面,分门别类地介绍了各类古玩器物的人文历史、工艺美术及鉴别。仿佛平方面的知识,几乎涉及中华古玩的各个领域,既先分地把握了明确的系统性,又解决了物与史的结合。

徐仲南瓷画作品常见的款识有"仲南徐陔写"、"徐仲南写"、"竹里老人徐仲南"、"南州竹里老人徐仲南写于珠山栖碧山馆之西窗"等。常见印款为"仲南"、"徐陔之印"、"徐印"。

田鹤仙(1894—1952),原名田世青,后改为田青,字鹤仙,号荒园老梅,斋名古石,浙江绍兴人。先画山水,后专攻梅花,传世作品以梅花为多。田鹤仙画梅,承元朝画梅大家王冕之法,用笔简练,墨色清淡。20世纪40年代以后,创立瓷画上的"梅花弄影"技法,虬劲盘曲的树枝,衬以绰约的梅花树影。作品深厚朴茂,生意盎然,满纸留芳。"珠山八友"发起人王大凡赠有"山水清浑成一格,梅花作出更无双"的赞誉诗句。田鹤仙成熟时期的瓷画作品主要是梅花,传世赝品也以梅花题材的瓷画为多。

田鹤仙瓷画有以下几个方面特点:

第一,田鹤仙瓷画以双勾偏锋着笔写枝干,墨色以淡、枯、渴

一中华古玩艺术,将古玩所涉及的内容进一步理论化、系统化,从阁器、武器、紫砂壶、玉器、青铜器、古币、杂项等二十多个方面,分门别类地介绍了各类古玩器物的人文历史,工艺美术及至鉴别各类古玩的知识,几乎涉及了古玩的各大领域,既充分地把握了神传文物方面的知识,又解决了物与史的结合,明晰的系统化、

为宜,不死勾轮廓,出笔有飞白的效果,笔法在转折变化中虚实相连,枯湿相间。笔下老枝苍古,斑驳粗壮,收笔用浓料点苔藓,并以石青相破,尽显梅树苍劲老辣的质感和精神。老干间新枝纵横,出笔利落,勃勃向上,枝丫抱体,梢欲浑全。枝丫讲究穿插造型,如"女"字形、"丫"字形、"井"字形等传统章法运用极妙,扭曲处更是似有若无,变化之妙,极富韵致。

田鹤仙梅花画

第二,田鹤仙用圈梅法画梅朵,双勾着色,正、侧、偃、仰、背等朝向生动,圈花圆中带方,方中显圆,出笔随意,点染凝重。梅朵的布局少不寒碜,多不杂乱,姿态生动,映带有情。

第三,田鹤仙画梅多是在画面的左右下角以三七之法起笔,而且靠近画面起笔处的梅干总是虚淡,具有画意无边的意趣。

田鹤仙画梅花手法:首先是画梅干时多皴赭黄,斑驳转折之处

[民国]田鹤仙画粉彩山水纹四方笔筒

笔重色浓，而梅枝多着淡青，冷暖相济，枝嫩梢细。其次是以圈梅法勾勒花朵后，都依形填上玻璃白，再作少许晕染，薄而不淡，艳而不厚，最后以艳黑勾点花蕊，少不寒碜，吐色争妍。

田鹤仙瓷画作品常见的款识有"荒园老梅田雀仙写于珠山"、"梅花主人崔仙田青写于珠山古石斋"、"崔仙田青写于珠山"、"荒园老梅田雀仙写"、"田雀仙写于珠山"等。常见印款为"崔仙"、"田印"。"崔仙"篆书方章中的"仙"字，单人旁顶天立地，"山"字小而居下边，特具个性。

"珠山八友"由于年纪的长幼以及他们从艺时段的长短不一。因而他们存世的瓷画作品数量也就不一。其中，徐仲南、王琦、汪野亭、王大凡、田鹤仙、程意亭、刘雨岑等人的瓷画作品较多，邓碧珊、何许人、毕伯涛的瓷画作品较少。从绘画领域来看，他们各自的艺术取向不同，然而山水、花鸟、人物题材也一应俱全。

鉴定"珠山八友"瓷画作品时，除了上述所谈到的他们个人的艺术风格特征外，还要把握他们各自的瓷画风格、胎质釉色，深入掌握"珠山八友"每一位成员从艺过程中的各种背景信息，着力分析每个人各个时段作品的社会面貌。同时还要鉴定他们的笔墨（料）特征、题识印款，这些都是鉴别"珠山八友"瓷画作品真伪的关键要素。

九、"文革瓷"

1964年，从部队开始率先发行的《毛主席语录》本面向社会出售。不久，"手不离语录，口不离语录"成了检验人们是否忠于革命、忠于领袖的试金石。生活在语录丛中的人们想急切拿到一本"红宝书"（即《毛主席语录》），成为当时的流行病。集体活动时，集体背诵毛主席语录、同声唱语录歌的做法很快地流行开来。同时，佩戴、制造和收集各种毛泽东像章也逐渐演变为一种对伟大领袖的狂热崇拜。

1965年，毛泽东和埃德加·斯诺谈话时，承

"文化大革命""红色海洋"

"文化大革命""全国山河一片红"邮票

认中国确有"个人崇拜",认为当时需要有更多的个人崇拜,也就是更多的对毛泽东本人的崇拜。那时斯诺并不完全理解毛泽东这番话的全部含义。随后,中国爆发了一场称作"无产阶级大革命"的非常运动。这场运动像狂风暴雨一般席卷了中国。毛泽东作为新中国的伟大领袖,他以其独特的个性和历史的丰功伟绩获得了全国人民,尤其的青年人的普遍崇敬和崇拜。但是在"文化大革命"中,由于政治斗争的需要和一些别有用心的人加以鼓吹,这种崇敬和崇拜就变了形,走了样。于是,当8亿人民对毛泽东本人的崇拜达到了登峰造极的程度时,各行各业也出现了许许多多令人啼笑皆非的事情。"文革瓷"就是这一时期诞生的历史产物。

"文革瓷",是指在20世纪60年代中期至70年代中期,"文化大革命"十年中,全国各地陶瓷厂生产的带有"文化大革命"色彩的陶瓷器皿,以及后来生产的所有具备"文化大革命"典型风格的瓷器,如以毛主席、毛主席语录、最高指示、"四个伟大"(即伟大的领袖、伟大的导师、伟大的统帅、伟大的舵手)、工农兵形象、样板戏题材、知识青年上山下乡、赤脚医生等为题材的装饰瓷件、生活器具、文具、雕像等。

"毛主席瓷塑像"

"文革瓷"收藏的首选,当属毛主席素白瓷雕像。毛泽东素白瓷像的材质有石膏、瓷、塑料和夜光材料等。器型有全身像、半身像、坐像、胸像等。题材有"毛主席去安源"、"毛主席回韶山"、"毛主席挥手我前进"、"毛主席接见红卫兵"、"毛主席视察大江南北"等。

"文革瓷壶"

俗话说,开门七件事,柴米油盐酱醋茶。"文化大革命"时虽然是革命第一,忠于第一,政治第一,但中国的老百姓却只能

毛主席素白瓷像

素白瓷雕像"毛主席去安源"

从锅里、碗里和壶里看革命成果。这一时期的文革瓷壶也成为红色革命的宣传平台。文革壶材料有瓷和紫砂等。文革瓷壶，器型传统单一，异形壶少见，多为直筒壶和掇球式壶。装饰方法多采用印、贴花工艺，"文化大革命"早、中期设计的图案，多以"毛主席和他的亲密战友林彪"身着军装在天安门层楼检阅红卫兵，冠以"毛主席语录"、"诗词"等题材为主，后期多见"月季"、"菊花"等象征红色花卉题材的图案。

"文革直筒壶"

"文革瓷塑像"

文革瓷塑像，归纳起来，大致有三个特点：

第一，历史时期的特殊性。"文化大革命"时期极端的狂热冲击了社会的各个层面。人性、人格、人的思想意识被严重扭曲，人们追求着一种极端的也是唯一的政治快感。雕塑瓷就是在这样一个特定的历史背景下产生的带着深刻历史印迹的"怪胎"，是见证"文化大革命"警示后人的重要符号之一。

第二，题材层面的狭隘性。"文化大革命"是一场残酷的政治运动，艺术家们受极"左"思想的禁锢，绝不敢越雷池半步，雕塑作品的题材也只能被定格在政治标准之内，色彩单调，千篇一律。"文化大革命"后期，邓小平同志出山主持工作，狠抓生产建设，个别陶瓷厂烧制了一部分古典文学名著中的人物雕塑，如《红楼梦》、《西游记》等，但数量有限。由于年限较短，又无特别的政治特征，因此很难确认，大都被视为新产品而被冷落。

第三，蕴涵深刻的文化性。一是把普通老百姓树立为作品的主

"文化大革命"时期"宝书"

"文化大革命"
"老三篇"瓷杯

人公搬上雕塑舞台，歌颂他们翻身当家做主的新生活，彻底动摇了千百年来帝王将相、才子佳人、佛道人物等独占雕塑舞台的局面；人物服饰和精神面貌焕然一新，"文化大革命"创造的工农兵瓷塑作品，人物身着红、黄、蓝色服装，或折袖，或挽腿，或开胸昂首，一个个红光满面，飒爽英姿。二是对领袖人物从青年到晚年，形象无不都是领章帽徽，神采飞扬，高瞻远瞩，光艳照人。用瓷塑为一个人创作出如此丰富的造像，实为世所罕见。三是反映出了当时人们的日常生活状态，从田间地头、村头巷尾到机关海岛、边防车间，人们无不在学习政治，进行阶级斗争。

"文革瓷塑像"大致可分为个塑、群塑和系列塑三类。

个塑：又称个体独立雕塑，指以一个人或一件物为主体的单个雕塑。"文化大革命"的瓷塑中，以毛泽东小型素白瓷塑像为最多。"文化大革命"中，这种毛泽东小型素白瓷塑像可以说人人皆知，家喻户晓。

毛泽东塑像，简称"宝像"，就像《毛主席语录》被称为"宝书"一样。宝像有大有小，规格齐全，材料有石膏、瓷和汉白玉石等。大的宝像有十几米高，大多是全身像，穿风衣，一只手背着，一只手向前挥动指引航程。头高昂着凝视前方，表情庄严肃穆。小的宝像有几厘米至几十厘米高，小的宝像大多是半身像。有戴军帽的，有不戴军帽的。小的宝像大多置于办公室、会议室和家中。如果到商店和文具店去买毛主席瓷像和石膏像时，不能说"买"，要说"请"

"文革瓷塑"毛泽东小型素白瓷塑像

宝像。请回的宝像要放在最醒目、最重要的位置上，过去安放神龛的地方，变成了"宝像台"、"宝书台"，每个人都生活在忠字化的环境中，每天都要对着小宝像背诵《毛主席语录》和老三篇。每家每户请了"宝像"就必须"天天敬"，有了"红宝书"就得"天天读"。这些红色的"忠"字艺术品，堪称后现代主义的先驱。

群塑：是指两个以上人物或物体构成的雕塑。"文革"群塑以彩塑为主，政治象征性强，时代气息浓郁，如"毛主席与人民群众在一起"、"齐心移山"、"永远紧跟毛主席干革命"、"庆丰收"及革命样板戏题材等。群塑主要是景德镇烧制，除此以外还有湖南醴陵、河北唐山等地。

"文革瓷塑"群塑像

系列塑：是指围绕一个主题内容而设计创作的标题性雕塑。系列雕塑在"文革"瓷塑中占有重要位置。它是围绕忆苦思甜、批判牛鬼蛇神、歌颂伟大领袖、紧跟文艺旗手等主题精心创作的。由于系列塑创作周期较长、彩绘水准高、烧制难度大，产品数量少。所以，有的系列塑成品并不发行。最具代表性的"文革"系列雕塑瓷精品为"毛主席和56个民族人民在一起"、"收租院"和"样板戏"等。

"文革瓷塑"像样板戏

127

古玩

"中华古玩艺术"将古玩所涉及的内容进一步理论化、系统化。从陶器、瓷器、紫砂主、玉器,分门别类地介绍了各类古玩器物的人文历史、工艺美术及鉴赏方面的知识。几乎涉及中华古玩的各个领域,既充分地揭示了明确的系统性,又解决了物与史的结合。

文革瓷笔筒

1968年,正值"文化大革命"的高潮时期,一个大规模的群众红色运动——"献忠心"开始了。这个运动在中国960平方公里的土地上花样翻新,形形色色,千奇百怪,蔚为壮观。"宝书"和"宝像"、"语录歌"和"忠字舞",向全国人民公开发行,广为普及达到了鼎盛。"毛主席万岁!毛主席万岁!……"这是世界上欢呼次数最多、欢呼的人的数量最大的口号,这是世界上功能最齐全的口号。"毛主席万岁"令亿万人民震慑、痴迷、狂热。人们的激动、痛苦、幸福、委屈,只有通过呼喊"毛主席万岁"这个渠道来表达,如果能当着毛主席本人的面喊一句"毛主席万岁",那就是世界上最大的幸福。

"文革"瓷笔筒,也在这一时期大量出现。"文革"笔筒,有大有小,规格齐全,材料有瓷和竹木等。"文革"瓷笔筒,器型以几何造型为主,有圆筒形、椭圆形、四方形、三角形、菱形、六方形、八方形等。装饰方法多采用印、贴花工艺。图案设计内容丰富多彩,题材层面极具广泛性,涉及了毛主席、《毛主席语录》、毛主席诗词、毛主席视察大江南北、革命口号、工农兵形象、样板戏题材、知识青年上山下乡、赤脚医生等内容。"文革"瓷笔筒,以"哥窑"瓷多见,胎体细洁,釉面有细小的纹片,纹路交错,俗称"百圾碎"。

"文革"瓷笔筒

第三节　　历史上著名的瓷窑

一、历史名窑"龙泉窑"

"龙泉窑"是继越窑衰落之后，南移以龙泉为中心的一个宋代南方青瓷产区。它是中国历史上的名窑，因其窑址在龙泉市而得名。青瓷创烧于六朝，兴盛于宋代，结束于清朝。龙泉窑创立的历史长达1600多年，是中国制瓷历史上历史最长的一个瓷窑。《饮流斋说瓷》中载："宋处州龙泉县人章氏兄弟均善治瓷器。章生二所陶名章龙泉，又名弟窑。章生一之哥窑即其兄也。哥窑其胎质细性坚，其体重多断纹，隐裂如鱼子，亦有大小碎块纹即开片，具有紫口铁足的特征。以米色豆绿居多。弟窑无纹，有粉青、翠青，深浅不一，青莹无暇如美玉。古龙泉不易见，章所制大致同古而较精致耳。"以上记载，说明南宋时有章生一、章生二兄弟，他们在龙泉设窑厂，哥哥（生一）所烧的窑名"琉田窑"，又名"哥窑"；弟弟（生二）所烧的窑名"龙泉窑"，又名"弟窑"。历史上是否真有此兄弟二人，已无可考。

早在三国、两晋、南北朝时期，龙泉就是当时我国瓷器生产的主要窑址。当地的人们利用优越的自然地理条件，吸取"瓯窑"、"婺州窑"等周边窑群的制瓷技术与经验，开始烧制出龙泉青瓷。当时所烧制的青瓷产品粗糙，窑业规模也不大。到了五代和北宋早期，随着制瓷手工业的发展，逐渐摆脱了东汉晚期承袭陶器和原始瓷器工艺的传统，青瓷工艺得到显著的提高。这一时期也被称为龙泉青瓷的"动荡期"。

六朝属于动荡的时期，在哲学思想领域里，玄学的流行，崇尚清淡，好放任无羁，超然物外，具有玄虚、恬静、超脱等特点。在我国工艺美术发展史上，上承两汉，下启隋唐，是一个重要的过渡时期。从工艺上讲，这一时期的代表性瓷器是淡青釉瓷。这种淡青釉瓷，器形规整，釉面均匀光洁，透着淡淡的青

［晋］褐彩青釉鸡首壶

色，具有清秀、空疏的艺术特点。从装饰纹样上看，这一时期的龙泉青瓷，有些还经过刻花、划花装饰，与粗糙的早期龙泉青瓷相似乎缺少过渡，与后来著名的梅子青、粉青相比似乎又不存在承启关系，因而，成了一个"动荡"。从宋代开始，龙泉窑逐渐取代越窑，一跃而为江南第一名窑。

[北宋]龙泉窑青釉瓶　　　　　[北宋]龙泉窑青釉五管瓶

　　龙泉窑的窑址，主要分布在浙江龙泉瓯江两岸及邻近各县，范围扩大到江西、福建的许多窑场。这一地区山岭连绵，森林茂密，瓷土等矿藏资源极为丰富，又居于瓯江下游，不仅具备充足的原料、燃料和水资源，还有便利的水路运输，自然条件得天独厚。

　　龙泉窑在南宋的繁盛和当时的社会背景分不开。一方面，北宋覆灭后，北方人口大量南迁，全国政治、经济、文化中心南移，北方的汝窑、定窑等名窑又惨遭战火的破坏，其制瓷技术随之传入南方。这时的龙泉窑结合"南技北艺"，迅速走向成熟，并形成了自己的风格和瓷窑体系，不仅胎釉配方、造型设计、上釉方法、装饰工艺及窑艺等都有了重大的改变和提高，器形种类也更加丰富。南宋晚期烧制成功的粉青釉和梅子青釉，让南宋晚期的青瓷达到了青瓷釉色大美的顶峰，在我国瓷器史上谱写下光辉的篇章。另一方面，南宋立国水乡、海隅，水上交通发达，促进了海内外商业、贸易的发展。据史料记载，南宋时"窑群林立，烟火相望，江上运瓷船往返穿梭，日夜繁忙"，外销瓷器经瓯江出海，远销日本、韩国、东南亚及西亚地区。

龙泉窑釉色苍翠，北宋时多粉青色，南宋时多呈翠青色。龙泉青瓷无开片，在器皿的转折处，往往露出胎的色泽，称为"出筋"。龙泉窑的瓷釉厚润，在装饰纹样上多不用刻花或划花，而流行用堆贴、浮雕等方法，如在盘中常堆贴出双鱼图案，在瓶身堆贴出缠枝牡丹图案。还有的在青瓷上装饰出铁褐色的斑点，此法在六朝时期就已流行。

龙泉窑烧制的品种主要有瓶、壶、罐、盘、碗等。瓶式多样，经典的有双鱼或双凤为耳的盘口瓶。此外还有五管瓶，又称"五德瓶"，它的式样和六朝时期的五壶罐有着传统的演变关系。

［南宋］龙泉窑船型砚滴

［宋］双鱼盘

到了元代，瓷器工艺总体趋势是衰落的。制瓷工艺除了官办的窑场外，民间瓷窑大都质量不高。但是，由于元代统治者奉行对外贸易政策，制瓷技术仍然得到了发展，如青花和釉里红的兴起，彩瓷的大量流行。这时期除瓷都景德镇外，浙江的龙泉仍是制瓷的重要地区。这一时期的龙泉窑虽然没有史无前例的发展，但它仍在平平稳稳地向前发展。元代的龙泉窑多制作大件的器皿。大的瓷瓶高

达三尺以上，瓷盘径过两尺；釉色翠绿，装饰以莲瓣、缠枝牡丹等花纹为主。元代的龙泉窑瓷器，瓷盘流行另加盘底，瓷罐流行采用荷叶盖，瓷瓶则流行用瘦长的莲瓣纹作为装饰。

[元] 龙泉窑青釉贯耳长颈瓶

[明] 龙泉窑碗

明代的龙泉窑仍然继承了宋代的青瓷系统，其风格继续发展。当时的分布地区很广，以龙泉为中心的丽水、永嘉一带，烧制的产量最大，而以龙泉大梅镇的"琉田窑"最为有名。其釉色早期为豆绿色，后期呈葱绿色。器物多大型的瓶、盘等器皿，小器较少。在装饰纹样上通常用堆贴双鱼或缠枝牡丹作为装饰，碗盘的中央大都有印花，且有吉语文字，如"福"、"吉"、"寿"、"宝"、"天下太平"等。

[明] 龙泉窑刻花碗

清代的瓷器继承了明代的传统，以景德镇为烧造中心，在生产技艺上有了创新和发展。釉色方面，品种增多，更为丰富多彩。

彩绘方面，古彩、粉彩、珐琅彩等都达到了较高的水平。特别是康熙、雍正、乾隆三个时期，对瓷器工艺都有着新的贡献。

新中国成立后，龙泉窑得到了恢复，20世纪50年代又开始生产。随后不仅恢复了青釉瓷器，还恢复了哥窑开片瓷器。

二、宋代"五大名窑"

宋代的瓷器是中国工艺美术史中最为杰出的品种之一，宋代是我国瓷器发展的鼎盛时期，史称"瓷器时代"，因此，宋代的瓷器俗称"宋瓷"。

宋代的瓷窑遍布全国各地，南方、北方都有许多名窑，创造出各种独具特色的瓷器品种。

除了传统的青瓷、白瓷和黑瓷外，还创造出了彩瓷、花釉瓷。装饰工艺方法有刻花、印花、堆贴、绘花，以及运用数叶、剪纸贴饰等。

谈到"宋瓷"，论瓷者往往都把定、汝、官、哥、钧窑称为宋代五大名窑。

定 窑

定窑，宋代五大名窑之一。宋代有南北之别，初设窑址于河

河北曲阳定窑遗址

北曲阳灵山镇附近的涧磁村和燕山村,此地宋时属定州,由此得名定窑。随着金人南侵,定窑被毁。后来,南迁到景德镇重设窑址。由此,有学者就将定州窑址称为"北定",景德镇窑址称为"南定",用以区别定县所烧制的定瓷。定瓷有土定、粉定(或白定)之分,以粉定为代表。宋代的定窑以烧白瓷为主,兼烧黑釉、酱釉、绿釉及白釉剔花器。定瓷有芒,芒是指因用复烧方法而出现中部无釉的缺点,这成为鉴定定窑的一个特征。

[北宋]定窑白瓷孩儿枕

定瓷的装饰方法有印花、刻花和划花,划花的极少。印花,是用刻有花纹的陶模,在瓷坯未干时印出花纹,一般多为阳文。印花的装饰图案有牡丹、莲花、菊花、石榴等,花纹精细,组织严谨,在适合图案的外沿,往往用回纹作装饰。这种印花工艺能使人感到秀丽精巧的艺术效果。刻花,纹样多为莲花、牡丹等。刻花所用工具主要是竹片或刀。竹片所刻线条较宽,而刀刻则较细。刻花的线条走势流畅,在线刻处往往呈现深浅不同的斜面,使纹样产生出丰富的变化。划花,纹样多为鱼纹、水纹。它是运用梳栉状的工具,

[宋]定窑印花纹碗

在瓷面上划出花纹，俗称"竹丝刷纹"，线条整齐自然，具有巧妙的艺术效果，反映出宋代定瓷艺人的高超技艺。

汝 窑

　　汝窑，宋代五大名窑之一，也是宋代北方第一个著名的青瓷窑，近代人称"临汝窑"。窑址在今河南临汝县，宋时属汝州，故名。汝窑以烧制青釉瓷器著称，宋人叶真在《坦斋笔衡》中记载："本朝以定州白瓷器有芒，遂命汝州造青窑器。"可见，汝窑是继定窑之后为宫廷烧制贡瓷的窑场。汝窑多仿青铜器及玉器造型，主要有出戟尊、玉壶春瓶、胆式瓶、樽、洗等。釉色以淡青为主，还有豆青、虾青、粉青、茶叶末色等。釉层薄而莹润，汁水莹泽，厚若堆脂，颜色似柴器。釉汁中有棱眼和细小的纹片，称为"蟹爪纹"。

［宋］汝窑莲花温碗

　　汝窑瓷器的装饰方法有印花、刻花。印花有印模。其烧制瓷器产品只供宫中御用。造型多以盘、碗为主，图案有莲花、萱草、龙水、波纹等。汝窑瓷器吸取了越窑釉色和定窑装饰的技法，形成了自己独特的艺术风格。

　　汝窑瓷器的特点有：汝窑瓷器由于铁的还原而呈现出葱绿色；

［宋］汝窑三足洗

［宋］汝窑天青无文椭圆水仙盆

河南宝丰清凉寺村汝窑遗址

器身通体有极细的纹片，宛如冰裂、蟹爪；底部有细小的支钉烧痕。这是由于汝窑改变了定窑复烧的做法，用细小支钉托住而形成的。故所烧造瓷器带有红紫色斑点。

官　窑

官窑，宋代五大名窑之一，指由宫廷官方经营垄断，专门生产宫廷专用瓷的瓷窑。北宋官窑是在汝窑影响下产生的另一种青瓷窑。宋徽宗于汴京（今河南省开封）建窑烧瓷，供宫廷使用，故名曰"官窑"。宋代官窑的釉色以月白为上，粉青次之。后世又以粉青为上，月白次之，油灰最下。宋代官窑以粉青为主，釉厚莹润，器物口边沿部釉汁较薄，烧后口及足皆露胎色，称"紫口铁足"，

［宋］官窑贯耳壶

并往往有"蟹爪纹"等不规则开片。所谓"紫口铁足"，是因为官窑的青釉瓷器所用瓷土含铁量高，故胎骨颜色泛紫黑，器物口沿部位釉较少，因而在薄层玻璃釉的覆盖下，往往露出胎色而呈紫口，而器物足部多不上釉，露出黑色胎骨，俗称"紫口铁足"。这一特征已成为后世鉴定宋代官窑瓷器真假的重要依据之一。另外，官窑开片与同时期哥窑开片具有相似之处，但两者加以对比可发现：官窑多是开大块冰裂纹，纹片呈金黄色，文献中俗称"鳝鱼色"；而哥窑开片大多大小相同，又以细碎的鱼子纹最为见长。

北宋汴京官窑随着北宋王朝的灭亡而终结，宋室南迁至杭州，重新在杭州凤凰山下建新窑烧瓷。由于传承了汴京官窑烧瓷技艺，

［宋］官窑瓷碗

所烧制的瓷器就称为南宋官窑。杭州新窑所烧之器，器口上仰，足色若铁，釉水下流，器口上釉层稀薄，微露紫色，这就是后世人所称的"紫口铁足"。宋代官窑器形以洗、碗为多。以粉青为代表，带有典型的宫廷风格特征，烧制精美，雍容华贵。在宋代影响较大。

明、清两代景德镇御窑厂所烧瓷器，一般亦称官窑。

哥 窑

哥窑，宋代五大名窑之一。相传哥窑是由章氏兄弟二人所创烧的，他们在浙江龙泉县境各设一窑烧瓷。哥哥造的窑称哥窑，弟弟造的窑称弟窑。二窑是民间窑口的领军窑，足以与官窑抗衡媲美。

哥窑的胎土为深褐色，釉色以青为主，有粉青、黄米色等。哥窑最主要的特征是釉面有裂纹，即开片。另一个特征是哥窑的开片大多是"金丝铁线"，即裂纹呈黑、黄两种颜色，这是哥窑产品区别于官窑开片瓷器的主要标志。

［宋］哥窑鱼耳炉

［宋］哥窑（紫口）

钧 窑

钧窑，宋代五大名窑之一。创烧于北宋初年，窑址在今河南禹县，北宋时称阳翟县，金代称均州（今河南省禹县），由此得

「中华古玩艺术」将古玩所涉及的内容进一步理论化、系统化，从陶瓷、青铜器、玉器、古币、书画、奇石等二十多个方面，分门别类地介绍了各类古玩器物的知识、历史、工艺及其鉴赏，牵涉及中华古玩物的各个领域，既充分地把握了明确的系统性，又融瓷于物与史的结合。

［宋］哥窑四方贯耳瓶

137

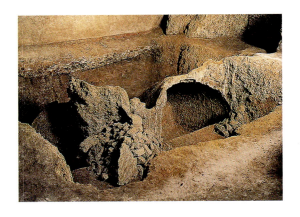

河南省禹县钧台钧窑遗址

名钧窑。

　　钧窑原属青瓷系列，器皿的色釉，五色灿烂，艳丽绝伦，其色彩之多，变化之大，举不胜举。最著名的色彩有玫瑰紫、海棠红、茄皮紫、梅子色、深紫米色、天蓝、胭脂红、朱砂红、葱翠青等。钧瓷釉颇厚，红釉之中有兔纹和蟹爪纹，呈现出华丽雅致之美。钧瓷无釉之处，呈现出羊肝色。钧瓷的造型常见有碗、碟、炉、瓶等，尤其是以花盆最为出色，有圆形、海棠形多种样式，色彩艳丽。器皿的底部有"一"、"五"字铭的，是宋徽宗时期所烧制。

　　"窑变"是钧瓷的一大特征，是中国工艺美术史上的一次变

［宋］钧窑碗

［宋］钧窑盘

革。宋代钧窑创烧工艺就是将铜的氧化物作为着色剂，在还原的炉温气氛下烧制成功的铜红釉色。钧瓷为我国瓷器工艺、瓷器美学打开了一条新兴的彩瓷之路。它的艳丽、昂贵，有"拥有家财万贯，不如家有钧瓷一片"的说法。

［宋］钧瓷出戟尊（月白釉）

在宋代窑中，除了五大名窑以外，还有耀州窑、湘湖窑、龙泉窑、景德镇窑、磁州窑、吉州窑、建窑等。宋代诸瓷各具特色，各有千秋。譬如，定窑、景德镇窑清秀；汝窑、龙泉窑浑厚；官窑、哥窑典雅；钧窑绚丽；建窑淳朴；磁州窑、吉州窑浓厚。它们在宋代的瓷器大观园里，如百花争艳，各领风骚数百年。

［北宋］耀州窑青釉剔花倒装瓶

［辽宋］耀州窑凸花莱菔尊

［宋］吉州窑彩绘奔鹿三足炉

三、"红色官窑"

官窑亦称"官办窑"。它是指"官府投资创办或受官府委托所办，所产瓷器为皇室和官府所用（包括自用和用于赠予、赏赐或与海外贸易交流、交换）的瓷窑"。古代官窑，对选料、制作、技艺等有着严格的要求，且官窑所生产的瓷器只求精品，不计成本，因而使得官窑瓷器极为名贵。世人将官窑瓷器视为稀世珍宝。

红色官窑，简称"红官窑"，其生产的瓷器叫"国瓷"，是1949年10月1日中华人民共和国成立后至今六十年里，专门为毛主席、周恩来、邓小平、江泽民等党和国家领导人以及新一届政治局常委特制的日常用瓷和国家礼品用瓷，其中还包括天安门用瓷、人民大会堂用瓷、毛主席纪念堂用瓷、中南海用瓷、国宾馆用瓷等。"红官窑"大体可以分为三个不同的时期。

第一时期的"红官窑"

第一时期的"红官窑"，是以毛泽东主席专用瓷为主要代表的，因而又叫"毛瓷"。说到"毛瓷"，就不能不说"胜利杯"了。"胜利杯"这一名称由来已久，醴陵群力瓷厂首次为党和国家领导人制作瓷器是20世纪50年代末期，当时毛泽东主席初次使用此杯并夸奖这种杯子制作精美、使用灵巧；当时又正值我国"二五"计划得到了很好的落实，国家经济蒸蒸日上，毛泽东主席乘兴便将此杯命名为"胜利杯"。

毛瓷胜利杯

胜利杯高13.8厘米、杯口直径9厘米、容量425毫升。胜利杯不但造型美观，杯体上的花卉全是采用釉下五彩技法手工绘制，再施薄釉经三次烧成，使颜料覆盖在釉下而又溢于瓷表，感觉晶莹润泽，绚丽多彩。胜利杯的图案有四种花饰：月季花、芙蓉花、菊花和梅竹。

新中国建立后，我国的陶瓷工艺受到党及国家的关怀和重视，使近代自鸦片战争以后日趋衰落的陶瓷生产得到了迅速的恢复和发展。1956年，在以毛泽东为首的国家领导人的关怀下，国务院批准成立醴陵瓷业总公司，拨款800万元建成醴陵窑，恢复并扩大了釉下五彩瓷的生产。

1958年4月11日，中共湖南省委奉命为中央首长试制一批茶杯，这一光荣任务由当时的醴陵陶瓷研究所（现为湖南省陶瓷研究所）承担。中央派专人送来一个在延安使用过的无花、无盖、瓷质粗糙、颜色灰白的桶状茶杯，这种杯叫"直桶杯"。经陶研所高级工程师梁六奎的反复设计修改，增加杯盖，创造出杯底带釉工艺，共试制六种造型式样，先后四次送长沙鉴定，终于烧制出既实用又美观的茶杯。同年7月2日，首批送往北京中南海的茶杯共60件，其中釉下花30件，白的30件，杯底印有"湖南醴陵"楷体字样及和平鸽标志。同年8月19日，根据湖南省委通知又补送了60件，从此毛主席用上了醴陵特制的瓷器。

1959年7月，醴陵陶瓷研究所所长李维善，又用"胜利杯"的式样，在杯体上增加了蝴蝶花纹，为人民大会堂主席台设计制作了专用茶杯，茶杯由醴陵力群瓷厂生产。这一时期，醴陵群力瓷厂还为其他中央首长烧制过专用茶杯，特别是周总理，因为总理喜欢松树，技术人员就设计了一种釉下黑彩图案，一棵青松傲然挺立，完美地寄托了革命家的高尚情操。1964年，醴陵群力瓷厂在新中国成立十五周年之际，特为人民大会堂制作了国宴专用瓷。

1974年秋，毛泽东最后一次回湖南，此时的毛主席已年逾古稀。时任湖南省委书记张平化为了庆祝毛泽东82岁生日，他提议由醴陵群力瓷厂烧制一批专供毛主席使用的瓷器，作为家乡人民对伟大领袖的祝福。有关领导要求这批瓷器主席专用瓷，必须是釉下

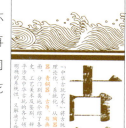

五彩，内外双面有花，重量轻而结实耐用，而且保温效果好，无铅毒，不含镉，确保主席身体健康，还要永不褪色。醴陵群力瓷厂经过一个多月的试制，"主席用瓷"于1974年11月烧制成功。共有红月季、红芙蓉、红秋菊、红腊梅四种纹饰，分别代表了春、夏、秋、冬。毛主席在82岁的这天用上了这套餐具。

釉下五彩红月季碗

1975年春，正值中国"文化大革命"的后期，中共中央办公厅向江西轻工业部陶瓷工业科学研究所下达了一项绝密文件，文件的内容是为毛泽东主席设计烧制一套生活专用瓷器。江西省公安厅专门组织工作组进驻当时的轻工部陶瓷研究所，督办"领袖用瓷"工程。这项工程被当时中共中央办公厅视为1975年头号重大工程，因而下达文件的代号为"7501"，故称之为"7501工程"，俗称"7501瓷"。

"7501瓷"专属毛主席的生活日常用瓷，有茶杯、烟灰缸、笔筒、餐具等品种。"7501瓷"的器皿装饰图案主要以毛主席喜欢的梅花、桃红为纹样主题。"7501瓷"上的"水点桃花"纹样是由毛主席亲点的。

毛主席专瓷烟灰缸

"7501瓷"在绘图工艺上，采用了无骨画和分水填色。无骨画是在精胚上用墨线勾画轮廓，墨线在烧制过程中达到一定温度即可自然消失，称为无骨画。分水填色是墨线中含有一种乳香油成分，在填色过程中能根据墨线轮廓将颜色自然分开，称为分水填色，采用分水填色画面层次感强，颜色干净，不会出现"脏色"现象。"7501瓷"生气盎然，枝叶疏密有致，花朵大小各异，着色有轻有重，胎细釉润，明快老练，颇具大家风范，当是中国20世纪制瓷工艺的最高水平。

　　"7501瓷"的外饰在风格上力求简洁、典雅、端庄，线条流畅优雅，器形饱满，古朴大方。器型都是全手工制作，造型统一。其特点是传统、饱满、加工精细到位。器物上装饰的"翠竹红梅"构图别致。花头的正、侧有度，花苞分布得体。花头、叶子的用色浓淡转折相宜，前后有空间感。枝杆用色老嫩有度，花丝、花蕊错落有致，整个画面素洁、高雅。

7501瓷带盖瓷盘

　　"7501瓷"的工艺复杂，用料昂贵。所用陶土都是储量已近枯竭的临川高岭土，制作出的半薄胎高白釉瓷器通体晶莹剔透，洁白如玉，用手指轻轻地敲击，其声清脆悦耳，在光线照射下，器壁成半透明状。它还有一个最大特点是导热系数低，壁厚不足毫米的茶杯注入开水后，用手紧握杯体也无烫手之感。

　　"7501瓷"有四绝：一绝，白如玉。景德镇独有的临川高岭土，烧制瓷器晶莹剔透，洁白如玉。二绝，明如镜。瓷器表面光滑莹亮，如镜面般泛清银色光芒。三绝，薄如纸。瓷器壁厚不足毫米，以光线照射几乎透明，注入开水亦无烫手之感。四绝，声如磬，以手指轻扣敲瓷器，其声清脆悦耳，有如磬乐音。

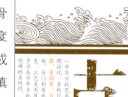

一中华古玩艺术一将古玩所涉及的内容进一步理论化、系统化，从陶器、瓷器、青铜器、古币、書画、紫砂壶、玉器、碑帖、杂项等二十多个方面，分门别类介绍了各类古玩器物的人文历史、工艺美术及鉴别，鲜活而富于知识性，几乎涉及中华古玩的各个领域，既光于地把握了明瞇的系统讯，又了解文物与史的结合。

毛主席专瓷水点桃花壶

"中华古玩艺术"将古玩所涉及的内容进一步理论化、系统化。从陶器、青铜器、古布、书画、杂项第二十多个方面，分门别类地介绍了各类古玩器物的人文历史、工艺美术及鉴别、辨伪等方面的知识，几乎涉及中华古玩的各个领域。既光分地推于明确的系统性，又解决了物与史的结合。

第二时期的"红官窑"

第二时期的"红官窑"，是以邓小平为首的第二代国家领导人专用瓷、中南海用瓷以及国务院办公用瓷和国家礼品用瓷。

1978年，醴陵群力瓷厂专门为邓小平设计制作了一套"松鹤七头文具"，邓小平将这套文具赠送给了日本裕仁天皇。

松鹤七头文具

1986年，醴陵群力瓷厂还专门制作了邓小平赠送英国女王的挂盘；还为英国首相撒切尔夫人、法国总统希拉克等设计制作了釉下彩挂盘。正因为醴陵群力瓷厂承担了为国家领导人用瓷，国家大型场馆和国宾、国宴用瓷，以及国家对外礼品用瓷的设计制作任务，醴陵陶瓷获得了"国瓷"的美誉，显示出独特的艺术价值和地位。

第三时期的"红官窑"

第三时期的"红官窑"，是以江泽民为首的第三代国家领导人专用瓷、中南海用瓷以及国务院办公专用瓷和国家礼品用瓷。

1998年，醴陵群力瓷厂专门为江泽民主席制作了一套赠美国前总统克林顿的"红山茶咖啡具"。

2008年，北京奥组委确定湖南醴陵群力瓷厂为2008年北京奥运会制作了特许商品，产品名称叫"奥运·梅兰竹菊四君子瓶"。

这款四君子瓶采用"釉下五彩"工艺烧制。全套瓷器包括梅瓶、兰瓶、竹瓶、菊瓶，共四只，内含奥运、五彩、福娃、名花、名

红山茶咖啡具

古玩

一中华古玩艺术一将古玩所涉及的内容进一步理论化、系统化。从青铜器、古币、书画、瓷器、紫砂壶、玉器等二十多个方面，分别详述。介绍了各类古玩器物的人文历史、工艺美术方面的知识，辨伪等方面的知识，几手涉及中华古玩的各个领域，既充分地揭示了明确的系统性，又辘决了识物与玩的统合。

釉下五彩奥运·梅兰竹菊四君子瓶

诗、名字、名家七大珍贵元素，寓意北京奥运神圣和纯洁。在颜色上，四君子瓶也被巧妙地设计成了五彩，有机结合了奥运五环。这是奥运史上第一套将诗、画、瓷三种元素完美融合的奥运瓷器。制作工序46道，全部纯手工打造，在每只瓶的瓶底都设有防伪标志。

2008年，"梅兰竹菊四君子瓶"被北京奥组委确定为2008年北京奥运会特许商品，全球限量发行8000套，并被毛泽东同志纪念馆收藏。

第四节　　瓷器工艺

中国古代瓷器的产生和发展，经历了从原始青瓷到成熟的青

瓷，又由青瓷发展到白瓷，而后再由白瓷发展到彩瓷，发展经过了近两千年的历程。其中，从青瓷到白瓷的转变，是在唐宋时期完成的；而由白瓷到彩瓷的转变，则是明清时期实现的。明清时期彩瓷的发展和盛行，使中国古代陶瓷进入了一个鼎盛时期。

瓷器（也叫china），是中国古代伟大的发明。我国陶瓷学界普遍认为，在商周就已经出现了原始青瓷，属于陶器的范畴。成熟青瓷的烧制成功，是在东汉。以后，三国、两晋、南北朝时期的360多年间，北方的"白瓷"和南方的"青瓷"生产突飞猛进。这才有了今天"北白南青"的说法。

从中国瓷器工艺美术发展的六个高峰时期来看，六朝瓷器"冷美"、唐代瓷器"张扬"、宋代瓷器"收敛"、元代瓷器"粗犷"、明代瓷器"热烈"、清代瓷器"华丽"。

一、"冷美"的六朝瓷器工艺

六朝时期（三国、两晋、南北朝），中国的工艺美术进入了瓷器时代。从材料学的角度讲，在商、周、春秋、战国的一千年里，主要是青铜器的制作。战国到汉代，青铜工艺已经渐渐衰退，代之而起的是漆器工艺和青瓷工艺。

六朝时期青瓷的工艺装饰有压印、刻花、堆贴、塑饰、雕镂、釉彩等。

压印：是用刻花的印模在胎坯未干时印压出各种装饰花纹，如同盖图章一样。六朝时期的压印，饰纹只放在视觉接触到的部位。如瓷罐，一般都是在肩部压印各种式样的几何纹，组成一圈二方连续的装饰带。

刻花：是用一种较硬的工具在瓷坯上刻划出各种装饰线纹。

堆贴：是用瓷土捏塑成各种物体现象，堆贴在瓷坯上，形成浮雕效果。如壶或者罐上的铺首纹、花朵纹。

塑饰：是用瓷土捏塑成各种物体样式，装饰在瓷坯上，产生立体效果。如瓷盒的盖纽塑成鸟形，瓷尊的三足塑饰成熊形等。

雕镂：这种装饰方法一般运用在各种瓷炉上，在瓷坯上雕成透空的圆孔、三角孔等。

釉彩：是指不同的色釉在瓷上加彩，这是瓷上彩釉装饰的先声。西晋晚期以后，瓷上装饰褐色点彩，是六朝时期的一种特色，而在东晋时期最为流行。

六朝时期青瓷的工艺装饰方法，早期多为堆贴、印花，后期出现褐色点彩，进而又出现刻划花纹饰。

六朝时期青瓷的工艺装饰花纹有铺首、朱雀、避邪、仙佛、莲花、忍冬、联珠、网纹、菱格、波浪等。

铺首纹：出现在六朝早期，是前承汉代装饰传统的一种花纹。

莲花纹：自东晋、北魏以后，流行用莲花在瓷器上进行装饰。六朝时期因佛教的传播，莲花和佛教结合达到了极盛。早期花瓣瘦长，瓣端较尖；晚期花瓣肥硕，端尖翘起。在瓷器上，早期多用刻划，晚期多用浅浮雕手法。

忍冬纹：通称卷草，是六朝时期非常流行的一种植物纹。有人认为它是忍冬花（即金银花）的枝叶变形，也有人认为是莲叶的演变。

［南朝］青釉莲瓣纹盖罐（莲花纹）

忍冬纹

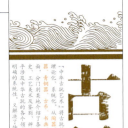

二、"张扬"的唐代瓷器工艺

唐代是我国封建经济的盛世，也是中国工艺美术发展的鼎盛时期。经过"贞观之治"和"开元盛世"的两个高度发展阶段，出现了科学技术、哲学、史学、文学艺术、手工业蓬勃发展的新气象。从初唐至盛唐的一百年间，国泰民安，社会经济和文化得到空前的繁荣，制瓷业也得到了前所未有的发展，从而促进了瓷器工艺生产的兴盛。《陶录》称"陶至唐而盛，始有名窑"。

唐代的陶瓷工艺具有以下几个特征：

第一，唐代的陶瓷"张扬"。张扬的唐代瓷器工艺主要表现在唐三彩上。唐三彩是一种盛行于唐代的陶器，以黄、白、绿为基本釉色。它吸取了中国国画、雕塑等工艺美术的特点，采用堆贴、刻画等形式的装饰图案，线条粗犷有力。唐三彩种类很多，有人物、动物、碗盘、水器、酒器、文具、家具、房屋，甚至装骨灰的壶坛等。

第二，唐代的陶瓷装饰生活化、情趣化。唐代的陶瓷装饰，一改秦汉时期以动物纹为主的传统特色，开始注重自然，面向生活，以人为主，富有浓厚的生活情趣，摆脱了拘谨、冷静、神秘、威严的气氛，创造出了让人感到舒展、活泼、亲切的艺术氛围。艳丽的牡丹、弯曲的卷草、丰满的美妇、飞翔的禽鸟、翩翩起舞的蜂蝶，都常见于各种陶器装饰上。

第三，唐代的陶瓷装饰手法多样。唐代的陶器装饰手法多种

［唐］三彩刻花三足盘

多样，釉色丰富多彩，造型夸张。从装饰纹样看，植物纹中多以牡丹为主题，花卉纹组成S形波状卷草，层次分明，线条流畅。卷草是唐代陶瓷装饰纹样中运用最广泛的一种。流行于唐代的卷草，日本人借用后，叫它"唐草"。牡丹是唐人最为喜爱的一种花卉，诗人墨客常以国色天香来赞喻牡丹。牡丹的色香可贵，也比喻容貌冠绝的女子。

总之，唐代的工艺美术风格，具有博大清新、艳丽丰满的特点，可以用"满"字形容，用"张扬"来概括。

三、"收敛"的宋代瓷器工艺

北宋中央集权的建立和巩固，对北宋到南宋近两百年间的农业、商业、手工业和科学技术的繁荣昌盛，起到了积极的推动作用。

如果将宋代的陶瓷和唐代相比，宋代的陶瓷工艺则具有收敛、典雅的艺术风格特点。宋代的瓷器以朴质的造型著称，很少有繁缛的装饰，使人感到一种清淡的美。从美学的角度看，宋代的五大名窑体现出了幽雅含蓄的艺术格调。

［北宋］定窑白瓷瓜棱罐

宋代的陶瓷，是中国工艺美术中最为杰出的品种之一，而宋代也是我国古代陶瓷发展的鼎盛时期，因此，人们称宋代为"瓷的时代"。

宋代无论在陶瓷的产量或艺术风格方面，都取得了很高的成就。瓷器种类增加，釉色增多，除了传统的青瓷、白瓷和黑瓷外，

还创造出了彩瓷、花釉瓷。装饰方法也丰富多彩，有刻花、印花、堆花、绘花，以及运用树叶、剪纸贴饰等。瓷器制作的许多生活用具，已经渐渐地取代了青铜器、漆器的制品。

四、"粗犷"的元代瓷器工艺

元代是我国又一个强盛而统一的时期，在历史上占有重要的地位。和宋代相比，如果说宋代"崇文"，那么元代则"尚武"。宋代沿袭下来的手工业在不断的战争中遭受到严重的破坏。元代的贵族统治者为了满足他们奢侈的生活享受和日常生活的需要，十分重视陶瓷业。在农业和手工业极度衰退的时期里，元代的制陶业却得到发展，制瓷技术有了新突破，青花和釉里红兴起，彩瓷大量流行，青花已成为瓷器中的主要品种。

元代在景德镇设"浮梁瓷局"统理窑务，发明了瓷石加高岭土的二元配方，烧制出大型瓷器，并成功地烧制出典型的元青花和釉里红及枢府瓷等，尤其是元青花的烧制成功，在中国陶瓷史上具有划时代的意义。

［元］青花云龙赶珠纹大罐

元代瓷器的造型，大器作品为主，胎质厚重，器型粗犷，这与蒙古族嗜好大吃大喝的生活习惯有关。

元代瓷器的装饰方法有刻花、印花、划花、贴花、捏雕、绘花等。而在瓷器上画花，则是主流装饰。

元代瓷器的装饰花纹有花卉、松竹梅、鱼藻、鸳鸯、荷花、山石、龙凤、云纹、几何纹、人物等。

五、"热烈"的明代瓷器工艺

元朝末年，朱元璋领导的起义军推翻了元代政权，建立了明王朝。明王朝开国后，在元代的基础上，把瓷业的工奴制和烧造、管理进一步完善提高。明代初期的制瓷业，以永乐、宣德时期为最盛，无论数量或质量都超过前朝。明代洪武年间开始在景德镇设立"御窑厂"，景德镇成为当时全国制瓷业的中心，所烧制的白釉及青花瓷器最为有名，不但畅销国内，同时也是国外贸易的主要商品。

从工艺材料学的角度看，明代以前，我国瓷器的釉，是以青瓷为主，明代以后，则主要是白瓷。白瓷的发展，为瓷器工艺的装饰开辟了广阔的新天地。唐宋时期流行的刻花、印花、划花等方法，已经渐渐衰落。明代瓷器画花的装饰技法主要是青花、斗彩、五彩等。

［明·宣德］青花折枝花果纹葵口碗

六、"华丽"的清代瓷器工艺

清朝近三百年的历史，有盛有衰，清代的瓷器工艺也不能笼统地认为是衰落。从历史的发展看，清代的瓷器工艺大体可以分为两个阶段，即嘉庆以前和嘉庆以后。嘉庆以前，清朝历史上出现了康、雍、乾盛世。康熙、雍正、乾隆三代瓷器的发展臻于兴盛，达到了历

古玩

"中华古玩艺术"将古玩所涉及的内容进一步理论化、系统化。从陶瓷篇、古币篇、青铜器篇、瓷器篇、玉器篇、杂项篇等二十多个方面，分门别类地介绍了各类古玩器物的知识、工艺及美术与鉴别、辨伪等方面的知识，几乎涉及中华古玩的各个领域，既充分地把握了明晰的重系统性，又融汇了物与史的结合。

史上的最高水平，是中国陶瓷发展史上的又一个高峰。清代的瓷器继承明代的传统，以景德镇为烧造中心，在瓷器生产的技艺上既有创新，又有发展。华丽的粉彩、高贵的珐琅彩登上了历史舞台。

清代的瓷器装饰，绘画工艺精细，达到了封建时期瓷器发展的最高峰；繁缛、纤巧，极具绘画艺术色彩；淳朴自然，富于生活气息，又有雕琢气等。

1840年鸦片战争爆发，从此，中国沦为半殖民地半封建社会。随着国力衰竭，制瓷业一落千丈，直到光绪时期才有所回光返照。1911年爆发了辛亥革命，彻底推翻了清王朝，1912年"中华民国"成立，长达数千年的中国古陶瓷发展史，至此落下了帷幕。

［清·雍正］胭脂红地开光珐琅彩花鸟纹碗

第五节　　瓷器的鉴定与收藏

瓷器的鉴别，可以从以下五个方面入手：

器型：瓷器的鉴定，器型是一个重要的依据，它有明显的时代性，直接反映出不同社会时期人们的审美观。

譬如，宋代定窑白瓷碗，器体薄，敞口平底造型，碗中刻花浮

［宋］定窑白釉刻莲花纹盘

雕莲瓣纹，这是当时的主要审美风格。宋代定窑白瓷，胎质细腻，色泽略偏黄，这是与其他时期白瓷最大的不同之处。另外，宋代的定窑白瓷与唐代的邢窑白瓷有着明显的不同，定窑白瓷有刻、划、印的纹花，而邢窑白瓷大多是素瓷。

［唐］邢窑白釉皮囊式壶

胎质：不同年代的瓷器在胎质上有所不同。一般来说，从胎质、釉色可以看出其年代和窑口。陶瓷是火和泥的艺术，随着烧制技术的不断进步，胎骨的质量越往后期，质地越细腻，上釉的工艺方法也越多，这使得每个时期烧制的釉彩都有明显的时代特征。

譬如，元青花的胎质由于采用了"瓷石+高岭土"的二元配方，使胎中的Al_2O_3含量增高，烧成温度提高，焙烧过程中的变形率减少。所以器物胎体厚重，造型厚实饱满。胎色略带灰、黄，胎质疏松。底釉分青白和卵白两种，乳浊感强。器物多有杂质斑点。常在胎上涂上一层护胎釉，俗称"火石底"。

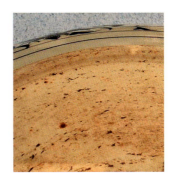

元青花火石底

纹饰：瓷器上的纹饰有着明显的民族性和时代性。中国古代陶瓷纹饰繁多，但按类别可分为人物、动物、植物和装饰四大类。但按朝代，瓷器纹样都具有时代特征、文化气息和帝王爱好等。

譬如，明代的永宣青花，纹饰题材较为单一，纹饰紧凑。瓷器上多用海水云龙和缠枝牡丹，花大叶小，往往先画细线再进行渲染。而清代的乾隆青花，纹饰题材丰富多彩，常见的有雉鸟牡丹、龙凤、四季景、十二月花、人物、刀马人、戏曲故事，多以古典小说《东周列国志》、《三国演义》、《隋唐演义》、《水浒传》、《西游记》等故事为题材；全篇诗文，常见有《兰亭序》、《赤壁赋》、《出师表》、《醉翁亭记》、《滕王阁序》等。

款识：款识也叫年号，指刻、划、印、写在陶器上，用它来记载和标明制作器物的年代、产地、作坊、工匠、监制者或收藏者姓名的文字、符号或图案。款识一般在瓷器的器皿底中央、器皿中部或口沿等部位，款识上大都书写皇帝的年号。款识有"官窑"款、"民窑"款之分。陶器的款识主要有以下几种：

纪年款，是标明陶器制作年代的一种款识。纪年款又分为两类：一是以帝王年号为纪年的款识，如"永乐年制"、"大明宣德年制"、"大清乾隆年制"等；二是以一甲子六十年的天干地支来标明的年号，如"康熙丁未年制"、"大清乙酉年制"等。明代款识以青花双圈内写6字双行楷书款为主，也有少量写4字双行楷书款，篆书款极少见。明代晚期常见写吉语款、赞颂款、花押款和伪托款等。

［明］青花双圈内写6字双行楷书款　　　［清］青花双圈内写6字三行篆书款

款识鉴别一定要注意看各时期流行字体的结构特征和习惯写法，还有款识的内容、款字的排列方式、线圈或方框和款识的相互关系，以及所使用的青料浓淡呈色变化，是深沉、飘浮，还是晕散、浅薄，都有不同区别。一般来说，官窑的款识书写较规范工整、章法严谨，字体也相对稳定。而民窑的款识书写较为草率粗犷，随意多变。

干支款，干支是中国古代纪年法，用天干地支组合，甲乙丙丁……子丑寅卯……组合起来恰好共六十个，甲子也就是第一个组合，组合顺序是甲子、乙丑、丙寅、丁卯……每六十年为一循环。六十年为一甲子，俗称"六十甲子"。以干支号作为瓷器的款识，主要流行于清代康熙、雍正、乾隆三朝。

吉言款，又叫"吉语款"。是在瓷器上书写一些含有吉祥寓意的词句底款。吉言款在民窑瓷器上常常见到。字体多为行草，潇洒飘逸，一气呵成。比如"福寿康宁"、"长命富贵"、"万福攸同"等语句，表达出人们对幸福生活的向往。

吉言款

堂名款，是以典雅的堂名、斋名和人名书写在瓷器上的款识，是一种私家收藏的典型标志，盛行于康熙、雍正、乾隆三朝。到了民国，堂名款更为流行。如民国时期的居仁堂（袁世凯在中南海办公、居住的地方）、敬（静）远堂（是冠有徐世昌元素的瓷器）、延庆堂（是冠有曹锟元素的瓷器）、怀仁堂等。堂名款瓷器制作工艺精良，仍有很高的收藏价值。

赞颂款，是一种具有祈求幸福吉祥，赞美陶瓷本身的字、句和短语。如"金玉满堂"、"玉石宝珍"、"奇珍美玉"等。

纹饰款，又叫"图案款"、"花样款"，用含有寓言的简捷纹样来装饰器底，所以又称花押款、记号款、图案款等。图案有博古图、暗八仙、八吉祥、树叶、小兔、金鱼等。

［民国］"居仁堂制"

花押款

　　高仿：是一类精确仿制的古代瓷器，它很容易与古瓷鱼目混珠，所以收藏者一定要将它和真正的古瓷区分开来。高仿古瓷一般可分为精品高仿瓷与普通高仿瓷两类。

　　精品高仿古瓷，一般以真古瓷或古瓷残片、古瓷图片样本为仿制对象，胎体的质地、釉面光洁度及气泡分布、橘皮纹、手感等，造型的精确度及跳刀痕、接泥痕等，装饰色料及纹样、画风的精确度，款式的精确度以及火石红、蛤蜊光乃至器物烧成后的尺寸、厚薄、重量等，仿古制作方法都极为到位。经过恰到好处的作旧处理后，仿品的形、神极具古瓷风貌。在今天的仿古瓷行当里，真正能够掌握较高水平的高仿官窑古瓷大师并不多见，而常见的都是一些普通高仿瓷艺人。

　　［元］真品青花梅瓶　　　精品高仿元青花梅瓶

普通高仿瓷一般以古瓷的精印图录和实物照片做仿制对象，有时也会参照实物样本。仿制品力求精确，达到以假乱真。普通高仿瓷，往往缺乏神韵、气势，仔细观察不难找到破绽。

但是，高仿瓷器并不是完全没有收藏价值。如好的题材，逼真的器型，上等的胎质，精致的制瓷技艺，精美绝伦的临摹画工，都具有一定的收藏价值。甚至好的文物高仿瓷品还具有保值增值的潜力。近年来，随着古代陶瓷在国内外拍卖会上的上佳表现，古瓷难求，高仿瓷器渐成为新宠，人们把它用做礼品、家庭

高仿大清康熙款天蓝釉兽面纹螭耳尊

高仿元霁兰釉白龙梅瓶

高仿大清乾隆款斗彩云龙纹贯耳瓶

一 中华古玩艺术，将古玩所涉及的内容进一步理论化、系统化，从陶器、瓷器、紫砂壶、玉器、青铜器、书画、杂项等二十多个方面，分门别类地介绍了各类古玩器物的人文历史、工艺美术及鉴别；辨伪等方面的知识。几乎涉及中华古玩的各个领域，既见分地把握了明确的系统性，又解决了物与史的结合。

陈设品或个人收藏品。必须提及，精美绝伦的高仿瓷器仅是一种供人们家居陈设、礼品馈赠，供人们赏玩的艺术品。高仿瓷器至少在很长一段时间范围内，它仍只是一种艺术工艺品，还不能列入古玩的范畴。

第四章　紫砂壶

第一节　概　说

早在四千年前，宜兴的原始居民就掌握了制陶技术。从宜兴发现的新石器文化遗址中，发掘出了丰富的夹砂红陶、泥质红陶、白衣黑陶和灰陶的碎片。

宜兴民间流行着金沙寺僧人与"供春制壶"的故事。相传，明朝宜兴丁蜀镇西南十几公里的地方有个金沙寺，金沙寺老僧智静善于炼土，身怀制壶绝技，平日闲静有致，平心静气，将泥手捏成胎，精心制作，壶制好后，放入窑中烧制，成品后自用。老僧性格孤僻，制壶绝技不肯传人。一日，一位叫吴颐山的读书人带着书童供春到金沙寺借读，正巧供春遇见了老僧正在制壶，他便悄悄地观看，老僧制壶的方法被供春看在眼里，记在心中，闲暇时供春就用老僧洗手后沉淀在缸底的废泥徒手捏成一把小茶壶。这把壶外形十分奇特，是供春以寺庙旁边一棵银杏树（白果树）的树瘤为样子而制作成的。从此，供春便开始了制壶生涯。此后，供春所制的壶就被称为"供春壶"。明清时期，随着饮茶方法的转变，宜兴紫砂迎来了发展的高峰期。

相关链接一

五色土的传说

宜兴鼎蜀镇，坐落在美丽的太湖边，自古以来，盛产陶器，被誉为"陶都"。远古时候，鼎蜀镇子里的村民们闲暇时都喜欢用陶土制作一些日常生活中所需的小陶器。相传有一天，一个外来的和尚在鼎蜀镇黄龙山发现了"五色土"。随后，外来的和尚沿街大喊："买宝贵去。"可他见镇子里的人都不理睬他，便又喊叫："不买贵，那买富怎样？"这一下，镇子里有一些好奇的人就跟着和尚往镇外走了，当他们来到黄龙山脚下时，和尚忽然不见了，人们四处寻找，都没有找到那个和尚，人们却在山脚下发现了一些新开挖的洞口，洞里有五彩斑斓的泥土，人们把这些泥土带回来，泼水搅拌，发现这种土的黏性特别强，很适合制

陶。从此以后，一传十、十成百，鼎蜀镇的村民们都纷纷来到镇子外的山脚下挖取这种"富贵土"。打那时起，鼎蜀人就烧制出了最早的宜兴紫砂陶器。

宜兴紫砂熟泥

相关键接二

陶都——宜兴

宜兴，春秋战国时期叫"荆溪"，秦汉时期改为"阳羡"，晋时又改为"义兴"，隋唐时期一直沿用"义兴"。到了宋朝时期，为了避宋太宗赵光义之讳，改"义兴"为"宜兴"，从此一直沿用至今。

宜兴制陶业有着悠久的历史，据史书记载，宜兴古窑发掘证实，早在新石器时代，宜兴的先民就已开始制作陶器，商周时期则出现了精美的印纹硬陶。

关于紫砂壶的前世，在明、清时期的史籍文献中多有论述，据吴骞《阳羡名陶录》记载："宜兴壶之创始，系金沙寺一僧，习与陶缸翁者处，传其细土，加以澄练、捏坯为壶，附陶穴烧成。用之良，人遂传世。时有供春者，为吴氏家僮。此时吴氏正读书于金沙寺，春给使之，暇窃僧人之所能，得其秘诀遂为陶工。故宜兴壶，

宜兴黄龙山紫泥矿标

古玩

一中华古玩艺术一将古玩所涉及的内容进一步理论化、系统化。从陶器、瓷器、紫砂壶、玉器、青铜器、古币、书画、杂项等二十多个方面，分门别类地介绍了各类古玩器物的人文历史、工艺美术及鉴别等方面的知识。几乎涉及中华古玩的各个领域，既充分地探了明砚的系统性，又解决了事物与类的结合。

以供制为最贵。其传世者，栗色黯然，如古金钱，最不易得。以后则有时大彬，时初仿供春，喜作大壶。后游娄东闻陈眉公等论茶，乃作小壶。前后诸家并不能及。"这一记载清楚地说明了宜兴壶创制于明代中晚期。

紫砂陶又称紫砂器或紫砂陶器，是由陶器发展而来，属陶器类的一种。紫砂器，又称"紫砂陶"，简称"紫砂"。紫砂器坯质致密坚硬，取天然泥色，大多为紫砂，亦有红砂、白砂。紫砂含铁质黏土质粉砂岩，由水云母和高岭土、石英、云母屑、铁质等矿物成分构成。其中，紫砂含化学成分有氧化硅、氧化铁、氧化钙、氧化镁、氧化锰、氧化钾、氧化钠等。

宜兴窑址

第二节　　历代紫砂壶及其艺人

一、明代紫砂壶及其艺人

从历史上来看，金沙寺僧和吴氏家僮供春是将紫砂器专业化和艺术化的开创者。而金沙寺僧和供春所生活的明代弘治、正德年间，应该看做是宜兴紫砂壶成型工艺体系的真正形成时间。

紫砂壶鼻祖

供春（约1506—1566），他是明代官吏吴仕（号颐山）的家僮。供春是紫砂成型技法的开山鼻祖，他创制的树瘤壶据说是仿金沙寺里的一棵白果树上的树瘤制成的，壶的形状古朴，生动逼真。供春所制的壶被称为"供春壶"，是历史名壶，流传至今，深得好评，其主要作品有树罂壶、六瓣圆囊壶等。

［明］供春壶

［明］元畅紫砂壶

紫砂四大家

嘉靖到隆庆年间，继供春之后的紫砂名艺人有董翰、赵梁、时朋和元畅四人，并称为"紫砂四大家"。其中董翰以制作菱花式壶而著称，赵梁制壶多为提梁壶，时朋擅制宜兴砂壶，元畅制作的壶则以古拙朴实见长。

紫砂三大妙手

万历年间又诞生了时大彬、李仲芳和徐友泉三位紫砂壶艺人，他们的壶艺都很高超，在当时有"紫砂三大妙手"之誉。

时大彬（约1580—1650），字少山，宋尚书时彦的裔孙，时朋之子，他是供春之后影响最大的壶艺家。《画舫录》记载："大彬之壶，以柄上指痕识。大彬所制不务妍媚，而朴雅、坚栗，妙不可思。次则有董翰，号后谿。始造菱花式，颇工巧。与赵梁、元畅、时朋为四大家。"

［明］直筒六方壶

与时大彬齐名的有李仲芳和徐友泉等二人。他们是时大彬众多学生中的突出代表。在陶业界，"紫砂三大妙手"就是指时大彬、李仲芳、徐友泉师生三人。

李仲芳是明万历年间人，是制壶名手李养心（号茂林）之子，时大彬门下的第一高徒。后人评论大彬风格"敦雅古穆"，而李仲芳"以文巧相竞"。

徐友泉（约1573—1620），名士衡，本非陶家子弟，师从时大彬后，刻苦学艺，对壶泥色彩和茗壶式样进行了创新和发展。吴梅鼎《茗壶赋》称记载："若夫综古今而合度，极变化以从心，拔而进乎道者，其友泉徐子乎！"不难理解，吴梅鼎将徐友泉的壶艺称之为多变化、集大成的一代宗匠，可谓推崇备至。

［明］徐友泉鼎式紫砂壶

紫砂二惠

万历、天启、崇祯年间，以惠孟臣的紫砂壶艺最精，也最为有名。

惠孟臣（约1598—1684），惠孟臣为时大彬以后的又一大制壶高手，他所制作的紫砂茗壶，形体浑朴精妙，铭刻和笔法极似唐代大书法家褚遂良，在我国南方声誉很大。

惠逸公（约1766—1831），为清朝著名紫砂艺人，生于清雍乾年间。逸公制壶泥色最奇，以工巧闻名，可与惠孟臣相提并论，故与惠孟臣并称"二惠"。

［明］惠逸公四方朱泥壶

二、清代紫砂壶及其艺人

［清］陈鸣远壶

陈鸣远（约1651—1722），号鹤峰、石霞山人、壶隐。他是时大彬和徐友泉以来的一大紫砂名手，除制作传统茗壶外，陈鸣远还擅长制作杯、瓶、盆及各式瓜果造型的器具，如束柴三友壶、伏蝉叶形碟、葫芦水洗等。他还以书法、篆刻见长，开创了紫砂造型装饰工艺的新境界。所谓"宫中流行大彬壶，海外竞求鸣远碟"的诗句，就是当时国内外给予陈鸣远紫砂壶艺的高度评价。

清朝时期著名的紫砂艺人，主要代表人物有陈鸿寿、杨彭年、邵大亨、邵友廷、黄玉麟、程寿珍等。

陈鸿寿（约1768—1822），号曼生，浙江钱塘人，精通文学、书画、篆刻，喜欢紫砂，曾手绘十八壶式，请杨彭年及其弟妹按式样制作。所制壶底多钤"阿曼陀室"铭款，把下有"彭年"印章。陈彭二人合作署名的茗壶以"曼生"流行于世。陈鸿寿本人虽不是制壶名家，但他开创了将紫砂壶与诗、书、画、印艺术相结合的艺风，对紫砂壶的发展具体重大的贡献。

［清］曼生石瓢壶

杨彭年（约1772—1854），是清代嘉庆时期的制壶名家，其壶随意天成，天然风致。杨彭年创作出"曼生壶"，壶上有镌刻书画铭款，他开创了将紫砂壶造型与书法、绘画、诗文、篆刻相结合的装饰艺术与赏玩机制，将紫砂壶艺引入新的工艺美术境地。

［清］杨彭年铭文扁式壶

邵大亨（约1831—1874），是清道光、咸丰时期的制壶名家，以制作鱼化龙壶最为有名。邵大亨的鱼化龙壶，以龙头做壶纽，壶盖上的龙头和舌头都能活动。其传世的作品构思巧妙、工艺精美、线条饱满流畅，非一般陶工可比。

［清］邵大亨鱼化龙壶

邵友廷是道光、同治年间人，是继邵大亨后的一位很有成就的制壶名家，其壶艺精湛，技艺腴丽，擅长制作鹅蛋壶和掇球壶。他制作的紫砂壶大多工整、规矩，尤其擅长制作方圆器和加彩壶，代表作为鹅蛋壶和掇球壶。邵友廷制作的器物，大多盖有"友廷"两字的椭圆形阳文篆印。由于邵友廷是清末的制壶名家，因此，他制作的紫砂壶有很高的收藏价值。

［清］邵友廷蛋包壶

黄玉麟（1842—1914），清末和民国初年的制壶大家。他所制的壶选泥讲究，作品装饰工艺性强，造型精巧又不失古意。据说，黄玉麟曾经被吴大澄和顾茶林请到家中制壶。吴大澄是当时的金石收藏家，黄玉麟将在吴家所鉴赏到的古玩瓷器上的工艺美术元素，牢牢地铭记在心，并运用到紫砂壶的创作中。黄玉麟紫砂壶的代表作为"鱼化龙壶"、"供春壶"等。

程寿珍（1858—1939），别号"冰心道人"。咸丰至民国初期的宜兴人，是一位勤劳多产的紫砂壶名家，师承其养父邵友廷，擅长制形体简练的壶式。作品粗犷中有韵味，技艺纯熟。所制的"掇球壶"最负盛名，该壶由三个大、中、小的圆球重叠而垒成，故称"掇球壶"。其壶造型以优美弧线构成主体，线条流畅，视觉感也极为舒适，整把壶稳健丰润。程寿珍的"掇球壶"曾在1925年巴拿马万国博览会上获金质奖章。

［清］黄玉麟供春壶

程寿珍掇球壶

三、民国紫砂壶

1912年中华民国成立至1949年10月1日中华人民共和国成立，宜兴的紫砂业经历了一个由盛而衰，然后又恢复和发展的曲折过程。

　　1911年辛亥革命以后到1937年抗日战争爆发，宜兴紫砂业仍在缓慢地发展。这一时期民国紫砂艺人所制作的紫砂壶大都是仿制明、清壶。器型多以大壶为主。装饰方法流行将清朝时期的粉彩、珐琅彩工艺运用到紫砂壶装饰上。

民国紫砂胎粉彩壶

　　民国粉彩壶上的纹饰有山水、花鸟、婴戏、庭院美妇、缠枝花、过枝花、皮球花、石榴及春宫图等。

［民国］紫砂胎粉彩壶

民国紫砂珐琅彩壶

　　民国时期的珐琅彩壶多以蓝地、黄地、粉地的彩色花卉图案为主，有的开光壶上还配有诗、书、画、印的图案。

［民国］紫砂珐琅彩壶

民国紫砂镶银壶

　　民国时期，十分流行紫砂镶银壶。镶银壶就是在紫砂壶胎上镶

［民国］紫砂胎方钟壶

［民国］紫砂包锡团寿纹提梁壶

中华古玩艺术，将古玩所涉及的内容进一步理论化、系统化。从陶器、瓷器、青铜器、古币、书画、紫砂壶、玉器等二十多个方面，分门别类地介绍了各类古玩的人文历史、工艺美术及鉴别洗伪等方面的知识，几乎涉及中华古玩器物的各个领域，既充分地把握了明确的系统性，又兼顾了事物与文的结合。

嵌银、锡等材质的饰品。饰品题材大多是二龙戏珠、龙凤吉祥、锦上添花、丹凤朝阳、锦鸟欢歌等。

四、"文革壶"

1966—1976年，是中国史无前例的"无产阶级文化大革命"时期。紫砂壶的爱好者、收藏家们，就将"文化大革命"十年中所生产的紫砂壶，冠上"文革壶"的称谓。"文革壶"大多指"文化大革命"时期宜兴生产的紫砂壶。"文革壶"器型多样，规格齐全，材料有紫砂、瓷等。

回首往事，"文化大革命"开始时，当时的中国，人们到处可以看到大大小小的批评会、斗争会、讲用会、声讨会；看到遍及机关、学校、工厂、农村的大字报、大标语；看到身穿绿色军装、胸前佩带主席像章、手举"红宝书"的红卫兵的狂热、奔走、串联和呐喊；看到全国掀起了轰轰烈烈的"破四旧，立四新"的运动。"红色"成为革命的象征色。"造反"两个字在中国历史上从来没有被人从正面理解过，可在"文化大革命"时期，这两个字好不风光。毛主席说："金猴奋起千钧棒，玉宇澄清万里埃。"于是，几千年来，老祖宗遗留下来的历史财富，成为"封、资、修"的东西。只因为毛主席诗词有"今日欢呼孙大圣，只缘妖雾又重来。"革命，就成了美猴王与各种"牛鬼蛇神"的斗争。一夜间，人文国粹惨遭砸、毁、烧的命运。

"文化大革命"时期"斗私批修"宣传画

170

"文化大革命"期间的紫砂壶，伴随着时代的要求，装饰工艺发生了前所未有的革命，从此，打上了红色革命的烙印。紫砂壶上的铭文装饰一改过去常用的唐诗、宋词等古典名句，一律开始使用毛主席诗词、语录或政治口号，如"七律·长征"、"大海航行靠舵手"、"抓革命，促生产"、"广阔天地，大有作为"等。

在那个红色的年代，车间里最醒目的地方放置着一尊毛主席石膏像，每个制作紫砂壶紫工人桌子上，也都自觉地摆放着一本红宝书即《毛主席语录》。更有甚者，据说胃病发作到工厂医务室治疗前在身边放上一本《毛主席语录》，连扎针灸都不疼；疼痛时只要背诵一段毛主席语录："下定决心，不怕牺牲，排出万难，去争取胜利"，立马就能意到病除。"语录"随身带，就能法力无边。

"文化大革命"高狮灯壶

从设计纹饰上讲，"文革壶"上有着很浓的时代政治色彩。"文化大革命"时期强调突出政治，以阶级斗争为纲。因此，政治口号，毛主席语录、诗词、老三篇、"五·七"指示等革命句子；毛主席肖像、韶山日出、愚公移山、样板戏剧照、工农兵宣传画、梅兰竹菊图刻等图案，根据壶体大小，掇选、镌刻其上。当时壶体镌刻的字画如"大海航行靠舵手"、"不忘阶级苦，牢记阶级仇"、"高举毛泽东伟大旗帜"、"劳动最光荣"、"抓革命，促生产"等。

从制作工艺上看，"文革壶"绝大多数都是采用石膏模具成形技术，全手工捏制的极少，所以在壶身上留有"哈夫线"痕迹。但要注意是，有的制作精美的壶上很难发现"哈夫线"，因此，不能简单地以有无"哈夫线"来作为断定"文革壶"的真与赝的标准。

"文革壶"口号
"抓革命，促生产"

"文革壶"哈夫线

　　"文革壶"的品种丰富却单一。"文化大革命"期间，1966年下半年到1972年间，宜兴各紫砂厂生产的茶壶品种有竹段、竹鼓、竹鼎、高梅花、矮梅花、新莲贡、上合梅、莲子、菊珠、鱼化龙、寿星、洋桶、龙蛋、盘底等。茶壶底印则统一为"中国宜兴"四字，茶壶盖内多有木质楷书印章，有名而无姓，如"金风"、"洪英"、"顺英"、"碧芳"等。因为"破四旧，立四新"的"革命"要求，一些茶壶名称有所改变，如鱼化龙壶改叫鱼龙壶，寿星壶改叫圆形壶，洋桶壶改叫直形壶，龙蛋壶改叫蛋形壶等。以寿星壶为例，因其有1～4号4个规格，它分称海寿星、放寿星、中寿星、小寿星，壶盖上钤有长方形"寿星壶"楷书木章。"文化大革命"改名后，则称1号、2号、3号、4号圆形壶，壶盖上钤楷书印章为"圆形壶"。洋桶壶的情况亦如寿星壶，壶盖上易名为楷书长方形木章"直型壶"等。

"文化大革命"秦权壶

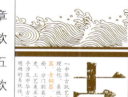

「中华古玩艺术」将古玩所涉及的内容进一步理论化、系统化。从阴阳图、青铜器、古币、紫砂壶、玉器、杂项器二十多个方面，分门别类地介绍了各类古玩器物中的人文历史、工艺美术及鉴别，辨伪等等方面的知识。几乎涉及中华古玩的各个领域。既无分类不明确的系统性，又解决了物与史的综合

古玩

"文化大革命"前期，紫砂壶的款识，外形以长方形的木章多，壶底钤的壶名款都有为长方形的阳文款，壶盖内的制壶人的款也多为阴文款，但字体不规范。印章多为"小四方"印等，如"五号直形"、"高狮灯"等。"文化大革命"中后期，紫砂壶的款识多为"中国宜兴"字样，体现出了"文化大革命"时期千壶一印的特点。有的紫砂壶的壶底还盖有阴文不带框的"中国宜兴"小方章，而且不少壶的款识钤盖得模糊不清，甚至让人无法辨认。

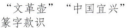
"文革壶""中国宜兴"篆字款识

"文革壶""三号直筒壶"款识

"文革紫砂壶"泥料较纯正。朱砂泥细腻柔滑，犹如少女的肌肤；紫砂泥的栗色暗如石金铁；调砂泥的表面砂质粒子若隐若现，似梨皮有黄色颗粒；铺沙泥星星点点，灿若金星。

"文化大革命"期间的紫砂壶，都有明显的时代烙印。20世纪70年代"文化大革命"中出现的半球孔，就具有鲜明的时代性。

半球孔"文革壶"

五、现代宜兴紫砂"七大艺人"

新中国成立前，紫砂壶是一家一户在家里生产，做好坯后，由各家把坯挑到窑户的窑上去烧。当时主要烧紫砂壶的大窑（龙窑）有五个：品胜窑、新窑、龙糠窑、太平窑、工厂窑。经常烧的是品胜窑、新窑、工厂窑。

1949年10月1日，中华人民共和国成立。1950年，人民政府

拨专款恢复了宜兴的陶业生产，对紫砂工艺采取了保留、提高、发展的方针，贯彻了经济、适用、美观的设计原则，进行了一系列挖掘、恢复、发展的工作。1954年，蜀山筹划成立陶业生产合作社，开始组织紫砂集体生产。当初因为缺少生产厂房，有少数紫砂艺人集中在阳祠街、相家祠堂生产。

1955年1月1日，蜀山成立了陶业生产合作社，正式对外开始营业，老艺人归队，成型（制壶）人员有顾景舟、朱可心、蒋蓉、任淦庭、裴石民、王寅春、吴云根等，他们被誉为现代宜兴紫砂"七大艺人"。

相关链接

近现代紫砂壶成型工艺的发展

1955年，顾景舟、朱可心、蒋蓉、王寅春等人，一并被江苏省人民政府命为"紫砂技术辅导"。20世纪50年代，宜兴紫砂和无锡惠山泥塑互相交流技艺。惠山泥塑的艺人们将惠山泥塑使用的石膏模型成型法介绍给宜兴紫砂界。此后，宜兴紫砂界艺人们开始逐步减少全手工无模具成型技法，除少量的木模具外，大量采用石膏模型档坯。顾景舟在20世纪的50年代里烧造的上新桥茶壶，就是第一只用石膏模型档坯制作的。当时，石膏模型档坯大多用于圆器、方器、大部分的筋纹器，至于复杂的筋纹器和绝大部分复杂的花货，石膏模型极难档坯。

1958年，正值我国"大跃进"的年代。蒋蓉带领自己的徒工开始对紫砂壶成型工艺进行改革。她们将一些传统工艺的瓜果花货品种，根据设计要求，先做出泥模型，然后再翻制成石膏模型，最后用石膏模型来进行注浆生产。后来，景德镇瓷器艺人将他们手工拉坯制作瓷器的技艺带到了宜兴，开始试制成功了手拉坯紫砂壶。木模和石膏模，以及手拉坯技法，都是中国工艺美术中的一些传统工艺美术技法。宜兴的紫砂艺人们将这些传统的技法灵活地应用到紫砂壶成型工艺中。

顾景舟（1915—1996），原名景舟，也叫顾景洲。早年曾用艺名"武陵逸人"、"瘦萍"，晚年爱用"老萍"。18岁时，顾景舟在家继承祖业，随祖母邵氏制坯，承袭家族制壶诀窍，凭借深厚的文学功底，20岁一举成名，跻身壶艺名家行列。顾景舟数十年来，深入钻研紫砂陶瓷相关工艺知识，涉足书法、绘画、金石、篆刻、考古等学科。丰富的人文素养，加之高超的制壶技艺，孕育出顾景舟独特的紫砂艺术风格。

1954年10月，他响应政府的号召，积极参与蜀山陶业生产合作社的组建筹划工作。1955年1月，蜀山陶业生产合作社正式对外开始营业，顾景舟开始招收徒工。他的第一批徒工有李昌鸿、高海庚、沈蘧华、单淑芬、鲍秀云等。同事和学徒们都亲切地叫他"顾辅导"。1958年，顾景舟担任宜兴紫砂研究所所长。

1988年，顾景舟经国家轻工部批准，授予"中国工艺美术大师"称号，并被尊崇为"壶艺泰斗"而饮誉海内外。他还与著名画家韩美林和中央工艺美术学院张守智教授合作制壶，为砂壶的发展注入现代美学概念，开创了现代紫砂茗壶成型工艺的新境界。

顾景舟技艺全面，喜作素式茗壶。他的紫砂作品以素壶为主，年轻时先由方器入手，兼做圆器，后逐渐偏重光素器型的制作。最后以几何形壶奠定其个人风格。顾景舟擅长做2、4、6、8杯紫砂水平壶、牛盖洋桶壶、竹节壶、竹叶咖啡壶、柿元壶、僧帽壶等。作品整体造型古朴典雅，形器雄健严谨，线条流畅和谐，大雅而深意无穷，散发浓郁的东方艺术特色。

顾景舟

顾景舟僧帽壶

顾景舟石瓢壶

"中华古玩艺术一拜古玩所涉及的内容进一步理论化、系统化。

瓷器篇 讲述二十个方面

古币 常识二十个方面

青铜器 详细介绍了各类古玩器物的人文历史、工艺美术及鉴别，神韵等方面的知识，几乎涉及中华古玩的各个领域，眼光分地把握了平淡的系统性，又解决了物与玩的结合，明确的系统性，又解决了物与玩的结合。

朱可心

蒋 蓉

朱可心（1904—1986），原名朱凯长，艺名"可心"，寓意"虚心者，可师也"，"山中一杯水，可清天地心"之意。14岁时，拜汪生义为师，与吴根云结为师友。1931年受聘为江苏省立宜兴陶瓷职业学校窑业科技工，此间创作紫砂咖啡具。次年，精心制作云龙鼎和竹节鼎参加美国芝加哥博览会，并荣获"特级优奖"，1953年12月，"全国民间艺人观摩大会"携作品云龙壶、圆松竹梅壶参展。1959年他以合作社代表的身份参加北京故宫博物院举办的世界陶瓷展览。其作品"松鼠葡萄壶"、"松竹梅三友壶"被选入"中国工艺美术巡回展"出国展出，并获一等奖。

"文化大革命"时期，朱可心不受其影响，他仍然孜孜不倦地从事紫砂陶创作，前后设计制作出高瓢壶、高梅花壶、矮梅花壶、梅桩壶、梅段壶、可心梨式壶等。

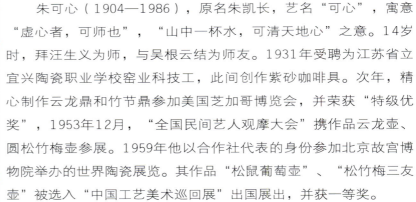

朱可心云龙壶

蒋蓉（1919—2008），别号林凤，江苏省宜兴市川埠洛林人。1995年被授予"中国工艺美术大师"称号。蒋蓉11岁随父亲蒋鸿泉学艺，1940年由伯父蒋鸿高带至上海制作仿古紫砂器，曾为虞家花园设计制作花盆，1947年回乡。1954年她响应政府的号召，积极参与蜀山陶业生产合作社的组建筹划工作，并成为新中国宜兴的第一批瓷砂成型艺人。她还曾为周恩来总理出访东南亚等国家制作国礼壶。1956年，江苏省人民政府任命她为紫砂工艺"技术辅导"，这在当时的工艺界已经是一种最高荣誉和礼遇。

蒋蓉擅长制作花货，代表作品有佛手壶、白藕酒具、白果壶、荷花壶、牡丹壶、南瓜烟缸、大栗杯、花生壶、乌菱壶、荸荠壶等。其中，莘荠壶被英国维多利亚博物馆收藏。

蒋蓉佛手壶

任淦庭，宜兴蜀山紫砂艺人。1954年10月，他响应政府的号召，积极参与蜀山陶业生产合作社的组建筹划工作。任淦庭擅长紫砂雕刻工艺，以书画陶刻称著于时。任淦庭除了精心创作之外，还培养了数以百计的青年艺人，使紫砂这一传统工艺后继有人。

任淦庭刻壶

裴石民（1892—1976），原名裴云庆，又名裴德铭，宜兴蜀山人，著名紫砂艺人。早年习艺，艺成后擅制仿古紫砂器，颇负盛名，善制水丞、杯盘、炉鼎等器，造型典雅别致，具有青铜器敦厚稳重之特点，尤以仿真果品最佳。有"陈鸣无第二"之美誉。成熟期间精品之作大都以中小器为主，造型上常以古器为鉴，以超凡的构思，制作设计出千姿百态的花货茗壶。裴石民的技艺精湛严谨，风格清秀不俗，在紫砂艺苑中独树一帜，为紫砂历史上不可多得的能工巧匠之一。

裴石民的紫砂代表作有"牛盖莲子"、"石铫"、"圆润"，其作品工整严谨，古朴大方，自然神韵，是传统紫砂壶的珍品之作。20世纪60年代中期，裴石民又运用仿生学原理，制作出了"蟹"、"花生"、"瓜果"等仿生壶。

裴石民牛盖莲子

王寅春

王寅春（1897—1977），祖籍江苏镇江，父辈定居宜兴上袁村。1954年10月王寅春参加蜀山陶业生产合作社的组建筹划工作。1956年与吴云根各带一个陶艺班，并作为成型技术辅导员。

王寅春是一位紫砂制作功力很深的艺人，以筋纹器壶为主。他所制的紫砂壶，造型雍容大方，规矩挺括，光润和洽，口盖准缝严密，令人赞叹，人称"寅春壶"。20世纪60年代，王寅春多次承制国家外事礼品壶，如十三头咖啡具、五头梅花周盘茶具、八方盉型壶、半菊壶、六方菱花壶等。

王寅春六方井壶

王寅春梅花周盘壶

吴云根（1892—1969），又名吴芝莱。14岁向汪春荣（生义）学习制陶技艺，与汪宝根、朱可心为师兄弟。1929年受聘于南京中央大学陶瓷科当技师，两年后回宜兴。1932年在江苏省立宜兴中学窑业科担任技师。1954年他响应政府的号召，积极参与蜀山陶业生产合作社的组建筹划工作，并成为新中国宜兴的第一批瓷砂成型艺人。1956年与王寅春各带一个陶艺班，并作为成型技术辅导员。在教学过程中，他常常教导学生，制壶既要讲究形似，更要注重神似，要从生活实践中去寻求创造灵感。

吴云根双色扁柿壶

吴云根的紫砂技艺，创意新颖，构思奇妙，享有"出神入化"之美誉。他的传世之器有20世纪30年代制作的双色扁柿壶，40年代制作的绿泥线云壶，50年代制作的双色竹段壶、觚菱提梁壶、竹节提梁壶、线扁等。

第三节　　紫砂壶种类

从玩赏的角度看，紫砂壶精品的造型，是存世各类器皿中最丰富的。其种类大致可分为四类：

一、几何形体造型

几何形体造型，素有"方非一式，圆不一相"之赞誉。圆器造型讲究"圆、稳、匀、正"，柔中寓刚；方器造型讲究"方中寓圆"，线面挺括平整，轮廓线条分明。几何形体造型的紫砂壶经典造型有寿贵球、方钟及直元条纹等。

几何形体造型壶

吴云根东坡提梁壶

二、自然形体造型

自然形体造型，取材于植物、动物的自然形态，在壶身、壶嘴、壶盖和壶把上运用雕镂捏塑的手法，将鱼龙猪兔、松竹梅、瓜果荷花等装饰其上。自然形体造型的紫砂壶，代表作有报春壶、南瓜壶、青椒壶及松鼠葡萄壶等。制壶工艺表现出自然形态之美。

自然形体造型壶

三、筋纹器造型

筋纹器造型紫砂壶的特点，是将花木形态规则化、艺术化，体现出生动流畅的筋囊线条和纹理，其结构严谨精巧。制壶工艺要求纹理清晰，口盖准，可以随便调换壶盖方向，壶盖都能与壶口相吻合。经典之作有六方壶、菱瓣壶及扁菊壶等。

筋纹器造型壶

四、水平壶造型

水平壶制壶工艺要求壶嘴为45度直形嘴。水平壶流水畅快，适宜冲泡功夫茶。水平壶的规格多以茶汤杯数来定位，有半杯、二杯、四杯、六杯、八杯、十二杯等规格。是广东、福建一带和日本人喝"功夫茶"的壶具，式样有扁雅水平、汤婆水平和线瓢水平等，颇为部分中外人士所赏识。

水平壶造型

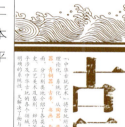

第四节　　紫砂壶工艺

一、紫砂壶成型技法

传统紫砂壶的成型方法大致有：打身筒和镶身筒两类。

打身筒：一般为圆形壶的成型方法，圆形壶类的制作技法，常规地讲有二十二个步骤：①用木搭子将泥段拍打成厚薄均匀的泥片和泥条。②用矩车划出壶体各部位圆形泥片。③用泥条围成壶身。④打身筒，先打底部，上好底部，上好底片翻身，将多余泥浆刮净。然后再打壶口部，与口尺寸配合好。⑤脂泥是紫砂壶制作中的粘接料，水分以制壶的需要而定，拌时要匀和，这直接关系到成品壶的质量。⑥口部满片，保持壶体中空及湿度，不使壶变形。⑦用竹篦只规范壶身，壶腹、壶肩、壶底的弧度。⑧按照壶的结构，用脂泥接口部、颈部及底部。⑨粘接结束，用竹篦只、竹尖刀将其细部整理光洁。⑩用刮底石加工壶底，使之均整。⑪用脂泥粘接壶盖弧形的虚片，修整成预定的盖形。⑫壶盖翻身，用勒只光洁规整。⑬用泥段做成壶钮，装上壶盖并清理干净。⑭用通嘴尖刀插入毛坯嘴中心，并来回滚动形成壶嘴内壁，然后，用手将毛坯弯曲成嘴形。⑮将紫砂泥搓成泥段，弯曲壶把。⑯钻嘴眼，并用脂泥粘接壶嘴。⑰校正口、嘴、把，成三点一线，最高点保持三平。⑱用独果等工具修整嘴孔。用明针刮光壶肩、壶嘴、壶把等部位。⑲用矩车划开壶口，再用鳑鲏刀修整壶口，并与壶盖相吻合。⑳用竹拍子刮光、刮净壶体内部泥迹使其光洁。㉑全器成型工序完成后，可在壶底、壶盖、把钤上壶艺师印章。壶底用顶柱支撑，印章对准位置，并用木榔头敲击，使印文清晰。㉒全壶制作工艺结束，让其自然干燥，即可入窑烧成。

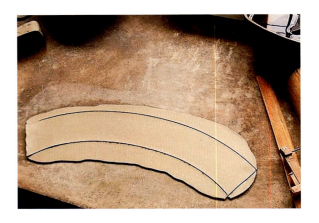

紫砂壶成型裁剪泥片

镶身筒：镶身筒也叫"镶接法"，一般为方型壶，即四方、六方、八方等的成型方法。方型壶类的制作技法，常规地讲有十七个步骤：①根据设计意图配制样板，用木搭子将泥段拍打成厚薄均匀的泥片和泥条。②用样板裁制好壶底、壶盖、壶口、壶墙，并规整泥片，裁制时必须注意顷角尺度。③镶接身筒，边缘处以脂泥粘接，围筑成壶体。④用竹制工具刮压壶身接口，并用竹拍子轻轻拍打四边，使其规整挺括。⑤粘接壶口，保持壶体中的空气及温度，不使壶体变形。⑥用脂泥复合和润，并用勒只清理加工。⑦用样板裁制壶嘴，并用脂泥镶接成方形壶嘴。⑧用样板裁制壶把。⑨壶身钻嘴孔，并粘接上壶嘴、壶把。⑩用刀开出壶口，使其尺寸与壶盖相吻合。⑪用样板裁制壶盖，并由盖板、盖子口粘接，用竹篦只加工清理，使之规整。⑫用脂泥粘接壶钮，并整理干净光洁。⑬用尖刀加工细部。⑭用鳑鲏刀柄加工、修整线面，使其光、挺、匀。⑮用明针（牛角片）刮光各部位平面。⑯全器的成型工序完成后，可在壶底、壶盖、把钤上壶艺师印章。壶底用顶柱支撑，印章对准位置，并用木榔头敲击，使印文清晰。⑰全壶制作工艺结束，让其自然干燥，即可入窑烧成。

紫砂壶成型镶接身筒

二、紫砂壶的制作工具

紫砂壶的制作工具有数十种之多，这里介绍几件主要的制作工具。

①木搭子：用于打泥条、打片子。②尖刀：用于琢嘴、琢钮、转足、革小平面。③矩车：又名规车，好比圆规，用来划圆片，开口子；④篦只：用竹做成，根据不同壶体，做成不同弧度，用以整理坯形。⑤铜管：钻各种大小洞眼。⑥顶柱：成型工序完成后加盖底印的木制专用工具。⑦木拍子：用来打身筒、拍片子、拍口。⑧竹拍子：有大、中、小之分，主要用来拍身筒，推身筒接头、掠脂泥、推墙刮底做壶嘴等。⑨鳑鲏刀：用来切、

紫砂壶的制作工具

削、舒、挑、夹、挖、刮等，是常用的用工具。⑩明针：用牛角制成，富有弹性，有方头、尖头、弯头等，主要用于刮坯使坯体平整光滑，明针在陶瓷行业中只有紫砂制作中才用到。⑪独果：用来圆嘴，圆眼，有平头与尖头两种，取优质牛角、象牙、黄杨木、紫檀木制作。⑫转盘：打身筒时用，可以转动，现在多用铁做成。

三、紫砂壶的几种成型工艺

灌浆壶：就是先把泥料搅拌成浆糊状态，然后注入石膏模具内，稍等一会儿，再把注满的泥浆倒出，俗称"回浆"。一般常用于低档商品壶。

拉坯壶：就是在电动转盘上固定一块软的泥块，当它转动时用手工捏出想要的造型，然后在用工具精修（这种成型技法不适应真正的紫砂泥）一般常用于化工泥、朱泥等。

半手工壶：就是壶身、壶盖、壶纽、壶把、壶嘴，其中有部分是借助模具成型。

手工壶（纯手工壶）：即不借用任何模具，全凭手工制作。全手工壶轻盈、鲜活、流畅、节律，每件作品凭作者的悟性，通过心灵会意传达到双手，经作者数百次的摆弄、触摸、光勒，留下无数的指纹印证，才富有灵性地产生。

镶接法：即将泥条打成片，按壶身的形状裁好，再将泥片镶接而成，简称镶身筒。这一方法适于制作方型壶。

拍打成型法：俗称打身筒。这一方法适于圆型壶。

宜兴前墅龙窑

第五节　　紫砂壶的鉴定与收藏

紫砂壶是集诗词、绘画、雕刻、手工制造于一体的陶土工艺品，具有很高的收藏价值，因而，懂得如何鉴定非常重要。

一、紫砂壶的鉴定

紫砂壶鉴定的标准包括形、神、气、态四个要素。形，即壶器

"中华古玩艺术"将古玩所涉及的内容进一步理论化、系统化，从陶器、紫砂壶、玉器、青铜器、书画、杂项等二十多个方面，分门别类地介绍了各类古玩器物的知识，凡涉及中华古玩的各个领域，观无分地把握了明确的系统性，又解决了物与史的结合。

形体，是指壶的外轮廓，也就是具象的面相；神即壶器神韵，一种能令人意会、体验出精神美的韵味；气，即壶器气质，壶艺所内涵出的本质的美；态：即壶器形态，壶的高、低、肥、瘦、刚、柔、方、圆等各种姿态。

紫砂壶鉴定的工艺标准归纳起来大致可以用五个字来概括："泥、形、工、款、功"。前四个字属艺术标准，后一字为功用标准。

泥：紫砂壶得名宜兴，扬名海外，固然与它的制作工艺分不开，但更与紫砂泥息息相关。紫砂泥中所含化学成分有氧化硅、氧化铁、氧化钙、氧化镁、氧化锰、氧化钾、氧化钠等。由于陶土中含有不同比例的氧化铁，泥料经不同比例调配，烧制的茶壶就呈现黑、紫、黄、绿、褐、赤等各种色彩。

形：紫砂壶的器形（型），可分为三类："筋囊"、"花货"、"光货"。紫砂壶的器形（型）中，还包含壶器形态，即高、低、肥、瘦、刚、柔、方、圆等。

工：点、线、面，是构成紫砂壶形体的基本元素，在紫砂壶的成型工艺中，"点"需方则方，需圆则圆；"线"需直则直，需曲则曲；"面"需光则光，需毛则毛。只有这样，才能算是一把好壶。

款：即壶的款识。鉴赏紫砂壶款识的意思有两层：一是鉴别壶的作者是谁，或题诗镌铭的作者是谁；二是欣赏题词的内容、镌刻的书画，还有印款(金石篆刻)的工艺。紫砂壶的装饰艺术，是中国工艺美术的一部分，集"诗、书、画、印"为一体。所以，一把好的紫砂壶除泥色、造型、制作等工艺外，还有文学、书法、绘画、金石等方面能给藏家、赏壶人带来诸多壶艺美的享受。

功：所谓"功"是指壶的功能美。紫砂壶的功能美主要表现在：①容量适度。紫砂壶制作容量，一般为100～350毫升，大多为4、6、8杯。这样的壶倒茶时只需一手之劳，所以被称为"一手壶"，用起来特别得心应手。②高矮得当。紫砂壶的高矮设计，按用处有所不同，既追求泡茶的效果，又力求用得舒心。高壶口小，宜泡红茶；矮壶口大，宜泡绿茶。不过高以防茶失味，不过矮以防茶叶从口盖溢出。③流水顺畅。壶嘴不阻，流水顺畅，是一把好壶的重要标准。④口盖严谨。这说明壶的密封程度好，出水顺畅。⑤壶嘴、纽、把端正。一把做工上好的紫砂壶，嘴、纽、把要成三点一线。

紫砂壶"三点一线"

鉴定紫砂壶的真伪，还可从三个方面着手：第一，从亮色上看，紫砂老壶或使用了一定年代的紫砂壶，体重色紫，因长期为人手抚磨，汗渍融合，紫砂壶上面呈现出古雅光亮，含蓄温润、幽古内敛的包浆。而新制作的紫砂壶，质地较为疏松，颜色鲜亮，无古雅光亮，没有传世古色。即使有雅光亮，也是用白蜡打磨出来的。第二，再从文字上看。老壶的款识大都是用阳文，字体极为工整。新壶的阳文款识，字体因为刻意模仿，显得呆板或笔画长短粗细不一。用老壶加刻新款，往往所刻文字大多为阴文。第三，还要从壶的流孔上看，一般讲，民国前的紫砂壶一般为独孔；新中国成立后的紫砂壶一般为网孔；"文化大革命"时期的紫砂壶出现了半球孔；现代的紫砂壶大多为网孔和半球孔两大类，这些都具有鲜明的时代性，可以作为鉴定紫砂壶年代的一个参考元素。

另外，辨别劣质紫砂壶，还要学会摸壶身、看色泽、闻味道、听声音。优质的紫砂壶有砂质的感觉；而劣质壶的手感则非常细腻光滑，如同玻璃。劣质壶的壶身通常会发出一种"贼光"，这是因为不法壶商在制作过程中采用了劣质砂泥，还在砂泥中添加各种化学添加剂，提高壶的光润感，但只要加入热水后就会发出刺鼻的化学物品气味。用壶盖轻轻地敲击壶身，劣质壶就会发出清脆的

响亮声或似青铜器的金属声。

二、紫砂壶的收藏

紫砂壶的收藏要注意两个方面：

第一，品种要"精"。首先，名家制作的紫砂壶都极具收藏价值，尤其是一些大师级的紫砂作品，其价值一直是稳中有升，一直都没有随行跌价。譬如，当今"壶艺泰斗"顾景舟制作的紫砂茗壶，现在的价格一把都在10万至20万元，甚至数十万元以上。其次，艺术价值反映市场价格尺度。紫砂壶的造型各有千秋，但艺术水准的高低却是衡量一把紫砂壶的市场价格标准，作为"把玩"而受欢迎的紫砂壶，收藏者和投资者所追求的便是造型的美观奇巧，而紫砂壶上各种奇异的树枝、花果、筋纹和刻绘图案及书法文字，又是紫砂壶精美绝伦的艺术价值的体现，这自然受到收藏者的眷顾与珍爱。再次，具有时代烙印的紫砂茗壶也极具收藏价值。譬如，1966年至1976年"文化大革命"时期制作的"文革壶"，它不仅以模制、泥绘或镌刻赋有"文化大革命"图案与口号为特征，而且在造型、内部结构和款识上也出现了一些革新。加之，难忘的岁月、红色的记忆，使得"文革壶"更具有较强的纪念意义和收藏价值。"文革壶"又因其具有较高红色艺术性，深受当今收藏者们的喜好。

第二，鉴赏要"真"。物美质优的紫砂壶，泡茶不走味、贮茶不变色，沏茶不易馊。品茗日久，茶素慢慢渗入陶质中，即使冲泡清水，也有一股清清的茶香，并在壶身上形成温润幽古的包浆。物美质优的紫砂壶，从选泥、打身筒等关键工序都是用手工制作，工艺十分精细。紫砂壶形态淳朴、色泽古雅、质地精密，而且使用的年代越久，经人手抚磨后越显出其古雅光亮。

如何鉴别手工壶：

首先，看接口，手工壶的壶身只有一处接口，通常在壶的把处，且接口在壶内。而模具壶是前后两片接拔，所以在壶嘴处也有一处接痕。用手指在壶内转动，接缝处凸出感很明显。如果一把壶的壶身的"流"和"把"处都有接缝，一般来说这把壶就是模具壶。

身筒接片痕迹

底片接片痕迹

模具壶：表面干净平滑无接缝

手工壶推墙刮底痕迹

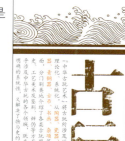

"中华古玩艺术"将古玩所涉及的内容进一步理论化、系统化。从陶器、瓷器、紫砂壶、玉器、青铜器、古币、书画、杂项等二十多个方面，分门别类地介绍了各类古玩器物的人文历史、工艺美术及鉴别、辨伪等方面的知识，几乎涉及中华古玩的各个领域，既无分地地把握了明确的系统性，又翻透了诸物与心的结合

其次，用手指在壶内从下往上轻抚，如果坑洼不平，大多是模具壶，因为模具壶需要"搪"，而手工壶的内壁较光滑，没有明显的凹凸，只留有推墙刮底的痕迹。

再次，鉴别手工壶，除了看壶身的接缝外，还要看壶身表面。手工壶左右两半总有些不均匀的手工拍制痕迹，甚至壶内留有指纹，壶内侧还有明显的推墙刮底条纹。而模具壶的壶内侧则干净光滑，找不到筒身、底片的接片痕迹。模具成形的"文革壶"，大多采用石膏模成形技术翻制，所以在壶身的"流"和"把"处，一般都留有明显的两条模具线，即"哈夫线"模具痕迹。

总之，要鉴别手工壶和模具壶，这不是一句话、一篇文章就能说清楚的，这需要对紫砂壶具有丰富的知识和长期品茗积累的经验。

第五章　玉　器

第一节　　概　　说

玉器是中国古代文明的一项重要内容。以玉制器，始于何时，就其玉器的源流而言，众说纷纭，莫衷一是。据《史记》中说：黄帝有厘订玉制之举。黄帝用玉（坚石）制兵器。由此推断，当时使用玉佩或玉制兵器已经十分普遍了。如果仅仅一两人佩带玉器，又何必定制，或仅供一两人使用玉制兵器，又何必由黄帝亲自督制。可见，玉的使用从黄帝就开始了。随着时间的流转演变，玉器加工工艺的逐渐纯熟，人们才开始将玉单独区分出来，将色泽温润的"美石"单独定义为玉，即"美石为玉"。

公元前5000—前3000年的红山文化，开启了中国古代玉文化的先河。20世纪70年代，内蒙古赤峰红山出土了大型C型玉雕龙和一些猪、龟、鸟、蝉、鱼等造型生动别致的动物玉器。红山古玉的发现，全面反映了我国北方地区新石器时代的文化特征和内涵。

红山文化时期玉猪

玉猪龙——龙的祖先

夏、商、周时期，我们的祖先对"玉"又有了更深刻的习俗认知。在《周礼》中载有："以玉作六器，以礼天地四方，以苍璧礼天，以黄琮礼地，以青圭礼东方，以赤璋礼南方，以白琥礼西方，以玄璜礼北方，圭璧以礼日月星辰，璋射以礼山川。"在西晋出土的《穆天子传》中记载："功其玉石，取玉版三乘，玉器服物，载玉万只。"

古董为王，白玉为皇。我国古代视玉之重，几乎没有任何一

种物件可与抗衡；用玉之广，也无任何一种物件可以比拟。古代社会凡是国家重要典信，无不以玉而为之；重大典礼，无不以玉而成之。社会人文，庶民活动，都以玉为中心。其中最著名的当属楚国的"和氏璧"。《韩非子》所载："楚人得玉璞楚山中，奉而献之厉王，王使玉人相之，玉人曰：'石也。'王以和为诳，而刖其左足。厉王薨，武王即位，和又奉其璞而献之武王，武王使玉人相之，又曰：'石也。'王又以和为诳，而刖其右足。武王薨，文王即位，和乃抱其璞而哭于荆山之下，三日三夜，泣尽继之以血，王闻之，使人问其故曰：'天下之刖者多矣，子奚哭悲也？'和曰：'吾非悲刖也，悲夫宝玉而题之以石，贞士而名之以诳，此吾所以悲也。'王乃使玉人理其璞而得宝焉，遂命曰：'和氏璧。'"

和氏璧

商周时期的玉器，以形象单纯、神态突出，大多用双勾隐起的阳线装饰细部为其特征，并出现了俏色玉器。到了春秋战国时期，玉器的工艺美术有了前所未有的发展，各诸侯国竞相碾治，精益求精。秦汉玉器与精雕细刻的春秋战国玉雕相比，在艺术风格上趋向雄浑豪放。汉玉隐起处常用细如毫发的阴线雕饰，有如古画上的游丝描一般刚劲有力，以弥补其立体感不强的弱点。这是汉玉制作技法上的一个特点，对后世的玉器有着深刻影响。唐、宋玉器色如羊脂，光泽莹晶，质地精良，技术精湛，禽兽花卉的题材和玲珑剔透之器增多，写实能力大为提高，开始出现世俗化的倾向，在形神兼备上达到了极高的造诣。这与当时绘画、雕塑艺术的成熟有着密切的关系。

元、明、清时期，是中国玉器史上极其光辉的时代，玉器的制作工艺史无前例。元、明玉器在继承宋代玉器特点的同时，还受到中原汉族诗、书、画的影响，发展出了雕琢文人诗词和写意山水画的玉器。清代乾隆时期的玉器，玉材丰富，匠工众多，皇家摆藏，百姓佩戴，玉器的制作技艺达到了高峰。

"玉"自古就是一种贵重的经济矿产资源。古往今来，人们就认为玉器可以防身辟邪、消灾。随着人类社会的发展、文化艺术的繁荣，科学技术的进步，人类已经充分地认识到，天然的玉石资源能制作精美华贵的首饰、工艺品，使人们增光添彩。而且也是巨额货币即财富的一种特殊财产。

我国是世界上最早使用天然玉器的古老国家之一，也是玉石资源较为丰富的国家。当今盛世，佩带玉器和收藏名贵珠宝已经在人们的生活中普遍可见，成为人们精神生活的一个重要组成部分。

第二节　　中国古代玉文化

中国古代玉文化源远流长，从孕育到发展，已有7000年的历史。7000年前宁绍平原东部浙江余姚罗江乡河姆渡文化的先民们，在选石制器的过程中，就懂得把美石制成装饰品，用它来打扮自己，美化生活。玉石价值本已不菲，再经过巧匠的加工雕琢，就变成了一件件价值连城的宝物。玉器随着时代发展，就逐渐形成了"玉文化"。

玉斧

红山文化时期玉玦

新石器时代中晚期，中国古代玉文化进入了琢玉的成熟发展时期。辽河流域、黄河上下、长江南北，中国玉文化的曙光照耀了华夏大地。当时，琢玉已从制石行业分离出来，成为独立的手工业部门。以太湖流域良渚文化、辽河流域红山文化出土的玉器最为引人注目。从这时起，玉器制造业的历史开始拉开序幕。

红山玉文化

公元前5000至—3000年，大致与仰韶文化同期，孕育出了红山文化的红山玉文化，其分布于辽河流域，是我国东北地区的新石器文化。从工艺美术的角度上讲，与良渚玉器相比，红山玉器很少见到方形玉器，多以动物形玉器和扁平形、圆形玉器为特色。典型纹饰有玉龙饰、玉兽饰等。红山玉器的琢玉技艺以精巧见长，线条简洁，图案生动，玉兽传神。"神似"是红山玉最大的特色。红山玉的制作，以磨制加工而成，表面光滑，晶莹明亮，极具神韵。红山玉纹饰，多为龙、凤、猪、龟、鸟、蝉、鱼等。红山玉所用玉材以岫岩玉为主，少量是青玉、玛瑙、煤玉等。

红山文化时期玉鹰

红山文化时期玉马蹄形器

红山文化时期黑皮玉猪龙

1971年5月，在内蒙古赤峰市翁牛特旗三星他拉村出土了一件大型碧玉雕龙，红山文化玉龙曾有“中华第一龙”的称誉。玉龙为墨绿色，体卷曲，平面形状如一“C”字，龙体横截面为椭圆形，直径约2.3～2.9厘米。龙首较短小，吻部高昂，略上噘，嘴紧闭，鼻端截平，端面近椭圆形，以对称的两个圆洞作为鼻孔。龙眼突起，呈梭形，前面圆而起棱，眼尾细长上翘。颈背有一长鬣，弯曲上卷，长约21厘米，占龙体三分之一以上。鬣扁薄，并磨出不显著的浅凹槽，边缘打磨锐利。龙身大部光素无纹，只在额及腭底刻以细密的方格网状纹，网格突起作规整的小菱形。玉龙以一整块玉料圆雕而成，细部还运用了浮雕、浅浮雕等手法，通体琢磨，较为光洁，这表明了当时琢玉工艺的发展水平。

红山文化时期“中华第一龙”

良渚玉文化

良渚玉文化是良渚文化的一个组成部分。良渚文化产生于公元前3300—前2250年，文化圈分布在太湖地区，南抵钱塘江，北至江苏中部，是江南最为发达完备的典型代表，以出土的大量各式各样的玉礼器而著名。

良渚文化时期，玉器制作十分发达，种类有玉珠、玉管、玉璧、玉璜、玉琮、玉镯及成串玉项饰等。从工艺美术的角度上讲，良渚玉器以阴刻线为主，辅以浅浮雕，应用圆雕、半圆雕、镂空等手法，线刻技艺达到了较高的工艺水平。纹饰多采用立体纹、地纹和装饰纹三位一体，俗称“三层花”，即第一层用阴刻线雕刻出云纹、直线、涡

良渚文化时期玉兽面纹嵌饰

纹等底纹；第二层用浅浮雕的手法表现轮廓；第三层再用阴刻线在凸面上表现细部。玉器上的刻画除兽面纹图像外，其他出现最多的图案是鸟。其中，兽面纹是良渚玉文化玉器的特有纹饰。

良渚文化时期青玉兽面纹玉琮

　　良渚玉器，以玉琮最具代表性。玉琮体大，高约18～23厘米，上面雕刻圆目兽面纹，工艺精湛，是中国古代玉器中的珍品，被誉为"玉琮王"。"玉琮王"器型为内圆外方，与古代的天圆地方、天地相通的思想相吻合。从工艺美术的角度讲，玉器多以浅浮雕的阴线装饰手法见长，特别是线刻技艺达到了较高的工艺水平。良渚玉器所用玉材大多是就地取材。

夏、商、西周玉文化

　　夏、商、西周是奴隶制国家形成和发展时期。公元前21世纪，禹子启破坏了原始的禅让制，建立了中国历史上第一个奴隶制国家，史称夏。夏代经济以农业为主，手工业有了新的发展和分工。在制作方面，夏代玉器的装饰风格是良渚玉文化和红山玉文化向殷商玉文化的过渡形态。玉器纹饰有方格纹、指甲纹、划纹、圆圈纹、菱角纹等。

　　商代是我国第一个有书写文字的奴隶制国家。商代是青铜器的全盛时期。商代早期玉器发现不多，琢制也较粗糙。商代晚期玉器主要以南阳殷墟妇好墓出土的玉器为代表。商代玉器均为软玉，产量很大。颜色有绿、褐、白等。商代玉器的功能主要是礼器，有琮、璧、圭、璋、白琥、璜等。商代玉器的装饰有玉人、玉象、玉虎、玉龙、玉凤、玉鱼、玉蝉、玉蚕等。商代玉器切割

［夏］玉人头

整齐，琢磨光滑，动物姿态生动活泼，表现出强烈的艺术效果。另外，商代玉器中开始出现了大量的圆雕作品，玉器运用双线并列的阴刻线条（俗称双勾线），有意识地将一条阳纹呈现在两条阴线中间，使阴阳线发挥刚劲有力的作用，增强了图案花纹线条的立体感。

［商］玉龙

［商］青玉鸱鸮佩

殷墟出土的玉器体现出中国青铜时代高超的工艺水平和丰富的想象力。殷墟出土的玉器，其原料大都为新疆的和田玉、辽宁的岫玉。由此可见，3000多年前的商代，就有了通往新疆的"金石之路"。这比始于公元前2世纪的汉代"丝绸之路"还要早1200多年。

从玉器的工艺美术角度上看，至殷墟玉器，人物、动物、神瑞等玉雕作品大大增加，技艺精湛，工艺性强，玉器已转为赏玩之用，大多作为工艺品。玉雕是殷代的重要手工业之一，从殷墟玉器的造型设计和艺术风格等方面考察，其成就并不亚于殷代的青铜器。殷墟玉器是我国古代文化遗产的一个组成部分，安阳殷墟妇好墓出土的玉器充分体现了殷代玉雕艺人们的赶超智慧和创造才能。商代玉器所用玉材为新疆软玉、绿松石、独山玉、和田玉等。

［商］青玉跽坐人佩

一中华古玩艺术。将古玩所涉及的内容进一步理论化、系统化。从陶器、瓷器、紫砂壶、玉器、青铜器、古董、书画、碑帖等二十多个方面。分门别类地介绍了各类古玩器物的人文历史、工艺美术及鉴别、辨伪等方面的知识。几乎涉及中华古玩的各个领域。既先分地把握了明确的系统性。又解决了物与史的结合

[商] 殷墟动物玉佩

[商] 殷墟妇好玉凤

[商] 殷墟妇好玉象

相关链接

殷墟妇好墓

妇好墓位于河南安阳市小屯西北约100米。妇好是商王武丁60多位妻子中的一位，也是中国历史上第一位女将军，曾多次帮助武

殷墟妇好墓

200

丁出战远征，功绩显赫，死后谥号"姒希"。1976年妇好墓被发掘，是唯一保存完好的殷代王室墓葬。出土随葬品有青铜器、象牙杯、石器、玉器、兵器等1700多件。其中，玉器类别比较多，有琮、璧、璜等礼器，作仪仗的戈、钺、矛等。妇好墓中的玉礼器对研究礼制极为重要，礼玉以琮、璧为主。妇好墓是目前唯一能与甲骨文相印证而确定年代与墓主的商王朝墓葬。

西周是我国奴隶制鼎盛时期，也是青铜器极盛的时代，农业和手工业得到了进一步的发展。西周玉器在继承殷商玉器双线勾勒技艺的同时，独创一面坡粗线或细阴线镂刻的琢玉技艺。纹饰手法常用简洁、硬朗、刚劲的线刻纹来表达，阴线或双勾阴线的夔纹、凤纹是最具代表性的图案。从工艺上看，西周玉器没有商代玉器活泼多样，显得呆板、规矩。这与西周严格的宗法、礼俗制度也不无关系。推行礼制，赋予玉以道德内涵，这是西周玉文化的一大特征。西周玉器所用玉材有和田青玉、和田白玉、绿松石、独山玉等。

[西周] 巨冠玉

[西周] 玉鱼形佩

[西周] 白玉透雕
人形佩

一中华古玩艺术，将古玩所涉及的内容进一步理论化、系统化。从陶器、瓷器、紫砂壶、玉器、青铜器、书画、杂项等二十多个方面，分门别类地介绍了各类古玩器饰的人文历史，详伪等方面的知识。几多美术及鉴别等方面的知识。几涉及中华古玩的各个领域，既充分地把握了明确的系统化，又融汇了物与形的结合。

春秋战国玉文化

春秋战国是我国古代社会由奴隶制向封建制过渡的时期，诸侯争霸，社会变革，玉器文化也染上了变革过渡的色彩。奴隶制的崩溃、封建制的确立、科学技术取得的巨大成就、青铜铸造业的进步，促进了玉器手工业的发展。

春秋战国玉器仍然继承了西周青铜器上的龙、凤或幻想的变形禽兽等纹饰图案，尊崇精雕细琢的技艺风格。玉纹饰有龙纹、兽面纹、凤鸟纹、虎纹、谷纹、云雷纹、卷云纹以及蟠螭、夔龙纹等。从琢玉技艺来看，玉器表面纹饰道劲有力，钻孔匀称光滑，很少见有手工制作的痕迹。工艺上除了采用浮雕琢玉外，流行透雕、镂空等。

［春秋］玉虎

随着新疆和田玉大量输入中原，王室诸侯竞相选用和田玉，儒生们似玉为儒，把"礼"与"玉"合二为一，将仁、智、义、礼、乐、忠、信、天、地、德等儒家思想渗透进和田玉的物理化学性能之中，孕育出"君子比德于玉"，玉有五德、九德、十一德的春秋战国玉文化学说。孔子曰："玉温润而泽，仁也；缜密以栗，知也；廉而不刿，义也；垂直如坠，礼也；叩之，其声清越悠长，其中诎然，乐也；瑕不掩瑜，瑜不掩瑕，忠也；孚尹旁达，信也；气如白虹，天也；精神见于山川，地也；圭璋特达，德也；天下莫不贵者，道也。"孔子用玉来比喻人的德性，讲究"君子必佩玉"，"无故，玉不去身"等。以儒家的信条对玉作出了诠释，成为后世琢玉、赏玉、佩玉、玩玉准绳，极大地激发了玉器的"世俗"生命力。

汉代玉文化

提到汉代的玉器，人们首先会联想到金缕玉衣。所谓"金缕

［战国］玉勾云纹灯

玉衣"是汉代规格最高的丧葬殓服，大致出现在西汉文景时期。据《西京杂志》记载，汉代帝王下葬都用"珠襦玉匣"，形如铠甲，用金丝连接。这种玉匣就是人们日常说的金缕玉衣。汉代人们十分崇信玉石能够保持尸骨不朽，所以汉人把玉作为一种高贵的礼器和身份的象征。"金缕玉衣"堪称汉代玉文化的瑰宝。

［汉］金缕玉衣

汉代玉器在继承了战国玉雕精华的同时，雕琢工艺有了前所未有的发展。最能体现汉代玉器特色和雕琢工艺水平的，当属葬玉和陈设玉两类。著名的金缕玉衣就属于葬玉类；陈设玉主要作品，有玉奔马、玉雄、玉鹰、玉辟邪立体雕刻品等，陈设玉是最能体现汉代玉器雕琢工艺水平的。汉代玉器的雕刻手法独特，以简练、硬朗的"汉八刀"为特征，精雕细琢的玉器作品也屡见不鲜。受青铜器铸造技艺的影响，玉器透雕工艺十分普遍。汉代玉器题材，以玉翁仲、玉蝉、玉猪等最具特色。汉代玉器雕琢精细，玉器的抛光打磨达到了很高的水平，把中国古代玉文化推向一个新的高峰。

［汉］玉辟邪

隋唐玉文化

隋唐玉文化主要以唐代玉文化为主要代表。唐代开创了中国

［汉］金缕玉衣头部

［汉］玉蝉

封建社会的又一个盛世，文化已经空前繁荣，手工业十分发达。唐代玉器出土不多，但传世玉品极具唐风神韵，玉器上的纹饰与汉代和魏晋南北朝的风格截然不同，受绘画、雕塑和书法的影响，题材多以花鸟、人物、诗句为主，流行玉杯、佩饰、带扣、带板、玉簪、衮册等。唐代玉器所用玉材以白玉为主，此外还有部分青玉、玛瑙等。

［唐］玉鸟衔花佩

［唐］青玉兔

宋代玉文化

　　宋代饮茶之风盛行，佩玉品茗蔚然成风。宋代玉器出土不多，传世品多为稀有精品。宋代玉器是在唐代基础上发展起来的。两宋玉器，以龙凤呈祥图案为多，因受工笔画影响，所以非常重视神态。宋代不仅手工业繁荣，商业贸易发达，而且道教盛行，理学泛滥，这对宋代玉文化产生了影响。玉雕纹饰，以神龟、仙鹤、龙凤等为题材。玉器的碾琢工艺融入了宋代民风习俗，玉文化更具时代特色，对后世玉文化的发展具有深远的影响。宋代玉器所用玉材为白玉、青玉、墨玉、玛瑙等。

［宋］玉鸟衔花佩

［宋］玉羊

明代玉文化

　　明代的造船业居于世界先进水平，生产力得到了迅猛的发展，商业、手工业最为繁荣，玉器业也有所发展。到了明代，我国雕刻制作工艺发展到了顶峰。明代玉器装饰图案有八仙祝寿、松鹤寿星以及寿、喜等文字，还有桃、灵芝、梅、竹、兰、鹿、鹤、鸳鸯、龙、凤、蟠螭等植物、瑞兽图案。明代玉器工艺受到文人诗画的影响，文人墨客在书斋作画、书写时都喜欢使用玉制文具或以玉做陈设装饰品，文具有玉砚、玉笔架、玉笔管。明代的玉雕手法极具民族风格，刀法粗犷有力，镂雕技艺精湛，"三层透雕法"成为雕刻工艺的经典，明代玉文化更是深深地打上了瓷器工艺的烙印。有名的玉饰件有"金蝉玉叶"。金蝉玉叶，比拟古代礼教"金声玉振"的典故。金声玉振是孟子形容孔子集各家之大成所用的比喻。古代还有"金蝉脱壳"之说，战术上比喻设计脱身，生活中又是延年益寿、生命不止的象征。

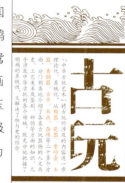

［明］金蝉玉叶饰件

清代玉文化

清代是我国封建社会的最后一个王朝，也是最悲哀耻辱的王朝。前清康熙、雍正、乾隆三朝，史称"康乾盛世"。这一时期，玉文化得到了空前的发展，玉器手工业达到我国古代玉器史上的最高峰，由朝廷直接控制的玉器作坊就有十多处。玉质之美、做工之精、器形之众、产量之大前所未有，是历史上任何一个朝代的玉文化、玉器工艺所不能媲美的。

清代，因为乾隆皇帝喜欢收藏，故玉器发展达到顶峰。当时，准噶尔人控制着新疆，乾隆平定准噶尔叛乱后，恢复了和田玉供应，乾隆朝的玉器成为清代玉器的代表。乾隆时代的玉器概括起来可分为仿古玉和时做玉两大主流。除此之外，还有一种舶来玉

［清］玉扳指

品，叫"仿痕都斯坦玉"。

仿古玉：玉器主要有璧、琮、圭、璋，当仿汉制，纹饰有谷纹、蒲纹及变形的夔龙纹等。清代仿古佩多仿汉代形制。

时做玉：这种玉器形制多种多样，图案、做工极其丰富多彩。从头饰中的笄、钗到身上的佩饰、串饰、腕饰等。玉器除传统器形外，还创造了许多新式样，如文房用具、玉摆件等。

［清·乾隆］云龙戏珠玉瓮

仿痕都斯坦玉：这种玉器具有强烈的伊斯兰艺术风格，胎体薄如纸，线条硬拙、刚劲，玉器表面光可鉴影，深得乾隆皇帝欣赏和喜爱。乾隆皇帝御制诗中有数十篇都赞美了仿痕都斯坦玉器的精湛做工。

乾隆时代的玉琢水平达到高峰，能工巧匠继承和运用了历代琢玉工艺的优秀遗产，借鉴绘画、雕刻、书法、瓷器工艺的成就和外来工艺美术的影响，创造与发展了具有鲜明的时代特点的玉器文化，碾琢了丰富多彩的玉器杰作，为我国古代玉文化的传承和发展作出了不可磨灭的贡献。

［清］痕都斯坦玉萱花四格盘

［清］痕都斯坦玉盒三件及花形盘

[清] 翡翠玉白菜

玉作为一种文化现象，它是中华文明的重要载体。玉崇拜远非一般的灵物崇拜可比，它是社会发展过程中有关哲学、美学、社会学、政治学、伦理观念、宗教学及工艺美术学的综合体现，它涉及社会不同领域的各个层面，在五千年的中华文明史中的地位、影响、作用及其流行时间，是其他任何一种文化都难以比拟的。中国四五千年的玉文化中包含着极其深刻的精神理念和文化底蕴，是中国传统礼制和儒家思想的最高表现形式。

第三节　　玉的种类

"玉"自古就是一种贵重的经济矿产资源。玉，可分为硬玉和软玉。在矿物学中称硬玉为翡翠（Jadeite），是由硬玉矿物组成的纤维状致密集合体。翡翠在古时原本指的是鸟名，在汉代许慎的《说文解字》中称"翡，赤羽雀也；翠，青羽雀也"。不难理解，"翡"是一种红色羽毛的小鸟；"翠"是一种绿色羽毛的小鸟。由于"翡翠"鸟的羽毛很美丽，人们便将其羽毛拼嵌在首饰上，称之为"细翠"。软玉（Nephrite），属角闪石类。软玉的种类非常多，有岫玉、蓝田玉、和田玉、玛瑙、碧玉、水晶、绿松石、青金石等，均属于软玉范畴。无论是硬玉、软玉，

它们的质地都非常坚硬，颜色十分璀璨，故冠以"石中之王"的美誉。《说文解字》中解释："玉，石之美者。"在中国古代，玉的种类极为繁多，关于"玉"的分类问题直到今天也没有彻底解决，只能仁者见仁、智者见智。本章谨重点介绍几种常见的硬玉、软玉。

一、翡 翠

翡翠（Jadeite），是由硬玉矿物组成的纤维状致密集合体。张鸿剑在《石雅》中考证，我国早在商朝就有了翡翠器物，而那时所说的"翡翠"在今天看来可能就是指玉石，如碧玉、软玉等。我国到目前为止，从考古出土文物和宫廷珍藏中还尚未发现有明代以前的翡翠玉品。由此可以认为，翡翠自元明时期才真正进入到人们的生活中，但多被帝王、皇家贵族所享有。直到清代，翡翠才盛行于世，延至今日。我们今天所见到的翡翠（古旧玉品），大多为清代琢制。常见玉品多为手环、扁方、朝珠、扳指儿、翎管、鼻烟壶、烟嘴等。

翡翠主要来源于缅甸密支那地区，我国史书中也记载有"翡翠产于云南永昌府"。有资料记载，缅甸密支那地区四百多年前即明朝万历年间，属云南永昌府管辖。今云南保山腾冲县就是当时著名的翡翠集散地。

缅甸是目前世界上出产高品质翡翠的国家之一。翡翠直至今天仍是珠宝类中的佳品，在世界各地珠宝文化中，人们将翡翠与祖母绿宝石一起视为"五月份的诞生石"，是象征幸运与幸福之石。

［清］翡翠雕梅竹纹墨床

水头十足的翡翠

翡翠的常用俗语

翡翠：具体各种颜色和实用价值的硬玉的工艺名称。

翡：硬玉中的红色部分。

翠：硬玉中的绿色部分。在我国南方对一般品种的翡翠称之为"绿"，对高档级别的翡翠品种则称之为"高绿"或"高色"。

春：翡翠中紫色部分的简称，有时也称为"紫翠"、"紫罗兰玉"。

癣：翡翠中黑色部分的简称。

皮壳：翡翠外表的风化层，其称呼也根据颜色而定。如白色的称为"白沙皮"；黄色的称为"黄沙皮"；黑色的称为"黑沙皮"或"乌沙皮"等。

绺：翡翠中因自然或人为的原因所造成的裂纹和裂痕。

质地：在翡翠的原石中有广义和狭义之分。广义是指翡翠原石的可用部分，包括有色和无色部分；狭义则是指无色的部分，叫"地"或"底"。

地子：地子又叫底子，简称"地"或"底"。常见的地子有玻璃地、冰地、 藕粉地、 豆青地、瓷地、 油地等。

翠性：翡翠特有的标志，在我国南方一带称为"苍蝇翅"，指翡翠中细小晶粒的纤维状，有片状、星点状闪光的结构特征，同时

玻璃地	冰地	化地	冬瓜地	糯米地	翻生地

豆地	白地	芋头地	灰地	乌地	油地

翡翠地子

也是翡翠鉴定的关键性特征和主要依据。

水分：指翡翠的透明程度，如"六分水"、"八分水"、"十分水"等，就是形容翡翠的透明度。玉器行业中，把透明度叫做"水头"，透明度好的叫"水头足"， 透明度差的叫"没水头"，玉石商人俗称"地子闷"、"坑闷"。

种头：指翡翠的质地的嫩与老，即硬度的大小。如翡翠中的新种、半新种（新老种）、老种等。

照映：指翡翠中绿色与底张之间互相印染的一种关系。

立卧：指翡翠颜色的生长方向，有立性、卧性等。

深浅：指翡翠颜色在原石中的多与少，即深则多，浅则少。

浓淡：是翡翠颜色的形容词，即色浓者为上，色淡者为次。

花匀：指翡翠颜色的均匀与否。

灵死：对翡翠的透明度来讲，透明为灵，不透明为死。对翡翠的照映来说，照映者为灵，不照映者为死。

正邪：是翡翠颜色特点的形容词，颜色鲜艳且纯正者为正，颜色昏暗而凝滞者为邪。

头尾：指翡翠原石的颜色方向与位置的形容词，色浓者为头，色淡者为尾；色强硬者为头，色软弱者为尾；色聚者为头，色散者为尾；色宽大者为头，色窄小者为尾等。

聚散：是翡翠颜色特点的形容词，颜色强硬且浓者为聚，颜色软弱且淡者为散。

松紧：是翡翠质地集合体的形容词，即硬软程度的标准。紧为硬，松则软。

润：形容翡翠质地较好的用语。

木：形容翡翠质地不好的用语。

脏：翡翠颜色中的邪色，多指杂质和包裹体。

蔫：是翡翠颜色特点的形容词，指颜色不鲜活，缺乏生气。

嫩：翡翠质地、种头比较下的用语。

雾：翡翠原石皮壳与质地交接处的浸染层，称呼往往以颜色而定，灰色和灰黑色者称"皮包水"或"猫尿"。

松花：翡翠原石皮壳上的一种与颜色有关的色彩花纹。

蟒带：翡翠原石皮壳上的一种与颜色有关的带状迹象。

翡翠的鉴定

翡翠家族等级森严，大致可分为：A货、B货、C货、B+C货四大类。A货翡翠是没有经过人工优化处理的天然翡翠；B货翡翠是经过强酸、强碱浸泡、漂白，进行了人工充胶处理的翡翠；C货翡翠是经过染色的翡翠。如果翡翠既经过注胶充填，又经过加色处理，则称为B+C货。

翡翠的鉴定方法很多，但是，最简单、经济而又实用的方法，就是靠眼睛和经验去鉴定，这就是叫"经验鉴定法"。经验鉴定法是通过肉眼直接观察，有时可借助一些光电工具，作出正确的鉴定结论。所需借助鉴定的工具有放大镜、聚光电筒、比重太平称、滤色镜、硬度笔等。

鉴定翡翠的方法很多，但归结起来大致有两种：即原石鉴定与成品鉴定。

翡翠的原石鉴定：原石鉴定比成品鉴定复杂，所涉及的知识面较广。其原因就是，原石的变化复杂和人为作假的几率较大。也就是说在交易的过程中，真中有假，假中有真，劣非真劣，优非真优的情况时常存在。因此，翡翠的原石鉴定可以说是知识与经验的结合。

翡翠的成品鉴定：首先要从颜色、透明度、光泽、杂质、矿物结构等方面入手。鉴定过程中经验非常重要，如比重和硬度对于有经验的珠宝工作者来说，凭借经验可一目了然。进行成品鉴定的主要目的是裂绺、夹杂、正邪和假冒品以及假色等。

翡翠仿冒品有：①染色石英，是进行酸洗注胶和染色的石英。②水沫子，是一种由钠长石组成的玉石，内部常有许多大大小小、不规则的白色团块或丝绵状物质的"石脑"和"棉"，因而得到"水沫子"这一俗称。③不倒翁，主要成分是水钙铝榴石。④玻璃，是旅游区常见的翡翠仿冒品。⑤绿玉髓，是一种石英质的隐晶质集合体，质地细密，颜色均匀，通常用来冒充绿色的翡翠。

A货翡翠

B货翡翠

B+C货翡翠

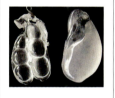

水沫子

二、和田玉

和田玉（Nephrite）在矿物学中称软玉，俗称真玉。它是透闪石族矿物，比重2.9～3.1，硬度5～6，参差状断口，油脂光泽，半透明至不透明。新疆和田玉与河南独山玉、辽宁岫岩玉、陕西蓝田玉并称为"中国四大名玉"。

和田玉是中华民族的瑰宝，产于号称"万山之祖"的昆仑山中。早在新石器时代，昆仑山下的先民们就发现并开始使用和田玉。商代晚期的殷墟玉器，就将新疆和田玉作为琢玉的主要原料。可以这样说，3000多年前的商代就有了通往新疆的"玉石之路"、"金石之路"了。

和田玉产地分类

山料：称山玉，又叫宝盖玉，分布于新疆莎车——塔什库尔干、和田——于阗、且末县绵延1500公里的昆仑山脉北坡，共有九大产地。和田玉的矿物组成属透闪石类，矿物成分也以透闪石为主。含有微粒量透闪石、蛇纹石、石墨、磁铁等物质，形成白玉山料、青白玉山料等。

山流水：指原生矿石经风化崩落，并由河水搬运至河流中上游的玉石。山流水的特点是距原生矿近，块度较大，其玉料表面棱角

和田玉仔料

212

稍有磨圆。

仔玉：又名子儿玉及仔料，指原生矿剥蚀被流水搬运到河流中的玉石。它分布于河床及两侧阶地中，玉石裸露地表或埋于地下。子玉的特点是块度较小，如卵形状，表面光滑。经过数千年的运动、冲刷及筛选，所形成的子玉质地最好。因所含的杂质不同而形成的颜色有白玉仔料、黄玉仔料、青白玉仔料，青玉仔料、碧玉仔料、墨玉仔料等料色。

和田玉颜色分类

和田玉按颜色可分为白玉、黄玉、青玉、碧玉、墨玉五类。

白玉：白玉中的上品，含透闪石95％以上，颜色洁白、质地纯净、细腻，光泽莹润，微透明。白玉按颜色又可分为：羊脂玉和青白玉。羊脂玉，因色似羊脂而得名，质地细腻莹白，宛如羊脂。有脂者为最佳，色灰、色清者和有芦花、萝卜性者较次。汉代、宋代和清乾隆时代都极其推崇羊脂玉。青白玉，以白色为基调，在白玉中隐隐闪绿、闪青、闪灰等，常见有葱白、粉青、灰白等，属于白玉与青玉的过渡品种，在和田玉家族中较为常见。

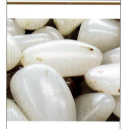

和田玉白玉

黄玉：玉中的黄色者。是地表水中褐铁矿渗入白玉中形成的，有米黄、秋葵黄、黄花黄、鸡蛋黄、虎皮黄等色。以栗色黄、蜜蜡黄者为上。黄色的色多浅淡，少有色浓者。黄玉十分罕见，质优者可同等于羊脂玉。在清代，由于黄玉与"皇"谐音，又极为稀少，经济价值一度超过羊脂玉。

青玉：玉中的青色者。非灰非绿或非青，而又闪灰、闪绿、闪青，是一种不新鲜的淡青绿色。青玉颜色的种类很多，其颜色深浅不同，有淡青、深青、碧青、灰青、深灰青、翠青等。在和田玉家族中青玉最多，肉质细腻的青玉是历代制玉采集或开采的主要品种。

碧玉：玉中的绿色者。它不是矿物学中的碧玉，其绿色多为暗绿色，深绿色，很少有颜色鲜艳者。碧玉以色鲜、质纯者为佳，绝好的碧玉色同翡翠，很容易与翡翠相混淆。

墨玉：玉中的黑色者。其墨色多为云雾状条带状等，有乌云片、淡墨光、金貂须、美人须等。在整块玉料中，墨色的程度强弱不同，深淡分布不均，多见于与青玉、白玉过渡。一般有全墨、聚墨、点墨之分。聚黑指青玉或白玉中墨较聚集，可用做俏色。点墨则分散成点，影响使用。墨玉大都是小块的，其黑色皆因含较多的细微石墨鳞片所致。

玉有皮者称仔料，无皮者称山料，而有皮的仔料为上，其多为色明、质净、水足、性小等特点。故多有玉之精美者。

玉的好坏与否，主要是根据色、质、性来决定，此外体积的大小也很重要。不论是黄玉、青玉、墨玉，其色一定要鲜明，不邪不灰，无杂色者最佳。

玉的裂绺，古代称之为"玉病"。有玉绺者会直接影响玉的价值，按绺的表面特点不同有大、小、深、浅、通、恶之别，并有不同的名称。

玉皮在古代称之为璞，"璞者，没有琢磨之玉也"。按其颜色特点而分，有白皮仔、鹿皮仔、狄梨皮仔、芝麻仔、黑皮仔、黄皮仔、虎皮仔、糖皮仔等。而有红色外皮者，俗称"穿袍"。选购白玉时，带皮色仔玉为上，山流水次之，山料为下。有经验的琢玉匠工可以利用皮色的深浅和分布，雕琢成各种造型精美的俏色玉器。

和田玉皮色分类

和田玉的皮色可分为色皮、糖皮、石皮三类。

色皮：指和田玉外表分布覆盖的一层玉皮。玉皮有各种颜色，常见的色皮有黑皮子、鹿皮子等。一般从皮色可以看出仔玉的质地，如黑皮子、鹿皮子多为上等白玉好料。同种质地的仔玉，常带有秋梨等皮色，价值更高。玉皮的厚度很薄，一般小于1毫米。色皮的形态各种各样，有的成云朵状，有的为脉状，有的成散点状。色皮的形成，是由于和田玉中的氧化亚铁在氧化条件下转变成三氧化铁所致，所以它是次生的。有经验的拾玉者，会到中下游去找带色皮的子玉，因为，上游找到色皮子玉的机会很少。此外，在原生玉矿体的裂缝附近也偶尔能发现带色皮的山料，这也是由于次

［清］羊脂玉鼻烟壶

生氧化形成的。

糖皮：指和田玉山料外表分布的一层黄褐及酱色玉皮，因颜色似红糖色，故把有糖皮的玉石称为糖玉。糖玉的糖皮厚度较大，从几厘米到20～30厘米，常将白玉或青玉包围起来，呈过渡关系，糖玉形成于矿体裂隙附近，是氧化环境的产物。当和田玉形成后，由残余岩浆水沿和田玉矿体裂隙渗透，使氧化亚铁转化为三氧化二铁，糖皮是氧化铁沁染的结果。

石皮：指和田玉山料外表包围的围岩层。围岩有两种：一种是透闪石化的白云大理石岩，开采过程中石皮往往包裹在玉材的表面。这种石包玉的石材经流水或冰川的长期冲刷搬运后，石与玉可分离。另一种是透闪石岩，和田玉在形成过程中生成了粗晶状的透闪石，由于生成不彻底，从而在玉的表面上附有粗晶透闪石，俗称"阴阳面"。

三、独山玉

独山玉（Dushan Jade），为中国历史上的四大名玉之一。独山玉为一种蚀变辉长岩，由多少种矿物组成，主要是黝帘石和斜长石。因产于河南南阳的独山，所以也称"南阳玉"或"河南玉"，并简称"独玉"。早在6000年以前，我们的祖先就已经开采独山玉了，安阳殷墟妇好墓出土的玉器中，就有不少独山玉的制品。独山玉常见的颜色有白、绿、紫、黄、红、黑色等。

独山玉为透明至不透明，硬度6～7，比重2.9，断口暗，参差状至不平坦，透明至不透明。性质较坚韧，玻璃光泽，是很容易与翡翠相混淆的一种玉石。因此，在一些老旧的翡翠产品之中，常会有独山玉混入其类，如常见的小挂件、疙瘩别子、手镯、山子之类。独山玉由于色泽鲜艳，质地细腻，透明度好，硬度高，可同翡翠媲美，故有"南阳翡翠"之美誉。

独山玉品种

独山玉是一种多色玉石，以绿色为主，按颜色又可分为八

「中华古玩艺术」将古玩所涉及的内容进一步理论化、系统化，从陶器、青铜器、古币、书画、瓷器、紫砂壶、玉器、印章等二十多个方面，分门别类地介绍了各类古玩器物的人文历史、工艺美术及鉴别、辨伪等方面的知识，几乎涉及中华古玩的各个领域，既光分地把握了明确的系统性，又解决了物与史的结合。

绿独山玉雕

个品种。

绿独山玉：绿独山玉，一般可分为两类：一类为不透明者，其绿色多为淡绿色、黄绿色或新绿，与翡翠相比绿色欠正而有黄味。另一类为透明者，其颜色较绿，为翠绿色、蓝绿色、闷绿色、黑绿色等。透明的翠绿玉石质地细腻，近似翡翠，具有玻璃光泽，人称"天蓝玉"，或"南阳翠玉"。

红独山玉：又称"芙蓉玉"。色呈浅红至红色，质地细腻，光泽好。

白独山玉：色呈白或灰白色，质地细腻，具有油脂般的光泽。其品种包括奶油白玉、透水白玉等。其中以透水白玉为最佳。白独玉占整个独山玉品种的10％左右。

紫独山玉：色呈暗紫色，质地细腻，坚硬致密，透明度较差，俗称有亮棕玉、酱紫玉、棕玉、紫斑玉、棕翠玉。

黄独山玉：为不同深度的黄色或褐黄色，常呈半透明分布，其中多有白色或褐色团块。

黑独山玉：色如墨色，故又称"墨玉"。黑独山玉的黑色、墨绿色均不透明，颗粒较粗大，常为团块状或点状等。该品种是独山玉中较差的品种之一。

青独山玉：色呈青绿色、灰青色、蓝青色，常为块状，透明度较差，为独山玉中的一种常见品种。

杂色独山玉：多种颜色混杂的独山玉。如绿、白、褐、青、墨等多种颜色相互呈浸染状或渐变过渡状存于同一块玉体上。杂色独山玉是独山玉中最为常见的品种，占整个储量的50%左右。

独山玉的特征

颜色：独山玉的色彩构成十分复杂，单一色调的玉料不多，大多由两三种以上色调构成，按颜色可分为八个品种。独山玉以绿色为主。

质地：独山玉由多种矿物成分组成，与翡翠、软玉有相近的成分，它的质地近似于软玉和翡翠，具有坚韧、致密、细腻的性质，有"南阳翠玉"之称。但它的质地又不如软玉和翡翠的质地那样洁净。

透明度：独山玉由于矿物结构及成分的差异，它的透明度从半透明、微透明到不透明均可见到。

裂绺：独山玉中的裂绺有两种成因：一种是原石自身的裂绺，因各种地质作用，地质运动将原石割裂成不同的小碎块；另一种是开采加工过程中，受机械力作用而产生的次生裂绺，无方向性。裂绺影响玉石的自然块度大小和加工制作。

杂质：独山玉中常分布有一些污点或暗色矿物的零星残余，俗称"灰星"，若有"灰星"，这对玉石工艺品的美观和洁净度都会带来直接的影响。

独山玉以色正、透明度高、质地细腻和无杂质裂纹者为最佳。其中，以芙蓉石、透水白玉、绿玉价值为较高。

四、岫　玉

岫玉又称岫岩玉（Xiuyan jade），为中国历史上的四大名玉之一。因产于辽宁省鞍山市岫岩满族自治县而得名。岫玉由蛇纹石和叶蛇纹石构成，硬度5~5.5，比重2.4~2.8，水头较足，矿物结晶体为半透明或不透明。质地细腻、油脂光泽，性软而脆。断口平坦或参差状，是一种用途极广的玉石。岫玉早在公元前4000多年的红山文化和良渚文化时期就出现了，所以它是一种历史悠久的玉石。

古玩

「中华古玩艺术」将古玩所涉及的内容进一步理论化、系统化。从陶瓷、更器、玉面、青铜器、古币、书画、紫砂壶、玉面、分门别类地介绍了各类古玩器物的知识。工艺美术及赏析，细伪等方面的人文历史，工艺美术及赏析，从光分地把握几明确的系统性，又雕琢了物与史的结合。

岫玉饰牌

岫岩玉按矿物成分的不同又可划分为蛇纹玉、花色玉、绿泥玉三种类别。

蛇纹玉：因矿物成分的不同，蛇纹玉又可划分为三类：①绿色蛇纹玉，主要由利蛇纹石组成；②黄色蛇纹玉，主要由利蛇纹石组成，也含有纤蛇纹石、叶蛇纹石；③白色蛇纹玉，该玉种主要由叶蛇纹石组成。

花色玉：可分为花斑玉、花玉两种：①花斑玉，指在其白色中有较多的绿色斑块，绿斑由叶绿泥石组成，白色部分为透闪石。②花玉，指在其白色中有灰、黑、蓝紫色斑带，这种斑带由黑色矿物和菱镁矿组成，白色部分为叶蛇纹石。

绿泥玉：呈墨绿、绿、浅绿色，主要由淡斜绿泥石组成。

岫岩玉的颜色以青绿为主，有淡绿色、绿黄色、灰绿色、青绿色、油绿色、暗绿色、黑绿色等，有时也含有暗红、铁红、橙红、黑灰、青白等其他杂色。绿泥玉，绿色单一，质地温润、晶莹、细腻、性坚、透明度好，色美者是制作玉镯首饰的极佳用石。

由于岫玉有多种颜色，可用以雕琢大件的炉、瓶、薰、鼎、人物、花鸟，也可制作小件的项串、花片、手镯等俏色工艺品。

五、蓝田玉

蓝田玉为中国历史上的四大名玉之一。初见于《汉书·地理志》，美玉产自"京北（今西安北）蓝田山"。其后，《后汉书·外戚传》、张衡《西京赋》、《广雅》、《水经注》和《元和郡县图志》等古书都有蓝田产玉的记载。至明万历年间，宋应星在《天工开物》中称："所谓蓝田，即葱岭（昆仑山）出玉之别名，而后也误以为西安之蓝田也。"从此，引起后世人的纷争，有的说蓝田根本不产玉，有的说即使产玉可能是菜玉（色绿似菜叶的玉石）。

蓝田玉饰品

蓝田玉，是一种多彩的色玉，有翠玉、墨玉、彩玉、汉白玉、黄玉，色泽好，花纹奇。蓝田玉色彩斑斓，颜色以翠绿居多，俗称"菜玉"。其质地坚硬，光泽温润；纹理细密，可用以雕琢俏色工艺品，如玉杯、玉砚、玉镯、健身球等。

蓝田玉一玉多色。其矿物主要构成有蛇纹石化的大理石，透闪石、橄榄石及绿石、辉绿石、水镁石等形成的沉积岩；化学成分有二氧化硅、氧化铝、氧化镁、氧化钠、氧化钙、氧化铜、三氧化二铁等。原石硬度高，是良好的玉雕和制作工艺美术品原料。

六、昆仑玉

昆仑玉与和田玉同属昆仑山脉，昆仑玉的矿物组成也与和田玉同属一族。昆仑玉沉睡了1万多年后，于20世纪90年代，在青海格尔木野牛沟重新被发掘利用。2007年被北京奥组会正式确定为2008年北京奥运会"金、银、铜"金镶玉奖牌用玉。"金牌"为昆仑白玉；"银牌"为昆仑青白玉；"铜牌"为昆仑青玉。2008年，

"中华古玩艺术"将古玩所涉及的内容进一步理论化、系统化。从陶瓷器、青铜器、古币、玉器、杂项等二十多个方面，分门别类地介绍了各类古玩器物的知识，工艺美术及其鉴别、辨伪作等方面的知识，几乎涉及中华古玩的各个领域。既充分地把握了涉猎的系统性，又解决了物与史的结合……

北京奥运会金镶玉奖牌为1010枚，"金、银、铜"金镶玉奖牌为3030枚。奖牌共用玉材数吨，价值无可估量。

青白玉　　　　白玉　　　　青玉

2008年北京奥运会金镶玉奖牌

七、玛瑙

玛瑙（Agate）一词源于佛经。在东方，玛瑙是七宝、七珍之一。生活中人们常常把珍珠、玛瑙并列为珍宝一类，其实在现代珠宝里，玛瑙的价值并不高，是一种普通的玉石。

玛瑙是一种胶体矿物，主要成分为二氧化硅，硬度7~7.5，比重2.60~2.65，具有各种颜色。其色有红、蓝、紫、绿、灰等，并有同心状、层状、波纹状、斑驳状等，也有纯色者。透明或半透明。断口为较平坦或贝壳状。多成块状以结核状或脉状产出。玛瑙中心部位具有不同特征，如有实心者，有粗心花心者，有空心无水者，也有空心有水者。还有中间有水的玛瑙，称为"水胆玛瑙"，为玛瑙中的珍品。

世界上玛瑙的著名产地有印度、巴西、美国、埃及、澳大利亚、墨西哥和纳米比亚等国。我国玛瑙产地分布也很广泛，几乎各省都有，著名产地有云南、黑龙江、辽宁、河北、新疆、宁夏、内蒙古等。

水胆玛瑙

水胆玛瑙雕件

玛瑙的品种多以颜色区分，按颜色可分为六种：

红玛瑙：为玛瑙中的红色者，有东红玛瑙和西红玛瑙两种。东红玛瑙是经高温加热至一定温度后形成的红色玛瑙，俗称"烧红玛瑙"。因早年这类玛瑙多来自日本，故称"东红玛瑙"，其性较脆，而韧性不足，硬度也微软。西红玛瑙为自然形成的红色玛瑙，颜色有暗红、艳红等。红色是玛瑙之中最重要的颜色，《格古要论》中载有"玛瑙无红一世穷"之说。可见，玛瑙中的红色是何等的重要。作玉雕制品者以块大为佳，作首饰嵌石者以色美为佳。

蓝玛瑙：为玛瑙中的蓝色者，有单色与缠丝两种。单色者为单一蓝色，色多浅淡。缠丝者多有色蓝，其蓝色浓艳，白色纯正，蓝白相间，颜色极美。块大者为玉雕的上好玉材。

紫玛瑙：为玛瑙中的紫色者，色有深浅之分，以色艳地灵状似紫晶为最佳。

绿玛瑙：为玛瑙中的绿色者，目前市场上看到的绿色玛瑙大多为化学染色的产品。

缠丝玛瑙：即红色缠丝玛瑙。其色为红、白相间，颜色或宽如带，或细如丝。由于珍奇，它同橄榄石一起被视为"幸福之石"，并列为"八月份诞生石"。

水胆玛瑙：原石中空而有水，则称水胆玛瑙，以胆大水多为上品，透明度越好越佳，是玉雕工艺的良材。

玛瑙的品质如何，主要是看它的色鲜质均。作为玉雕制品则以颜色斑驳而块大为佳。

八、碧 玉

矿物名称：碧玉，也称碧石。为一和含杂质较多的玉髓，玉体不透明，颜色多呈暗红色、绿色或杂色。以颜色命名，有红碧玉、绿碧玉等。也可按花纹和色斑命名，如风景碧玉和血滴石等。碧玉是软玉家族里的一个品种，碧玉，产于天山北麓、准噶尔盆地南缘的玛钠斯县，所以碧玉又称"玛钠斯玉"，是一种呈碧绿色的软玉。碧玉即绿玉，碧玉中的黑点（指铬尖晶石）为碧玉的特征。碧玉以色青如蓝靛

红玛瑙串珠

蓝玛瑙

绿玛瑙

者为贵，有细墨星淡色的次之。碧玉含透闪石85%以上，质地细腻，半透明，呈油脂光泽，为中档玉石。碧玉多用于制作器皿，好料常用于玉镯首饰等。碧玉的质地细腻如墨绿色凝脂，很少有瑕疵。

碧玉饰品

九、水 晶

水晶（Crystal），主要指无色水晶，别名晶石、水晶石。我国古代称水晶为"水玉"、"水精"、"玉晶"、"千年冰"、"菩萨石"、"放光石"等。

水晶是一种无色透明的几何形状的石英结晶体，它的主要化学成分是二氧化硅。江苏省连云港市东海县被誉为"水晶之都"，江苏扬州市宝应县西安丰镇被誉为"中国水晶第一镇"，它们盛产各类水晶、水晶工艺品。

水晶原石

水晶的种类

水晶的种类很多，归结起来主要有以下几种：

水晶（Rock crystal）：无色，透明如水，是一种具有棱形几何形状的晶体。

紫水晶（Amethyst quartz）：颜色从淡紫红色到深紫色。紫色是因含铁离子引起的一种化学现象。通常颜色平行晶面，成带状分布，常出现紫色和无色的色带交替。紫水晶中常见氧化铁（针铁矿）包裹体。

水晶原石

紫水晶

黄水晶（Citrine quartz）：是一种淡黄色到深黄色的晶体。它常有黄宝石的黄色，所以有 "水晶黄宝石"之誉。

茶晶（Smoky quartz）：茶晶又称烟晶，茶晶有时还包括深黄色的水晶在内。烟晶指烟黄色至褐色，甚至几乎是黑色，所以黑色的水晶也叫"黑晶"。

蔷薇晶（Rose quartz）：是一种红色到粉红色的晶体，因含氧化钛和氧化铁所致。

金红石发晶（Rutilated quartz）：在透明水晶中，有淡红褐色到金色和黄色针状的金红色包裹体。国外叫"维纳斯发晶石"。

电气石发晶（Tourmaline quartz）：在透明水晶中，有黑色至黑绿色的针状的金红色包裹体。

阳起石发晶（Actinolite quartz）：在透明水晶中，有绿色针柱状阳起石包裹体。

金丝发晶（Gold hair quartz）：在透明水晶中，有金丝状自然金的包裹体，这是一种非常罕见和难得的宝石珍品。

虹彩水晶（Crystal Iris quartz）：是一种含有某种矿物而引起虹彩色的水晶。

闪光水晶（Crystal Flash quartz）：水晶中含有云母片和赤铁矿，使晶体呈现黄红色到淡黄色，并闪耀出矿物光亮包裹体的水晶。

水胆水晶（Crystal Water gall）：水晶中有肉眼可以看见的液气包裹体的水晶。

发光水晶（Crystal light）：是一种具有强磷光现象的特殊水晶，俗称"水晶发光石"或"水晶夜明珠"。

鉴别水晶的方法

鉴别水晶可用手去触摸水晶，天然水晶通常温度比人造水晶要凉得多。用眼观察，天然水晶通常有棉絮状的包裹体，这个是人造水晶所没有的。

对于紫水晶、黄水晶这样的单色水晶，通常要观察它的二色性，即使是最顶级的紫水晶、黄水晶也是有色差的，通过这个方法可以鉴别是否加色。上述是一些最简单、易懂的方法。

一中华古玩艺术，将古玩所涉及的内容进一步理论化、系统化；从陶器、青铜器、古书、书画、瓷器、宝器、紫砂壶、玉器、玉市，分门别类地介绍了各具有玩器物的各个领域，几乎涉及中华古玩的各个领域，既、兼及工艺美术及鉴别、辨伪等方面的知识，力求系统性，又贯彻了理论与史的明确的系统性，又贯彻了理论与史的结合。

［清］水晶凫式砚水壶

223

绿松石

十、绿松石

绿松石（Turquoise），也叫松石，意为土耳其石。传说古代波斯所产的绿松石是经土耳其进入欧洲而得名的。绿松石工艺名称为"松石"，也因其形似松球且色近松绿而得名。绿松石是深受古今中外人士喜爱的古老玉石之一，远在新石器时期就为人们所使用。在距今5000~7000年，我国的仰韶文化遗址中，就出土了两枚绿松石鱼形饰物。

我国是绿松石的主要出产国之一。湖北、陕西、河南、新疆、青海、安徽等地都有绿松石产出。其中，湖北郧县、郧西、竹山一带是优质绿松石的著名产地。此外，江苏、云南等地也发现有绿松石。国外著名的绿松石产地是伊朗，储藏有优质的瓷松和铁线松，被称为"波斯绿松石"。此外，埃及、美国、墨西哥、阿富汗、印度等国也出产绿松石。

［清］绿松石雕人物

［清］绿松石瑞兽

绿松石，硬度5~6、比重为2.6~2.85，是一种呈块状或皮壳状隐晶质集合体，以不透明的蔚蓝色为佳色。颜色为纯正的天蓝色、淡蓝色、月蓝色、蓝绿色、豆绿色、绿色、淡绿色等。绿松石颜色差异大，氧化物中含铜时呈蓝色，含铁时呈绿色。颜色也有深有浅，光泽柔和，无褐色铁线者质量最好。绿松石密度不均，孔隙多则疏松，少则坚硬。优质的绿松石经抛光后似上了釉的瓷器，故有"瓷松石"之称谓。

绿松石的类别

绿松石属优质玉材，在清代就有"天国宝石"之美誉，被视为吉祥幸福的圣物。国际宝石界将绿松石分为四个品级：一级品为波斯级；二级品为美洲级；三级品为埃及级；四级品为阿富汗级。其中，一级品为质量最优的绿松石。绿松石为集合体产出，所以是否致密坚实是非常重要的。

绿松石质地细腻、柔和，硬度适中。通常又可分为四个品种，即瓷松、绿松、泡（面）松及铁线松等。

瓷松：是质地最硬的绿松石，硬度为5.5～6。优质的绿松石经抛光后似上了一层釉的瓷器，故有"瓷松石"之称谓。纯正的天蓝色，是绿松石中的上品。

绿松：颜色从蓝绿到豆绿色，硬度为4.5～5.5，比瓷松略低。是一种中等品质的松石。

泡松：又称面松，呈淡蓝色到月白色，硬度在4.5以下，能用小刀刻划。因为这种绿松石软而疏松，只有较大块才有使用价值，为质量最次的松石。

铁线松：绿松石中有黑色褐铁矿细脉，呈网状分布，使蓝色或绿色绿松石呈现有黑色龟背纹、网纹或脉状纹的绿松石品种，被称为铁线松。铁线者，铁线纤细，黏结牢固，质坚硬，与松石包裹形成一体，使松石上有如墨线勾画的自然图案，犹如线条丹青独具一格。带有蜘蛛网纹的绿松石可称得上松石佳品。如果网纹为黏土质细脉组成，则称为泥线绿松石。泥线者质软，因而影响绿松石的质量，甚至使绿松石散碎而不能使用。总之即使是铁线者也不可太多。

［东汉］绿松石子母鸽

十一、青金石

青金石（Lapis lazuli）又称天青石，是古老的玉石之一，是一种较为罕见的宝石，以蓝色的青金石古器最为珍贵。在矿物学上属方钠石族的蓝色变种。硬度5~6，比重因其含杂质的多少而有所不同，一般为2.4~2.5。半透明或不透明。青金石的颜色为一种庄重而浓艳的青蓝色、深蓝色或藏青色，也有淡色者。青金石中常见含有的杂质如透辉石、方解石、黄铁矿等。当黄铁矿的细小晶粒嵌于青金石中时，犹如星光闪亮。

［清］青金石牧童骑牛　　　　　　［清］青金石观瀑图山子

青金石质量如何，要看石中所含的青金多少而定。青金石的颜色特点可分为三种：即青金、金克浪和催生，这是玉器珠宝行业的习惯称呼。

青金：质纯色美的青金石头，为青金石中的上品。颜色为浓蓝、艳蓝、深蓝、翠蓝和藏蓝，质密而细，无杂质白斑，也没有金星。

金克浪：青金石中含有较多的黄铁矿颗粒微晶，较为密集，影响青金的质量，有微小的白石花渗入。

催生：石头中含有青金的质量少，或为蓝色点状，或为蓝色与白色相混淆而成的一种斑驳状，为青金石中的下品。传说"催生"一词，在古代因青金能对孕妇有助产功效而得名。

由于青金石颜色庄重肃穆，所以其产品当为佛像、达摩、瓶、炉等类。在玉器珠宝习俗中，青金和松石一样被人们认为是"成功之石"，也是"十二月的诞生石"。

青金石

第四节　　玉器的种类

对于玉器爱好者、收藏者来说，弄清楚玉的种类是收藏玉器的第一步，也是最关键的一步，只有弄清楚了玉的种类，才可以在日后的收藏与鉴别中顺利无误地购买到自己喜爱的玉器。本节谨将中国古今历史上重要的玉器类别介绍如下：

一、礼　玉

礼玉是古代宗教祭祀及国家大典上所使用的玉器。《周礼》记载，礼玉有璧、琮、圭、璋、璜、琥等六种。

玉璧：璧是一种中心有孔的扁圆形玉器。古人在祭祀活动时，认为这种器物能同祖先神灵相通。《尔雅》称，肉倍好，谓之璧。肉边也，好孔也。璧有大璧、谷璧、蒲璧之别。大璧经长一尺二寸，天子礼天之武也。除上述三种外，还有一种系璧，玉体小，为绅士所佩戴。玉璧出现于新石器时代，以良渚文化为代表。

［西汉］玻璃谷纹璧

玉琮：琮为外八角而中间圜的玉器。八方似地，黄地之色，表现了中国上古社会天圆地方的宇宙观。大琮长一尺二寸，厚一寸。黄琮小于大琮，用黄玉制成，黄琮礼地，合天圆地方之说。

玉圭：圭是一种上尖下方的玉器。在古代凡国家有大事，皆持它为瑞信之物，所以有"瑞玉"之称谓。玉圭的大小，根

据爵位及所用之事而定。有大圭、镇圭、躬圭、恒圭、琬圭、剡圭等。

[战国] 玉琮

[战国] 曾侯乙兽面纹玉琮

[商代] 玉圭

齐家文化四璜合璧

[商代] 玉璋

[西周] 玉璜

　　玉璜：璜是一种弧形的玉器，故有"半璧曰璜"之说。汉代将这种弧形的玉器称为"半璧玉璜"。

　　玉璋：璋是一种扁平长方形的玉器，故有"半璧曰璋"之说。璋有大璋、中璋、边璋等。大小厚薄不同，也因所用之事而不同。

玉琥：琥因刻有虎纹或形似虎纹，故有"虎形玉器"之说。祭
方位神中，以白虎礼西方。

［商代］玉琥

二、葬　玉

葬玉之礼始于新石器时代，盛行于汉朝。汉代厚葬之风日
盛，葬玉极为普遍。葬玉是专用于随葬的一种系列玉器。古人认为
玉器有特殊的护尸功效，以玉敛葬，施覆于人体各部位可以保护尸
体，防止腐朽。西晋葛洪在《抱朴子》中说："金玉在九窍，则死
人为不朽。"这话道出了当时人们使用葬玉的目的。葬玉的形式主
要有玉衣、玉琀、玉握、九窍塞、玉枕、玄璧和镶玉棺等。

玉衣：又称"玉匣"、"玉押"，是中国汉代皇帝、诸侯王和
贵族的殓服。按死者等级分为金缕玉衣、银缕玉衣、丝缕玉衣、铜
缕玉衣等。金缕玉衣是用金属丝线将玉片穿掇而成的尸罩，相传可
保存尸身不腐。

［汉］金缕玉衣

玉琀：又称"口琀"、"玉含塞"，是含于死者口内的葬玉。"口含玉石，欲化不得"，死后还要用玉陪伴自己，为之而不朽。玉琀各代形制不一，商周玉琀有玉蝉、玉蚕、玉鱼、玉管等，春秋战国时玉琀有玉猪、玉狗、玉牛、玉鱼等。玉琀多做成蝉形。汉代以后大量使用玉蝉做琀，明初墓葬中还见有以小璧充作玉琀的。

玉握：又称"握玉"，是握于死者手中的葬玉。握玉，是古人不忍心死者"空手而去"，通常为一对。根据考古发现，新石器时代的"握"多是兽牙或贝；殷商时代，用贝多于兽牙；到了周代，握玉石器物者增多；汉代开始，厚葬之风日盛，玉握极为普遍。汉代常见的玉握为猪形，即"玉豚"等。

［汉］玉琀蝉　　　　　　　　　　［汉］猪形玉握

九窍塞：又称"七窍塞"，是指填塞死者的九窍玉塞。"九窍"指的是双耳、双眼、双鼻孔、一口、肛门和生殖器。古人认为，堵住这"九窍"，可防止人体内精气外逸而使尸体不朽。目前，出土完整的九窍塞见于西汉中山靖王刘胜夫妇墓。刘胜的九窍塞包括眼盖、耳塞、鼻塞各两件，口塞、肛门塞、生殖器罩盒各一件，共九件。

玉枕：顾名思义，是指玉制的死者的枕头。

玄璧：玄璧是一种深绿色或青色的玉璧，璧面上一般阴刻两周纹饰带，内周为蒲纹或涡纹，外周刻兽首或凤鸟纹，还见有三周纹饰带的玄璧。这种玉璧一般成组放置于墓主尸体的前胸和后背，有一定的排列方式，并以织带相连接，然后又在玉璧表面普遍粘贴一层织物，把前胸和后背的玉璧各自编连在一起。

镶玉棺：玉棺作为葬玉的一种形式，比上述葬玉器物相对较少，葬玉棺者极其少见。

三、佩　玉

佩玉：佩玉，顾名思义，就是人身上所配戴的各种玉器。古代，佩玉是中国玉文化中的一种道德性文化。孔子曰："古之君子必佩玉。"孔子从封建阶级的立场出发认为"玉之美，有如君子之德"，天子既用全佩，贵人身必佩玉。

佩玉其特点就是玉器的体积较小，大多有可穿线的孔洞。佩玉的种类繁多，在这里仅介绍几种常见的玉器，如玉玦、玉镯、扳指、玉带、玉牌、玉簪等。

［唐］白玉镂雕龙纹饰件

玉玦：古之玉，凡是周边有一个小缺口的环玉，叫玦。玉玦是人的耳饰，形如环，似小玉璧，产于新石器时代。20世纪后半叶于河南省三门峡虢国墓地出土、现存河南省三门峡市虢国博物馆馆藏内的一对"鱼尾龙纹玉玦"就是非常具有代表性的玉玦品种。玉玦为一对，左边一件外径4.1厘米，孔径1.45厘米，厚0.3厘米；右边一件外径4.15厘米，孔径1.5厘米，厚0.3厘米。玉玦为青玉，冰青色，有少许黄色斑点，润而透明。两件纹饰龙纹相背，纹样基本相同。头上有菌状角，方口，直角，"臣"字目，单爪，鱼形尾。一面饰鱼尾龙纹，龙身满饰双排鳞纹。

玉镯：从古至今，玉镯是人们最基本的腕饰之一。新石器时代墓葬中已见有出土，大汶口文化玉镯呈外方内圆形，春秋时期玉镯为

"中华古玩艺术"将古玩所涉及的内容进一步理论化、系统化，从陶器、青铜器、古币、书画、武器、掌印等玉器、象牙等二十多个历史，分门别类地介绍了各类古玩器物的人文历史，工艺美术及鉴别，神仿等方面的知识，几乎涉及中华古玩的各个领域，既充分地把握了明确的系统性，又展示了古玩与史的有机结合。

［汉］鱼尾龙纹玉玦

扁圆形，唐代有镶金玉镯，发展至宋代玉镯呈圆环形，内平外圆，光素无纹，明清玉镯多见装饰，如联珠纹、绳索纹、竹节纹等。

扳指：又称搬指或班指，是古人射箭时戴在大拇指上拉弓用的工具，以防勒伤拇指。《说文》曰："韘，射也。"说明此器为骑射之具。韘初见于商代，流行于战国至西汉，但到后期原先的功用逐渐弱化，其演变为一种指饰。

玉带：指用玉珠、玉片、玉板镶嵌在皮革制的腰带上，即革带，是古代官品位的标志。玉带有方形、长方形、桃形等，玉带作为官品位的标志，一直沿用到明代，到了清代彻底废除了玉带制。

［元、明］玉带饰

玉牌：玉牌呈方形或长方形，器表浅浮雕或镂空雕刻各种图案与文字，有孔，可穿绳佩系。玉牌在明代十分盛行，清代多有仿明之作，亦有刻"子刚"款的伪作。

玉簪：玉制的簪子，又名玉搔头，文学中借指美人。玉簪常为圆锥体，由簪首和簪柄两部分组成，古代男女使用它来整理头发并使簪子插入发中。

［清］玉簪

玉带钩：是古人用于勾束腰带的一种小器物，由钩首、钩身、钩钮三个部分组成，钩首用于勾连，钩钮则起到固定的作用。带钩质地有金、银、铜、铁、玉、石等多种，但玉质带钩是最为珍贵的一类。

［西汉］金镶玉龙带钩

玉动物：玉动物取象于自然界真实动物，圆雕或片状雕均有，造型姿态多样，栩栩如生。玉动物一般作为佩饰，也有的可作为陈设品。玉动物主要有玉虎、玉象、玉熊、玉马、玉鹿、玉牛、玉猪、玉鹰、玉鱼、玉龟等，历代玉器中玉动物最为多见。

［商］殷墟俏色玉鳖   ［西汉］玉熊

［汉］玉猪

花形玉佩：在辽、金两代十分流行。北京房山出土的金代墓葬中发现折枝花形玉佩，高9厘米，宽7.2厘米。玉佩为青白玉，质坚硬。体扁，略作椭圆形，正面用浮雕、透雕、去地三种技法琢刻出枝叶交相缠绕的锁形佩。花瓣肥厚略内凹，舒展有序，对称的单阴刻线示叶脉。背面以简洁的刀工刻出枝梗，工艺精湛，抛光精美。

［西汉］鎏金镶金玉饰

233

[辽] 青玉秋山图带板

[金] 鹘攫天鹅佩

帽正：缝在帽子上的装饰玉，不仅好看，而且还有"正冠"的作用。

银璎珞：古代用珠子穿成的戴在颈项上的颈饰。

四、陈设玉

"陈设玉"也可称之为摆设玉器、装饰玉器，俗称陈设玉器。商周时期，开始出现一些无穿孔的小件圆雕玉器，这可能就是当时的陈设玉器。到了清代，玉制陈设达到鼎盛。陈设玉器主要有玉屏风、玉山子、玉兽等，此外，玉制文房用具，如笔筒、书镇、笔架等，也可以归入陈设类。

玉屏：是用玉雕琢成的方形或圆形片状玉器，玉屏上多饰各种花纹图案，并插接在木座或玉座上。

玉人：用玉石雕琢成的人形玉饰品。品种繁多，有各类人

[清·乾隆] 碧玉御制《石室藏书》笔筒

像、佛像、观音像等。古往今来，人们佩玉人饰，一是纪念，二是为了保佑平安。

玉如意：约产生于魏晋时期，相传吴帝孙权曾得到玉如意一柄。目前所见的古代如意，多为明清所制，以清代为最多。如意一般没有实用功能，只是一种象征吉祥的陈设品，常被作为礼品馈赠好友。玉如意形状为长柄钩，钩形扁圆。上饰有八仙过海、鹤桃图、灵芝、万年青松等。

[清·乾隆]黄玉一品青莲如意

[清]青白玉如意

踞坐形玉人

"玉八仙过海"，高46厘米，长112厘米，宽12厘米。采用和田青白玉，晶莹滋润。巨型圆雕，八仙人物（吕洞宾、韩湘子、何仙姑、蓝采和、张果老、铁拐李、曹国舅、汉钟离，配以毛驴、花篮、酒缸），附以松、石、海浪，人物传神，气度恢弘，取意"八仙过海，各显神通"，属中国传统吉祥题材。此件系清代中期扬州作坊制作重器，有重要工艺价值。

玉山子：是用玉雕琢成的一座小山，上面雕有树木、房屋和人物，最有名的玉山子是清代"大禹治水图"等。

玉雕花鸟摆件：玉件花鸟又分为花卉、鸟类、花卉瓶等。花卉题材多选牡丹、月季、山茶等，鸟类题材多以锦鸟为主，还常采用一些民间喜闻乐见的寓意吉祥如意的组合花卉，如四君子等。

玉人物摆件：玉人物题材有佛像、观音像、神仙、神话人物、历史人物、婴戏百子、寿星等。琢玉手法以圆雕为主，人物造

型注重身材形态，强调人物脸部的刻画，重视人物神态等。

玉兽摆件：玉兽题材以瑞兽为主，如龙、凤、麒麟等；还有写实的虎、鸡、鹅、牛、狗、马、熊等。玉兽摆件有单件、对件、套件之分。

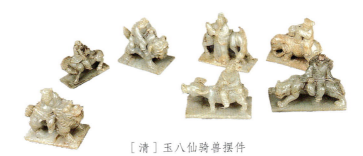

[清] 玉八仙骑兽摆件

[清] 碧玉寒山听雪阁山子

[唐] 玉狮

五、兵器和仪仗器

玉兵器和仪仗器出现在距今约3800—3500年的二里头文化时期，相当于中国历史上的夏、商时期。玉兵器和仪仗器主要有玉铲、玉刀、玉斧、玉戈等。

玉铲：形似玉斧，为方形或长方形的薄状片，流行于新石器时代至夏商时期。良渚文化和龙山文化时期出土较多。

玉刀：作为礼仪用器，盛行于夏代的二里头文化，它既是权力的象征，同时也象征着收割。作为礼器的玉刀，形状大致有两种，一种是扁平的长方形，一侧为刀背，一侧为刀刃；另一种则做成了

[夏] 玉铲

带柄的形状。玉刀的纹饰有直线交叉形成的网纹、人面、兽面纹等。商代中晚期的玉刀多为佩玉，略呈弧形，装饰华丽，刀背装饰有连续排列的凸齿，刀面有复杂的装饰纹。

［夏］七孔玉刀

［商］三星堆玉刀

玉斧：出现于新石器时代的晚期。早在旧石器时代的晚期到新石器时代，我们的祖先就已经发现并开始使用玉石器具，如玉斧、玉铲、玉刀、玉戈等生产工具和武器。玉斧是一种扁平的梯形器，上端有孔，可缚扎执柄，下端有刃，如果刃部宽大则叫钺。新石器时代的玉器主要以有孔玉及平面玉器为多，这一时期的玉器虽然片状较多，但打磨平整的利器极少。凡器物平面之处，中部皆微微隆起，边缘较薄或有坡。

玉戈：是商周时期流行的一种兵器。以"玉"为"戈"始见于二里头文化时期，流行于商、周两代。由于玉石本身质地坚脆，无法将玉戈用于战争。大量出土的商、周玉戈无使用痕迹，可见商周时期的玉戈只是一种仪仗器物。

［西周］玉戈

［商］玉斧　　　　［战国］玉戈

双凤纹玉梳

六、实用玉器

玉扁瓶：瓶体呈扁圆形，有四方、八方、斜方、腰圆形等，上窄下宽，颈部两侧有双耳，方形或椭圆状足，瓶上有盖。玉扁瓶最著名的是清代的"兽纹黄玉扁瓶"，体略扁，长方口，颈直且高，耸肩，扁腹微鼓，长方足较高；盖较高，顶部凸起一莲瓣纹冠形钮，腹一侧镂雕夔凤为柄，另一侧凸雕一怪兽，昂首，张口露齿，双角贴于瓶颈，曲颈挺胸，双翅后抱瓶体，单爪；瓶颈、足部饰蕉叶纹，肩部饰云头纹；古朴典雅，温润可爱。

玉鼎炉、瓶、壶：这类玉器一方面作为陈设用，另一方面具有生活实用功能。如香炉可用以祭祀、祈福燃香。

玉盒：明代较为流行，有印泥盒。还有一些玉盒是纯属玩赏之物。

玉梳：古代又叫"栉"，指梳子、篦子等梳头的用具。栉分两类：疏齿者，名"梳"；密齿者，名"篦"。古代最著名的有黄玉梳，梳柄半圆形，柄中透雕双凤纹；双凤对立作回首状，颈部相连。

玉笔架：又叫玉笔山，是玉质雕琢的笔架，用于临时搁放毛笔。

玉笔洗：是玉质雕琢的容器，用于涮洗毛笔。

玉水盂：是放置在书桌上的小型贮水器，用砚台磨墨时，用小勺从水盂中舀水。玉水盂通常直口平沿，鼓腹，下腹内收，圈足。

［元］镂雕桃实形玉笔洗

［明］瑞兽玉水盂

玉碗：我国自古以来就以"金镶玉"器为重宝，金玉合制的玉碗更是稀世之宝。玉碗最著名的是清代乾隆御制的"金镶玉盘龙金盖玉碗"，由玉碗、金碗盖、金托盘三部分组成。玉碗微呈青白色，壁薄如纸，圆形，敞口，圈足，内外光素，造型与常碗相同。金盖直口卷沿，与玉碗扣合无缝，盖顶饰一盛开莲花钮，花芯镶红宝石，盖身錾刻三排蛟龙纹并镂雕波涛纹及水草纹。金托盘圆形，撇口，盘中央突起一圆形碗座，并饰以如意云纹，盘底也錾以龙纹，边沿满饰祥云纹。

［明］金镶玉盘龙玉碗

玉杯：是一种玉制的饮酒器皿，始见于西周。脍炙人口的"葡萄美酒夜光杯"，说的就是美酒与玉杯的故事。相传周穆王姬满应西王母之邀赴瑶池盛会，宴席间，西王母馈赠姬满一只碧光粼粼的酒杯，名曰"夜光常满杯"。姬满如获至宝，爱不释手，从此夜光杯名扬千古。盛唐时期的诗人王翰在他的七绝诗中云："葡萄美酒夜光杯，欲饮琵琶马上催。醉卧沙场君莫笑，古来征战几人回。"诗以杯名世，杯因诗增辉。诗中的酒，是西域盛产的葡萄美酒；杯是以白玉雕琢的精美酒杯。历史上的夜光杯，采用祁连山的老山玉、武山鸳鸯玉等优质名玉雕琢而成，造型多样，小巧玲珑，晶莹剔透。

玉玺：秦统一六国后，将皇帝的印章称之为"玺"，以和田玉琢印，称为"玉玺"。玉玺共有六方，即"皇帝之玺"、"皇帝行玺"、"皇帝信玺"、"天子之玺"、"天子行玺"、"天子信玺"，除六方玉玺之外，还有一方玉玺就是"传国玉玺"。"传国玉玺"又称"传国玺"，为秦以后历代帝王相传的印玺。历史上每

［秦］云纹高足玉杯

个朝代在开国之初，都会用玉雕琢一方印，它代表政权的建立。开国皇帝已故后，太子继位，传国玉玺仍继续使用。

[清·乾隆]九洲清安之宝（音译）

[清]乾隆玉玺

[清]大清乾隆御宝交龙纽【避暑山庄】和田碧玉玺

第五节　　玉器工艺

在距今四五千年前的新石器时代中晚期，中国古代玉文化进入到了琢玉的成熟发展时期，但这一时期的琢玉工艺水平十分落后，到了商代，玉器已经逐渐由原始实用型向生活赏玩型转变，玉器成为奴隶主阶级所重视的装饰品。根据历史文献记载，周武王灭商时，商纣王被玉以自焚。武王所得到的商代玉器更是多得惊人，有"旧宝玉万四千，佩玉亿有八万"之说。

一、商代玉器工艺

商代玉器的制作，根据出土文物上的轮锯钻孔的痕迹来看，商人在琢玉的技术上已经使用轮轴和沙浆来进行磨制，较长的钻孔是从两头对钻，因而误差很小，这说明当时琢玉的技艺已十分精巧。

商代的玉雕工艺，除一部分仿制兵器和工具（如玉戈、玉刀、玉斧、玉觽等）外，其余大都制作各种装饰赏玩品，品种繁多。1971年，在河南南阳殷墟妇好墓中发掘出755件精美的玉器，这些玉器充分反映出了殷代的制玉工艺水平。妇好墓中的玉器丰富多样，雕琢精美。尤其是玉雕人形，更是技艺精湛。妇好墓出土的圆雕"跪坐玉人"，黄褐色，呈跪坐状，双手抚膝，长脸尖腮，两膝着地，小腿与地面齐平，臀部垫坐脚跟上，完全是一个古代中国人的形象。玉人头顶梳编一短辫，垂及脑后，额前有卷筒形的装饰。身穿交领衣，长袖，腰束宽带，腹前悬长条形的"蔽膝"。衣上有云纹、回纹装饰。腰左侧挂一宽柄器，上端成卷云形，似一种武器，或含有某种意义的器物。河南南阳殷墟妇好墓发掘出土的玉器，代表了商代精湛的玉器技艺，反映出殷代琢玉手工业的辉煌业绩。殷墟玉器是商代文化的一个重要组成部分，其工艺美术意义并不亚于殷代青铜器。商代玉器，承前启后，推陈出新，使中国玉雕工艺发展到了一个崭新的阶段。

[商]殷墟跪坐玉人

二、周代玉器工艺

周代的玉雕工艺，由于受商周宗教神学的影响，伦理道德之风

盛行。周王朝统治者提倡敬德保民，顺应天道。要求人们从宴饮、服饰、器用、婚丧直至祭祀、征伐等国家大事，都要遵守礼制规范。自天子到士庶，都以佩玉为尚。人人把玉当做修身的标准和个人的品德准则，玉被赋予了更多的文化色彩，成为一种具有社会道德含义的特殊器物。这种观点，从周代以后，一直流传了几千年。

周代的玉器，不同的种类有不同的用途，如礼玉、佩玉等。礼用玉器，古代用于宗教祭祀及国家大典上所使用的玉器。《周礼》记载，礼玉有璧、琮、圭、璋、璜、琥等六种。

总之，周代的玉器是作为宗教神学、伦理道德、等级名位的标志，是周王朝统治者的一种尊贵的特殊的工艺品，有着浓厚的宗教神学色彩。

三、秦汉玉器工艺

秦汉时期，中原与产玉地区的交通更加畅通，从而促进了玉雕工艺的发展，玉器的饰用得到了普及。汉代的玉器受画像石雕的影响，玉雕工艺得到了前所未有的发展。汉代以前的玉雕大多以造型工艺为主，到了汉代则发展到美术工艺琢玉。雕琢手法有透雕、刻线、浮雕、栗纹等。白玉双螭谷纹璧，璧身布满栗纹，璧的上半镂雕动物卷草，精巧玲珑，反映了汉代玉雕工艺的高超水平。

四、明代玉器工艺

明代的雕刻工艺十分发达，玉雕就是其中的一个种类。明代的玉雕除了制作玉簪、玉珠、玉坠、玉环等，还制作各种器皿，如玉杯、玉碗、玉壶、玉盆、玉洗、玉水盂、玉花插等。在装饰工艺上，明代前期比较简练自然，后期多采用吉祥内容和神仙题材。

明代的工艺美术受绘画的影响较大，受哲学的影响也较深。明代苏州琢玉大师陆子冈，被誉为"吴中绝技"，他的代表作品

［明］陆子冈款茶晶梅花花插

[明] 陆子冈款青玉合卺杯

"茶晶梅花花插"，应用玉的自然巧色琢出白梅和枝干，创意独到，手法巧妙，结构自然。明代的玉雕工艺除玉雕外，还有玛瑙、水晶等。

五、清代玉器工艺

清代的玉器工艺，在康、雍、乾盛世的社会背景下，玉料来源扩大，受瓷器绘画的影响，琢玉技艺得到了迅速发展。清代的玉器工艺在乾隆时期达到了极盛，乾隆时期的玉器特色多为巨型玉雕，作品精巧。大型玉雕作品最具有代表性的是"大禹治水图玉山子"。

"大禹治水图玉山子"是一件巨型的玉雕作品，高2.24米，宽0.96米，重约7吨，前后共用了十三

[清] 大禹治水图玉山子

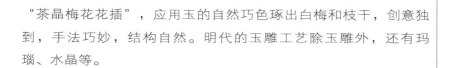

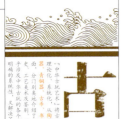

年时间，制作完成于乾隆年间。这件巨型的玉雕作品为致密坚硬的和田青玉，采自新疆和田的密勒塔山。"大禹治水图玉山子"的制作是以清宫内藏《大禹开山图》为蓝本，由宫廷制办处先制成模型，经初步出坯剖料，再运江南扬州，由扬州玉雕匠人制作完成。雕琢技法，运用铊子、管钻以及金刚石刻玉刀等工艺。"大禹治水图玉山子"用不同的玉质色彩表现出峻岭、瀑布、古木、苍松。在山崖峭壁之间，成群结队的开山治水人，有的执锤打石，有的执镐刨土，一派活跃艰辛的劳动场面。乾隆题诗："功垂万古德万古，为鱼谁弗钦仰视。图画岁久或湮灭，重日千秋难败毁。"乾隆皇帝制此玉器的目的，是想通过颂扬大禹治水的功绩，表白自己师法古代圣王之心，博取明君的声誉，借此显示国力的强盛。

［清］大禹治水图玉山子（局部）

乾隆时期的大型玉雕作品还有"会昌九老图玉山子"、"秋山行旅图玉山子"以及"丹台春晓图玉山子"等。

［清］会昌九老图玉山子　　　　　　　［清］秋山行旅图玉山子

第六节　　玉器的鉴定与收藏

玉器的鉴定与收藏，通常应用五鉴、三法。

一、五　鉴

鉴别材料：材料是玉器鉴定与收藏的首要前提。优质玉材对一件玉器至关重要，如质地、艺色、光泽、水分、致密度、绺裂、玷污等。

鉴别造型：造型是玉器形态审美的构架，也是直接决定玉器收藏价值的一个重要因素。造型是由自然性、功能性和艺术性决定的。

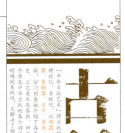

鉴别纹饰：纹饰是玉器的装饰，玉器纹饰的种类和演变，反映了古玉器的特征。装饰要看结构、章法、繁简、疏密等，凡结构章法有条不紊、纹饰工艺协调一致的玉器皆极具收藏价值。

鉴别工艺：他山之石，可以攻玉。变石为器是由玉器的加工工艺来完成的。打磨精细、雕刻别致，是一件精美玉器的标准。

鉴别艺术：艺术性是每件玉器所要追求和表达的最高境界，也是最难做到的。凡天然玉色，气韵生动，形神兼备，造型别致的都是艺术美的表现玉器，具有很高的收藏价值。

二、三　法

水滴法：将一滴水珠滴在玉面上，呈露珠状久不散开者为真玉；水滴若是很快消失，那么这就是一块假玉。

触摸法：真玉只要用手轻轻触摸，就有一种冰凉润滑之感。

视察法：将玉器对着光亮处，如阳光、灯光处，若颜色剔透、绿色均匀分布就是真玉。另外，通过放大镜或聚光镜，可以清晰看到玉器内部呈纤维交织结构；而人造的玻璃玉器，无纤维交织结构，肉眼可看到气泡。

第六章　　青铜器

第一节　概　说

青铜器，是中国远古艺术文化的重要组成部分，青铜纹饰艺术将远古艺术发展到了一个高峰。

青铜（Bronze）是人类历史上一项伟大的发明，它是金与锡的合成，是金属冶铸史上最早的有色冶炼技术。在古代的有色冶炼中就有"六齐"之说，"齐"和"剂"是调剂、剂量的意思。"六齐"指我国古代配制青铜的六条规则，《周礼》中记载："金有六齐：六分其金而锡居一，谓之钟鼎之齐；五分其金而锡居一，谓斧斤之齐；四分其金而锡居一，谓之戈戟之齐；三分其金而锡居一，谓之大刃之齐；五分其金而锡居一，谓之削杀矢之齐；金锡半，谓之鉴燧之齐。"按"金有六齐"中的"金"是指青铜，"分其金"的"金"是指赤铜，即红铜。

中国使用铜的历史年代久远。关于铜器最早使用于何时，众说纷纭，也无太多的文献和实考。而唯一有文字记载的是《子华子》一书，书中记载："皇帝之治天下，百神受职于明堂之庭，帝乃采铜于首山，作大炉铸神鼎于山上。"这段记载虽然没有清楚地说明铜器最早始于黄帝，但此前也无关于铜器起源的文字记载，所以铜器最早始于黄帝之说，仍有一定道理。据说在神农氏时，"以石为兵"，用以砍伐树木，建造宫室；黄帝时，"以玉为兵"，用来伐树建房和凿地；禹的时代，"以铜为兵"；到了春秋时代，才"作铁兵"。我们不难从传说里得知，夏代的大禹，已经将铸铜业广泛地应用于礼器、兵器之中，传说里还讲到"禹铸九鼎"，启也曾命人到昆吾（今河南濮阳西南）铸鼎。可见，夏代时昆吾地区已经是青铜铸造的中心。

"青铜时代"一词是从西方传入的，为丹麦人克·吉·汤姆森（Ghristian Jurgensen Thomsen，1788—1865）最早使用。其在《北方古物指南》中称，青铜时代乃是"以红铜或青铜制成武器和切割器"的时代。青铜时代，是人类的第一次觉醒，从原始社会的蒙昧中觉醒。青铜发明后，立刻盛行起来，从此人类历史也就进入新的阶段——青铜时代。中国的青铜时代，大约从公元前2000开始

形成，经夏、商、西周和春秋时代，延续时间约一千六百余年。这一时期的青铜器主要分为礼器、乐器、兵器、杂器等。礼器是古代繁文缛节的礼仪仪式上的必备品，它带有一定的神圣性，在青铜器中，礼器的数量最多，制作也最精美。礼器为祭祀宴享所用之器，有鼎、尊、盉、爵、盘、壶等。乐器为音乐所用之器，可以代表中国青铜器制作工艺的最高水平，乐器有钟、镛、编钟、钲、磬等。兵器为关于战争所用之器，有匕首、剑、刀、戈、矛、抢等。杂器有度、量、权、币、铁钵玺印等。商是青铜器的全盛时代，其铸造品种繁多，最具代表的青铜器是河南殷墟出土的司母戊方鼎。

［商］殷墟司母戊方鼎

司母戊方鼎，是中国商代后期王室祭祀用的青铜方鼎，1939年，在河南省安阳出土，因其腹部著有"司母戊"三字而得名。司母戊方鼎器型高大厚重，又称司母戊大方鼎，高133厘米，长166厘米，重达875千克，鼎腹长方形，上竖两只直耳（发现时仅剩一耳，另一耳是后来据另一耳复制补上的），下有四根圆柱形鼎足，是中国目前已发现的最重的青铜器。该鼎是商王祖庚或祖甲为祭祀其母所铸。

相关链接一

殷墟博物苑

　　殷墟博物苑位于河南省安阳市西北郊的恒河西北两岸殷墟遗址上。殷墟是商王朝后期都城遗址，距今三千多年历史。商后期叫北蒙，又称殷。公元前14世纪盘庚迁都于此，至纣亡国，共传8代12王，前后达273年之久。周灭纣之子武庚于此，后因武庚叛乱被杀，殷逐渐沦为废墟，故称殷墟。殷墟出土遗物非常丰富，以陶器数量最多，还有较多的青铜器和玉器以及石器、骨器、角器、蚌器、象牙器等。1987年建立了殷墟博物苑，在原址复原或仿建了四座商代宫殿和妇好墓上的祭祀建筑。殷墟规模宏大，遗存丰富，分布密集。其范围东起郭家庄，西至北辛庄，南起苗圃北地，东北至三家庄，长约6公里，总面积约2400公顷。沿恒河两岸呈环形发射状分布，是一座开敞形制的古都。殷墟博物苑藏品以甲骨文、青铜器、玉器、陶器为代表的丰富的文化遗存，构成了殷墟独特的文化内涵，展现出殷商王都的宏大规模和王者气派。

　　目前，殷墟共出土甲骨15万片，单字约4500个，其中约有1500个单字已被释读。1978年在殷墟遗址考古发掘中，出土青铜器4000余件，其中司母戊方鼎是殷墟最大的青铜器。殷墟出土的商代马车，

河南安阳殷墟博物苑

考古证明已经使用了大量的青铜构件,独辕双套双轮,结构精致复杂,体现出商代高超的机械、青铜铸造等复合技术。殷墟遗存大可与古埃及、古巴比伦、古印度媲美,以其甲骨文、青铜器、玉器、古文历法、丧葬制度及相关理念习俗、王陵、古城址、早期建筑等,乃至中国考古摇篮闻名于世。2006年7月,河南安阳殷墟遗址被世界教科文组织列为"世界遗产名录"的文化遗产。

商代古蜀国三星堆文化,呈现出发达的青铜文明。1986年,在四川省德阳广汉市南兴镇三星堆遗址出土的两个商代大型祭祀坑中,发现了数以千件的青铜器、金器、玉石器等。祭祀坑中,青铜器有三四百件。其中,一号坑出土的青铜器有人头像、人面像、人面具、跪坐人像、龙形饰、龙柱形器、虎形器、戈、环、戚形方孔璧、龙虎尊、羊尊、瓿、器盖、盘等。二号坑出土的青铜器有大型青铜立人像、跪坐人像、人头像、人面具、兽面具、兽面、神坛、神树、太阳形器、眼形器、眼泡、铜铃、铜挂饰、铜戈、铜戚形方孔璧、鸟、蛇、鸡、怪兽、水牛头、鹿、鲶鱼等。在众多的青铜器中,青铜人头像、人面像和人面具最具特色。代表器物"青铜人

［商］三星堆青铜人面具

面具"通高60厘米,宽134厘米,圆柱形眼珠突出眼眶外约达16厘米,长耳大口,额头正中有一方口,形象威严,神秘莫测,是迄今中国发现的最大型青铜器人面具。"青铜兽面"人面鼻梁上方镶嵌有高达66厘米的装饰物,既像通天的卷云纹,又像长有羽饰且翘尾

卷角势欲腾飞的夔龙状，显得无比怪诞诡异。三星堆青铜器代表了商代中晚期古蜀国青铜文明的高度发达和独具一格的面貌。"金面罩人头铜像"横径12.7厘米，纵径14.3厘米，通高41厘米。由人头像和金面罩两部分组成。

中华古玩艺术，将古玩所涉及的内容进一步理论化、系统化，从陶器、青铜器、古币、书画、瓷器、紫砂壶、玉面、工艺美术及鉴别各类古玩器物的人文历面，分门别类地介绍了各类古玩器物的知识，几乎涉及中华古玩的各个领域，既无分地把握了明确的系统性，又辅以了物与史的结合。

［商］三星堆青铜兽面

［商］三星堆金面罩人头铜像

相关链接二

三星堆遗址博物馆

三星堆遗址博物馆位于四川省德阳广汉市南兴镇三星堆遗址

东北角三星堆遗址，始建于1997年10月。三星堆遗址是新石器时代至商周蜀文化遗址，距今约2800～4800年。遗址总面积约12平方公里，是四川境内迄今发现的范围最大、延续时间最长、文化内涵最为丰富的古文化、古城、古国遗址。三星堆遗址博物馆占地20公顷，主馆面积7000平方米。馆内展厅面积4000平方米，展线长逾800米，以"古城、古国和古巴蜀文化陈列"为主体内容，分为8个陈列单元，展示有三星堆遗址内一、二号大型商代祭祀坑出土的陶器、玉器、骨器、金器和青铜器等上千件珍贵文物。

三星堆遗址博物馆

秦灭六国，统一中国。经过几百年的兼并战争及以富国、强兵为目的的政治、经济、文化改革，以郡县制取代分封制，制定秦律，颁布书同文、车同轨、行同伦的"三同政策"，具有中央集权性质的封建制度确立，传统的礼仪制度崩溃瓦解，铁制品广泛使用，生产力得到了前所未有的发展，青铜器在华夏中原大地社会生活中的地位逐渐下降。

1955—1960年，云南晋宁县石寨山发掘了数十座墓葬，出土青铜器、金银器、玉器、铁器等大批珍贵文物，总数近四千件。这批文物延续时间长，大部分属于西汉时期，其中有古滇国的

"滇王金印"。古滇国的青铜器上常刻铸着各种图像，生动地表现了当时人们从事生产、祭祀、战争等的情景，呈现出古滇奴隶社会的真实面貌。

〔战国〕古滇国青铜器五牛贮贝器

〔西汉〕古滇国青铜器纳贡贮贝器

秦汉时期，漆器开始盛行。到三国、两晋、南北朝时期，陶瓷器得到了较大的发展，陶瓷在社会生活中的作用日益重要，笨重冰凉的日常青铜器皿，渐渐地从生活中被排挤出去。到了隋唐时期，

青铜器除了制作铜镜之外，作为日用器皿已经没有太大的发展，代之而起的是陶瓷器。

第二节　　青铜器铭文

青铜器铭文，又称金文、钟鼎文、吉金文，是指在金属铸器如鼎、钟等上以或突起或凹陷的形式铸造或刻制的文字。它是历史上最早、最完备、最有说服力的文字记述，是最具魅力的文字符号。现已发现带铭文的铜器4000多件，金文单字3500个左右。内容多记奴隶主贵族祭典、征伐、赐命、契约等，涉及礼仪、制度、经济、文化、风俗等各方面。

铭文始见于商代早期，其字体和甲骨文相近。较早的铭文只有很少的几个字，大都是古代氏族的族徽、人名等，如"妇好"之类。但文字均较短，最短者仅一二字，最长者也不超过50字。内容大多较为简单，主要为所有者的族名、祭祀对象、作器者名、用途等。西周是铭文发展的鼎盛时期，铸铭青铜器开始大量出现，铭文字数也大幅度增多，铸于器物的腹部、肩部等显著位置。铭文内容颇为广泛，多与王室事务有关，涉及分封、祀典、赏赐、册命、征伐、约契、法律诉讼、土地转让等诸方面。书体风格多样，在中国古代书法艺术史上谱写出了最辉煌的一页。春秋青铜器铭文表现出随意性，铭文内容多为夸耀祖先、联谊婚媾等。错金铭文的出现，增强了文字的华贵优美。战国青铜器铭文内容书史作用淡化，刻铸工艺不如西周，但错金铭文工艺大发展，书体多变，鸟虫书等艺术字体，具有浓郁的地方特色和丰富多样的风格。

青铜器铭文，其内容最具考古价值和史学研究价值，是文字学和训诂学的珍贵资料。铭文书法是中国书法艺术的源头之一，是中国古代书法艺术的杰出代表，对书法艺术的研究具有重要意义。

商代末年始有较长的铭文，最长仅有三四十字，内容大体是因受赏而为父辈作器等。如安阳后岗祭祀坑出土的"戍嗣子鼎"，鼎上铭文仅30字，是迄今为止考古发掘的商代青铜器中铭文最多的。

［商］戌嗣子鼎及铭文拓片

周朝文字笔画繁多，称为大篆，又叫籀文。因著录于《史籀篇》而得名。字体多重叠。西周的文字无论在数量和质量上都有了飞跃，著名的《毛公鼎铭》、《虢季子白盘铭》、《大盂鼎铭》和《散氏盘铭》被称为青铜器铭文中的"四大国宝"。在西周的历史上，从周武王开始，成、康、昭、穆、共（恭）、懿、厉、宣各王都拥有自己的一件或数件标准青铜器，而孝、夷两代的标准青铜器极其少见，末代幽王的青铜器更是难得一见。

西周武王时期

《天亡簋》又称《大丰簋》、《朕簋》，是西周武王克殷之后，为西周早期尚未成熟的金文，铭文8行，78字。其铭文与商代文字衔接紧密，但它与金文书风完全不同，而是较多地体现商代晚期某些甲骨文的形意神姿，自然、淳朴，体态多姿，极富运动与和谐之美。《天亡簋铭》为研究周初立国情况提供了重要史料。铭文字形参差错杂，变动不居，在拙朴散乱中显示运动与和谐之美，有轻有重的笔画在某种程度上有自然书写带来的笔墨痕迹。其铭文用韵协调，开创了千古词赋先河，也是我国韵文的最早表现形式。

西周康王时期

《大盂鼎铭》是西周金文代表作。大盂鼎是西周康王时期的

著名青铜器，内壁有铭文，长达19行，291字。大盂鼎的铭文中有"不（丕）显玟(文)王，受天有大命"，"受民受疆土"等语，可与《尚书·梓材篇》中"皇天既付中国民越厥疆土于先王（文王）"语互证，说明最高封建统治主（天子）自称他的所有权的来源。郭沫若曾经断言：大盂鼎为康王器。

［西周］武王天亡簋及铭文拓片

［西周］康王大盂鼎及铭文拓片

大盂鼎通高101.99厘米，口径77.8厘米，重153.5千克。圆口，深腹，圆底，双立耳。口沿下饰有一圈兽面回纹，兽面鼻子作扉棱形，纹饰带分为六组。三足中部微向内收，呈束腰形，足根部饰兽面回纹，兽鼻作为形扉棱，下有对称回纹。

西周昭王时期

《令簋铭》为西周昭王时器铭。文字为大篆。铭文12行，一行9~11字，共110字。被郭沫若《两周金文辞大系图录考释》收入。《令簋铭》为金文中较规整的作品，结体匀称，章法错落有致，其古朴和谐构成了金文的基本特征与格趣。

西周穆王时期

《静簋》为西周中期穆王时代的器物。器内有铭文8行，90字，为大篆。此时期金文大篆字体正由西周中期向晚期过渡。《静簋》通篇铭文均称舒适，淳朴典雅，有"笔短趣长"之势。不失为西周中期金文书法艺术的代表作。

西周恭王时期

彝为容酒器，"师遽方彝"两侧置有上卷的象鼻形双耳，较为少见。盖及器体饰变形兽面纹，口沿下及圈足饰兽体变形纹饰。盖、器各铸铭文67字，大意记载周王在王宫中举行酒宴，师遽向王奉献礼品，王命令宰利赐给师遽玉圭等物品，师遽因以作器，以答谢天子的赏赐。"效卣"是西周恭王时期用于盛放香酒的器皿，器盖部和腹部都饰有华丽的凤鸟纹，凤首回顾，生动多姿，器物的颈部和圈足上也装饰有回顾的龙纹。此卣铸有铭文7行68字，因受到父亲公东宫转赐的天子赐品而作器纪念。

［西周］恭王师遽方彝

"史墙盘"为恭王史官墙所作的礼器。器形宏大，制造精良。于1967年于陕西扶风出土。盘高16.2厘米，口径47.3厘米。圆形，浅腹，双附耳，圈足。腹饰鸟纹，圈足饰窃曲纹。内底铸有铭文18行，284字，文章使用四言句式，颇似《诗经》，措词工整华

美，有较高的文学价值。铭文前半部分颂扬西周文、武、成、康等诸王的功德，后半部分记述姬姓家族的历史。铭文字体为当时标准字体，字形整齐划一，均匀疏朗，笔画横竖转折自如，粗细一致，笔势流畅。有后世小篆笔意。

［西周］恭王史墙盘及铭文拓片

西周懿王时期

部分器铭于铭文布局之规整程度及字形结体上尚留有前一阶段的一些特征，但笔道已粗细一致，进一步向线条化方向发展，波折与粗肥笔画皆已不存在，这显然是为了使书写更加便利，而在字形上也相对上一阶段拘谨的形式有所变化，显得较宽松，此种风格的铭文可见于恭王时的墙盘铭文。

西周孝王时期

"大克鼎"为西周孝王时期器物。于1890年陕西省扶风县出土，同时出土的还有鼎、钟等器。此鼎铭文洋洋洒洒，无论在布局书写上，还是铸造效果上都十分精美，字体大小统一而不失灵动，圆润古拙而不失劲健，呈现出一种舒展、端雅的风尚。大克鼎的最初主人是克，西周孝王的膳夫，专管周天子的饮食，属于"天官"。 大克鼎内底铸有铭文28行，290字，是青铜器金文书法的杰作。

[西周]大克鼎及铭文拓片

西周厉王

"散氏盘"，又名"矢人盘"，是西周厉王时期重器。器高
20.6厘米，腹深9.8厘米，底径41.4厘米。清乾隆初年于陕西凤翔
出土，曾藏于乾隆内府。以其长篇铭文著称于世。散氏盘铭文铸于
盘内底上，铭文共19行，357字。内容是散氏和矢人划定疆界、签
订盟约、共享信守的誓文。"散氏盘"铭文不同于任何金文，它运
笔粗放，线条古厚，结体姿态万千，行气朴茂，章法错落有致，是
金文中豪迈风格的典型代表。由于它带有行草笔意，被书法界称为
"金文书法中的草书"。

[西周]散氏盘

西周宣王时期

"毛公鼎"为西周宣王时期的彝器，鼎身呈半圆形，立耳高
大，兽蹄形足。口沿下饰有连环相扣的圆环浮雕纹，其下辅饰有一圈

古玩

「中华古玩艺术」将古玩所涉及的内容进一步
理论化、系统化，从陶器、瓷器、玉
器、青铜器、书画、紫砂壶、玉
器、古琴等二十多个方
面，分门别类地介绍了各类古玩器物的人文历
史、工艺美术及鉴别、辨伪等方面的知识，几
乎涉及中华古玩的各个领域，既无分地把握了
明确的系统性，又解决了物与史的结合

[西周]散氏盘铭
文拓片

261

古玩

"中华古玩艺术"，将古玩所涉及的内容进一步理论化、系统化。从陶器、瓷器、玉器、青铜器、古币、书画、漆饰等二十多个方面，分门别类地介绍了各类古玩器物的知识，工艺美术及鉴别、神韵等方面物的人文历史。工艺美术及鉴别，种韵等方面。本书不仅从器物的各个领域，说尽古玩的各个领域，既系统地阐述了古玩的发展史，又解决了古物与史的结合。

阴线纹，粗犷简朴。"毛公鼎"内壁上有现存最长的西周完整的册命铭文，铭文32行，499字。全文记载了周宣王对毛公之诰命。《毛公鼎铭》共五段：其一，此时局势不宁；其二，宣王命毛公治理邦家内外；其三，给毛公予宣示王命之专权，着重申明未经毛公同意之命令，毛公可预示臣工不予奉行；其四，告诫勉励之词；其五，赏赐与颂扬。《毛公鼎铭》是研究西周晚年政治史的重要史料。

［西周］宣王毛公鼎铭文及拓片

［西周］宣王虢季子白盘铭文拓片

"虢季子白盘"是西周宣王时期著名的青铜礼器。"虢季子白盘"内底部有铭文8行，文字布局疏朗，文雅恬淡，有一股静穆森严之气。走笔不加雕饰，顺手写来，自然润泽，圆转秀丽，典雅大方而又严整规矩。笔画转折处，圆中透方，字体向外舒展，一张一弛，故其笔势风骨嶙峋又楚楚动人。虽是西周晚期的作品，但在用笔上也带有甲骨文天真烂漫的笔意。在字的结体上，紧密严整，内部排列张弛有序。字体的章法上竖成列而横不成行，线条坚细圆转，宽展自如，风骨整峻。因此，风格雄浑劲健，气势磅礴，为西周金文之最优秀者之一。

［西周］宣王虢季子白盘

西周幽王时期

从武王开始，成、康、昭、穆、恭、懿、孝、厉、宣各王都拥有一件或数件属于自己的标准青铜器。唯独幽王时期的青铜器较少，幽王在位11年，疏于政事，身陷宫廷斗争的旋涡之中，难有新的政治举措。上述因素是不是真的与幽王时期青铜器较少有关，至今仍是史学界研究的一个课题。

春秋中期以后，旧礼制的衰落消除了对青铜工艺的束缚，诸侯国的经济发展促进了青铜铸造业的振兴，青铜工艺进一步得到了发展，前朝的旧器型在式样上有较大的改观，新的器型开始出现，青铜器更具实用性，纹饰也更富艺术性。以龙纹为主的青铜器纹饰细密繁缛，以人类活动为题材的纹饰开始以类似绘画的形式装饰于青铜器上。镶嵌、错金银、鎏金、彩绘等表面装饰新工艺，使青铜器出现了全新的艺术风貌。长篇大幅记事体铭文逐渐减少，物勒工铭的铭文内容开始出现，铭文中鸟虫书等艺术化字体流行。失蜡法、印模法等新的铸造工艺使造型奇巧的青铜器铸造成为可能，并大大提高了铸造工艺的效率。诸侯国的青铜器因地域文化的差异而呈现出不同的风貌。

［春秋］青铜动物纹提梁卣

战国中期青铜工艺造型精巧，装饰美丽。青铜制品除了官僚、地主所用的礼器、乐器、铜镜之外，还有数量较多的兵器和货币。在冶铸技艺方面也有显著的进步。河北平山中山王墓中出

"中华古玩艺术"将古玩所涉及的内容进一步理论化、系统化，从陶器、青铜器、古币、书画、紫砂壶、玉器等十多个方面，分门别类地介绍了各类古玩器物，从人文历史、工艺美术及鉴赏、辨伪仿等方面的知识，几乎涉及中华古玩的各个领域，既无分地把握了中华古玩的系统性，又解决了物与史的结合

土的"十五连盏灯"，全器为一灯树，结构完整，十分精巧，是战国青铜器冶铸的精品。青铜器不仅有纹饰、刻纹和鎏金纹，而且还表现出了写实的图案花纹。"十五连盏灯"高82.9厘米，底径26厘米，灯体如树，由灯座和七节灯架构成，灯座饰三条翼龙，座下有三只虎承托，座上有两个家奴在抛食戏猴，灯枝间小鸟栖息，群猴玩耍，神龙游戏，情趣盎然，折射出先人的智慧和杰出的创造力。

[战国]十五连盏灯

战国中期以后，铭辞多为督造者、铸工和器名等，很少有长篇的铭辞巨制。尽管青铜器的冶铸形式依然丰富多彩，但随着铁器使用的盛行及其他工艺的发展，青铜铸造业逐渐退出历史舞台，青铜器开始走下神坛，走出宗庙。

第三节　　青铜器种类

古代的青铜器，从历史上看，由于各朝的制度不同，名称也互不相同。青铜器的种类，根据生活用途的不同，大体可以分为礼器、兵器、乐器、杂器、农器五类。

一、礼　器

礼器是用于祭祀宴享之器，主要器物有：

簠（音甫）：古代盛稻、粱之器。器型方圆都有，以圆的为多。底亦有缺口，底部下宽，愈上愈窄，至正体则愈上愈宽，成敞口形，有盖。正器有提梁，盖旁有两环。

簋（音鬼）：古代盛黍、稷之器。器型方、圆都有，以圆的为多。底亦有缺口，形如簠，两旁有二兽衔环耳，盖如平顶的纱帽。

卣（音酉）：古代盛酒之器。造型多为圆筒形，下部宽，有平圈底，带提梁，俗称提梁卣。此外，还有椭圆形、鸟兽形的提梁盛酒器，称为鸟兽形卣等。

觯（音至）：古代饮酒之器。容量为三升，其形状圆如小瓶。

尊：古代的一种大中型盛酒器。流行于商周时期，用于祭祀宴享。形直如截筒，口稍敞，肩部稍缩入，下部稍出，成圆肚形。此外，也有方形尊。

［商］四羊方尊

彝：彝又叫方彝，古代盛酒之器。高方身，类有六方形，文饰

"中华古玩艺术"诸古玩所涉及的内容进一步理论化、系统化。从陶器、青铜器、古币、书画、武器、杂项等二十多个方面，分门别类地介绍了各类古玩器物的人文历史、工艺美术及鉴别、辨伪等方面的知识，几乎涉及中华古玩的各个领域，既充分地把握了明确的美系统性，又解决了物与史的结合。

有鸡、鸟、虎等。口微敞，腹微凸，两耳围足。

爵：古代饮酒之器，用来喝酒的酒杯。其形状为下三足三棱形，愈下愈锐，足底成尖形，腹圆成棱形，口不平，成桥形，一端向上，一端向下，向下或为倾酒用的流，口上有两方柱。

斝（音贾）：古代饮酒之器，自古有夏以琖、商以斝、周以爵之说。形状似爵。

匜（音移）：古代沃盥之器，用来洗漱浇水的用具。形状如熨斗，腹部成椭圆形，前方有流出水处，后部有把，四足。

青铜器"爵"

青铜器匜

鼎：古代一种重要的礼器。形状有圆，有方。圆者为三足，方者四足，有两耳。大小不同，用途各异，如夏的禹铸九鼎为传国之宝器。此外还有食器、烹饪器、刑器、焚香器、炼丹器、煮药器、煮茶器，如丹鼎、药鼎、茶鼎等。鼎又是古代统治者阶级的权利象征，如战国时期楚王就拥有"九鼎八簋"作为最高权力的标志。

[西周]五祀卫鼎

甗（音彦）：古代的一种食物炊器，相当于今天的蒸锅。

角：古代的酒器，容量为四升，与爵相同，只是没有口上的两个柱耳。

壶：古代的壶，肚大，有肩，口底均小于肚，无执攀，方圆都有，大小各异。

瓠（音狐）：古代的酒器，容量为三升。古时为八角形，现今则为圆形或四方形。瓠与壶的形状相反，腹部最小，底大于腹，口又大于底，为敞口，似今天人们用来插花的花瓶。

鋗（音宣）：形似铛，是一种无足的小盆，用于温酒。铛则有三足。

卢：在古代同样称之为盘，长方形，两端有环耳。

罍（音雷）：古代的酒器，是一种既可盛酒又可盛水的器具。大肚，圆口极小，两旁各有环耳，文饰刻画为云雷形，所以称之为"雷"。

二、兵　器

兵器是为战争所用之器，器物主要有：

匕首：古人称匕首者，剑之最短者也，以其首类匕，长一尺八寸，其形似剑，尖锐，两面有刃。

剑：古代的一种兵器，青铜或铁制成，长条形，一端尖，两边有刃，短柄，可以随身佩戴。

刀：古今一种切、割、削、砍、铡的工具，一面有刃，无刃为背，成平形，用以割物。

刘：属于刀器一类，一面有刃，但背不平。功能与刀一样，只是古代叫刘，今天叫刀。

斧：古代的一种兵器，它与今天的斧头大致相同，但古代斧的刃柄成一直线。

鸡鸣：从字义上理解较为陌生，它是汉代的一种兵器，形状如鸡鸣时的样子，由此而得名。即古代的戈，又称为拥颈。

戈：古代的一种兵器，横刃，用青铜或铁制成，形状如鸡鸣的样子，所以汉代时不叫戈，而称鸡鸣。戈，装有长柄枕。

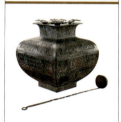

［春秋战国］错金蟠虺纹青铜方罍

［商］兽面纹瓠

267

（一）中华古玩艺术，将古玩所涉及的内容进一步理论化、系统化。从陶器、青铜器、玉器、古币、书画、瓷器、紫砂等二十多个方面，分门别类介绍了各类古玩器物的人文历史、工艺美术及鉴别、辨伪等方面的知识。几乎涉及中华古玩的各个领域，既充分地把握了明确的系统性，又解决了物与史的结合。

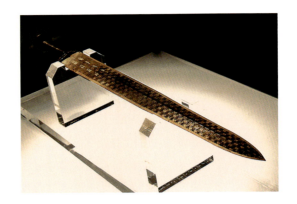

[春秋]越王勾践剑

[战国]凤纹剑

矛：古代的一种兵器，在长杆的一端装有青铜或铁制成的枪头。矛尖如剑，两面有刃，用以刺敌。

枪：旧式兵器，在长柄的一端装有青铜或铁制成的枪头，有尖，无刃，为圆锥形，中间粗，尖与尾细，用以刺敌。

弩机：弩是在弓的基础上发展起来的，弓之有臂者，称之为窝弓。弩机上有臂、有面、有郭、有耳等各部分。

钺（音越）：钺又称大斧，为斧之由来。钺作为古代兵器的同时亦作为仪仗礼器使用。流行于商代至战国时期的斧钺，由于其杀伤力不如戈、矛，在春秋时期钺在实战中的武器地位已大大降低，它更多的用于仪仗、装饰等，为王者专用，王者用钺，以征王权。史载："周公把大钺，召公把小钺，以夹武王。"

[商]云雷纹钺

镞（音族，箭头）：一种古代兵器。镞是由镞头和连接杆的铤两个部分组成。最早的镞为石镞，发现于新石器时代，那时候的镞多为石制或骨制，到了青铜器时代出现了铜镞，大约东汉以后出现了铁镞。

殳（音殊）：古代的一种兵器，类似矛，用竹竿制成，一端有棱，流行于战国前后。

三、乐　器

乐器是音乐所用之器，主要器物有：

钟：古今一种响器，中空，用铜或铁制成。上径小，下径大，纵径小，横径大，有柄无纽，有别于现代的圆形钟。

镛（音拥）：比钟大。虞夏之时大者为镛，小者为钟。

编钟：是我国古代的一种打击乐器，用青铜铸成，它由大小不同的扁圆钟按照音调高低的次序排列起来，悬挂在一个巨大的钟架上，用丁字形的木锤和长形的棒分别敲打铜钟，能发出不同的乐音，因为每个钟的音调不同，按音谱敲打，可以演奏出美妙的乐曲。

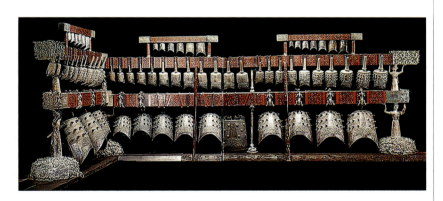

[战国] 曾侯乙编钟

钲（音征）：古代行军时用的一种打击器，有柄，形状像钟，但比钟狭而长，用铜制成。

铙：也称之为钲，似铃，无舌有柄，摇动而鸣，奏乐止鼓。是

古玩

"中华古玩艺术"将古玩所涉及的内容进一步理论化、系统化。从钱币、古币、书画、武器、紫砂壶、玉器……分门别类地介绍了各类古玩器物的人文历史、工艺美术及鉴别、辨伪等方面的知识。几涉及中华古玩器物的各个领域，既充分地地把握了明确的系统性，又解决了物与史的结合

[春秋] 青铜镞

青铜编钟

[宋] 大晟钟

〔中华古玩艺术〕将古玩所涉及的内容通一步理论化、系统化。从陶器、瓷器、紫砂壶、玉币、青铜器、古币，杂器等二十多个方面，分门别类地介绍了各类古玩器物的人文历史、工艺美术及鉴别，辨伪等方面的知识。几乎涉及中华古玩的各个领域，既光分地把握了明确的系统体系，又融解了物与史的结合。

〔战国〕兽首编磬

我国最早使用的一种青铜打击乐器。

铎（音夺）：古人称铎为大铃也，振文教所用之器。

錞（音春）子：古代一种铜制乐器，形状圆似钟，有舌，上大下小，鸣以和鼓。

磬：古代的一种打击器，形状像曲尺，用玉或石制成。磬也是佛教的一种打击乐器，形状像钵，用铜制成。

四、杂　器

杂器是一切日用所需之器，杂器类的器物以铜制的最多，主要器物有：

度：古今的一种计量长短的工具，度即尺。各个朝代的度量尺度均不相同。

量：古代指测量东西多少的器物，量即斗，用来计算粮食体积的器具。各个朝代的度量尺度均不相同，器物多为长方形或圆筒形。

权：古今的一种测定物体重量的器具，权即秤砣。

币：其种类最多，属于古玩的范畴。

铁钵玺印：为古玩玺印的一种。

节符牌：节即符节，古使臣执以示信之物。周礼有掌节注，谓掌守邦节而辨其用，以辅王命。古用龙节、虎节等。符亦节也，书文字或图记于其用，剖而为二，各执其一，合之以为徵信者。如秦之虎符，汉之虎符，唐之鱼符、龟符、金鱼符等牌，曾经也是符信的一种，如宋牌、明牌、西夏国书牌、蒙古国书牌、清之三体牌等。

甋：完全如故宫三殿之金缸，并非如以前二物而二器。

釜：釜虽然是锅，但并不是现代的锅，而是一个有圈底的金鱼缸。

鍪（音谋）：反唇大腹，小口而敞，平圆底无足，一面有小朝天耳的手提，而一面有流。

盘：古代的一种盥洗用具，多为圆形器物。

〔西周〕虢国青铜釜

270

洗：古今的一种日常盥洗的脸盆。一般为圆形，敞口，直腹或敛腹，平底，有的器壁两侧有铺首衔环，内底常用双鱼作装饰，并铸有吉祥语或纪年铭等。

勺：舀东西的用具，略呈半球形，有柄。

漏壶：古代计时的器具，用铜制成，分播水壶、受水壶两个部分。似现代的大水壶，圆柱体下三足底旁有流，有盖。

熏炉：是汉晋时期焚香熏香之用，流行于两汉魏晋时期，由炉身、炉盖和底座三个部分组成。炉体呈半球形，上有镂空的山形盖，以便香烟缭绕。圆盘形底座，中有圆柱与炉体相连。

［战国］青铜鍪

［春秋］吴王夫差青铜鉴

［东汉］百鸟朝凤熏炉

熨斗：古今用来熨平衣服的器具。古代熨斗用铜或铁铸成，形状像斗，中间烧木炭。汉魏时期的熨斗一般为圆体，平底，宽口缘，长直柄，有的柄上刻有尺度，有的铸有"熨斗直衣"的铭文。

五、农　器

农器是农业耕作之器，主要器物有：

犁铧：即耕地用的犁头，犁头形状近似近代木犁上的铁铧，大约是战国时期的。

「中华古玩艺术」将古玩所涉及的内容进一步理论化、系统化。从陶器、瓷器、玉器、青铜器、古币、书画、珐琅等二十多个方面，分门别类地介绍了各类古玩器物的人文历史、工艺美术及鉴别方面的知识，几乎涉及了中华古玩的各个领域，既见分地把握了明确的系统性，又解决了物与史的结合。

锄：用于松土和除草的农具，古代也叫耨，是一种锄草的农具。锄的基本形状类似镢和锸，为长方形或者扁方形，上部有銎插曲柄，下部为扁平刃或者弧式刃。青铜锄传世的大多是战国到汉代的器具。

铲：用于铲土和除草的农具，铜铲流行于商代到战国时期。铲的形状为长方形，有肩，平刃，上部有插木把用的銎。

镢：古代的一种农耕器具，相当于大型锄头流行于商代至战国。镢为长方形，上部有中空的銎，下面有单面刃或双面刃，从上至下由厚变薄。上部有銎孔，用来插木柄使用。

锥：古今用于穿孔的工具。锥的形状和用途与现代锥相似。最早的青铜锥出土于甘肃原始社会后期的齐家文化遗址。

锯：古今的木工工具，流行于商代至战国。锯用于切割竹、木、骨、角等器物。早期的青铜锯出现在商代，形状为矩形，两边有锯齿。战国时期有直锯和弯锯。

耙：用于松土和除草的农具，古代的耙由铜和铁制成，分为分齿耙、无齿耙、圆齿耙等。

斧：古今用于砍伐的工具。铜斧由新石器时代的石斧演变而来，流行于商代、春秋时期。

第四节　　青铜器工艺

随着夏代农业生产的发展和生产部门的分工，烧制陶器，琢磨石器，制作骨器、蚌器，冶炼青铜器和制作木器等各种手工业也有了新的发展和分工。

在冶炼青铜器方面，文献中有夏代冶炼青铜器记载：如"禹制九鼎"和夏后启命人在昆吾铸鼎，出土的铸造铜器的遗存可以为证。铸铜是夏代新兴的手工业，夏朝既能采矿，又能铸造各种兵器，其冶炼技术已相当进步，尤其是青铜工艺最为先进。青铜是铜和锡的合金，在制作青铜时，先以细泥制成器范，即模型，再用陶锅冶炼铜锡矿块。最后将铜锡熔液注入器范中，冷却后就成了青铜器。

一、夏代的青铜工艺

夏代是我国历史上第一个朝代，也是我国历史上最早的奴隶制国家。远古夏人的活动中心是河南西部和山西南部一带。新中国成立后，在河南西部、黄河中游南岸以及山西汾河下游等地，发现了"二里头文化"，并在二里头文化遗址中出土了成组的青铜礼器、玉器和最早的青铜器铸铜作坊，作坊遗址中还有制铜用的陶锅、陶范以及铜渣等。大量考古实证和研究证明，二里头文化最早进入了青铜器时代。二里头文化遗址中出土了一件铜爵，高13.3厘米，平底束腰，流和尾都比较长，把上有三个镂孔，工艺性强，造型别致优美，反映出夏代制铜技术已经具有了一定的水平。二里头文化与后来的商周文明一道，构成华夏文明形成与发展的主流，确立了以礼乐文化为根本的华夏文明的基本特质。

［夏］二里头爵

二、商代的青铜器工艺

商代的手工业分工较细，有铸铜、制陶、制骨、琢玉、漆器等部门，各种手工业都已有了显著发展和突出成就，而其中最能反映时代特点和工艺水平的是青铜铸造业。

商代是青铜器的全盛时代，青铜器的品种繁多，主要类别有礼器、兵器、生产工具及车马器等。

从制铜工艺的角度上讲，以商代青铜器的制作为范铸。商代遗址中已发现铸铜作坊遗址，出土了大量的陶范、坩埚块、木炭、小

［夏］青铜器纹饰

［商］饕餮纹提梁卣

《中华古玩艺术·铸古玩所涉及的内容逻一步理论化、系统化。从陶器、瓷器、玉器、青铜器、古币、书画，分门别类地介绍了各类古玩器物的人文历史、工艺美术及鉴别等方面的知识，几乎涉及中华古玩的各个领域，概况分明把握了明确的系统性，又解决了物与美的结合

273

[商] 三羊饕餮纹瓿

[商] 饕餮纹瓿

件铜器的铜锭、铜渣等。熔铜的工具除有草拌泥制的坩埚外，还有外敷草泥的缸或大口尊。通过对青铜器中铜、锡、铅合金成分的研究，可知其与《考工记》所载之"六分其金而锡居一"的"钟鼎之齐"大体相近。商代晚期的司母戊方鼎重达875千克，鼎身和四足为整体铸造，鼎耳则是在鼎身铸成后再在其上浇铸而成。从铜作坊规模之宏伟、炼铜技术之高超、器物制作之精美、种类之繁多、花纹之复杂、制范技术之纯熟，都可以看出商代生产技术及青铜铸造的工艺美术水平。

从青铜器的装饰来看，殷代前期多为直接雕在模的壁上。殷代晚期往往在模壁上还另加泥片，再进行雕刻，因而产生浅浮雕的效果，形成主纹和地纹。主纹上有的还加以刻划线条，使纹样的层次更为丰富。商代青铜器的装饰花纹，多流行想象的动物图案，其主纹常见的有"饕餮"纹，形成一个兽面，大眼、有鼻、双角；也有用两个"夔"纹的。以饕餮为代表的青铜器纹饰具有肯定自身、保护社会、"协上下"、"承天休"的祯祥意义。

饕餮纹：是殷代青铜器的主要纹样，又称兽面纹，多饰在器物的显要部位，饕餮纹的含义，一般根据《吕氏春秋》和《左传》等古书中的解释。《吕氏春秋·先识览》记载："周鼎著饕餮，有首无身，食人未咽，害及其身，以言报更也。"《左传·文公十八年》载："缙云氏有不才子，贪于饮食，冒于货贿，侵欲崇侈……不知纪极，不分孤寡，不恤穷匮，天下之民以比三凶，谓之饕餮。"可见，饕餮是一种凶贪的怪物。自北宋开始，金石学家们便以饕餮命名这种纹样。

饕餮纹

夔纹：是商代青铜器的一种纹样，夔纹是近似龙纹的怪兽纹。夔的变化形象很多，考古学家给它们以不同的名称，如两头夔纹、蕉叶夔纹、三角夔纹、蟠夔纹等。

夔纹

龙纹：是我国装饰纹样中应用最久的一种，最早见于青铜器。它作巨首而有两角，身有鳞，成蟠曲的形状。

凤纹：是一种吸取各种鸟禽的特点而组成的图案，在青铜器上应用很广。

回纹：也叫云雷纹，是商代青铜器的一种纹样，多采用主纹和地纹相结合的方法，构成单独纹样，装饰在器物的主要部位。通常是以饕餮纹作为主纹，以回纹作为地纹。用面的大小和线条粗细的对比，衬托出装饰主体。在原始社会的彩陶上就常见旋涡纹，而青铜器上则多是方形纹。

云雷纹

三、西周青铜器工艺

西周为青铜器极盛时代，遗留到后世的钟、鼎甚多，冶炼精致，器物上多刻有极富艺术价值的图画与文字，这些文字世称"金

文"。金文的结构与殷商甲骨文不同，笔画亦较甲骨文繁多，"六书"（文字形成的六种方式：指事、象形、形声、会意、转注、假借）均已具备。铭刻在钟鼎以外的文字，用笔墨书写在竹片上，长约两尺四寸，每片只书一行，约二三十个字，将竹片联缀起来，称为"方策"，策即"册"字，方策即是书籍。负责将各种重要事迹加以记载并保存这些记载的人，统称"史官"。王室和各诸侯都有史官的设置，史官均世袭其职，积年之久，史官便成为最有学问的人。

西周青铜工艺的发展，可分为两个阶段：前期大体上是继承商代的艺术风格；后期，即在成康以后，才开始形成周代自己的特点。

从周代青铜器的装饰来看，主要有窃曲纹、鸟纹、环带纹、重环纹、垂鳞纹、瓦纹等。

其中，窃曲纹是周代一种重要的装饰纹样。《吕氏春秋》载："周鼎有窃曲，状甚长，上下皆曲，以见极之败也。"此纹又称穷曲纹，认为穷则曲。周代纹样打破了商代以直线为主的特点，也打破了对称的格式，一般都组成"S"形，但又没有完全摆脱直线的雏形，因此形成直中有圆、圆中有方的特点。窃曲纹就是最具代表性的一种纹样。

窃曲纹

[西周] 窃曲纹马饰

[西周] 青铜器纹饰

鸟纹：周代盛行鸟纹。周代的鸟纹头向前，身体成"一"字形。周代的鸟纹头向回看，尾向下卷，基本上构成"S"形的骨架。

环带纹：周代常见的一种纹样。环带纹组成波状连续的带状，以上下左右的反复而产生节奏感和秩序感。这种纹样常用于器物的主要部位。

重环纹：由一个成椭圆形的环为单位，连续组成带状的纹样。环的一端成圆状，一端成两锐角。有一重的，有两重的，也有三重的。

垂鳞纹：是一种组成类似鳞片状的装饰纹样，大体构成"U"字纹带状，成错位重叠排列。

瓦纹：也称弦纹。瓦纹组成一条条平行的横条，如同瓦上的覆瓦。这是周代铜器装饰中最简朴的一种，多用于铜簋的腹部。

"中华古玩艺术"将古玩所涉及的内容进一步理论化、系统化，从陶器、青铜器、古书、书画、玉器，分门别类地介绍了各类古玩器物的人文历史、工艺美术及鉴别，种种方面的知识凡二十多个方面，手涉及中华古玩的各个领域，既无分地把握了明确的系统性，又解决了古物与爱的结合

颂壶

窃曲纹

蛟龙纹

波壶

重环纹

鹿壶

垂鳞纹

青铜器纹饰

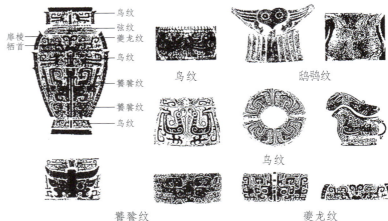

鸟纹　　　　　鸱鸮纹

鸟纹

饕餮纹　　　　　夔龙纹

青铜器纹饰

鸟纹
弦纹
扉棱 夔龙纹
牺首 鸟纹
饕餮纹
饕餮纹
鸟纹

四、春秋战国青铜器工艺

春秋战国时期的青铜工艺，和商周相比，有着明显的进步和发展。在铜器的制作上，由商代时期的浑铸发展到分铸，又采用了焊接、镶嵌、鎏金、蜡模、刻划、镂空等新技术、新方法，使青铜器的样式更加丰富多彩，造型精巧，装饰美丽，其技艺也达到了历史的最高水平。

战国后期，由于冶炼业的发展、制陶技术的提高和漆器的兴起，陶器已逐步地代替了青铜器。到了战国以后，青铜器开始进入它的最后时期。

从战国青铜器的装饰来看，商周时期是在器模上雕纹，到了春秋战国已进入印纹阶段，这是中国工艺美术的一大变革。印纹工艺就是用一块印花的模子，刻出基本花纹，然后趁模胎尚未全干时，用印模在上面盖出花纹。这种工艺采用一模多用，重复使用。这样可以取得统一的艺术效果。

在装饰纹样中，战国时期的青铜器主要采用蟠螭纹、目羽纹、绳索纹、贝纹等。蟠是缠绕叠压，"盘曲而状"，螭则是无角的小龙，民间有龙子之说。它形成蟠屈纠结、穿插缭绕的纹

［战国］青铜器纹饰

样。战国的蟠螭纹，圆眼大鼻，双线细眉，猫耳，颈粗大且弯曲，腿部的线条变弯曲，脚爪常上翘。身上多为阴线勾勒，尾部成胶状丝阴刻线。这是龙纹的简化和组合。蟠螭纹是春秋战国时期最具代表性的纹样。

[战国]蟠螭纹铜镜

目羽纹：即在羽状纹中饰一目形，这是兽纹的各种变体。

绳索纹：纹样似绳索状。

贝纹：形状为贝壳状，将单独的贝壳连接起来组成图案。

第五节　　青铜器的鉴定与收藏

中国的青铜器是铜锡合金的产物，它有较强的硬度，不像龟背甲骨、土陶瓦当、瓷器及书画碑帖等易于破碎损坏，所以便于长期陈设收藏。再则青铜器皿形态各异，古朴典雅，线条畅达，这也是其他古玩所无法相比的。青铜器种类繁多，数量惊人，即使是精美罕见的珍品也不胜枚举。但是，中国青铜器伪作及赝品之多也是惊人的，历代伪器及疑伪之器多达一二千件。

作为一般的古铜器爱好者或收藏者，要识别一件青铜器的真假，懂得对一般青铜器的鉴定，基本应该从以下几点入手，即铜质、器式、锈色、花纹、字体、手感、声响、款识等。

一、铜　质

铜质的鉴别较简单，青铜器的铜质各个朝代都不一样。如商

代以前没有黄铜和白铜，凡铜都是红色。在冶炼的技术上，兑铅、锌、镍则成黄铜，兑铅、锌、镍量过半则成为白铜。鉴别铜器时要翻看铜器的底部，如果露出黄铜质地，则是伪品或铸造的年代不长。另外，还要注意翻看铜器足底，如果是人为制作的铜色，只要用热碱水刷洗就能看到其本来面目。

二、器　式

作为一个古铜器爱好者或收藏者，要熟知各个朝代的青铜器器式的名称。历史上各个朝代的器式的名称都不相同，要学会拿捏准某铜器铸造于某朝代、某帝王时期。如饮酒之器，夏以琖、商以斝、周以爵，爵、琖、斝三者形式甚同，使用亦同，但是铸造的时代却不同。

三、锈　色

锈色是鉴定古铜器的重要依据。古铜器经过几千年流传，锈色成为器物特有的标志。辨锈色的真伪，首先是看。看锈色的方法有三种方式：入土、坠水、传世。由于铜质差别以及地理环境、土质和水质的差异，入土铜器所生成的锈色也不尽相同。古铜器常见有绿锈、红锈、蓝锈、黑锈、紫绣五色。鉴定一件古铜器，首先要看，若锈色与器体合一，深浅一致合度，坚实匀净，莹润者自然为真正品铜器。人为制造的锈色常常浮在器物上，绿而不莹，粗糙不润，刺眼贼光。其次，要嗅。鉴定铜器时，用手搓热器物，用鼻子细嗅手，有铜腥味的是伪品或铸造的年代不长，无铜腥味的则是古铜器。再次，用热碱水洗刷，伪锈就会脱落，真锈刷洗不下，还可用火烤，散发松香与胶味的脱落者为伪，真者不脱落，无异味。

四、花　纹

花式纹样是鉴定古铜器的一个重点。一般讲，三代以前的花纹，即形象单一，又朴素简陋，原始图腾味道极浓。三代之器，纹样清新活泼，富于生活气息。夏代铜器花纹简朴，花纹细而浅。商代花纹则制作精细，华丽繁缛，满花纹者居多。西周早期大致与商略同，后期趋向素朴。春秋战国的花纹则清新活泼，富于生活气息。秦汉的铜器重视实用，图案较素，花纹极少。至晋以后，花纹粗劣。

五、字　体

三代（夏、商、西周）以前无文字，所以器物上只有图形。夏初渐渐出现阳文古字，随后演变成象形之鸟迹篆。商时虽然仍是象形文字，但鸟迹已渐渐少了，多为虫鱼篆。周时虽仍用虫鱼，但已经夹杂了大篆，到了东周以后开始流行小篆，象形文字退出历史的舞台。秦则大小篆兼用。汉初延用小篆，以后主要有隶书。三国时篆书绝迹，只存在隶书一体。自晋以后，以迄前清，除仿器酌用原文所外，其余均用楷书。

六、手感和声响

用手拿住铜器轻轻掂量，如果器物的分量过轻或过于笨重的就要引起注意，这是一种经验之谈。另外，还可用手敲击实物，听其声响，若声微细而轻脆则可；若声浑浊，发出"嗡"响者，则有伪劣品痕迹。

青铜器的鉴定，是一件烦琐而艰难的事情，但只要掌握了要点，多看、多记、多思、多玩，凭借自己所掌握的知识，还是能够鉴定出一些真与假、优与劣的青铜器作品。

七、款　识

按照古代金石上的文字来看，凹者为"款"，凸者为"识"，款居内而识居外。现代无论凹凸，无论内外，都均为"款"，已

不言"识"了。夏周之器多"款识"兼有，商器多无"款"有"识"，秦汉之器有"款"者少，有"识"者更多。

第七章　古币

第一节　概　说

中国是世界上最早使用货币的国家之一。上古时期的原始货币为带齿槽的海贝，叫"货贝"。到了春秋战国时期，货贝又改叫"钱"。钱最早为农器，其形状类铲，是一种用于铲土和除草的农具。史前的人类，自给自足，没有交易往来，更没有所谓的筹划之说，偶尔有生活需求，就以农器为媒，进行物物交换，这就是最早的实物货币。随着生产力水平的提高、私有制的产生，交易逐渐增多，农器已不能满足人们日常交易的需求，于是一种代之农器的货币出现了。据史载，伏羲氏聚天下之铜以铸币，今日所见古钱，凡有文字与甲骨文刻字相同的，都是伏羲氏所铸之物。《古泉汇》一书中称，方孔之币始于伏羲。后来黄帝以柏高为矿师炼铜铸币，又载，黄帝开首山之矿以铸币。

秦始皇并灭六国，统一天下，推翻前制，建立了中国历史上第一个中央集权的封建王朝。秦始皇建国后，废封建置郡县，改革官僚机构，制定秦律，废止战国时各国形制和轻重大小各不相同的货币，改以黄金为上币，以镒（二十两）为单位；以秦国旧行的圆形方孔铜钱为下币，文曰半两。

汉武帝时期，连年对外用兵，军费大增，浩繁的宫廷开支，加之各郡国自由铸钱，造成币制混乱，物价上涨，财政极其困难。汉武帝颁行三铢钱，禁止私铸，规定"盗铸诸金钱，罪皆死"。后来汉武帝又改行赤仄钱，即赤仄五铢钱，但仍然不能稳定币制。元鼎四年（公元前113年），汉武帝取消郡国铸钱的权利，专令水衡都尉所属的锺官、辨铜、均输三官负责铸造新的五铢钱，名为"三官钱"。货币的统一，带来了国家财政长期的稳定。

隋朝时期，开皇元年（581年），隋文帝统一货币，更铸"五铢钱"、"重五铢"，解决了周、齐以来货币品名甚多、轻重不等的问题，便利了商品贸易的流通、经济的繁荣。

唐朝开创了中国封建社会的又一个盛世，经济、文化空前繁荣。随着商品经济的发展，货币的需要量不断增加，唐代市场上流通的铜钱称"开元通宝"，从开元到唐末共铸造了400亿，货币已

一、中华古玩艺术一书古玩所涉及的内容进一步理论化、系统化，从陶器、瓷器、青铜器、古币、书画、杂项等二十多个方面分门别类地介绍了各类古玩器物的人文历史、工艺美术及鉴别、辨伪及寻方面的知识，几乎涉及中华古玩的各个领域，既充分地揭示了明确的系统性，又解决了物与史的结合

成为主要的流通手段。

907年，朱温建立后梁，中国进入了分裂割据的五代十国时期。五代十国是唐末藩镇割据的继续和发展时期，这时期北方战乱不休，由于连年征战，币制混乱，加之各地割据政权纷纷设炉铸钱，故五代十国大钱多、铁钱多、铅钱多，制作精粗不一，货币种类庞杂，品种五花八门。

宋代随着农业和手工业的发展，北宋的商业比唐代更为繁荣。宋太祖赵匡胤建隆元年（960年）始铸宋朝开国钱"宋元通宝"。钱文仿八分书，形制仿唐开元，有铜、铁两种，背有星、月纹等，铁钱十当铜钱一。两宋时期货币种类繁多，花样翻新，富有时代特色。商品交易频繁，货币流通量日益增加，宋真宗时出现了世界上最早的纸币——交子。交子代替了铁币在市场上流通，后由朝廷接收，设"交子务"，扩大了流通范围。

从辽代的天显（922年）到辽宋的天庆（1111年），近一二百年间，钱文、形制均一脉相承，这说明辽代铸钱有明显的传统性和民族性。据文献记载：辽最早的钱币是"通行泉货"，由辽太祖耶律阿保机（916—926）时期所铸造。

西夏是一个以党项族为主的政权。畜牧业是西夏的主要经济来源。西夏国起初没有自己的货币，贸易是通过实物交换或使用宋朝的货币。夏景宗元昊时开始铸钱。现在见到的最早的西夏钱币是"天授通宝"。

金手工业中，矿冶技术十分发达。金初只用辽宋旧钱。金海陵王时期，正式印造称为"交钞"的纸币。大一贯至十五贯五种。小钞分为100文至700文五种。交钞限有十年，倒换新钞。1157年开铸铜钱"正隆天宝"。

元代的商业极为繁荣。这与全国的统一、农业和手工业的恢复和发展、海运和漕运的沟通、纸币交钞的发行都有紧密的关系。元世祖时，用桑皮纸印造"中统元宝钞"，交钞的使用已通行于全国各地。元代除了大量使用纸币外，还流通着种类繁多的铜钱。

明代随着农业和手工业生产技术的提高，商品经济有了新的发展。元代时币制混乱，通货膨胀严重，发行统一货币是明代商业发展的要求，也是明代封建王朝加强对市场统一管理的需要。明朝建立后，朱元璋首先铸造"洪武通宝"铜钱，与旧钱同时投入交换。由于商品经济的发展，白银成为主要的流通货币。明初禁止用白银，正统时期江南田赋改征金花银，成化时期官吏的薪俸也以白银支付。明代中期以后，白银使用更加普遍，白银成为法定的货币。

清代铜钱沿用明朝币制，所以有清承明制之说。清朝所铸铜钱均为铜钱，顺治年间开始定钱法。朝廷和地方设局铸造铜钱，钱是在顺治末年以后固定正面汉字钱文，背面满文纪局。咸丰年间为筹措军饷，清廷改铸各式不足值的大钱，地方省局竞相仿铸，面值大小、轻重多不相同，制钱趋于衰微，最后为机制币所逐渐取代。清代铜钱中以咸丰钱最为复杂，钱文有通宝、重宝和元宝之分，面值不同，钱局不同。清朝民间商务大数用银，小钱用钱，钱、银并行。

中国古代钱币萌芽于三皇五帝时期，经过夏、商、周的演变和发展，秦始皇统一了货币。历经了四千多年的历史，创造出了中国恢弘的钱货文化，这是世界金融钱币史上任何一个国家都无法比拟的。

第二节　中国古钱币的历史渊源及种类

一、先秦时期

先秦时期古钱币主要有贝币和金属货币。

贝　币

贝币，也叫货贝，是我国最早出现的一种原始货币。贝币多为白色光洁的齿贝，大小不一，一般长2～3厘米，宽1.5厘米左右；背部隆起，细口长而多齿，齿纹多达20对以上。贝币的背部常常有一两个磨孔以便穿系。贝币的计量单位为"朋"，朋的古字本义是指一串或两串相连的"贝"，后来逐渐演化成计量单位，一般5个或者10个为一串，两串（10个或20个）为一朋。贝币流行于夏，盛行于商，而衰落于周、春秋、战国时期。

贝币的贝产于海，有珧贝、蚌制贝、骨贝、石贝、陶贝等，贝

币向金属货币形态过渡是由铜贝完成的。原始贝币没有传世品，基本为出土物。因年代久远，极易损坏。新中国成立后，在云南滇池附近的战国、西汉时期滇人的贵族墓里，出土了大量的海贝，装在精致的青铜贮贝器中。贝币在云南一带一直使用到清朝初年。

原始社会货贝

金属货币

青铜农具：青铜农具是最早的钱币形式，由青铜制造而成。在原始社会的交易过程中，有些生产工具如铲、刀等逐渐成为流通手段和支付手段，青铜农具从而取代了贝币。

青铜货币：青铜货币流通于春秋至战国时期。由于农具作为一种流通手段和支付手段，显得既笨重，又不利于交易。于是，人们开始改良铸造出一种形似农具的金属货币，这种货币就叫"青铜货币"。战国时期的青铜货币主要有三大体系：布币、刀币、环钱。

（1）布币：不是用布织品制作成的货币，而是春秋战国时期铸行的空首布、平首布等保留着铲状的货币的总称。因其形状类似青铜器农具类的铲而得名。从工艺设计的角度上讲，布币是模仿青铜农具镈的形状铸造的一种金属货币。镈是古代一种锄类的古老农具，布即镈的通假字，镈形似铲，因而又叫"铲币"。最早的布币完全保留着铲的形状。布币的流通区域非常广泛，春秋时的晋国，战国时的赵、韩、魏等国都使用布币。

布币的种类繁多，有空首布、平首布、钣布、三孔布、异形三角布、殊布当釿、四布当釿、连布等。布币的出现，标志着我国古代社会进入了一个新的历史时期，即以金属货币为主的货币时期。

［春秋］铜空首布币

（2）刀币：一目了然，就是从刀演变而来的。刀币是春秋战国时期的针首刀、尖首刀、明刀、齐刀和圆首刀等各种刀形货币的总称。因其形状类似青铜器兵器类的刀而得名。刀币形状模仿于山戎、北狄等北方游牧民族渔猎用的刀类工具。由于齐刀面上有"化"字文，故称"刀化"。刀背分弧背、折背、直背，刀首有平首、尖首。刀币的流通范围没有布币广泛，主要分布于东部的齐、燕等国。这是因为古代西部地区的人多以农植为主，所以用青铜农具为货币。东部地区近海，河流亦多，人民多从事渔猎生活，所以用刀币为货币。

［春秋］齐刀币

刀币的种类繁多，有齐之法化、齐法化、齐返邦长法化、节墨之法化、安阳之法化、莒刀、齐明刀、尖首刀、针首刀、明刀、甘刀、白人刀、蔺刀、晋阳刀、成白刀、燕明刀、圆首刀等。

［战国］戈币

（3）环钱（圜线）：是一种由古代的纺织工具上的部件纺轮演化而来的青铜货币。也有人认为是从旧石器时期的石环（石珠）和新石器时期的璧（玉环）等器物上的装饰品或刀币的环部演化而来的。环钱形圆，中间有一圆孔，便于携带，或便于计数，且不易折损，最终成为我国方孔圆钱的祖先。环钱大小不等，上面的文字有多有少，它流通的范围比起布币、刀币要小得多，据专家们考证，环钱是秦国早期的货币。

刀币、布币、环钱都是有形的青铜货币，属金属货币的范畴。青铜货币是从贝币、青铜农具等自然形态货币过渡发展起来的。在我国，它们的出现，具有承上启下、继往开来的历史作用。

金属铸币的出现较晚，《国语》载："周景王铸大钱是在公元

［战国］环钱

前524年，现在所见到的铜铸空首布，其中有一部分是在春秋末年所制造。"

二、秦汉时期

秦始皇统一中国后，废止了战国时各国形制和轻重大小各不相同的货币（即贝、刀、环钱、布等币），统一了全国币制，改以黄金为上币，以镒（20两）为单位；以秦国旧行的圆形方孔铜钱为下币，文曰半两。方孔钱是中国古代钱币的俗称，因中间有一方孔而得名。

秦国黄金之所以为上币，是限于大数目的支付，如帝王的赏赐，而日常的民间交易，则用"半两"钱，秦代"半两"圆形方孔铜钱的出现，标志着中国金属货币进入一个新的时期，这种圆形方孔铜钱货币形制一直沿用了2000多年。以秦的"半两"钱为最早，清末的"宣统通宝"为最晚。

［秦］"半两"圆形方孔铜钱（秦"半两"钱）

汉王朝建立以后，汉武帝颁行三铢钱，禁止私铸，三铢通行时间不长，存世较少。后来汉武帝又改行赤仄钱，即赤仄五铢钱，又称汉代五铢钱。五铢钱是中国古铜币名，钱重五铢（重量单位，二十四铢为一小两），最初铸于公元前118年（汉武帝元狩五年），东汉、蜀汉、曹魏、晋、南齐、梁、陈、北魏和隋都有铸造。公元621年（唐武德四年）废止。

五铢钱是货币史上流通最久、最成功的一种钱币。西汉末王莽篡位取得皇权后，多次改变币制，导致货币繁杂，而比价又极端不

合理，如他发行的大钱，每个还不到五铢钱两个半重，却要当五十个五铢钱使用。这实际上也是一种掠夺人民财富的手段。到了东汉又恢复铸行五铢钱。

［汉］赤仄五铢钱（汉五铢钱）

三、三国、两晋、南北朝时期

三国、两晋、南北朝时期钱币种类较多，在钱文上已打破了铢两相称的习惯，出现了一些国号钱、年号钱及古语钱。

三国时期孙权铸造"压岁压五金"、"大泉五百"、"大泉五千"；刘备铸造"蜀五铢"、"直百五铢"、"直百"、"太平百钱"、"世平百钱"、"太平百金"、"定平一百"；曹丕铸造"魏五铢"。

［三国·吴］大泉五百铜钱　　　　［三国·吴］大泉五千铜钱

两晋时期西晋惠帝永康铸造"凉制新泉"；东晋时期铸造"丰货"、"沈郎五铢"、"汉兴"、"凉造新泉"、"大夏真兴"等。

南北朝时期南朝宋文帝刘义隆铸造"四铢"；宋孝武帝刘骏铸

造"孝建四铢"、"大明四铢",宋废帝刘子业铸造"景和";梁武帝萧衍铸造"天监五铢"、"公式女钱"、"背四决铁五铢"、"大吉五铢",梁元帝萧绎铸造"两柱五铢",梁敬帝萧法智铸造"四柱五铢";陈文帝铸造"天嘉五铢",陈宣帝铸造"太货六铢";北朝北魏孝文帝铸造"太和五铢",孝庄帝铸造"永安五铢";北齐文宣帝高洋铸造"常平五铢";北周武帝于文邕铸造"五行大布"、"布泉",静帝于文阐铸造"永通万国〔静帝(于文阐)〕"等。

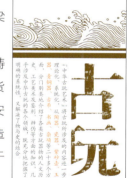

[北朝]北魏孝文帝铸造的"太和五铢"

四、隋、唐时期

隋代开皇元年,隋文帝杨坚为了统一货币,铸造了"五铢钱",又叫"开皇五铢",钱文"五铢"二字为篆书,笔画工整。"五"字交笔有圆曲与斜直两种,"朱"头多呈方折,外轮廓宽阔,面无穿廓,民间有"凶多吉少"之说。

唐代货币以"通宝钱"为主。"通宝"是中国钱币的一种名称。唐高祖李渊武德四年(621年)废五铢钱,改铸"开元通宝",以后历代沿用通宝之名,常在通宝之前冠以年号、朝代或国名,铸于币面。"通宝钱"从此成为重量的单位,十钱一两的进位制由此诞生了。"开元"的意思是"开创新纪元";"通宝"有"在国内通行宝货"之意。初唐时期的开元通宝钱,径2.4~4.2厘米,重3.8~4.2克。钱文为八分隶含篆体构成,钱内外轮廓精整峻深,"元"字第二笔向上左挑,背多平坦光洁。自玄宗后钱略微偏小,面文四字稍欠匀称,"元"字出现右挑、双挑现象;钱背时见

[隋]隋文帝五铢钱

各类月纹、星号，位置变化较多，　并有错范合背钱。德宗以后铜钱铸造粗糙，钱小身体轻，径约2.3厘米，重3.3克。

"开元通宝"钱的问世，结束了自西汉以来延续七百多年、以重量五铢命名铸币的传统，开创了通宝、元宝钱的新体系，自唐代起，钱币就不再以重量为名称了，而改称"宝"，或通宝，或元宝，或重宝，或其他什么宝。从武德四年铸行开元通宝钱起，至1916年"洪宪通宝"止，通宝、元宝钱的货币体系一直沿用了近一千三百年，其流通年代之久，在世界货币史上也是十分罕见的。

［唐］开元通宝

五、五代十国时期

五代十国时期北方战乱不休，由于连年征战，币制混乱，加之各地割据政权纷纷设炉铸钱，故五代十国大钱多，铁钱多，铅钱多，制作精粗不一，货币种类庞杂，品种五花八门。

五代后梁太祖朱晃铸造"开平通宝"，北方刘仁恭与其子刘守光铸造"永安钱"、"铁货布"、"铁顺天元宝"、"顺天元宝"、"应天元宝"、"应圣元宝"、"乾元重宝"。十国时期铸有"大

［五代］开平通宝

［五代］永安钱

齐元宝"、"永平元宝"、"通正元宝"、"天汉元宝"、"光天元宝"、"咸康元宝"、"乾德元宝"、"天成元宝"、"天福元宝"、"永隆通宝"、"天德重宝"、"汉元通宝"、"天策府宝"等。五代后周铸有"周元通宝",五代后晋铸有"助国元宝"、"壮国元宝"。十国后蜀铸有"广政通宝"、"大蜀通宝",十国南唐铸有"南唐开元通宝"、"保大元宝"、"唐国通宝"、"大唐通宝"、"永通泉货",十国闽王铸有"闽王元通宝"、"天德通宝",十国南汉铸有"乾亨通宝"、"乾亨重宝"等。

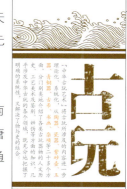

[五代]天德重宝

六、南、北宋时期

两宋300年间,是中国封建社会商品经济空前繁荣的时期,货币的需要量猛增,因此宋朝的铸币量非常大。宋初仍以小平及折二钱为主,间亦行用大钱,其轮廓、大小都有一定标准。宋太祖赵匡胤建隆元年(960年)始铸宋朝开国钱"宋元通宝"。钱文仿八分书,形制仿唐开元,有铜、铁两种,背有星、月纹等,铁钱十当铜钱一。两宋时期货币的种类繁多,花样翻新,富有时代特色。

[宋]铁钱

北宋时期铸币有"宋元通宝"、"太平通宝"、"淳化元宝"、"至道元宝"、"应运元宝"、"咸平元宝"、"景德元宝"、"祥符元宝"、"天圣元宝"、"明道元宝"、"景祐元宝"、"皇宋通宝"、"康定元宝"、"庆历重宝"、"至和元宝"、"嘉祐元宝"、"熙宁通宝"、"元丰重宝"、"元祐通宝"、"绍圣元宝"、"绍圣通宝"、"元符通宝"、"建国通宝"、"圣宋元宝"、"圣宋通宝"、"崇宁通宝"、"崇宁重宝"、"大观通宝"、"政和通宝"、"宣和通宝"、"靖康通宝"等。

北宋时期除了大量发行铸币外，还开始发行"交子"（纸币）。交子是中国最早的纸币。北宋初，四川使用铁钱，体大值小，流通不方便。商人发行一种纸币，称"交子"，性质同存款收据相近，可兑现，可流通。但常因发行人破产等原因而不能兑现，故1023年起改由政府发行。每次发行有一定限额，三年兑现一次，换发新交子。后因供应军饷，超额发行，遂致贬值。1098年，换发新交子时，需四缗旧交换一缗新交。1105年，宋徽宗改交子为钱引，用以替代贬值的交子。"钱引"是北宋的一种纸币，意即兑换钱币的凭证，三年换一次，称为一界。引上印有界分、年限以及面额等，并饰以各种图案花纹，后因不能兑现而贬值。北宋交子的发行、流通，标志着中国历史上真正使用纸币的开始。

［北宋］交子（交子由两张券组成，以上是北宋交子印钞铜版拓印正、副券图，两张券合起来才可以兑换现钱）

南宋时期铸币有"建炎通宝"、"绍兴元宝"、"绍兴通宝"、"隆兴元宝"、"乾道元宝"、"淳熙元宝"、"淳熙通宝"、"绍熙元宝"、"庆元通宝"、"开庆通宝"、"嘉泰通宝"、"嘉定通宝"、"嘉泰元宝"、"嘉定杂宝"、"大宋元宝"、"圣宋重宝"、"宝庆元宝"、"绍定元宝"、"绍定通宝"、"端平元宝"、"端平通宝"、"端平重宝"、"嘉熙通宝"、"嘉熙重宝"、"淳佑元宝"、"淳佑通宝"、"皇宋通宝"、"景定元宝"、"咸淳元宝"、"临安府钱牌"等。宋代铜钱和铁钱并用。一些地区,如四川就盛行铁钱,由于铜钱贵,铁钱贱,所以在民间通常以一个铜钱换三个铁钱。

宋朝开国钱币宋元通宝

从辽代的天显(922年)到辽宋的天庆(1111年),近一二百年间,钱文、形制均一脉相承。据文献记载:辽最早的钱币是"通行泉货",由辽太祖耶律阿保机时期(916—926)所铸造。辽代铸有"天显通宝"、"会同通宝"、"天禄通宝"、"应历通宝"、"保宁通宝"、"统和元宝"、"重熙通宝"、"清宁通宝"、"咸雍通宝"、"大康通宝"、"大康元宝"、"大安元宝"、"寿昌元宝"、"乾统元宝"、"天庆元宝"、"大泉五铢"、"开丹圣宝"、"丹巡贴宝"、"百贴之宝"、"巡贴千宝"、"千秋万岁"、"天朝万顺"、"天赞通宝"、"大辽天庆"等。

西夏国起初没有自己的货币,贸易是通过实物交换或使用宋朝的货币。夏景宗元昊时开始铸钱。现在见到最早的钱是"天授通宝",此外还有"西夏文福圣宝钱"、"西夏文大安宝钱"、"大安通宝"、"西夏文贞观宝钱"、"元德通宝"、"元德重宝"、

辽太祖耶律阿保机铸"通行泉货"

"大德通宝"、"西夏文乾佑宝钱"等。到了夏崇宗乾顺时期开始铸造汉字钱，有"元德通宝"。仁宗以后，铸"天盛元宝"、"乾佑元宝"、"天庆元宝"、"皇建元宝"、"光定元宝"等。

西夏文钱

金初只用辽宋旧钱。金海陵王时期，正式印造称为"交钞"的纸币。大一贯至十五贯五种。小钞分为100文至700文五种。交钞限有十年，倒换新钞。正隆1157年开铸铜钱"正隆天宝"。"正隆天宝"仿北宋大观平钱，质地精良，文字秀美，楷书钱文旋读，轮廓和文字略有肥瘦之分，光背无文。径约2.5厘米，重4.5克左右。金代钱币以精美著称，这与金人矿冶技术发达有关。金代钱币除了有"正隆天宝"之外，还有"大定通宝"、"承安宝货银币"、

"泰和通宝"、"泰和重宝"、"崇庆元宝"、"崇庆通宝"、"至宁元宝"、"贞佑通宝"等。

［金］大定通宝

七、元、明、清时期

元代除了大量通行纸币外，还流通着种类繁多的铜钱。有"大朝通宝"、"中统通宝"、"至元通宝"、"元贞通宝"、"大德通宝"、"至大通宝"、"至大元宝"、"大元通宝"、"大元国宝"、"皇庆元宝"、"延佑元宝"、"延佑通宝"、"至治元宝"、"至治通宝"、"致和元宝"、"泰定元宝"、"泰定通宝"、"天历元宝"、"元统公宝"、"元统通宝"、"致顺元宝"、"致顺通宝"、"至元元宝"、"至正通宝"、"至正大宝"、"天佑通宝"、"龙凤通宝"、"天启通宝"、"天定通宝"、"大义通宝"等。

［元］八思巴文铜币　　　［元］天佑通宝

我国是世界上使用纸币最早的国家。汉代白鹿皮币，唐代飞钱，宋代交子、会子，金之交钞、宝钞，都属纸币的性质，但只局

限于某些地区通用，而真正在全国范围内使用纸币，应始于元中统元年（1269年）。

明代随着农业和手工业生产的提高，商品经济有了新的发展。发行统一货币是明代商业发展提出的要求，也是明代封建王朝加强对市场统一管理的需要。明朝建立后，朱元璋首先铸造"洪武通宝"铜钱，与旧钱同时投入交换。由于商品经济的发展，白银成为主要的流通货币。明初禁止用白银，正统时期江南田赋改征金花银，成化时期官吏的薪俸也以白银支付。明代中期以后，白银使用更加普遍，白银成为法定的货币。明政府规定：每十串铜钱为一贯，每钞一贯准钱千文，或银一两。

"宝钞"是元、明时发行的一种纸币名称。元代军费支出浩繁，元世祖（忽必烈）在1260年发行"中统元宝宝钞"，面额自十文至二贯，共十种；1287年又发行"至元通行宝钞"。明太祖于1375年发行"大明通行宝钞"，流通了一百多年。

明代纸币"大明通行宝钞"

明代除了大量流通白银外，还流通着为数较多的铜钱。明初的铜钱以洪武为代表，当时各局均有铸造，分小平、折二、折三、折五、折十等五式，版别较多，如"通"字就有单、双点之分，背有纪值、纪地及光背等数种，各地所铸的钱文自成系统，书体各不相同，存世多寡悬殊。明代所铸的铜钱有"洪武通宝"、"永乐通宝"、"洪熙通宝"、"宣德通宝"、"弘治通宝"、"嘉靖通宝"、"隆庆通宝"、"万历通宝"、"泰昌通宝"、"天启通宝"、"崇祯通宝"、"永昌通宝"、"大顺通宝"、"西王赏功"、"弘光通宝"、"武隆通宝"、"大明通宝"、"永历通宝"、"兴朝通宝"、"利用通宝"、"昭武通宝"、"裕民通宝"等。

清建国于明朝万历四十四年（1616年），初称后金，又称天命汗，1636年始改国号为清，1644年入关。自努尔哈赤建国，至清朝最后

［明］洪武通宝

一个皇帝宣统帝溥仪退位，共历295年。天命元年努尔哈赤铸行钱币，共有满文、汉文两种。"天命汗钱"为满文钱，钱文按照老满文写成，读法由穿左读起，至穿右，再上下读。方孔圆钱型，仿明小平钱，铜色赤暗，铸工较劣。汉文钱"天命通宝"，钱文直读，背面穿左有满文"十"字，穿右有满文一两字样。天命十一年（1626年），努尔哈赤去世，子爱新觉罗·皇太极继承汗位，1627年改天命为天聪，铸行满文钱"天聪汗钱"，又叫"天聪汉钱"，钱文按照老满文写法，形制仿明"天启通宝"，背文穿左铸老满文"十"字，穿右为老满文"一两"。有粗字、细字两种。

公元1644年清军入关，爱新觉罗·福临在北京登基，改元顺治，成为清世祖。顺治在北京设铸钱局铸钱，朝廷于工部、户部开设宝源局、宝泉局，后在各地开设钱局，铸"顺治通宝"，钱文楷书背汉文纪局、新满文纪局或满汉文纪局，有小平、折二、折十数等。顺治时期对铸造钱币成分有明确规定，即铜七成，白铅（锌）三成，为合金，称之为"黄铜"，一千铜钱称为一串，年铸一万二千串，称为一卯，即每开一期的额定数称为"正卯"，正卯以后凡有加铸数称为"加卯"。"顺治通宝"钱径2.5～2.6厘米，重3.8～4.5克。顺治时期，始定钱法，奠定了清朝钱币的基础。

［清］顺治通宝

顺治十八年（1661年）正月初七，清世祖去世，康熙即位，始铸"康熙通宝"，钱文楷书。工部、户部开设的宝源局、宝泉局所铸背满文纪局，地方局所铸背满文纪局。"康熙通宝"铸行时间长达六十年，铸量较多，钱径2.5～2.7厘米，重3.8～5.6克。另外，还有背"大清"、龙凤纹和星月纹等钱样。还有民间喜用作压

岁钱、嫁女的压箱钱和男女信物等钱币。传说，康熙年间户部宝泉局用金罗汉铸钱所铸制的"康熙通宝"异品罗汉钱，长期以来，一直被民间看做是吉祥幸福的信物，颇受珍爱。罗汉钱存于世上的极少，至为珍贵。康熙在位61年，钱币发行量很大，所以"康熙通宝"传世较多。

"康熙通宝"正面钱文汉字，背面一律铸有当时全国各地不同铸币局的地名简称，分别用汉、满两种文字对照，汉文在右，满文于左。康熙初期和中后期，由于中央政权的重视和经济迅速发展，制币业持续发展，从开始十四个地方制币局发展到二十一个局。为了便于记一个铸币局的所在地，人们还将其中的二十个局地名押韵编成顺口歌诀：同福临东江，宣原苏蓟昌，南河宁广浙，台桂陕云漳。

［清］康熙通宝　　　　　［清］康熙通宝罗汉钱

康熙于公元1772年去世，清世宗雍正即位。雍正帝登基后，初期仍以杜绝私铸钱币，防止白银外流，实行铜钱紧缩政策。于雍正元年铸行"雍正通宝"，沿康熙四十一年制，钱重一钱四分，力求精美标准，大小分二类，大钱与"康熙通宝"大钱相仿，小钱直径2.4厘米，当时全国共有二十多个钱局，都是康熙时局，雍正规定一省只设一个钱局，于雍正四年（1726年）时，改山西局为宝晋局，山东局为宝济局，台湾省局为宝台局等。雍正十一年（1733年）时，再次实行铜钱减重，变为每文一钱二分。雍正通宝钱背文格式，一律按照前朝宝泉、宝源泉钱式，背文穿左为满文"宝"字，穿右为满文钱局名，纪局有：泉（户部）、源（工部）、浙、武、河、昌、云、苏、南、安、黔、巩、济、晋、台、川等局。

由于雍正帝钱制统一，钱法严谨，私铸较少，所以"雍正通宝"边阔字正，形态工整。在清代钱币中居少而精地位，钱径2.6～2.8厘米，重3.6～4.5克。在雍正钱币家族里数量最多是宝源局、宝泉局、宝云局铸的钱。

［清］雍正通宝

雍正十三年（1735年）八月十三日，雍正帝病逝养心殿，其子弘历继位，改次年为乾隆元年。清高宗乾隆即位后，铸行"乾隆通宝"。钱文以楷书书写，钱字从上而下，从右而左直读。钱背文字沿用雍正满文钱式，穿孔左边铸有"宝"字，穿孔右边铸有各局名。"乾隆通宝"连宝源局、宝泉局在内先后有22局开铸。纪局有：泉、源、直、苏、昌、浙、福、武、南、川、济、晋、陕、巩、安、云、黔、台、伊犁、库车、叶尔羌、叶尔奇木、阿克苏、乌汁、喀会、和田等局。"乾隆通宝"币材多用黄铜、青铜、红铜（新疆红钱），钱径2.2～2.5厘米，重2.4～4.8克。

［清］乾隆通宝

公元1796年，仁宗登基，改元嘉庆。清仁宗嘉庆年间铸行"嘉庆通宝"，钱径2.2～2.6厘米，重2～4克。钱文楷书，直读。钱背满文左"宝"，右记局。纪局有：泉、源、直、苏、昌、浙、

福、武、南、川、晋、陕、巩、云、东、黔、伊犁、阿克苏等局。

［清］嘉庆通宝

"嘉庆通宝"有少数的吉语钱，如星、月纹，另有如天子万岁、国泰民安、福康寿宁、天下太平、日日生命财等。

　　从清朝的社会经济状态来看，顺治至嘉庆的一百年间是清朝的盛世时期，商品经济的迅速提高，促进了农业和手工业的发展，金融业得到了前所未有的繁荣。繁荣和发展标志着各族人民之间经济联系的加强，对外贸易的昌盛，正孕育着资本主义的萌芽。所以，在这一盛世时期所流通的铜钱货币，就更有了收藏的价值。近年来，我国民间流行收藏、佩挂清朝"五帝币"，即顺治、康熙、雍正、乾隆、嘉庆。收藏：古币有较高的历史人文价值和市场兑换的经济价值。佩挂：作为人身佩戴，能带给人一种吉祥、祈福、富

五帝币

足、财运的心理感受；作为住宅壁挂，能带给家庭镇宅辟邪、紫气东来、丰衣足食、家庭和睦的心理需求。

　　1840年的鸦片战争及战后一系列不平等条约的签定，使中国的社会性质开始发生根本性的变化。公元1821年，清宣宗继位，改元道光，铸行"道光通宝"，钱径2.2～2.4厘米，重2.5～3.6克，钱文"道光通宝"四字以楷书书写，钱字从上而下，从右而左直读，钱背记有宝源局、宝泉局满文钱式。记局有：泉、源、直、苏、南、昌、武、川、浙、福、晋、陕、广、桂、云、东、黔、伊、阿克苏、库车、宝新等局。"道光通宝"形制特点基本与嘉庆相同。道光年间，因为鸦片的非法输入日渐严重，白银外流加大，日甚一日，银价上涨，加之劣制钱币充斥，形制混乱，商品经济一步步走向崩溃的边缘。

［清］道光通宝

　　公元1851年，清文宗即位，次年改元咸丰，铸行"咸丰通宝"，后来增铸了"咸丰元宝"及"咸丰重宝"大钱。咸丰时期，"通宝"，有当四、五、十、五十等；咸丰"重宝"有当八十、百、二百、五百等；千称"元宝"。小平钱径2.2～2.6厘米，重2.4～4.2克。同是重宝钱，当五十大者径6厘米，重80克，小者径4.6厘米，重30克。咸丰钱品类浩繁，形制极其混乱，钱币品种多达近千种。"咸丰重宝"钱文楷书，背满文纪局。纪局有：泉、源、直、蓟、福、陕、昌、河、德、晋、云、东、武、桂、浙、济、台、苏、巩、川、黔、南、广、伊犁、迪化、叶尔羌、库车、阿克苏等局。

　　公元1862年，清穆宗即位，次年改元同治，铸行"同治通宝"。钱文宋体，楷书互见，直读，背满文纪局。纪局有：泉、

源、直、苏、昌、浙、福、济、云、广、桂、巩、川、东、武、台、陕、南、晋、黔、伊犁、阿克苏等局。

［清］咸丰重宝　　　　　［清］同治通宝

公元1875年，清德宗即位，次年改元光绪，铸行"光绪通宝"。钱文楷书或楷兼隶、兼宋体，少数局铸有篆字。背满文纪局外，还有记年、记吉语、记批次、记"官板"、"平库"等多种文字，亦可见星、月纹。纪局有：泉、源、苏、直、浙、昌、福、武、南、晋、陕、川、广、桂、云、黔、津、沽、漳、河、吉、宁、东、奉、伊犁、库车、阿克苏等局。"光绪通宝"，钱径2~2.4厘米，重1.8~3克。光绪年间广东、天津、福建、吉林等地生产机制钱。广东省造币局也开始铸造机制铜元，是一种圆形无孔的新型铜元，也称铜板或铜子，面文"大清铜币"四字，以龙为图案，分当五（即一枚铜元当旧式铜币五文）、当十、当二十等几种。光绪二十二、二十三年（1896年、1897年），新疆又铸造"新疆饷金"，金币5000枚。天津造币厂铸有"大清金币"，数量不多，流通不广。金币多铸成一两重，折银30两。直到袁世凯时，拟行金本位制，但最终也没能实施。

［清］光绪通宝

［清］大清铜币

［清］大清金币

公元1909年，清爱新觉罗·溥仪即位，次年改元宣统，铸行"宣统通宝"。钱文楷书直读，背满文记局。记局有：泉、源、福、广等局，"宣统通宝"，钱径1.2～2.4厘米，当十径则2.5～3.7厘米。

［清］宣统通宝

［清］光绪元宝

「中华古玩艺术」将古玩所涉及的内容进一步理论化、系统化。从陶器、瓷器、青铜器、古币、书画、杂项等二十多个方面，分门别类地介绍了各类古玩器物的人文历史、工艺美术及鉴别、辨伪等方面的知识。几乎涉及中华古玩的各个领域，既充分地把握了明确的系统性，又解决了物与史的结合。

清朝末年所铸行的银币主要有三种："光绪元宝"、"宣统元宝"和"大清银元"，并于宣统二年（1910年）定银元为国币。中华民国以后，北洋军阀时期，铸行有袁世凯头像的银币，俗称"袁大头"。

［民国］"袁大头" 银币

第三节　古钱币工艺

从铜钱的材料工艺上看，自钱币诞生直至清末，古钱币的材质有青铜、红铜、黄铜、白铜等类别之分。青铜是和红铜比较而言的，是指用红铜加锡的一种合金，因颜色灰青，故曰青铜。有专家认为，青铜时代之前，应该还有一个红铜时代，历史学家称为"铜石并有时代"。明代以前的钱币多由青铜铸成，没有黄铜钱币。明清时期黄铜铸币开始盛行起来，黄铜是铜锌合金。青铜钱币脆，容易断裂。天然的铜色红，叫红铜。古钱币多为红铜，古时称之为风磨铜，含有金银成分，质地极为细润。红铜钱币软容易变形。白铜多为样币即雕母用材。目前所见雕母大都是白铜，雕母的钱文非常精美，用手雕刻而成，文字细瘦高挺；字口深峻；笔画刚劲、有力；地章光洁，全身无铸造痕迹。穿孔大都是雕凿之后再锉光而成。雕母在铸钱过程中起规定钱式的作用，并在翻铸母钱时用于印模。雕母钱比同版流通的钱更大、更重，存世量非常稀少。

从铜钱的工艺美术上看，历朝历代的钱币都有自己的时代特色和风格特征，如春秋战国时期的布、刀币多为工匠随意所铸，币

齐平首平肩方足布（平足布）

楚国蚁鼻钱（鬼面钱）

赵安阳小方足布

燕国明化圆钱

秦国半两钱

燕国磬折明刀币

［清］红铜咸丰当五百

［清］黄铜咸丰当千

［清］白铜咸丰重宝雕母

《中华古玩艺术》将古玩所涉及的内容通过一步步理论化、系统化，从陶器、瓷器、紫砂壶、玉器、青铜器、古币、书画、杂项等二十多个方面，分门别类地介绍了各类古玩器物的人文历史、工艺美术及鉴别、种伪等方面的知识，几乎涉及中华古玩的各个领域，既充分地把握了物与史的结合，又解决了古玩明确的系统性。

形不规整，文字古拙，朴素秀润；西晋、南北朝时期的钱币受印度佛教的影响，钱币文字纤细柔韧，娇媚精制；唐、宋、元钱与书法紧密结合，其钱文多为名人所书，给人以端庄稳重、润泽美妙的感觉；辽钱的风格为钱文松散，而西夏钱的风格紧凑；明代钱的风格呆滞；清代的风格更具个性化。

　　"康熙通宝"正面钱文，字体有楷体和宋体之分，即"康熙通宝"（楷体）、"康熙通宝"（宋体），宋体铸币稀少于楷体铸币。"康熙通宝"正面钱文，字体又有康熙的"熙"字左边有多一撇和少撇之分，其一撇又有长短之别；"通宝"中"通"的左上角有一点和二点区别，俗称"一点通"或"二点通"。

第八章　书　画

第一节 概 说

书画是书法和绘画的统称。有书画同源（即书画同体）之说，这是中国书画结合的术语，意思是中国绘画和中国书法关系密切，两者的产生和发展"你中有我，我中有你"相辅相成。宋代历史学家郑樵在《通志》中指出："书与画同出。画取形，书取象；画取多，书取少。凡象形者，皆可画，不可画则无其书矣。"书画同源，在笔者看来不是甲骨记事，不是文字象形，这"源"是指本源，指艺术创造中最本质的源——自然，它是天地不言的大美所在。

中国书法靠线条的变化、墨法的浓淡，表现不同的风采和神韵，这就是中国书法讲求的笔力、墨法、气韵三要素。中国书法注重气势之美、意态之美、韵律之美，是真正的抽象派艺术。中国绘画则充分运用书法艺术这种抽象手段，寄情山水。书法的用笔是中国画造型的语言，离开了书法的用笔，就很难言中国画。中国画本身带有强烈的书法趣味，笔墨意境，国画的线条、墨韵，处处都透露着抽象之美、墨色之美，有着独立的审美价值。"书画同源"是中国书画家的独得之秘，它的内涵幽远深邃。写中国字和画中国画，在用笔的方法上，简直如出一辙。在工具的使用上，更是不分你我，"文房四宝"均为舞文弄墨的书画家们所共有。

新石器时代较早的仰韶文化的彩陶钵口沿黑宽带纹上的象形文字，就是用线条刻划成的一幅幅小画，后来逐渐演化成为现在使用的汉字。正因为绘画和写字都用同样的工具，并且都是以线条为主体，所以自古就有"书画

仰韶文化时期彩陶形文字

同源"之说。

　　自从书画相会，中国画就发生了根本变化，变得更加抽象、深沉，其主要代表就是文人画，集诗文、书法、绘画、金石为一体，艺术形式上表现出笔墨的力度美、韵律美、色构美和透视美，以及它无限的造型能力和宽阔的韵域范围。自古文人画就为文人墨客所喜爱。很难想象不用笔墨或不讲笔墨浅淡的国画还算是中国画。笔墨不只是一种技能，更是一种精神。这种精神的载体，就是"书画同源"的中国文人画。它使中国的书法和绘画自立于世界艺术之林。

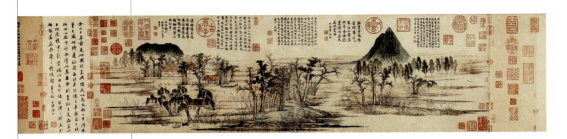

［元］赵孟頫文人画《鹊华秋色图》

　　中国的书法、绘画和诗是关系十分密切的姊妹艺术，古往今来，很多文人既是诗人，又是画家、书法家。所谓"书画同体"、"诗中有画，画中有诗"就是古人对书、画、诗之间密切关系的概括。姑且不说这种概括是否科学，但用以说明书、画、诗之间具有较多的共同之处，还是符合历史事实的。

第二节　　绘画渊源

　　"画"，即中国画，又称"国画"，是用毛笔、墨及颜料，在宣纸或绢上进行绘画的中国传统民族艺术。中国绘画艺术可以追溯到原始社会的新石器时代早期。中国绘画最早有文字记录可以从三皇五帝说起。历史文献记载：伏羲氏画八卦，黄帝绘制服，舜妹螺氏绘影像等。最初的中国绘画，是画在陶器、地面、石头、岩壁和树木上的，渐而发展到画在墙壁、绢和纸上。使用的基本工具是毛笔和墨，以及天然矿物质颜料。而我们今天可以看到的石窟的刻像画、寺庙宫廷的壁画以及神像的装饰、钱币的图纹、钟鼎彝器的花纹、军用器物的花纹、生活用具的花纹、铜镜上的花纹、石碑墓碣上的图案、砖瓦木器上的图画、陶瓷漆器上的图画等，这些艺术形式展现出中国五千年文明史中绘画艺术别样的风采。

在史前的岩壁绘画艺术中，最具代表性的当属今天宁夏银川贺兰山一带的新石器时代的岩画遗址，现存的古岩画。岩画采用写实或抽象的艺术手法，记录了原始人类迄今4000年至10000年以前放牧、狩猎、战争等的生活场景，以及羊、牛、马、驼、虎等多种动物图案和抽象符号。构图清晰，造型优美。这是处在萌芽之中的原始刻划艺术。

贺兰山岩画

夏、商、西周至春秋、战国时期，史称先秦。先秦的绘画艺术仍未摆脱对青铜器、漆器等工艺品的依附地位。这一时期的绘画艺术形象可以从商代青铜器及玉器上的装饰纹样，西周、战国时期漆器上的彩画中得到清晰反映，特别是湖南长沙市陈家大山和子弹库楚墓中出土的战国中晚期帛画《凤夔人物帛画》，从中可以看出中国绘画在当时已达到较高水平，为秦汉时期绘画艺术的发展奠定了基础。

《凤夔人物帛画》中有一人一凤一夔，人为一个端庄高髻的妇女，其侧身而立，双手合掌，细腰，袖口宽松，长裙曳地，体态优美。妇女的上方画一只展翅飞舞的凤和一条蜿蜒向上升腾的夔龙，凤夔似乎在搏斗。画面笔力刚健，栩栩如生，这是我国目前所发现的最古老的图画。

［战国］楚墓"凤夔人物帛画"

从春秋到两汉，是中国古代美术理论从无到有的发端萌芽时期，著者称它为"诸子论画"阶段。两汉承袭了春秋战国时期的绘画传统，以历史故事为主题，十分流行在宫室祠堂的壁上作壁画，题材也很广泛。汉武帝时，画工毛延寿善于画人形；陈敞、刘白善于画牛马飞鸟；阳望、樊育善于着色。毛延寿《鲁灵光殿赋》记壁画情形：最先是太古裸体怪形、质野无知的神话中人物。其次是黄帝、尧、舜，有衣裳冠冕。再次是夏、商、周三代兴亡。凡是史上忠臣、孝子、烈士、贞女的事迹，国君的贤愚，政事的成功，都用来"恶以诚世，善以示后"，对观者进行政治、道德教育。主题以外，再用天地、万物、神怪、异事作辅助，配合成丹青鲜明、形状生动的大图画。《鲁灵光殿赋》壁画可以代表两汉一般的壁画，区别只在规模有大小，画法有高低，但用历史故事诚世示后是一致的。另外，两汉艺术还以画像石、画像砖著名，后世常以"秦砖汉瓦"并称。

汉代帛画最具代表性的作品为长沙马王堆一号墓出土的一幅彩画，内容有三个部分：上部左右各绘"扶桑九日"和"嫦娥奔月"；中部绘贵妇出行图；下部绘宴饮图。各部衬以飞龙、异兽、特钟、巨罄等，反映了天上人间的景物。既有丰富的想象，又有真切的现实感。所绘人物和鸟兽栩栩如生，色彩艳丽厚重，反映了我国古代绘画艺术的高度成就。

马王堆一号墓帛画

汉代帛画最具代表性的作品还有东汉墓室壁画《为车马出行图》，此图为单马驾车，枣红色马昂首翘尾，右前腿抬起作行走状。弓形车辕后挂黑色双轮车，车上设黑色伞盖。车内踞坐两人，乘者头部残，身着黑色交领长袍；御手束发高髻，身着绿色交领长袍，领缘及袖口处滚桔红边饰。对照墓主夫妇并坐图，推测该二人

应为墓主夫妇。汉代绘画气魄宏大，笔势流动，既有粗犷豪放的风格，又有趋于细密臻丽的帛画，生动地塑造了现实、历史及神话人物形象。在表现人物、动物动态，揭示情节高潮，反映现实生活等方面，有着重要成就。

［东汉］河北安平逯家庄东汉墓墓室壁画《君车出行图》

从魏晋六朝到五代，中国古代美术理论具有承前启后的大发展、大演变特征，是"画家自觉论画"的阶段。从历史上看，中国从三国鼎立开始至隋王朝建国为止，长期处于分裂混乱之中，战争频繁，民生疾苦，历时369年，史称三国两晋南北朝。中国绘画史上，古代绘画第一批有确实历史记载的知名画家的相继出现是从三国两晋时期开始的。三国时最著名的画家当推曹不兴。曹不兴或曹弗兴，吴国吴兴人，以善画名冠一时，善于画人物及衣着，更擅长画龙。他曾在长达五十尺的大幅绢上画人物。所绘人物，头面手足，胸臆肩背，不失尺度，衣纹皱纹，别开新样。三国时期，随着佛教、佛画在中国的盛行，曹不兴又兼画佛像，为南北朝以来宗教艺术开风气之先，所以在绘画史上有"佛画之祖"的称号。

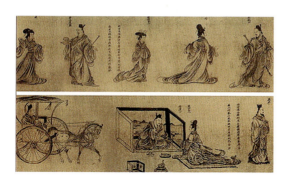

［东晋］顾恺之《列女仁智图》（局部 宋代摹本）

［南朝·梁］张僧繇《十八宿神形图卷》（局部）

中国的绘画艺术发展到西晋已摆脱了粗略，趋于精细，能更好地传达人物神情，而西晋人曹不兴的弟子卫协则是这个时期画坛上的领军人物。他善于画道释人物，有"画圣"之荣誉，代表作《七佛图》。顾恺之称他的画"巧密于情思"，"伟而有情势"。画史上有名画家张墨、旬晶、顾恺之等都师承卫协。曹不兴、顾恺之、陆探微、张僧繇，被称为"六朝四大家"。四人中顾恺之的《洛神赋图》是六朝时期最具代表性的画作，这幅画卷根据曹植著名的《洛神赋》而作，为顾恺之传世精品，被列为中国十大传世名画之一。另外，南朝·宋著名的书画家宗炳绘画造诣颇深，以山水画见长，成为中国最早的山水画家。

古玩

"中华古玩艺术"将古玩所涉及的内容进一步理论化、系统化。从陶器、瓷器、青铜器、古币、书画、奇珍二十多个方面，分门别类介绍了各类古玩器物的人文历史、工艺美术及鉴别，辨伪等知识，几手涉及中华古玩的各个领域，既充分体现明确的系统性，又辅以了物与史的结合。

［东晋］顾恺之《洛神赋图》

　　北朝时期随着佛教文化的传播，石窟艺术盛行，其中以云冈、龙门、敦煌三大石窟最为著名。六朝时期，无论石窟艺术还是绘画艺术，在我国的绘画艺术发展史上皆上承两汉，下启隋唐，是一个重要的过渡时期。

　　隋文帝杨坚统一全国，天下书画名迹尽入隋室。隋代从帝王到百姓都崇尚书后之风，隋炀帝酷爱书画，自撰《古今艺术图》50卷，"既画其形，又说其事"。炀帝还在洛阳营建显仁宫、汾阳宫，自京城至江都置离宫40余处，竹木频兴，壁画藻绘盛极一时。在隋代的民间画师中以董伯仁和展子虔二人最为著名，他们所绘画的车马能在静止的画面上呈现奔腾之状。董伯仁和展子虔在佛教寺院画壁颇多，据记载，董伯仁画有《弥勒变》，展子虔画有《法画变》，他们的这类作品在前代基础上更有创新和发展。

　　唐代开创了中国封建社会的又一个盛世，经济繁荣，社会稳定，文化昌盛。是中国古代绘画全面发展的鼎盛时期，人物、山水、花鸟画都取得了新成就。唐代绘画艺术在画法上有独特的创造，题材比以往更加广泛，名画家辈出。人物画在唐代画坛上占有重要的地位，初唐时期的阎立德、阎立本兄弟都是擅长画人物的画家。现存阎立本的《历代帝王图》、《步辇图》，笔力刚健，线条有如屈铁盘丝，能以简练的笔法表达人物的神态。

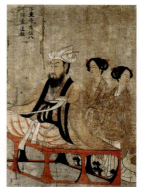

［唐］阎立本《历代帝王图》

［唐］阎立本《步辇图》

　　据《宣和画谱》、《佩文斋书画谱》所载，唐代画家有姓名可考者，约有四百人之多。这里只略举一些有代表性的画家。

　　盛唐时期的吴道子，画史尊称吴生，又名道玄。其人物画超越两阎，被称为"画圣"。吴道子是画工出身，画风吸收了西域画派的晕染法，并于焦墨痕中别施色彩，使画面具有立体感。吴道子对人物画和山水画造诣颇深，尤善画迎风轻举的衣服，号称"吴带

当风"。苏轼说："道子画人物，如以灯取影，逆来顺往，旁见侧出，横斜平直，各相乘除，得自然之数，不差毫末。"吴道子绘画无真迹传世，传至今日的《送子天王图》可能为宋代摹本。

　　《送子天王图》纵高35.5厘米，横宽338.1厘米，又名《释迦降生图》，乃吴道子根据佛典《瑞应本起经》所绘。图分两段，前段描绘天王送子的情节，后段描绘释迦牟尼降生后，其父净饭王和摩耶夫人抱着他去向诸神礼拜的故事。图中绘人物、鬼神、瑞兽二十多个，人物则天王威严，大臣端庄，夫人慈祥，侍女卑恭，鬼神张牙舞爪，瑞兽灵活飞动，极富想象力和神韵。独特的"吴家样"线描，粗细顿挫，随心流转，无论是人物的衣纹、鬼神的狰狞，还是描绘闪烁的火光，都表现得生动贴切，游刃有余。

［唐］吴道子《送子天王图》（宋代摹本）

［唐］　吴道子《维摩诘像》（局部）

作为一幅佛诞名画，可以从中看到佛教自印度传入中国后，经汉末而至盛唐，渐渐与中国文化融合：画中的人物已经本土化，不再是眼眶深凹、脸色黝黑，如达摩样，而完全是汉人模样。作为一幅中国画，又昭示着线描的一个新时代的开始：由"铁线"衍生出"兰叶线"。难怪苏轼说："画至吴道子，古今之变，天下之能事毕矣。"

盛唐诗人王维攻诗尚书画，自称"宿世谬词客，前身应画师"。可见他少年轻狂。苏轼说：王维"诗中有画"、"画中有诗"，这两句话，被后人认为是对王维最恰当的评语。王维所创作的富有诗意的画，被画史上称为"文人画"。盛唐之际的李思训善画金碧山水，其子昭道更是青出于蓝而胜于蓝。思训、昭道画山水，继承展子虔的作风，笔法工细，设色艳丽，画工精湛，有"富贵"气象。首创金碧青绿山水画，为后世所宗。

中唐时期的杰出画家，张萱和周昉善画仕女，别开生面，使人物画又有了新的创新和发展。唐代以前的妇女画，多以后妃、烈女、孝妇为题材，旨在宣扬封建伦常。张萱、周昉突破了这个旧套，描绘了许多家常琐事，如游春、赏雪、乞巧、藏迷、扑蝶、烹

［唐］周昉《簪花仕女图》

［唐］张萱《虢国夫人游春图》

中华古玩艺术，将古玩所涉及的内容进一步理论化、系统化。从陶器、瓷器、紫砂壶、玉器、青铜器、古币、杂项等二十多个方面，分门别类地介绍了各类古玩器物的个人文历史、工艺美术及鉴别，辨伪等方面的知识，几乎涵盖了中华古玩的各个领域，既充分地把握了明晰的系统性，又解决了物与史的结合

茶、吹箫、听琴等，妇女的题材从此更加广阔了，但依然摆脱不了贵族妇女的享乐生活。

壁画和泥塑，是唐代绘画艺术的重要组成部分，唐代壁画、泥塑以甘肃敦煌莫高窟壁画最具盛名。敦煌莫高窟有1000个窟洞，又叫千佛洞，位于中国西部甘肃省敦煌市东南25公里处鸣沙山的崖壁上。石窟南北长1600余米，上下共五层，最高处达50米。现存有壁画和泥塑的窟洞492个，其中隋窟95个，唐窟213个，五代窟53个。现存壁画总面积有45000多平方米。其中，《身披飘拂长带》、

"中华古玩艺术"将古玩所涉及的内容进一步理论化、系统化。从陶器、瓷器、紫砂壶、玉器、青铜器、古币、书画、杂项等二十多个方面，分门别类地介绍了各类古玩器物的人文历史、工艺美术及鉴别、辨伪等方面的知识，几乎涉及中华古玩的各个领域，既充分地揭示了明确的系统性，又解决了物与象的结合。

古玩

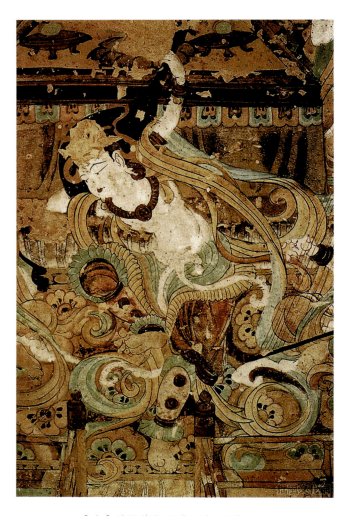

［唐］敦煌莫高窟《反弹琵琶》壁画

324

《凌空起舞的飞天》、《反弹琵琶》、《载歌载舞的仙女》，是敦煌壁画的代表作。莫高窟的塑像共有2400多尊，隋唐时期的壁画占了近一半。最大的佛像高达33米，外面修建了一座高大的阁楼，才将佛像罩住。从敦煌莫高窟的窟洞和壁画的数字来看，已足以说明唐代是敦煌艺术的极盛时期，敦煌是唐代石窟艺术的辉煌之地。

相关链接

敦煌博物院

敦煌博物院的前身是成立于1944年的敦煌艺术研究所，1950年成立敦煌文物研究所，1984年扩建为敦煌研究院。1994年建成敦煌研究院陈列中心，全称为"敦煌石窟文物保护研究陈列中心"，是中国最著名的石窟类文物保藏陈列机构，占地面积5000多平方米，同年8月21日正式对外开馆。该中心设有录像演播厅和三个展区。第一展区是窟洞文化，内有8个原大复制的窟洞，它们是敦煌莫高窟的第275窟、第249窟、第285窟、第419窟、第220窟、第217窟、第3窟和安西榆林窟中的第25窟，均是各时期的解除代表窟洞。第二展区是敦煌石窟文物陈列，展出敦煌石窟出土的文物精品。第三展区位于中心展厅二楼，为机动展区。另外，"敦煌藏经

敦煌博物院

洞陈列馆"是敦煌研究院陈列中心所管辖的一个专题陈列馆，位于敦煌莫高窟南区北端三清宫内，与闻名中外的"藏经洞"毗邻。敦煌莫高窟地处丝绸之路的一个战略要点。它不仅是东西方贸易的中转站，同时也是宗教、文化和知识的交汇处。莫高窟的492个小石窟和洞穴庙宇，以其雕像和壁画闻名于世，展示了延续千年的佛教艺术。

五代十国时期，出现了宫廷画院。后蜀孟昶和南唐李璟在宫中设立了"翰林图画院"。蜀中著名画家黄筌，被孟昶任命为持诏，支持画院事务。五代时期的山水画以后梁的荆浩和关仝最著名。荆浩的画皴染并用，浓淡分明，关仝的画石体坚凝、杂木丰茂，天水通色，宋人推崇他的画为神品。人物画家以南唐的顾闳中和周文矩最有名。顾闳中的代表作品《韩熙载夜宴图》，现可看到宋人的摹本。周文矩的仕女画，继承了唐代周昉的风格，画风更纤丽，名作有《重屏会棋图》，画面上有数人围坐下棋，画中有南唐中主李璟，画像极富个性特征。

两宋时期的绘画是中国绘画艺术发展的高峰。宋代在京城设

［南唐］顾闳中《韩熙载夜宴图》

立了"翰林图画院"，成为当时绘画创作的中心。宋徽宗赵佶曾将"画学"纳入科考的科目，绘画艺术得到了迅速的发展。两宋时期绘画艺术上的成就表现在山水画、人物风俗画等方面。

北宋初期山水画以李成和范宽最著名。李成的代表作品有《读碑窠图》、《寒林平野图》，范宽名作有《溪山旅行图》、《临流行独坐图》。北宋后期山水画以米芾父子成就最大。父子二人创立了"米家山水"画派，一方面丰富了苏轼等人所形成的文人画派的风格；另一方面对南宋院体山水画也起了一定的作用，开启了元明写意画之先。

［北宋］ 李成《寒林平野图》　　　［北宋］ 范宽《溪山行旅图》

宋徽宗赵佶虽然在政治上昏庸无能，但在书画艺术方面却有精深造诣，他也以画家的身份和鉴赏家、茶文化学者的身份进入赵佶画院，出现在绘画史上。赵佶的绘画作品既有人物，又有山水。他的花鸟画有很大部分是描绘"花石纲"的禽鸟花木，如《腊梅山禽图》、《杏花鹦鹉图》、《芙蓉锦鸡图》等，其中以《瑞鹤图卷》最为有名，画卷表现了庄严耸立的汴梁宣德门，门上方彩云缭绕，十八双丹顶鹤翱翔盘旋，空中仿佛回荡着一阵阵悦耳动听的鹤鸣声。

［北宋］赵佶《芙蓉锦鸡图》

［北宋］赵佶《瑞鹤图卷》

赵佶画院的元老画家李唐是南宋山水画新画风开始的标志，他的山水画对于南宋画院有极大的影响。李唐善画人物、山水，变荆浩、范宽之法，用峭劲的笔墨，写出山川雄峻的气势。晚年去繁就简，创"大斧劈"皴，所画石质坚硬，立体感强。他的山水画对南宋画院有极大的影响，是南宋山水新画风的标志。存世作品有《万壑松风》、《清溪渔隐》、《长夏江寺》、《采薇图》等。《采薇图》绢本，设色，纵高27.2厘米，横宽90.5厘米。这是一幅历史题材的绘画作品，是以殷末伯夷、叔齐"不食周粟"的故事为题而画的。

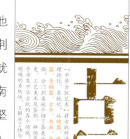

"中华古玩艺术"将古玩所涉及的内容进一步理论化、系统化。古铜器、瓷铜器、紫砂壶、玉器、书画、杂项等二十多个方面，分门别类地介绍了各类古玩器物的人文历史、工艺美术及鉴别方面的知识。几乎涉及各个领域，使伪者方面的知识，明确的系统性。

［北宋］李唐《采薇图》

南宋孝宗、光宗、宁宗三朝的宫廷画家刘松年，画学李唐，画风笔精墨妙，清丽严谨，着色妍丽典雅，常画西湖，多写茂林修竹，山明水秀之西湖胜景。后人把他与李唐、马远、夏圭合称为"南宋四大家"。传世代表作品有《四景山水图》、《天女献花图》、《罗汉图》、《醉僧图》、《雪山行旅图》、《中兴四将图》、《溪亭客话》等。

南宋山水画家中较有影响的是南宋后半期的马远和夏圭。马远是绘画艺术的世家，他的作品有《踏歌图》、《远山柳岸图》、《竹涧焚香图》、《梅石溪凫图》等，夏圭的作品有《山水小景图》、《江头佳泊胜图》、《江城图》等。

北宋时期的人物风俗画以李公麟、张择端最著名。李公麟在两宋画史上使人物画起了转折性的变化和发展，他把人物画推向"人文画"的风貌中去。李公麟发展"纸本白描"，成为一种有自己的艺术特点的表现方法，在他的手中，单一线表现对象，使其朴素、

［南宋］马远《踏歌图》

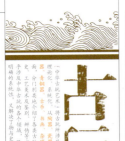

［北宋］李公麟《五马图》

优美动人的风格，呈现出时代精神和美学意境。张择端的《清明上河图》，描写北宋首都汴梁（今河南开封）的市俗生活与节日景色，是一幅生动的写实长卷风俗画。《清明上河图》在北宋末的风俗画作品中，具有典型的代表意义。《清明上河图》摒弃以往人物画只能表现贵族生活和宗教内容的陈规，重点刻画新兴市民阶层的生活和风俗人情，广阔而详尽地展示了当时市井人物的生活动态。全图有人物500个，还有各种建筑、交通工具等，给后人留下了许多珍贵的历史资料，画面全长528.7厘米，宽24.8厘米，是我国古代现实主义绘画最突出的代表画卷。《清明上河图》的出现，一方面，是北宋时期人物画长期发展的结果；另一方面，也说明了风俗画是北宋后期人民对现实生活要求的总结。

辽、西夏、金时期的绘画艺术多受中原汉族文化的影响，将

［北宋］张择端《清明上河图》（局部）

古玩

"中华古玩艺术"将古玩所涉及的内容进一步理论化、系统化。从陶瓷器、青铜器、古币、书画、玉器、杂项等二十多个方面，分门别类地介绍了有关古玩器物的人文历史、工艺美术及鉴别、料价等方面的知识，几乎涉及中华古玩的各个领域，既充分地把握了明晰的系统性，又解决了物与史的结合

人物、山水作为绘画创作的主要题材。辽代的文化直接接受唐、五代及北宋的影响，尽管契丹族本身有自己语言文字和游牧的风俗习惯，但是汉文化仍对其有着潜移默化的影响。当然，生活在辽国的画家，有契丹本族人士，也有汉族人，但他们的作品都因时代、环境等条件的限制，或多或少地会体现出时代的总的风格。辽太祖皇子耶律倍醉心于汉文化，不但能诗，也能作画，宋朝藏有耶律倍的绘画15幅。其中《猎骑图》最为有名，到元代仍受到珍视。辽兴宗曾画鹿赠送宋仁宗赵祯。代表辽代壁画艺术水平的是契丹墓室壁画。辽代的庆陵和近年在吉林库伦旗发现的辽墓出土了大幅壁画，画绘受唐代壁画的影响。辽、西夏、金时期的绘画内容，大多是一些随意的少数民族生活、人物、鞍马题材。花鸟画则带有浓郁的装饰色彩，多对称构图，技法也有独到的地方。

元代不设画院，画家逐渐摆脱了南宋画院的形式主义习气，而形成了挥洒淋漓、重视笔墨情趣、追求意境深远的写意派。常常在绘画作品上题跋和篆刻印章，把书法、文学、治印和绘画艺术融为一体，开创了新境界。从宋以后，文人画的艺术思潮奔流而下，势

［辽］耶律倍《猎骑图》

［辽］契丹《还猎图》

不可挡，决定了元、明、清文人画的发展道路和面貌。

元代绘画中，文人画已占据画坛主流。元代早期的著名画家有赵孟頫、钱选和高克恭等。赵孟頫擅长画山水、人马、花鸟，博彩众长，自成一格。他绘画、书法、篆刻兼施，书法用笔圆转流美，画面自然有神，开创了元代文人画的新风貌。钱选擅长画山水、人物和花鸟果蔬，笔力柔劲，着色清丽，自成一体。高克恭擅长画林峦烟景和墨竹，笔墨苍润，技艺精湛。

［元］赵孟頫文人画《红衣罗汉图》

元代后期的著名画家有黄公望、王蒙、倪瓒、吴镇等，这四人在不同程度上受到赵孟頫的影响。他们经常步入山水之间，领略自然美景，用笔墨或浅绛描绘山水，凭意虚构，峰峦浑厚，气势磅礴，形成了宋以后山水画的主流，史称元画"四大家"，又称"元四家"。元四家中的王蒙，是赵孟頫的孙子，擅于画人物，尤以山水见长，喜欢用枯笔干皴，创牛毛皴，皴法简练成熟。传世作品有《夏日山居图》、《青汴隐居图》、《葛稚川移居图》等。倪瓒，崇尚疏简画法，以天真幽淡为趣，能脱出古法，别开蹊径。传世作品有《雨后空林图》、《渔庄秋霁图》、《六君子图》等。吴镇，善画水墨山水和墨竹，擅长用湿笔表现山川林木的郁茂景色，笔力雄劲，技法容纳南宗骨体，但又独树一帜。传世作品有《秋江渔隐居图》、《渔父图》、《竹谱》等。"元四家"的绘画艺术风格，极大地影响了明、清文人画的审美趣味。

"元四家"代表作品（从左至右依次为：黄公望《丹崖云树图》、王蒙《夏日山居图》、倪瓒《六君子图》、吴镇《渔父图》）

元代壁画在中国绘画史上占有重要的地位。现存的有安西榆林（今万佛峡）的元壁画、西藏日喀则德钦颇章宫的壁画、山西永济县永乐宫壁画、山西洪洞县广胜寺的壁画。元代壁画的盛行，使得唐宋以来吴道子、武宗元等人的优秀壁画传统得以继承和发扬，在中国绘画史上占有不可忽视的地位。

［元］山西芮城永乐宫壁画

中国绘画史上，明代是一个画风迭变、画派繁兴的朝代。在绘画的门类、题材方面，传统的人物画、山水画、花鸟画盛行，文人墨客画的梅、兰、竹及杂画等也相当发达。在艺术流派方面，涌现出众多以地区为中心，或以风格相区别的绘画派系。明代前期，山水画以浙派为中心。

浙派主要代表人戴进，擅长山水、人物、花果、翎毛，临摹之精博，被称为"当代第一"。戴进在人物画方面，不论是表现神像的威仪和勇猛，还是在色彩处理的熟练程度上，都可比唐宋大家。在技法上他也并不墨守成规，画人物用铁线描，行笔有顿挫，透出他高超的绘画艺术造诣。

在明代众多的画家中，最著名的有唐寅、沈周、文徵明和仇英四人，被称之为"明四家"，也称"吴门四家"。唐寅，初字伯虎，号桃花庵主，晚年信佛，有"六如居士"等别号。自称为"江南第一风流才子"。他的山水画得李唐、刘松年的皴法而秀润缜密。唐寅擅长人物、仕女、楼观、花鸟，他的着色山水被称为"院体"。其代表作品有《骑驴思归图》、《春山伴侣图》等。文徵明一专多能，通晓各科绘画之艺，既能青绿又能水墨，既能工笔也能写意。作品秀丽细致，温雅静穆，有翩翩文雅之趣，神采气韵独步一时。其代表作品有《兰亭修禊图》、《冰姿倩影图》等。仇英是山水、人物画的能手，其代表作品有《桃源仙境图》、《江南春图》、《十二画册》等。文徵明称他为"异才"，董其昌也赞叹他

［明］唐寅《春山伴侣图》

"明四家"代表作品（从左至右依次为：沈周《庐山高图》、文徵明《冰姿倩影图》、仇英《莲溪渔隐图》）

"十洲为近代高手第一，兼有南宋二赵之雅"。他的青绿山水和工笔人物，具有工整细腻的风格，又不局限于沈周、唐寅、文徵明三家，不仅以画胜，而且佐以诗句题跋。诗情画意，笔精墨妙，题跋、书、画、印，使书画印相得益彰，被称为"院体"派画家。

明代后期最具成就的画家为董其昌。他在当时书法上有"邢张米董"之称，绘画上有"南董北米"之说。董其昌十分注重师法古人的传统技法，题材变化较少，但在笔和墨的运用上，有独特的造诣。他的绘画作品，经常是临仿宋元名家的画法，并在题识中加以标榜，虽然处处讲摹古，却并不是一成不变，而是能够脱窠臼，自成一格。其画法特点，在师承古代名家的基础上，以书法的笔墨修养，融会于绘画的皴、擦、点、划之中，因而他所作山川树石、烟云流润，柔中有骨力，转折灵变，墨色层次分明，拙中带秀，清隽雅逸。他的画风在当时声望显著，成为"华亭派"的领军人物。

明末清初，文人山水画兴盛，以董其昌为首形成的所谓"画中九友"，即董其昌、王时敏、王鉴、邵长蘅、杨文聪、程嘉燧、张学曾、卞文瑜、邵弥等。其中王时敏和他的孙子王原祁以及王鉴和他的

弟子王翚等人的画风，成为清代"院体画"的主流，其影响历300年而不衰。王时敏、王鉴、王原祁、王翚四人史称"清初四王"，又称"江左四王"。他们遵循董其昌的绘画艺术为金科玉律，致力于摹古，推崇元四家，强调笔墨技法，追求蕴藉平和的意趣。"四王"的山水画是朝野所共欣赏的。"四王"的最大的成就，就是运用干笔枯墨的技法。"四王"的画风影响极大，不仅在以皇帝为中心的贵族士大夫中间，以及皇家画院和皇室中间，而且朝野院外也弥漫着四王的画风。代表作品有王时敏的《夏山飞瀑图》，王鉴的《仿黄公望山水图》，王原祁的《烟浮远岫图》和王翚的《平林散牧图》。追随王鉴的称为"虞山派"，有杨晋、胡节、徐渭、李世倬、上睿和尚等，追随王原祁的称为"娄东派"，有唐岱、王敬络、黄鼎、温仪、王昱等，他们都是康熙、雍正时期画坛上的名家，乾隆时期有方薰、张寄苍、钱维城等，他们是"娄东派"的遗风。"四王"画派至清代中期，绘画艺术的影响遍及朝野。

清朝的乾隆时期，在江苏扬州画坛上活跃的一批革新派职业画家，人称"扬州八怪"，他们被当时保守派视为骚扰画坛的"怪物"，遂以"怪以八名"之说。据李玉棻《瓯钵罗室书画过目考》中的"八怪"为郑燮、罗聘、李方膺、李鱓、金农、黄慎、高翔和汪士慎。此外，各书列名"八怪"的，尚有高凤翰、边寿民、闵贞等，说法很不统一。但在今天说到"扬州八怪"，还是以李玉棻之说为据。

"扬州八怪"的绘画题材大致有四个方面：①洞察当时社会上一切丑恶东西，讽刺当时世态。②反映当时扬州人民的社会风尚和爱好，将平民生活用品入画，扩大了国画的表现范围。③通过形象笔墨构图，赋予某些新的思想感情。④标新立异，具有独特的审美感受和艺术个性，走自己的路，为近现代国画的发展开辟了道路。

"扬州画派"在我国绘画艺术发展的道路上是一面崭新向前的旗帜，影响中国近代画坛数百年。尤其是八怪之首郑燮（郑板桥），他的书法绝句"难得糊涂"至今仍脍炙人口；板桥的《竹石图》更是当今书法玩家难得的珍品。我国近代绘画大师，无不继承"扬州画派"的绘画技艺。如赵之谦、吴昌硕把金农的厚重石拙的金石味发展到了极点。任伯年、吴昌硕、陈师曾、齐白石等人，将高翔、李鱓、李方膺的写意花卉也发展到了新的高峰。"扬州画派"对中国近代百年来花鸟画的巨大影响，是不可置疑的。

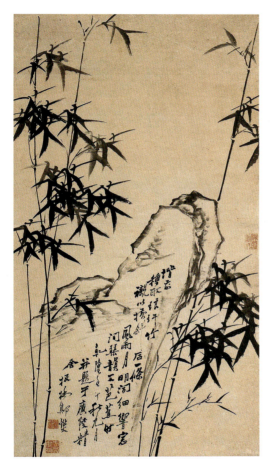

［清］郑燮（郑板桥）《竹石图》

近现代中国画是在近百年来引入西方美术潮流的文化环境中发展的，出现了诸多派别，主张创新探索，名家辈出，在画坛上占有重要的位置。19世纪末20世纪上半叶，上海、北京、广州成为中国政治、文化的主要凝集地，形成了以上海为中心的江浙画家群、以北京为中心的北方画家群和以广州为中心的南方画家群三大阵营。

337

一中华古玩艺术」将古玩所涉及的内容进一步理论化、系统化，从陶器、瓷器、玉器、青铜器、古币、书画、杂项等二十余个方面，分门别类地介绍了各类古玩器物的人文历史、工艺美术及收藏知识。几乎涉及中华古玩的各个领域，既充分地把握了物与史的结合，又解决了物与史的结合。

由于人物众多，画派繁杂，本章就不就不一一列举，只重点介绍这一时期中国画坛上的几位领军人物：徐悲鸿、齐白石、潘天寿、张大千等。

　　徐悲鸿（1895—1953），原名寿康，别署江南布衣，又署东扶，东吴王孙，江苏宜兴人。少年家贫，随父习画。在上海结识岭南派画家高奇峰并得师康有为。国画中，以人物画成就最高，兼画动物和风景画。尤以画马闻名中外画坛。

徐悲鸿《六骏图》

　　齐白石（1864—1957），名璜，号白石山人，别号很多，有木人、寄萍、三百石印富翁、杏子坞老民、借山翁等，擅长水墨虾、蟹、鱼、蛙等水族。绘画技法善用点、线块、面的粗细变化，纯以顿、挫、提法表现，用墨极讲墨韵，用色浓艳泼辣，所谓"红花墨叶"是他的基本格调。

　　潘天寿（1897—1971），原名天授，字大颐，号寿者，别号有雷婆头寿者等，浙江宁海人。他的绘画带有较多的"浙派"习气，富奇掘于雄浑之中，逐渐形成自己独特的艺术风格。技法常以勾线为主的单纯矩形大石块，被誉为"潘公石"。

　　张大千（1899—1983），原名正权，后改面爱，又名季爱，字大千，别署大千居士，四川内江人。著名书画家、书画鉴赏家，

徐悲鸿

齐白石

齐白石《芦虾水草》

潘天寿《映日荷花别样红》

《中华古玩艺术》将古玩所涉及的内容进一步理论化、系统化。从陶器、瓷器、紫砂壶、玉器、青铜器、古币、书画、杂项等二十多个方面，分门别类地介绍了各类古玩器物的人文历史、工艺美术及其鉴别、辨伪等方面的知识。几乎涉及中华古玩的各个领域，既高分地把握了古玩的系统性，又解决了物与史的结合

潘天寿

与溥儒合并称为"南张北溥"。擅长人物、山水、花鸟、走兽、工笔、写意、泼墨等。

张大千

张大千山水画

第三节　　书法渊源

"书"即书法，是我国特有的汉字书写艺术。书法在我国诸多的艺术门类中，最具中国独特性。世界上，只有在中国文化和伊斯兰文化中，书法才成为一门举足轻重的艺术。只有在中国文化中，书法才象征了人之美和宇宙之美。

中国文字大约产生于公元前5000—前3000年的新石器时代较早的仰韶文化。从黄河中游的仰韶文化时期的半坡文化等地考古出土的彩陶钵口沿黑宽带纹上，发现了20多种类似文字的契刻图画符号，这或许就是原始文字的孑遗。历史证明，仰韶文化时期的原始先民们就已经会在陶器上契刻图画符号，即为"书"。既然有了契刻图画符号，就一定有"点、横、撇、捺"的笔画线条，这种按照人的主观意志刻划出来的图画线条，即为"法"。原始书法的雏形，也就孕育而生了。

新石器时代晚期的大汶口文化时期，已经有了较为成熟的图形文字，这是中国早期的象形文字。大汶口文化时期的早期象形文字，是夏代人承袭仰韶文化时期的陶文图画符号的基础上演变和发展而来的，这也说明夏朝文化已经有了早期的象形文字。

自甲骨文至小篆，文字与图画相近。象形文字描绘实物，指事字描绘虚象，会意字、形声字是象形字、指事字的配合体。所谓"书者，如也"，就是说每个字都像事物的形状（包括像声）。

大汶口文化"象形文字"

殷墟"甲骨文符号"

公元前21世纪，禹子启破坏了尧舜时期的民主推选首领的制度，以王位世袭制取代了禅让制，中国历史上第一个奴隶制国家建立。距今三千多年以前的商朝，又称殷。中国的象形文字是以商代殷墟甲骨文为代表，形成了我国最早真正意义上的文字和书法，在殷墟王都遗址发现的带文字的甲骨有十多万片之多。殷墟甲骨文的出土，给我们提供了大量的关于商代社会的生活资料，从此揭开了商代社会的真实面目。商代殷墟所出土的甲骨是从盘庚到帝辛12位帝王约273年间（约公元前1300—前1028年）的卜辞和许多记事文字，所以也叫"殷墟文字"或"殷墟卜辞"。殷墟除甲骨外，还有刻在其他器物上的文字，所以又叫"殷墟书契"（"契"是"刻"的意思）。殷墟出土的甲骨文，最早为武丁时期，距今已有3300多年。据有关文献记载，甲骨文使用的单字约4500个左右，目前已认识的字约1500多个。殷墟甲骨文字基本上具备了汉字的结构，即所谓"六书"（形象、指事、会意、假借、形声、转注）。甲骨文的记录非常简单，一块甲骨少的只有几个字，最长的达百字以上。在商代，除甲骨文外，所发现的文字记录还有金文（铭文、钟鼎文）、陶文、简册和帛书等，所以周人说："唯殷先人，有册有典。"我国有文字可考的历史是从商代开始的，研究证明，殷墟甲骨文已经具备了中国书法的三个基本要素：用笔、结字、章法，而半坡文化遗址中在陶器上发现的刻划图画符号，并不全有这三个要素，所以它只是原始书法的雏形。

殷墟"龟板、兽骨甲骨文"

公元前11世纪周灭商后，周武王采取积极措施，巩固对扩大地区的统治，重新调整王室与贵族之间的关系，大规模分封诸侯，建立新的统治秩序，从而使中国奴隶社会进入繁荣鼎盛阶段。西周时期文字及书法也进入一个新的发展阶段，青铜器的铸造工艺中，广泛使用"金文"刻铸，故称"钟鼎文"，又叫"吉金文"。殷周的金文书法，雄浑多姿。在字体方面，它还保留有甲骨文的字形特征和象形的成分。但周代的金文，在成王、康王以后，已趋于成熟，形成了点画圆浑、体势雍容、工整的所谓"宗周风格"。如"毛公鼎"中的金文，就是这种风格的代表。西周的"大篆"书体，古拙苍劲，气势雄浑，书法味极浓，至今仍深受金石、书法家钟爱。从书法角度讲，"大篆"书体，狭义指"籀文"，广义指甲骨文、金文、籀文和春秋战国时通行于六国的的文字。

"毛公鼎"书法

春秋战国时期，流行由大篆变体而来的鸟虫书。鸟虫书，亦称"虫书"、"鸟虫篆"，属于金文里的一种特殊仿生字体，它是春秋中后期至战国时代盛行于吴、越、楚、齐等南方诸国的一种特殊文字。鸟书也称鸟篆，笔画作鸟形，即文字与鸟形融为一体，或在字旁与字的上下附加鸟形作装饰。这种书体常以错金形式出现，高贵而华丽，富有装饰效果，辨识颇难。春秋时期有铭文的传世铜器中，如楚国的《散氏盘》、齐

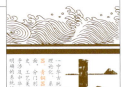

国的《齐太宰归父盘》等，都有各自的书法特点。

［西周］《散氏盘》书法

［春秋］鸟虫书

　　秦始皇统一六国后，除进行政治改革以外，在思想上也作了一些改革，这就是书同文、车同轨、行同伦，即"三同"政策。秦统一以前，"文字异形"给政令的推行和经济、文化的交流带来诸多不便。因此秦始皇在统一六国后的当年，采纳李斯的意见，推行统一文字和政策，下令"书同文字"，要求统一用简化的秦文"小篆"作为正字，即标准文字，废除西周的"大篆"，对汉字的规范化起了很大的作用。据说，在秦始皇统一六国后，有一个因犯罪被监禁的官吏程邈向秦始皇奏上"隶书"这一新字体，得到了秦始皇

小篆《泰山刻石》
（残片）

小篆石刻

的赞许，被作为秦书八体之一。

到了汉代，离图画较远的隶书大为盛行，这就是我们今天通用的楷书的前身。从书写的角度讲，隶书易学易写，隶书字体规整，笔画点捺横竖分明，工稳沉静，历代至今不少书家工隶书者众，是书法艺术中一个重要的种类。汉代还有一种"解散隶体"，即汉代古草，又称章草，是草书的前身。

在汉字发展史上，隶书的形成是一个十分关键的转折，它的定型标志着汉字脱离了古文字时代，而进入了一个新的发展阶段。

［东汉］"景君碑"隶书

三国时期的隶书已向楷书演变，这一时期的楷书虽有隶意，但楷书的形制已初具雏形。两晋、南北朝时期，是我国书法艺术成熟的时期。书法自东汉以来，成为一种重要的艺术。汉末魏初，钟繇始创真书，独辟新境，因此被称之为"秦汉以来一人而已"，对中国书法具有划时代的贡献。钟繇带有隶意的楷书，可为代表。传为钟繇写的《宣示表》、《荐季直表》等，都具有早期楷书的特点。至东晋王羲之，集书法之大成，被称为"书圣"。王羲之早年从卫夫人（东晋女书法家）处学钟繇书法，长于隶草真行诸体，自成一家。他的真书有《乐毅论》、《黄庭经》，行书有《兰亭序》等。王羲之的儿子王献之，书法造诣颇深，人称"小圣"。父子二人两人合称"二王"，王献之的传世之作有《鸭头丸帖》等。"二王真书"为南方书体的正宗，北方沿袭魏晋（西晋）旧书体，因此南北书体不同。北方士族崔

［西汉］皇象
章草"急就章"

《中华古玩艺术》将古玩所涉及的内容进一步理论化、系统化。从陶器、青铜器、古币、书画、瓷器、杂项等二十多个方面，分门别类介绍了各类古玩器物的人文历史、工艺美术及鉴别，几乎涉及中华古玩的各个领域。既光分地把握了明晰的系统性，又融凑了细腻与史的结合。

氏、卢氏工于书法的也很多。崔悦学卫瓘，卢湛学钟繇，悦、湛又同习索靖草书，子孙相袭，为北方书法世家，史称"魏初重崔卢"。南北统一后，经唐太宗提倡，"二王真书"成为全国书体的正宗。

［魏］钟繇《荐季直表》

［晋］王羲之《兰亭序》

唐代是我国封建经济的盛世，随着封建经济的繁荣，文化领域出现了蓬勃发展的新气象，科学技术、哲学、史学、文学艺术等方面都有卓越的成就。盛唐时期，文化艺术中的诗歌、绘画、书法、音乐、舞蹈，均放射出辉煌的光彩。书法艺术在唐代发展到又一个高峰，不仅名家辈出，而且有许多创新。唐初期的三大书法家，欧阳询、虞世南、褚遂良都在学习王羲之书法的基础上，形成了各自的特色。欧体笔力险劲，作品有《皇甫诞碑》等；虞体匀圆秀柔，作品有《孔子庙堂碑》等；褚体字疏气密，作品有《伊厥佛龛碑》等。唐中期的书法名家颜真卿打破了王羲之书法的娇媚，把篆、隶、行、楷四种笔法结合起来，创造了方正敦厚、沉着雄浑的新书体，人称"颜体"，成为后世人们学字的楷模。这一时期，唐代草书的名家有孙过庭、张旭、怀素等。孙过庭草法严谨，纵肆中有理趣，作品有《书谱》。张旭的草书，体势飞动，奇幻多变，作品有《古诗四帖》。名僧怀素，运笔连绵，风神潇洒的草书独称天下。他的草书，刚劲有力，奔放流畅，世称"草圣"，以《自叙帖》、《苦笋帖》传世，为书法中的珍品。唐后期的书法大家柳公权，以楷书见长，他博采诸家笔法之长，体势劲媚，自成一家，称为"柳体"，代表作有《玄秘塔碑》、《金刚经》等。柳公权的书法与颜真卿齐名，人称"柳筋颜骨"。

[唐]怀素《苦笋帖》

[唐]虞世南《孔子庙堂碑》（局部）

[唐]欧阳询《皇甫诞碑》（局部）

[唐]柳公权《玄秘塔碑》（局部）

[唐]颜真卿《多宝塔碑》（局部）

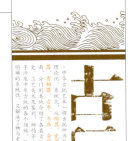

一 中华古玩艺术 将古玩所涉及的内容进一步
理论化、系统化。古书、书画、瓷器、碧玺、玉
器、青铜器、古币，分门别类地介绍了各类古物的人文历
面，分门别类地介绍了各类古物的人文历
史、工艺美术及鉴别，几
乎涉及古玩器物的知识，几
手涉及中华古玩的全领域，既光分地把握了
明确的系统性，又解决了物与史的结合

［唐］怀素《自叙帖》

　　两宋时期，我国文学艺术园地出现了一派繁荣的新气象，涌现出许多著名的史学家、文学家。在书法领域里出现了苏轼、黄庭坚、米芾、蔡襄，史称"宋四家"。在"宋四家"中，从书法风格上看，苏轼的书法丰腴跌宕，天真烂漫，作品有《黄州寒食诗》等；黄庭坚纵横拗崛，昂藏郁拔，作品有《松风阁诗》等；米芾俊迈豪放，沉着痛快，作品有《蒻溪帖》等；蔡襄笔致精妍，体势娇娆，作品有《林禽帖》等。他们的书风自成一格，苏、黄、米都以行草、行楷见长，唯有蔡襄喜欢写规规矩矩的楷书。

［宋］苏轼《前赤壁赋》

　　从宋代的书法艺术角度上看，真、草、隶、篆、行五体书中，真书、篆书成就不大，草书、隶书较前人亦少有较大发展。宋代行书，不仅突破了东晋"二王"的书法风格，还迈出了唐代"颜柳"的书体规范，形成一种潇洒纵逸、轻快活泼、恣肆放达、以意为书的全新书法体风，被世人称为书法艺术中的"行书

豪放派"，对后代至近现代书坛影响都极为深远。

［宋］米芾《淡墨秋山诗帖》

［宋］黄庭坚《花气熏人帖》

［宋］蔡襄《谢郎帖》

"中华古玩艺术"将古玩所涉及的内容进一步
理论化、系统化。从陶器、瓷器、紫砂壶、玉
器、青铜器、古币、古典、杂项等二十多个方
面，分门别类地介绍了各类古玩器物的人文历
史、工艺美术及鉴别、仿伪等方面的知识，几
乎涉及中华古玩的各个领域，既光分地把握了
明确的系统性，又解决了趣与史的结合

元代，书法、文学、冶印和绘画艺术融为一体，开创了新境界。元代著名书法家有赵孟頫、鲜于枢、虞集、杨维帧等人，他们都擅长正、行、草书，笔力有劲健之气。四人之中赵孟頫（字子昂）的书法则属一代大师，雄居一时，篆、隶、楷、行、草无不精湛，自成一家。他的书法落笔奔腾，运笔流美，骨力秀劲，笔势超绝，世称"赵体"。作品有《仇锷墓志铭》、《胆巴国师碑》等。

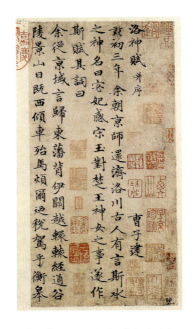

［元］赵孟頫楷书《洛神赋》

明代的书法艺术，可以说是百花齐放，真、草、隶、篆、行各体均有一定成就，书法处在一个复古的时期。从风格流派讲，上学魏晋碑体、二王、颜柳，近学赵孟頫，形成一些艺术流派。明代近三百年间，朝廷诸皇帝都很喜欢书法，如明代帝王仁宗、宣宗极爱书法，尤其喜欢临摹王羲之的行书典范《兰亭序》，神宗自幼工书，手不离王献之的传世墨宝《鸭头丸帖》、虞世南临写的《乐毅传》和米芾的《文赋》。而朝野士大夫重视帖学，皆追崇姿态雅丽的楷书、行书，几乎完全继承了赵孟頫的格调。这一时期最著名的书法画家有：文徵明、祝允明、唐伯虎、董其昌、王宠、张瑞图、宋克等。文徵明的小

［明］文徵明《四山五十咏》

楷上追晋唐；行草融冶黄、米二王，风神劲练，作品有《离骚》、《洞庭两山诗》等。明代晚期最具影响的书法家是董其昌，他的楷书特点是不追求好，反得闲适自然的情致，但书法气势略显薄弱。作品有《行草书卷》、《项元汴墓志铭》等。

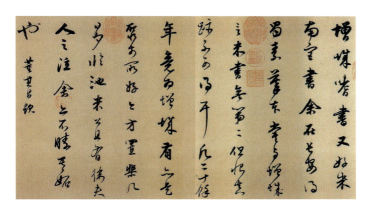

［明］董其昌跋《蜀素帖》

　　清代的书法基本上是沿袭明代，盛行"帖学"和"馆阁体"。馆阁体是一种书体名，属于官方使用的书体，特指楷书而言。明、清时期，在科举试场上，科举取士，考卷的字，必须使用这种书体，它强调楷书的共性，即乌黑、规范、美观、整洁、大方、大小一律。在明代，这种楷书叫"台阁体"；清代则叫"馆阁体"。因当时馆阁及翰林院中的文墨官僚，擅写这类字体，而故名。后来把写得拘谨刻板的字，也泛称"台阁体"、"馆阁体"。

　　清代集"帖学"之成的书法家，以张照、刘墉等为代表，张照原自颜、米入手，后追崇董其昌，他的字属一流的"馆阁体"。刘墉是从赵子昂入手，上追苏、米和颜及钟繇，用笔圆劲、肥厚。

　　放浪笔墨、狂放不羁、愤世嫉俗的风气在清初十分突出，如清初的黄道周、傅山、朱耷（别号"八大山人"）等人，他们纵逸狂放的草书或行草书，极有时代烙印，极有个性。黄道周的楷书、行草，不落明人佻靡，楷法严冷方刚；行草取隶的道密，去隶的波拂，自成古质、奇逸的书体，其楷书作品《石斋逸诗》，行草有《黄道周诗稿》等。傅山在诗、文、书、画诸方面，造诣颇深，擅

「中华古玩艺术」将古玩所涉及的内容进一步理论化、系统化。从陶器、青铜器、古币、书画、奇珍异玩、紫砂壶、玉器等二十多个方面，分门别类地介绍了各类古玩器物的人文历史、工艺美术及鉴别、辨伪等方面的知识。几乎涵盖及中华古玩的各个领域，既完成了物与史的结合，又解决了物与史的系统性，明确的系统化把握了。

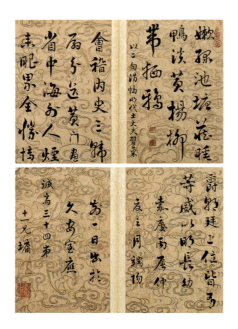

［清］刘墉书法册页

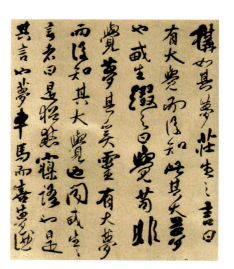

［清］傅山《丹枫阁记》

长隶书、行草，书法奇奇正正，刚介劲拔，被世人尊称为"清初第一写家"，作品有《老景信口诗》、《秋迳诗》等。朱耷的山水画初师董其昌，后又上窥黄公望、倪瓒，多作水墨山水，笔墨质朴雄健，意境荒凉寂寥。他擅长行、草书，宗法王羲之、王献之、颜真卿、董其昌等，以秃笔作书，风格流畅秀健。清代中期，涌现出一大批名垂书史的书画家，如"扬州八怪"。他们的艺术风格不被当时所谓的正统画派所认同，其画风、意境所追求的就是自然、人本、现实。"扬州八怪"把一些生活化、平民化的素材都搬到他们的书画作品中，甚至把社会的阴暗面也通过画笔揭露出来，形成了清代中期一个离经叛道的画派。

清代晚期，碑学流行，大批书画家都从传世碑帖和新出土的汉碑版书中汲取营养，从而促进了清代书法画坛的艺术繁荣。清代末期，著名书法家有吴昌硕、沈曾植和康有为。吴昌硕擅长篆书和行书，篆书写"石鼓文"，笔致沉雄苍厚，极具金石味。沈曾植能写各体书，所书章草更具特色。康有为善于行楷，他的字源于北碑，而能自诣自运，长于擘窠大字。

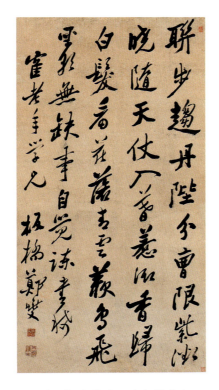

"扬州八怪"之一郑板桥书法

353

第四节　　中国画种类

东汉王延寿在著名的《鲁灵光殿赋》中描述殿中壁画时说："图画天地，品类群生。杂物奇怪，山神海灵。写载其状，托之丹青。千变万化，事各缪形。随色象类，曲得其情。"可见，绘画在平面上描绘各种可见事物的形象，所以表现的对象十分广泛，而且在再现对象的形貌神情和丰富色彩方面具有特殊的表现力。在近代发明摄影术以前，绘画是唯一可以用来录存各种具体事物和生活形象的具体形状的手段。晋代陆机说："宣物莫大于言，存形莫善于画。"指出了绘画的这种特长。

绘画是一门运用色彩、线条和形体，在二度空间的范围内，反映现实美，表达人的审美感受的艺术。把握绘画艺术的特点，需要将其特殊的造型性通过视觉感受以及所使用的特殊物质手段统一起来考虑。

存在于二度空间的中国画，在古代没有确切的定义，一般称之为"丹青"，主要指的是画在宣纸、绢上并加以装裱的卷轴画。近现代以来为区别于西方输入的油画（又称西洋画）等外国绘画而称之为中国画，简称国画。它用毛笔、墨和中国画颜料，在特制的宣纸或绢上作画。

国画使用的毛笔大致上和书法的毛笔相似，只是品种更多一些，这是因为国画表现的对象范围较广。国画用笔主要分为软毫、硬毫和兼毫。常用的软毫笔有大、中、小羊毫和小鹤颈等，适于画花、叶等。硬毫笔有狼毫类：大、中、小兰竹笔，适于画山水、兰竹等；紫毫类：大红毛、小红毛、叶筋笔、衣纹笔、蟹爪笔、点梅笔等，适合于勾线、点粉等。兼毫笔有大白云、中白云、小白云、雪藏青玉、书画如玉等，适合于花卉、人物、山水等。

国画的绘画用墨，主要为油烟墨，因其墨色有光泽。用墨一般最好选用砚池较深的砚台自磨。

国画用纸一般采用宣纸，宣纸又分为生宣、熟宣和半熟宣。生宣吸水性强，墨色富有变化，宜于写意；熟宣则不宜吸水，便于逐层上色，多层渲染，适合工笔；半熟宣则性能介乎于生、熟二者之间，墨韵、色彩俱佳。国画善用绢，自古有之，亦有生绢和熟绢之分。因绢丝极易歪斜，故绢一般先裱后画。

国画所用颜料分为矿物色颜料和植物色颜料两大类。一般来说，矿物色多数厚重而极具覆盖性能（即不透明性），植物色则透明而色薄。石青、石绿、石黄、赭石、朱膘、雄黄、朱砂等，属矿物色；花青、胭脂、曙红、藤黄等，属植物色。矿物色一般质地较粗，不宜互相调和。只宜单独使用。朱膘和赭石稍细，可和其他色单色调和，但不宜多色调和。

国画在技法形式上又有工笔画、写意、没骨、浅绛、白描、水墨等，主要运用线条和墨色的变化，以勾、皴、点、染、浓、淡、干、湿、阴、阳、向、背、虚、实、疏、密和留白为绘画手法，各有蹊径，互有特色。

在题材和内容上中国画形成了不少分科，概括而言，主要有四大类：人物、山水、花鸟、界画。

人物画：是以人物形象为主体的绘画，主要包括道释画、仕女画、肖像画、风俗画、历史故事画等。战国时期，我国就出现了成熟的人物绘画，并达到了较高的艺术水平。

山水画：是以描写山川自然景色为主体的绘画。隋唐时期，我国山水画已成为独立的创作；至五代、北宋时期，山水画日趋成熟。中国山水画依技法和设色可分为水墨、青绿、金碧、浅绛、淡彩等形式。

花鸟画：是以描写花卉、瓜果、竹石、鸟兽、虫鱼等为主体的绘画。花鸟画的肇始很早，新石器时代的彩陶上、殷周时代的青铜器上就有许多花草、虫鱼和龙凤之类的图案纹饰。传统花鸟画依题材可分为花卉、瓜果、翎毛（禽鸟）、走兽、虫鱼等类型。

界画：是指以宫室、屋宇、亭台楼阁等建筑物为题材，而用界笔直尺线的绘画，也称"宫室画"、"台阁画"或"屋木画"。界画创始于隋代，最早界于人物山水之间。

以下扼要地介绍十几种具有代表性的中国画。

一、文人画

文人画，亦称"士大夫画"，中国画的一种，泛指中国封建社会中文人、士大夫所作之画，以区别于民间画工和宫廷画院、职业画家的绘画。"文人画"文学趣味异常突出，以书卷气作为一个评画的标准，意指诗意画或称诗卷气。此类作品大都取材于山水、古木、竹石、花鸟等，表现手法以水墨或淡设色写意为多。北宋苏轼提出"士大夫画"，明代董其昌称道"文人之画"，以唐代王维为其创始者，并目为南宗之祖。文人画对中国的绘画美学思想以及对水墨、写意画等技法的发展都具有相当重大的影响。

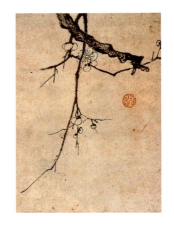

文人画

二、院体画

院体画，简称"院体"、"院画"，中国画的一种。我国唐代时就已设待诏、供奉等。五代时，西蜀、南唐设置画院。宋代设翰林图画院，选优秀画家为皇室宫廷服务。这类作品为迎合帝王、宫廷需要，多以山水、花鸟、人物、宫廷生活及宗教内容为题材，作画讲究法度，重视形神兼备，风格华丽细腻，色彩丰富艳丽，有的具有较强的装饰性，故称之为院体画。

院体画

三、风俗画

风俗画是以一定地区、民族或一定社会阶层人们的日常活动、生活情趣、民风习俗等为题材的绘画。中国的风俗画，根据表现生

风俗画

活对象的不同，又有不同的分类。如市井、舟车、耕织、货郎、牧童、美妇、婴戏等。

四、扇面画

在中国画门类中，历代书画家都喜欢在扇面上绘画或书写以抒情达意，或为他人收藏或赠友人以诗留念。存字和画的扇子，保持原样的叫成扇，为便于收藏而装裱成册的习称扇面。从形状上分，有圆形（团扇）和折叠式（折扇）两种。扇面画大多为诗、书、画一体，题材有花鸟虫鱼、山水松林、庭院美妇、福禄寿喜等。

扇面画

五、浅绛山水画

浅绛山水画是中国山水画中的一种设色技巧，即淡着色山水。山水画中凡是以淡红青色彩渲染为主的山水画，都统称为"浅绛山水"。浅绛山水画以树、石、云、水为主要表现内容，浅绛山水画是中国画常见的画种，多用以水墨为主，略施淡赭淡青，表现深秋和早春时节及斜阳夕照的景色。其特点是素雅静淡，明快透澈。"浅绛"是其他类别山水画的基础，同时也是传统绘画中具有高难度的绘画技法之一。因此，了解、学习和研究它是十分重要

浅绛山水画

357

的。

六、青绿山水画

青绿山水画，亦称"金碧山水"，是中国山水画中的一种，即采用浓重的矿物颜料的石青和石绿颜料为主，表现山石树木的苍翠而得名。也有在青绿山石的轮廓上勾以金石，这样的山水画又称金碧山水。青绿山水始创于唐代的李思训。北宋的王希孟所画的《千

青绿山水画

里江山图》也是青绿山水的代表之一。

七、没骨（法）画

没骨（法）画是国画术语，是中国画花鸟画的一种设色技法。主要采用彩色作画，不用墨笔立骨的技法叫做"没骨法"。没

没骨（法）画

骨法又分渲染和点染两种。中国画无论人物画、花鸟画，还是山水画，都十分讲究"骨法用笔"，尤其在工笔画、写意画（包括小写意）的绘画技法中都显得十分重要。"骨法用笔"不但作为品评作品优劣的标准之一，它也被中国画坛视为中国画的灵魂，并作为界定中国画的标准。

八、工笔画

工笔画，中国画传统画法之一。"工笔"是与"写意"相对应的概念，简而言之，就是运用工整、细致、缤密的技法来描绘对象。它大致可分为四大类：工笔白描、工笔淡彩、工笔重彩和没骨工笔。从表现内容上又可分为山水、花鸟、人物。工笔画盛行于唐代，初唐时期因绢料的改善而对工笔画的发展起到了一定的推动作用。工笔画长于抒情，以实写虚，注重线条。如《捣练图》、《簪花仕女图》等作品中使用的道劲纤细的铁线描，生动地再现了唐代妇女的"丰颐典丽、雍容自若"的典型形象，人称"倚罗人物"，为工整艳丽的重彩人物画开创了新风格。

[唐] 张萱《捣练图》

九、写意画

写意画，中国画传统的画法之一。"写意画"是与"工笔画"相对应的概念，简而言之，就是用豪放、简练、洒落的笔墨描绘物象的形神，抒发作者的感情。写意画主张神似，在表现绘画对象上运用概括、夸张、联想、用笔虽简但意境繁邃的手法，强调以少胜多的含

写意画

蓄意境，落笔要准确，运笔要熟练，要能得心应手，意到笔随。

十、水墨画

水墨画，中国画的一种。在中国画中，指纯用水墨所作之画。水墨画以墨为主要原料，加以清水的多少引为浓墨、淡墨、干墨、湿墨、焦墨等，画出不同浓淡（黑、白、灰）层次，呈现出独有的韵味，即为"墨韵"，形成中国画家族中的水墨画。从绘画表现方式讲，水墨画具有三个基本要素：单纯性、象征性、自然性。从绘画技法上讲，水墨画以笔法为主导，充分发挥墨法的功能。水墨画相传始于唐代，成于五代，盛于宋元，明清及近代以来续有发展。北宋沈括《图画歌》载："江南董源传巨然，淡墨轻岚为

水墨画

一体。"说的就是水墨画。唐宋画家画山水多湿笔，出现"水晕墨章"之效，元人始用干笔，墨色更多变化，有"如兼五彩"的艺术效果，这些都是水墨画表现出来的艺术形式。长期以来，水墨画在中国绘画史上占有重要地位。

十一、彩墨画

在中国画里，是以"水墨画"为基底，在其上敷色、点彩，使画面较之水墨画在色彩上较为丰富、明快、鲜亮。中国的彩墨画是用宣纸、颜料，画出来的画既不像传统的中国画的艺术效果，又不像西方的油画、水彩画那样艳丽。中国画家历来重墨轻彩，特别是文人画出现之后，"墨分五色"，墨就是彩，彩就是墨了。"彩墨画"是在"水墨画"基础上派生出来的新品种。

十二、白描画

白描画是在中国画里纯用笔墨勾勒线条而不上色，或用渲染水墨来描绘景物及人物形象的一种传统绘画形式。线条白描，是中国画的基础训练形式之一。白描技法十分重要，是训练中国画家的造型能力的一门必修课。

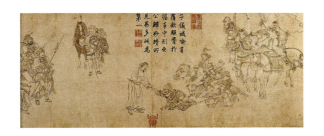

［宋］李公麟《免胄图》（局部）

十三、仕女画

仕女，指中国古代的宫女。"仕女画"是人物画中以女性形象

"中华古玩艺术"丛书古玩所涉及的内容进一步理论化、系统化，从陶器、青铜器、古币、书画、瓷器、紫砂壶、玉器等二十多个方面分门别类地介绍了各类古玩器物的知识。几史、工艺美术及鉴别，一种综合性的知识几乎涵盖中华古玩的各个领域，既充分地揭示明确的系统性，又解决了历悟与史的结合。

彩墨画

仕女画

为描绘对象的绘画,最早始于战国,盛于唐代,流行于明清。仕女画的特点,大都以工笔重彩为主要表现形式,并富于浓烈的装饰。如唐代周昉的《簪花仕女图》、张萱的《虢国夫人游春图》、明代仇英的《列女图》等,都是仕女画的代表杰作。

十四、道释画

道释画是人物家族中以道教、佛教为内容的绘画作品。佛教在中国古代的别称为释道,所以就将此类绘画称为"道释画"。道释画的内容题材大多是宗教教义、故事和传说等,绘画的宗旨是为宗教服务。早期的道释画传世下来的不多,现存道释画的代表作品为元《永乐壁画》、明《法海寺壁画》等。

［明］北京石景山《法海寺壁画》

十五、界　画

界画,即"界划",是中国画的技法名。界画是中国绘画独具特色的一个门类，因作画时使用界尺引线故而得名。从绘画技法上讲，界画将一片长度约为一支笔的三分之二的竹片，一头削成半圆磨光，另一头按笔杆粗细刻一个凹槽作为辅助工具，作画时把界尺放在所需部位，将竹片凹槽抵住笔管，手握画笔与竹片，使竹片紧贴尺沿，按界尺方向运笔，能画出均匀笔直的线条。明代陶宗仪《辍耕录》所载：“画家十三科”中有“界画楼台”一科。在十三科中，界画楼台，指以宫室、楼台、屋宇等建筑物为题材，而用界笔直尺画线的绘画也叫“宫室”或“屋木”。可见，界画多适于绘画建筑物，其他景物用工笔技法配合，统称为“工笔界画”。从绘画色彩构成上讲，界画的颜色可分为水墨、青绿、金碧、浅绛等。

黄秋园界画山水

十六、山水画

山水画，简称“山水”，中国画特有的画种之一，是以山川自然景观为主要描写对象的中国画，形成于魏晋南北朝时期，但尚未从人物画中完全分离。隋唐时始独立，五代、北宋时趋于

成熟，山水画法达到了几乎完美的境界，成为中国画的重要门类。山水画按画法、技法又可分为青绿山水、金碧山水、水墨山水、浅绛山水、小青绿山水、没骨山水等。中国山水画是中国人自我人生情思中最为厚重的沉淀，所以自古以来就有以山为德，以水为性，寄情山水的说法。从山水画中，可以体味出中国画的意境、格调、气韵和墨色，再没有哪一个画科能向山水画那样给国人以更多的情感。若说与他人谈经论道，山水画便是民族的底蕴、古典的底气、人的性情。

［清］朱耷《山水册》

十七、花鸟画（花卉画）

花鸟画，即花卉画，是中国绘画门类中特有的一种绘画画种，以描绘花卉、竹石、鸟虫等为作画主体。我国早在新时器时期的陶器上，就出现了简单的鸟鱼人面图案，可以说这就是最早的原始花鸟画。唐张彦远《历代名画记》载：东晋、南朝宋时画在绢帛上的花鸟画已逐步形成了独立的画料。到了唐代，已趋成熟，出现了以工笔勾填画风艳丽的边鸾和以墨代色、墨分五彩的殷仲容。五代时发展为两体，即"徐、黄二体"。一宗徐熙、一宗黄鉴。明代沈启南、孙雪居等，涉笔点染，亦追徐熙。徐青藤的花卉，超然畦迳，经清石涛到"扬州八怪"的花卉，更完善地形成了诗、书、画三绝。

李苦禅花鸟画《荷花翠鸟》

十八、动物画

距今约7000年的河姆渡文化早期遗址中就出土了羊、牛、马、驼、虎等多种动物图案和抽象符号，这就是最早的原始动物画。中国画中的动物主要以动物形象作为艺术语言，以表达人的希望、幻

"中华古玩艺术"详古玩所涉及的内容进一步理论化、系统化，以陶器、瓷器、紫砂壶、玉器、青铜器、古币、书画、杂项等二十多个方面，分门别类地介绍了各类古玩涉及的人文历史、工艺美术及鉴别、群伪等方面的知识，几乎涉及中华古玩的各个领域，既光分地把握了鲜明的系统性，又解决了物与史的整合

刘继卣《雄狮图》

吴作人《骆驼》

黄胄《群驴图》

想和各种感情的一种绘画形式。动物画描绘的题材很广泛，凡动物均可入画，但主要对象为人们常见的家禽、家畜和动物园中的各种动物。动物画并不完全追求惟妙惟肖，允许夸张与变形，强调物种的个性，给人产生视觉的共鸣和对景物美的联想。

十九、四君子画

四君子画，是中国画的术语，以"梅、兰、竹、菊"四种花卉为题材的绘画作品的总称。这类题材象征高风亮节的品格和正直、坚强、坚韧、乐观以及不畏强暴的精神气度。

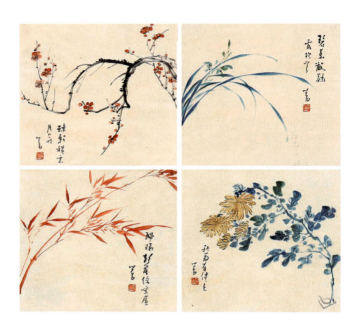

溥心畬《四君子图》

第五节　　书画的鉴定与收藏

书画的含义和画的分类是我们鉴别古字画时遇到的第一关。不懂得书画的含义和画的分类，也就无从鉴别。有关书画的系统知识本章已经——作了论述，以下重点论述书画的作伪和书画的鉴定。

一、书画作伪

书画的作伪，自古以来十分猖獗。历朝历代的作伪者大多采用这么几种常见的方法：摹仿作伪、补题或改题旧书画、用旧纸仿作旧书画、截割题跋、补描旧书画、揭裱旧书画等。

摹仿作伪：譬如董其昌、唐伯虎二人的书画，常为作伪者摹仿。作伪者仿制董、唐书画所用的纸和墨，再研究他们各自的生平及事故，熟知他们的画风字迹，按照董、唐的真迹或照片，照原式进行摹仿。制作成功之后，再用薰旧法，使纸张及墨迹变旧，让墨色陈旧逼真。然后再按照旧式式样选择材料装裱。最后再用薰旧法处理，让书画更加显得破烂，使得书画与董、唐真迹完全相同，毫无破绽。仿制董、唐书画成功之后，绝对不在本地出售，他们多寻找董、唐故里的爱好者，感兴趣的客商，托人代售。而且在古玩商铺里，每次只挂售一幅。

补题或改题旧书画：北京故宫收藏的五代及宋代的书画，作品精美绝伦，多不露作者姓氏。换而言之，宋、元时期的绘画，大多不落款，不盖印章。即使有落款者，大多款落纸背，或石树罅间，落款很小，而字简。

用旧纸仿作旧书画：鉴别旧书画，首先要查看纸张是否与作者年代相符。若纸张的自然氧化销蚀程度符合作者的年代，则书画就有鉴别真伪的可能。如果纸张表面新滑而光洁，那么，无论作品多么精致美妙，一看便知就是伪制的书画。历史上明代的书画大家，其作品之精美，多是用宋代的纸。在我们今天这个数码科技和网络信息化高度发达的社会里，作伪手段、仿作技术史无前例。

截割题跋：从古至今，书画就十分注重题跋。题跋又称题款，是书画创作和鉴赏的一个专用名词。它是写在书籍、字画、碑帖画前的文字。"题"指写在前面的文字，"跋"指写在后面的文字，总称题跋。内容多为品评、鉴赏、考订、记事等。对书画收藏来讲，题跋愈多，价值就愈高。

截割题跋指拆裂、截割书画，将其挪移拼配，重新组合的一种作伪方式。运用此种移花接木之法，可使一件作品变成两件或三

「中华古玩艺术」将古玩所涉及的内容进一步理论化，系统化。从陶器、瓷器、紫砂壶、玉器、青铜器、古币、书画、杂项等各方面，分门别类地介绍了各类古玩物的人文历史、工艺及收藏鉴别。洞悉字方面的知识，见洞悉字方面的知识，见识及中华古玩的各个领域，既来源及中华古玩的各个领域，明确的系统而，又解决了物与史的结合了

件，并且价值倍增。截割题跋的手法颇多，常见的有截割下真迹的题跋配到伪作的书画上，或以伪作的题跋配到真迹书画上。另外，还可将残画上完好无损的题跋移入他画之中，或将冷名书画家的真迹与名家的伪作品加以拼凑成幅，达到鱼目混珠等。一般来讲，题跋分为三类：一是作者本人的题跋；二是同时期人的题跋；三是后人的题跋。如果题跋中所述内容，与本幅作品中书画家或题跋者的年龄、籍贯、

高仿古字画

作画时间、地点、得画人称谓、名号等有出入，都可视之为疑点。假若题跋中的内容和书画本身又风马牛不相及，这显然就是伪作。

补描旧书画：书画兴自晋代，距今已有一千六百余年。至今传世下来的书画真迹大多为绢与纸。绢的耐久性不过百年，纸虽耐久，不逾千年。由此推算，唐宋时期的书画保存至今品相完整者几乎没有。元明时期的书画保存至今因受空气的氧化销蚀，残缺破损者为数最多。传世作品常为虫啮鼠咬，模样模糊难辨。

揭裱旧书画：明代以来，书画多用宣纸。新画染旧的色彩浓淡不一，但以鼠灰及麦黄两色为最多。染鼠灰色者，是用糊屋旧纸，加以碱水，与画共煮。煮好后晒干，颜色与鼠灰色相同。麦黄色，是用红糖水调藤黄。染色方法非常简单，最后添香灰一层。

二、书画鉴定

鉴别书画最基本的方法主要有以下几种：

目鉴：对古代书画鉴定采用以目鉴为主。凭借视觉对书画的艺术特征，绘画风格进行系统的观察、比较和评估，从而辨别出作品的真伪。如山水画，晋至唐以前的山水画，技法上擅长勾染，不见皴法，树石的形象比较稚拙；唐代的山水画中已见勾斫，渲染力增

强，首创金碧青绿山水画；宋代创"大斧劈"皴，所画石质坚硬，立体感强。宋代的山水画，以山为德，以水为性，寄情山水；元代把书法、文学、治印和绘画艺术融为一体，开创了文人画新境界。明末清初的文人山水画，强调笔墨技法。山川树石、烟云流润，柔中有骨力，转折灵变，墨色层次分明，拙中带秀，清隽雅逸等。

考订：借助文献资料和各种文史知识，对书画的故事、题材进行比较研究，从而考据订正出作品的真伪。借助文字学知识对避讳字、错讹字的考订；借助文学史知识对书法、题跋中的文法及风格的考订；借助历史知识对称谓、绘画中服饰、建筑、器具等的考订；借助书画家传记和诗文、信札对书画家的生卒、籍贯、字号的考订等。

材质：古书画的材质多为绢和纸。绢的发明最早，所以用于制作书画的时间也就最长。百年以上的绢，无论怎样收藏，因空气的自然氧化，其柔韧性和色泽度都已完全散失。明代以前的绢，传至今日，其表面上绝无光亮，丝上的绒毛因多年的悬挂，已完全退色模糊，更没有绒毛存在丝上。作伪者如果使用新绢，由于横竖丝的变单，即可知道真伪。宋代的纸有很多长绒纤维，无论如何破损，仍可以装裱。而宋代以后的纸，则不可以。

墨迹：墨迹和颜色对识别古书画的真伪十分重要。一般来讲，宋代以前的作品，其墨色之上可发现一层白霜，细看则无，任何剥刮都不会退去。墨色之内，呈现有一层莓苔，若隐若现，若即若离。作伪的书画作品，大多是用香灰吹散，使其黏附在上面，只要轻轻一擦试，墨迹则黑亮轻浮，完全不同于自然生成的陈旧色。

印章：一般战国古玺及秦汉印多为铜印。明代初期王冕开始使用花乳石制名章，中期以后，开始出现青田、寿山、昌化等石章。铜印多为铸印，石印多为刻印。古玺的风格奇绝险峻，汉印的风格朴茂雄浑，明清流派印的风格亦各异。

鉴别印章，要学会识别篆法、刀法、章法、时代流派、书法功底，辨别新石新刻、旧石新刻、旧印补款、旧款补印等作伪方法。旧的印章，轮廓圆润，表面光滑，自然的磨损无人为的痕迹，经久的风化留下了历史的迹象。

〔中华古玩艺术〕将古玩所涉及的内容进一步理论化、系统化。以陶器、青铜器、瓷器、古币、书画、奇墙等二十多个方面，分门别类地介绍了各类古玩器物的人文历史、工艺美术及鉴别方面的知识，几乎涉及中华古玩的各个领域，辨伪等方面的知识，既先分地把握了明确的系统性，又解决了切物与实际的结合。

"苏州片"唐寅《百牛图》

苏州片：指万历到清代中期明、清时代在苏州造假出来的著名字画。"苏州片"所用的材料大都产于苏州虎丘、山塘等地的细绢，主要伪造唐宋及明代作风工细严谨的一些名家，题材不限于人物、牛马、花鸟、山水。主要题材多为《汉宫春晓》、《上巳修禊图》及《清明上河图》等青绿山水人物画。"苏州片"以假造明代仇英作品居多，还常常仿造苏轼、黄庭坚、米芾、董其昌、唐寅等人的书法。"苏州片"的作假一般都有粉本底稿，同一件作品造假往往不止一件，而是数件。伪作除了摹、临、仿、造以外，还有利用旧作，以改、添、拆配、割裂等手法的作假。"苏州片"数量多，水平高低不一，流传范围广。至今全国各地的博物馆都藏有"苏州片"作品，流传海外的作品也为数众多。所以在鉴定古书画时，尤其是高仿画作时，要认真细致地鉴别"苏州片"。

另外，在鉴定古书画时会碰到两种情况：一是有些作品作者亲自题跋或钤有印章；二是有些作品没有款印。所以，对古书画的鉴定，前者是辨别真伪，而后者为辨明是非，二者是有区别的。有名款印章的，要辨真伪，无印款的书画，要从作者与书画的绘画技法、历史背景上辨明是非真假。

左图为唐寅《草屋蒲团图》摹本，右图为《草屋蒲团图》真迹

第九章　　铜镜与宣炉

第一节　铜　镜

一、铜镜概述

铜镜是古代用铜制作的镜子，是一种生活日用品，用以梳妆照面。后来因崇尚迷信，借以照妖辟邪。在铜镜没有流行之前，人们用铜监盛水照面，故称铜监。

从铜镜演变发展的历史看，史前的镜，就是大盆的意思，它的名字叫监。《说文解字》中说："监可取水于明月，因见其可以照形，故用以为镜。"在三代之初，监都是用瓦制成的，所以古代的监字是没有金字旁的。到了商代初期，开始铸造监，后来监字也有了金字旁。商周时期，虽然有了铜监，但是瓦监依然通行。到秦朝时期，才开始铸造铜镜，因为镜的适用性优于监许多，所以到秦代以后，再也不用水作监了。秦汉以后，镜的使用更加广泛，镜的制作也更加精良。它的质料包括金、银、铜、铁等，而以铜者为多，有镀金银的，也有背面包金银或镶嵌金银丝的。隋唐以来，出现带柄的、四方的，各种花纹铜镜应有尽有。直到明代末期，开始有了以玻璃为镜子的用品。清代乾隆以后，玻璃镜开始流行于民间。直至民国初年，除少数边远的地区仍以铜为镜，这时的玻璃镜已经很普遍，古老的铜镜逐渐退出了人们生活日用梳妆的舞台，取代而之的就是我们今天用的玻璃镜。

［商］星芒纹镜

二、铜镜工艺

我国古代铜镜的制作，可以分为两个体系：北方铜镜和南方铜镜。北方的铜镜制作较为朴素简略，多为素面，数量不多。南方的铜镜制作精巧纤细，多有美丽的装饰花纹，数量较多。两个体系制作不

同，风格迥异。而春秋战国时期，铜镜的主要产地是南方的楚国。

战国时期，南方的楚国是铜镜的主要产地，且在三代（夏、商、周）的基础上，有了突飞猛进的全面发展。无论是铜镜的铸造工艺，还是铸造的数量，都大大超过了以前。

战国铜镜的工艺可以归结为四个特点：①胎薄。铜镜胎体很薄，战国铜镜不像汉唐铜镜那样厚重。②卷边。战国铜镜的边缘卷起，比镜身为高。③川字钮，也称弦纹钮。战国铜镜钮座较大，钮梁较细。战国以后，汉、唐镜的钮都为圆的乳钉形。④双层纹。战国铜镜的装饰花纹多为两层，即有主花，并衬托地纹。这和商代铜镜的装饰方法相似。

战国铜镜的装饰花纹大致有以下几种：①四叶纹，也叫叶纹镜。镜面花纹为四片叶的形状，叶纹蟠桃形、团扇形、佛光形、绒球形等。四叶纹常以羽状纹和回纹作地纹，而以回纹地四叶纹流行时间最长。有的四叶纹铜镜，在四叶纹之下还附以长茎，如表现荷茎伸出水面。所以四叶纹也称为四瓣花纹。四叶纹流行于战国中期。除了四叶纹装饰以外，还有三叶、八叶和云雷纹地花瓣镜等。②山字纹，也叫四山纹镜。这是战国中期最具特色的一种花纹，其使用量最多，在出土的楚镜中占80%左右。山字纹以四个山字的铜镜为多，是战国中期的铜镜。四山纹镜的山字采用对称的格式，字体由粗短变得瘦削，在山字间装饰有花瓣纹、长叶纹、绳纹，极为繁缛。除此之外，还有五山纹镜、六山纹镜。③双菱纹，也叫方连纹。是一个大的菱形两边附以小的菱形。这种双菱纹在战国时期的丝织绣品上非常流行。双菱纹镜常以羽状纹作地纹，它是战国中后期铜镜种类。④夔凤纹。这种镜纹常在方钮座的两角各饰一只夔凤，作展翅扬尾的飞舞状，并多和双菱纹相间使用。⑤长尾兽纹。这种纹饰常表现为兽体卷尾，两足劲健有力，作长尾状，兽头有似熊、似犬、似猴、似狐等，多以连弧纹作边饰。⑥蟠螭纹。战国晚期至秦末出现了四叶蟠螭镜、蟠螭菱镜、蟠螭方镜，还有三层花纹的云雷纹地蟠螭连弧纹镜等。方形蟠螭纹镜，常以作盘绕重叠的镂空状装饰。⑦连弧纹。是一种弧线相连的纹样。连弧纹有六弧、七弧、八弧、十弧等。装饰位置多有不同，有的饰在边缘，有是饰在镜面中部，也有的与钮座相连。连弧纹镜流行于战国末期，至汉代仍在广为使用。⑧地纹。战国早期普遍流行地纹镜，以衬托各类主花，但也用纯地纹而不饰主花的。战国铜镜地纹有回纹、羽状纹等。回纹有圆形、三角形，通常圆形和三角形配合使用，使曲线和直线相陪衬，给视觉产生一种对比的美。

[战国] 彩绘兽纹镜

[战国] 六山纹镜

汉代是我国铜镜发展的一个高峰时期，在历史上称为汉镜。汉镜在中国、朝鲜、日本、蒙古境内均有出土，数量最多。汉镜不仅在数量上比战国时期多，而且在制作形式和艺术表现手法上也有了很大发展。汉代铜镜的特点是：体薄、平边、圆钮、装饰程式化。但在不同的时期有不同的特点。它的发展过程可以分为三个大的阶段：前期、中期、后期。

前期，即汉武帝时期。这一时期的铜镜用平雕手法，镜面较平，镜边简略，或用连弧纹做边饰。铜镜的种类初期主要有螭形镜、星云

镜、草叶镜、日光镜、昭明镜等，汉武帝以后一些新的镜类流行起来了，如有日光镜、昭明镜等。这些新的镜类对后世铜镜的发展，起着承上启下的作用。螭形镜，镜纹用四条成S状的螭龙组成，中间配以四乳丁。星云镜，星云是由蟠螭纹演变而来，因乳丁较多，又称百乳镜。有人认为星是蟠螭的骨节，云是蟠螭的躯体的简化。此镜均用连弧纹做边饰。草叶镜，钮座为方形，四周配以图案化的草叶，有的像花瓣，有的像叶片，外缘用十六个内向的连弧纹作边饰，极富装饰美。日光镜，主要是一圈字铭，内区为连弧纹，外区间以绳纹，做同心的重圈组织。字铭为"见日之光，天下大明"，故得名日光镜。昭明镜，有两圈字铭，间以绳纹或圆圈纹，作同心的重圈组织。字铭为"内清质以昭明，光辉象乎日月"，故得名昭明镜。日光镜和昭明镜均以字铭作为主要的装饰工艺手段。

中期，即西汉末年王莽时期。这一时期主要流行规矩镜。王莽篡取皇位后，铸镜以炫耀政绩，曾制作了一批华美精巧的铜镜。其中，规矩镜就是代表作之一。规矩镜，因镜纹有规则的TLV形装饰格式而得名。外国学者也称之为TLV镜。铜镜上有青龙、白虎、朱雀、玄武四神图案作装饰，所以也称四神规矩镜。装饰纹样有锯齿纹、卷云纹、卷草纹等，配以方座钮、八乳丁。由于方与圆的对比，形成了一个优美的图案结构。

［西汉·新莽］四神规矩铜镜

后期，即东汉中期。这一时期的铜镜，镜面微凸，便于照出人面的全部，更接近光学原理。圆钮较大，并多柿蒂纹钮座。与汉

代早期的铜镜相反，连弧纹多在内区。流行吉祥语字铭。后期还创造了浮雕式做法，纹饰的艺术水平较高，主要有双夔纹镜、蝙蝠纹镜、画像镜、方铭镜、阶段式镜、透光镜等。

我国古代的铜镜经过战国镜和汉镜两大高峰时期之后，再经六朝而至唐代，铜镜的制作，进入了一个极盛的时期，史称唐镜。

唐镜的形式，除传统的圆形外，还新创出菱花镜、葵花镜及较厚的鸟兽葡萄纹镜等镜式。盛唐时期的铜镜，既以作为献礼和馈赠的社会风尚之物，又可作为进献皇上或相互赠送的纪念品。它还可以将人民生活和人们对理想的追求、吉祥、快乐的心愿寄托在镜画上，如月宫、仙人、山水等。同时还出现了题材新颖、纹饰华美、精工细致的金银平脱镜、螺钿镜。这是唐代赶超工艺美术水平的产物，充分显示出唐代铜镜的特点。

唐镜的加工工艺，有金银平脱，即以金或银捶成薄片，按图案要求制成花纹，粘贴在镜面上，俗称包金银。有鎏金、错金银，有镶嵌、螺钿，有着彩，即以漆在镜面涂饰花纹，还有珐琅，即在镜面涂有白色珐琅釉质等。唐镜的规格很多，大的圆径有65厘米，小的圆径仅有4厘米。

唐镜的品种丰富多彩，有照面镜、方丈镜、礼品镜、道具镜（跳舞的道具）、透光镜（魔镜）等，并新创了无钮有柄手镜。

唐镜的装饰花纹，在图案格式上比起两汉、六朝已有了极大的突破。两汉、六朝以来的镜式主要是格律体，而唐镜则多采用自由体，显得生动活泼，富有变化。唐镜的装饰题材，可以分为以下几类：

海兽葡萄纹：这是具有舶来图案的新纹样，流行于武周时

［唐］海兽葡萄镜

一中华古玩艺术,将古玩所涉及的内容进一步理论化、系统化,从陶器、青铜器、瓷器、书画、杂项等二十多个方面,分门别类地介绍了各类古玩器物的人文历史、工艺美术及鉴别、辨伪等方面的知识。几乎涉及中华古玩的各个领域。既光分地把握了明确的系统性,又辩证了物与史的结合

期,至盛唐仍是一个主要的品种。它具有显著的时代特色。海兽葡萄纹是在镜背饰以繁密的葡萄图案,花纹空间点缀以海兽。其装饰特点是满花。内区有一圆圈纹,串枝葡萄有交错跨过圆圈纹,称为"过梁葡萄",是当时最受追捧的。葡萄纹饰多为浮雕式,镜体厚重,制作精巧。

双鸾衔绶纹:镜面上有对称的双鸾,作舞蹈状,鸟嘴衔有飘动的绶带。鸾是一种形影不离吉祥的禽鸟,比喻夫妻和美。绶与寿同音,有祝寿吉祥的意思。这种铜镜在盛唐时期最为流行。

[唐]金银平脱鸾凤纹铜镜

[唐]鎏金葵口狩猎纹铜镜

[唐]禽鸟手镜

花卉纹:常有牡丹、莲花、宝相花等,纹饰常作花枝环绕状,或作散点团花格式。团花一般布置六朵,称为"簇六"。

花鸟纹:以花枝和鸟鹊相间构成为主。鸟类有鸟雀、鸳鸯、孔雀、鹦鹉等,并点缀以蝴蝶、蜜蜂、蜻蜓等昆虫,图案极有自然情趣。

走兽纹：有云龙、龙虎、狻猊、嘉禾瑞兽等。龙纹常作为单体，蟠曲状，十分劲健有力。

表号纹：有四龙，即青龙、白虎、朱雀、玄武，这是汉代极为盛行的传统图案，有八挂、十二生肖等。

唐代铜镜的种类，早期多为四神镜、十二生肖镜、瑞兽镜、海兽葡萄镜；中期多为鸾鸟镜、花鸟镜、瑞花镜、人物镜、盘龙镜；晚期多为八挂镜、万字镜等。

宋代的铜镜，史称宋镜。为中国铜镜史上的最后一次高峰，但铸镜的规模和制作水平都不及唐代。宋镜镜胎轻薄，花纹多为平刻，不如唐代的厚重和富于浮雕感。我国古代铜镜在唐代以前，以圆形为主，极少有方形的。到了宋代，除继承过去的圆形、方形、亚形、钟形、葵花形、菱花形外，葵花形、菱花形镜以六葵花为最普遍。它们的棱边与唐代有所不同，有的较直，形成六边形镜。

宋代铜镜的装饰花纹，有鸟兽、山水、小桥、楼台和人物故事等，还有素面镜，窄边小钮无纹饰镜，这些题材都具有浓厚的生活气息。

［北宋］蹴鞠纹铜镜　　　　　［北宋］观瀑戏水镜

金代铜镜从近几十年考古发掘出土的金代铜镜来看，其制作工艺、装饰纹样十分丰富。金代铜镜家族里有不少是模仿汉、唐、宋各代的铜镜做工、纹样装饰，但也有一些别开生面的图纹。常见的有人物故事镜、盘龙镜、瑞兽镜、瑞花镜等。金代铜镜纹饰，一来仿造汉、唐、宋三代铜镜的图案；二来吸收前者的纹样，并创造出金镜的新式图样。以双鱼镜、人物故事镜较为多

见，特别是双鱼镜、童子攀枝镜最为流行。

［辽］契丹文铜镜

［金］双鲤镜

［金］犀牛望月镜

元代铜镜，多采用六菱花形或六葵花形式，但纹饰已渐粗略
简陋。这时铜镜有缠枝牡丹纹镜、神仙镜、人物故事镜、双龙镜、
"寿山福海"铭文镜、素镜、龙纹镜。

明代有洪武年款的龙纹镜及大明宣德年制铭文镜（铭文在钮
上），还有明末起义首领李自成时创制的大顺三年镜（铭文在钮
上）。到明代以后，铜镜就逐渐被玻璃镜取而代之了。

[元]柳毅传书铜镜

[元]梵文镜

[明]洪武二十二年龙纹镜

三、铜镜的鉴定与收藏

铜镜伪制

古铜镜传世的非常少，大多数都是出土的。伪制出土的古铜镜十分容易，其方法如同青铜器作伪一样。作伪铜镜一般有三种方法：

用早期古镜直接翻模：这种方法简单易行。用早期原镜直接翻模镜，虽然镜型逼真，纹饰相同，但古镜铜胎自然氧化。所以，用早期古镜模翻制的铜镜，往往纹饰、铭文模糊不清，线条不流畅，显得板滞。

用摹本仿照制模：用原镜作摹本仿照制模。这种情况会出现两类现象：一类为完全按照原镜纹饰图案、铭文仿刻于模范上，铸成的铜镜虽然型有异，但铭文、纹饰大同小异。二类为虽然以原镜为摹本，但铸镜匠师别出心裁又加刻纹饰和铭文，铸出来的镜子有的

纹饰与铭文牛头不对马嘴。如明明是汉镜却加上了战国镜的铭文；还有的更是形制与纹饰混乱。

碎镜拼接法：即粘补铜镜，铜镜出土时完整的很少，多数都是破碎或缺损的，作伪者将破碎零片焊粘成一个整体，其缺损之处，则另用铜锈补上，凡其镜面不光滑而有绿锈的地方，都是添补之处。

铜镜鉴定

古铜镜传到今天，大多是出土的东西。既然是出土的东西，就有明显的历史遗留的痕迹。要辨别铜镜的真伪，可以从以下几个方面入手：

听声：用手敲击铜镜，倾听铜镜发出的声音来辨别真伪。新老铜镜在制作过程中，由于时代性，铜、锡、铅等原料配置的比例都有所不同。所以，新老铜镜发出的声响也就不相同。如老铜镜发出声音低沉、厚重、圆润，而新仿制的铜镜声音则清脆、悦耳，甚至有些刺耳。

看形：用肉眼观察铜镜的形状、纹饰，首先从形状上对古铜镜的真伪进行辨别。古代铸造铜镜时，镜子的大小和弧度有严格的比例要求，如唐镜的规格大的为圆径6.5厘米，小的圆径为4厘米。而新仿制的铜镜弧度与镜子的大小普遍不成比例，大铜镜弧度很大，小铜镜弧度收缩不自然。其次，从纹饰上对古铜镜的真伪进行辨别。每个朝代的铜镜都有自己时代的纹样特征，如战国铜镜的装饰花纹，最具特点的就是"四叶纹"、"山字纹"，史称"叶纹镜"和"四山纹镜"。而新仿制的铜镜往往会忽略这些工艺美术特点。

辨锈：新仿制的铜镜上的锈是后做上去的，将它放在水里便会出现：镜体上有锈的地方它不沾水，或是逆水，就像荷叶沾水成珠一样。

闻味：将铜镜沾水以后用鼻子细闻，新仿制的铜镜通常会有硫酸味、碱烧过的异味、铜腥味等。而老铜镜一般有一种铜香味，就是出土后的泥土味。

第二节　宣　炉

一、宣炉概述

在漫长是历史长河中，中华民族的先民们创造了一个虚幻的鬼神世界。在民间，神的名位庞大繁多，各行其职。人们信仰鬼神，通过各种祭祀活动向冥冥之中的鬼神表达自己的愿望和虔诚，逐渐形成了与原始宗教、民间信仰、地理环境、节令时尚等相关的祈禳、纪念、迎送、敬仰、祭奠等民俗活动。中国民间的各种祭祀活动，在祭祀礼仪中表现出特殊的功能。在众多的祭祀用品中，作为家庭祭祀用的香炉最为普遍，无论是家祭还是寺庙道观都不可缺少。所以，自古我国就有"人是一句话，神是一炉香"之说。

香炉，除了具有强大的祭祀功能外，它在古代还有两大用途：一为熏衣之用。在香水没有发明之前，古代的官员和庭院美妇，凡入朝觐见或拜会宾客，必须将衣服熏香后穿戴，这样既不失礼，又显得体面。直到清代乾隆年间，西洋的香水传入我国，熏衣的习俗渐渐消失。二是书房必用之器。古人读书必须焚香，一则免除屋里的异味，使读书者心旷神怡；二则焚香有益于醒脑提神，刺激精神，增强诵阅能力。故古人有"红袖添香夜读书"之句。

宣炉创制于明代宣德年间，由宣德人始造，由此得名"宣德炉"。明代宣德皇帝在位时，为满足玩赏香炉的嗜好，特下令从暹罗国（泰国）进贡红铜，并责成宫廷御匠设计和监制香炉。为保证香炉的质量，工艺师挑选了金、银等几十种贵重金属，与红铜一起经过十多次的精心铸炼，成品后的铜香炉色泽晶莹而温润，实在是明代工艺品中的珍品。宣德炉的铸造成功，开了后世铜炉的先河，在很长一段历史中，宣德炉成为铜香炉的通称。

二、宣炉工艺

宣德炉是用暹罗国（泰国）进贡的"风磨铜"（洋铜）为原料，以风磨铜为主再添加金、银等贵重矿物33种。宣德炉配料严格，冶炼

［明］铜双耳宣德炉

［明］宣德炉

［明］"大明宣德年款"扁鬲

尤精，普通的铜经过四炼，即呈现出珠光宝色，就是为千古所称道的干将，也只需六炼。而宣德炉的精品则需十二炼成炉，普通的宣德炉也要六炼。繁杂挑剔的炼制技术，成就了宣德炉名闻天下。

宣德皇帝在位10年，明宣宗三年（1428年），工部为了宫廷、郊坛、寺庙作祭祀和熏衣之用的需要，由工部组织生产了117种近2万件铜器，用铜数量万斤，作为镶嵌的金600两，银2000余两，主要是香炉、鼎、彝等，因器型多为炉式，又为宣德人所铸，故称之为宣德炉，史称宣炉。工部组织生产的宣炉，各种式样无不俱备，最著名的有鼎彝炉、乳炉、鬲炉、敦炉、钵炉、洗炉、筒炉等，工匠们多仿照古代名器而铸，并非随心所欲冶制。如商代的父已鼎、召文方鼎、父乙鼎、鱼鼎、象形鼎，周之夔龙黑雷鼎、文王方鼎、子父举鼎、素蟠虬鼎、丰方鼎、花足方鼎、纯素鼎、乙毛鼎、大叔鼎、益鼎等，按原器的式样、大小、花纹、颜色精仿。

宣炉的加工技法，采用鎏金、渗金、金屑等。宣炉的器耳，有冲天耳、桥耳、鱼耳、蟠耳、如意耳、环耳、连珠耳等。宣炉的器边，有回纹边、云纹边、百折边等。宣炉的器口，有平口、侈口、反唇口、卷边口等。宣炉的器足，有圆足、乳足、马蹄足、象鼻足、环足等。宣炉的铸造工艺真可谓集历代名器造型之大成。

［明］"大明宣德年制"款铜双耳炉

宣德炉最妙在色，其色内融，从黯淡中发奇光。据文献记载：宣德炉有四十多种色泽。如仿宋烧斑色彩、仿古青绿色、朱砂斑、石青斑、石绿斑、黑漆古斑、葡萄斑、朱红斑、淡蓝斑、枣红斑、朱肝斑、甘蔗斑、海棠斑、桑椹斑、石榴皮斑、茄皮斑、珊瑚斑、琥珀斑、红黄斑、杏黄斑、蜡茶斑、栗壳斑、棠梨斑、秋白梨斑、山楂斑、驼色、褐色、鳝鱼黄色、藏经纸色、水白色、鎏金色、渗金色、

［明］"大明宣德年制"款铜炉

一 中华古玩艺术：将古玩所涉及的内容进一步理论化、系统化。从陶器、瓷器、紫砂壶、玉器、青铜器、古币、书画、杂项等二十多个方面，分门别类地介绍了各类古玩器物的知识。几史、工艺美术及鉴别的各个领域，既充分地把握了手涉及中华古玩的各个领域，又辅以丰富的实物图片与文物的结合明确的系统性。

泥金色、铄金色、金银商嵌、绿色、鹦羽绿、秋葵花色、茶叶末色、蟹壳色、青瓷色、水银古色、铅古色、土古色、敷漆色等。

［明］大明宣德双立耳炉

三、宣炉的鉴定与收藏

宣炉的伪制

自从宣德铸炉成功之后，仿制宣炉的人从没有销声匿迹，直至今日，仿制者更是为数众多。他们仿制的精品，足以以假乱真，与宣器媲美。伪制宣炉的颜色以三种色为多：一为瓦灰色，二为猪肝色，三为土红色，真正的宣炉均无这三种颜色。所以，在古玩市场上见到的大多为伪制宣炉。作伪新炉敷色的方法是，炉器铸成后，再选用颜料煮成所需之色。时间愈久，颜色愈深。一般需要五至六天。作伪旧炉制色的方法，是将落色陈旧的炉打磨光亮，然后再放在电炉上烧，烧后就成为五颜六色的器物。在古玩市场上见到黄绿灿然、颜色驳杂、光耀五色极为美丽的宣炉就是采用这种方法作伪的。

真正鎏金的宣炉，炉身的金质较厚，与三殿中的金缸相同。今天的宣炉仿制者大多将旧炉镀金以冒充鎏金宣炉。

宣炉鉴定

据文献记载：宣德炉仅在宣宗三年（1428年）铸造过一次，一共近2万件，以后就封炉不再铸。故宣德炉传世甚少，又名冠天下，所以后世多有仿制。在古玩市场上见到的明代宣德大多是仿制的，辨别真伪宣炉可以从以下几方面入手：

看包浆：真宣炉的包浆含蓄温润，幽古内敛，如古之君子，比德如玉，温润而泽，大美不言。伪造宣炉的包浆枯槁、轻浮，似油漆，一段时间不用后就会暗淡无光。

[明·崇祯] 冲天耳金片三足炉

[明] "玉堂清玩"款大鬲炉

[清·顺治] 冲天耳三足炉

看铜质：真宣炉最精十二炼，最劣者也需六炼而成。真宣炉的铜是用最好的"风磨铜"为原料，又经过十二炼，故铜质极佳，很难效仿冶炼。

看颜色：真宣炉的颜色很难作伪。真者器色黯然，奇光在里，如肤肉内色，伪者外光夺目，内质量粗糙。

看工艺：仿制的宣炉造型、构图无洗练，也没有线条优美的特点。炉壁厚而不匀称，造型线条呆板，全无真宣炉的古典美。

看款识：真宣炉的款虽有铸刻的不同，但是字字完整，款地明润，与炉色等旧。伪造者生硬粗涩，一比便知。宣款各种字体都有，但以楷书为多。款识有宣、宣德、宣德年制或大明宣德年制等四种，其他官铸款字大多是作伪宣炉。私铸款，有"大明宣德五年监督工部官臣吴邦佐造"或"工部员外臣李澄德监造"等款，这类宣款均为私铸或供献之器物，绝不能列为官铸真宣炉。

看磨损：真宣炉的炉体、器足都有岁月留痕，还有人为赏玩出来的传世古色。翻看足底，真宣炉的足底有自然磨损的包浆层；伪宣炉则无自然磨损的包浆层，或显露出人为打磨的痕迹。

第十章　文房器

第一节　　　景泰蓝

一、景泰蓝概说

　　景泰蓝，又名掐丝珐琅，为一种美术工艺品。其制作方法是在铜器的胎面上以各色珐琅质涂成花纹。花纹四周，嵌以铜丝或金银丝，再以高火度烧制而成。景泰蓝始于和发展于明代景泰年间。初创时只有蓝色，故名景泰蓝。景泰、成化两朝景泰蓝的制作最为兴盛。其后弘治、正德、嘉靖、隆庆四朝，虽然继续流行烧制景泰蓝，但在质量上或者技艺上，都不能与景泰、成化两朝相媲美。万历以后则时而烧制，景泰蓝的数量也渐渐减少，明末也未能复兴。到了清代的乾隆时期，景泰蓝的制作又进入一个继往开来的新时期。品种之多、器物之美，虽不能媲美明代景、成，但是比起弘、正以后出品的景泰蓝器绝不逊色。现今所传世的康、雍时期的景泰蓝器，大多是乾隆时期所制，只是刻康、雍年款，并非是康、雍时期所制作。

[清]珐琅彩百花龙纹描金葫芦瓶

[清]画珐琅海棠花花篮器

　　清朝时期的景泰蓝工艺比明代有所提高，胎薄，掐丝细，彩釉也比明代要鲜艳，并且无砂眼，花纹图案繁复多样，但不及明代的文饰生动，镀金部分金水较薄，但金色很漂亮。

　　民国时期的景泰蓝总体水平不及前代，胎体薄，色彩鲜艳，有浮感，做工较粗。这时只有"老天利"、"德兴成"制作的景泰

[明]掐丝珐琅鸳鸯香熏

[清]掐丝珐琅器立耳香炉

蓝工艺水平较好。造型多为仿古铜器，或仿乾隆时期的精品。1904年，北京景泰蓝在美国芝加哥博览会荣获一等奖。

现代的景泰蓝主要以北京为主。北京景泰蓝继承了历史的优良传统，并且随着时代的发展和国际市场的变化而不断创新。尤其是当代景泰蓝产品在充分发挥掐丝工艺特长的基础上，又吸收了国画勾线、烘染的手法，使图案更为生动。

［清］景泰蓝香炉

二、景泰蓝工艺

景泰蓝的制作工艺十分复杂，大致为八道工序：

（1）设计。由技工设计胎图、丝工图纸、蓝图（点蓝的色稿），最后形成制作加工程序的工艺图。

（2）制胎。就是用红铜板制作各种器形，圆器采用冲压，琢器和动物器等则先制成模具，然后成形。

（3）掐丝。把铜丝压成扁丝，根据装饰花纹，用白芨制成糊浆，将铜丝粘在铜胎上。面积不宜过大，以免崩蓝。锦地丝头要粘严，以免漏蓝。

（4）烧焊。在铜胎上喷水润湿，普遍撒一层焊药，再进行烧焊，使铜丝和铜胎牢结。焊接后入稀硫酸液中浸泡，洗净胎上杂质。

（5）点蓝。根据装饰色彩的要求，用小铁铲（俗称蓝抢）或玻璃管将各色釉料填在花纹轮廓里，先点地，后点花。最后一次点蓝后加上亮白。

（6）烧蓝。点完蓝后进行烧制，点一次烧一次，精品要点蓝和烧蓝反复三次以上。

（7）磨光。用粗砂石、细砂石、黄石及木炭等逐次打磨，使蓝料和铜丝平整。

（8）镀金。为了增加光泽并避免生绣，最后加以镀金，使之成为金碧辉煌的产品。

在景泰蓝的家族里，景泰蓝工艺画是最具工艺美术性的代表种类。它分为无金丝和有金丝等制作方法，景泰蓝工艺画融合了各种工艺美术的手法与技法，由纯手工精制而成，以金属丝为线条，天然彩石为颜料，镶嵌成各种精美的图案。画片厚度在两毫米到几厘米之间，金属丝、彩石合为一体，画面平整光滑结实，彩石粒粒清晰可见，整幅画给人的感觉既古朴典雅，又高档华丽，是一种高档的家居饰品、馈赠礼品、手工艺品。景泰蓝工艺画具有鲜明的艺术特色、独到的绘画技艺，是工艺品与艺术品的结合，将实用性与艺术鉴赏性有机地融为一体。近年来，景泰蓝工艺画已逐渐成为高档的室内装饰画。

景泰蓝工艺画

三、景泰蓝伪造

景泰蓝的主要材料是珐琅，这种材料尤为昂贵，所以，伪制者不用珐琅，而是以其他普通颜色来代替。他们伪制的方法常常是：先将铜器制成胎，用铜丝圈成花纹，再用颜色填入而烧成。蓝色与黑色，即用银蓝、硬蓝与黑三种颜料共淬而成；紫色则以银紫、银蓝与黑三种颜料共淬而成；白色则用银白、银白与粉红三色而成等。

四、景泰蓝的鉴定与收藏

景泰蓝，一般以明代的最佳。凡是明代制作的景泰蓝，颜料都透亮、莹润而不发磁。明代景泰蓝最具特色的是大绿色，其透亮胜于他色。其绿色似油绿的翠玉，其红色似昌化的鸡血，其紫色似深色的旧紫晶，其蓝色类乎蓝靛，其白色类乎凝脂等。其丝胎都是黄铜镀金，用火镀在器上，均有砂眼。乾隆时期制作的景泰蓝，无论什么颜色，其料都不透亮，而且发磁。丝胎多红铜，其镀金均为火镀。乾隆所制的景泰蓝，以黄、白两色最好，其黄色黄而发干，与煮熟的鸡蛋黄相同。后仿者则多为黄中发绿或发红，与乾隆的干黄不同。乾隆的白色最难仿制，其中缘故有二：一是因其白色与车渠石色没有差异，仿者须用六品顶珠制成，然而顶珠又不易得到。二是因其白色白而且干。后仿者虽然已发明一种干料，但烧时不易熔化，相比其他材料，吃火特别厉害，如果不是经验丰富的工匠制作，器物极易损伤。

第二节　　鼻烟壶

一、鼻烟壶概说

鼻烟壶，始于明朝，盛于清代。它小巧玲珑，做工精美，便于携带，是清朝年间流行的随身玩意儿。鼻烟壶是一种舶来的传统工艺品，为盛放鼻烟的容器，壶盖内附小细匙，以便舀取烟粉吸用。

鼻烟是我国独特的工艺品，又是一种烟草制品，系将烟叶烘烤、去茎、磨粉、发酵加入麝香等名贵药材，并在密封蜡丸中陈化数年以至数十年而成。吸闻此烟，对解除疲劳起着一定的作用。鼻烟17世纪前期在欧洲开始流行，后期传入中国。我国最初并没有鼻烟容器，自清代的康熙朝起，直至清代末期，各代帝王都制造玻璃、玉石、玛瑙、铜胎画珐琅等各种鼻烟壶。尤其以康熙、雍正、乾隆三朝所制最佳，开辟了一项中国近代工艺美术的新门类。

二、鼻烟壶工艺

鼻烟壶从材质工艺上讲，有料质的、瓷质的、玉质的、金属质的、宝石质的、漆质的、牙角木质的。

鼻烟壶从绘画艺术上讲，以内画鼻烟壶尤其著名。鼻烟壶上的精美绘画，是用一种特制的微小勾形画笔，即用一根约20厘米长的竹签，顶端削尖成钩形，有的绑上狼毫，在透明的壶内绘制而成。最初的内画鼻烟壶是内壁没有磨砂的透明玻璃壶，因为内壁光滑，不易附着墨和颜色，只能画一些简单的画面和图案，如蝈蝈白菜、龙、凤和简笔的山水、人物等。后来，艺人们用铁砂和金刚砂加水在鼻烟壶的内面来回地摇磨，这样使鼻烟壶的内壁呈乳白色的磨砂玻璃，细腻而不光滑，容易附着墨色，效果就像宣纸一样，内画鼻烟壶后来出现了一些比较精细的作品，最后发展为诗、书、画并茂的艺术工艺品。

鼻烟壶的制作产地主要以北京、河北衡水、山东博山、广东等地为主。

三、鼻烟壶种类

鼻烟壶器型之繁多，图案之丰富，用料之广泛，工艺之博彩，把玩之实用，成为历史上各个时期上到宫廷皇室下到市井收藏赏玩的工艺品。鼻烟壶主要有以下几种。

料器鼻烟壶："料"即今天的玻璃。料器鼻烟壶做工最妙的

为"古月轩彩"，其次是西洋制作的五色玻璃。那种白如水晶、红如火齐、黄如蒸栗、蓝如宝石、绿如翠玉的玻璃，也属名贵之列。清代北京内廷所烧的料烟壶，称之为官料鼻烟壶。古月轩料器，以乾隆生产最多。康熙、雍正朝也有，但为数较少。嘉庆以后就逐渐绝迹了。

清代的玻璃料中，有料胎珐琅彩，即将珐琅彩釉绘在玻璃上焙烧而成。清代的料胎画珐琅，是乾隆时的特产，器形小而扁圆，通体彩绘不同的花卉图案，有的加书吉语文字，但很少画山水人物。料器鼻烟壶有一色玻璃鼻烟壶、套玻璃鼻烟壶、搅玻璃鼻烟壶、酒金星玻璃鼻烟壶、玻璃胎珐琅彩鼻烟壶等。

［清］古月轩玻璃胎珐琅彩鼻烟壶

［清］古月轩透明蓝料地浮雕
干枝梅珐琅彩鼻烟壶

［清］古月轩松鹿图料仿白玉
筒形外画鼻烟壶

［清·乾隆］铜鎏金錾花嵌画
珐琅西洋人物鼻烟壶

［清·康熙］青花釉里红鼻烟壶

［清·道光］粉彩蝈蝈鼻烟壶

［清·道光］粉彩花卉鼻烟壶

　　瓷鼻烟壶：瓷鼻烟壶，即瓷胎鼻烟壶，是鼻烟壶家族里的大群体。从清代的康熙朝起，直至清代末期，各代帝王无不制造瓷鼻烟壶。尤其以康熙、雍正、乾隆三朝所制最佳。康熙时期，烧制的是青花瓷鼻烟壶，用珠明料，色彩明快，存世较少。雍正时期的青花釉里红官窑鼻烟壶，胎细釉鲜；粉彩鼻烟壶，绚丽可爱。乾隆时期创烧出立体透视效果强的珐琅彩鼻烟壶，色彩艳丽，雍容华贵，盖过青花。嘉庆的官窑青花鼻烟壶产量虽不大，但以奇釉青花为贵。道光时期大多流行民窑烧制瓷鼻烟壶，数量较多，侧重粉彩。自嘉庆至咸丰、光绪期间，鼻烟壶的造型、纹饰和题材等，大都沿袭前朝，具有本朝艺术创意的器物并不多见。

玉石鼻烟壶：乾隆时期，随着和田美玉大量源源不断地运进京城皇宫，翡翠也大量为皇家所使用，从而为玉鼻烟壶的制作提供了极为丰富的优质玉料，特别是一些小而圆润的新疆子玉，温润细腻，洁白无瑕，正是制作鼻烟壶的天赐美石。京师匠工对玉料巧为利用，运用高超的琢玉技艺，雕琢成天然随形之器，巧施匠心，将美玉雕琢成各类瓜果、花鸟鱼虫的玉鼻烟壶。玉鼻烟壶的玉材有翡翠、白玉、青玉、璧玉等。其中，翡翠鼻烟壶的翠质最贵的为"祖母绿"，即深绿而质地莹净的翡翠。其次为"黄杨绿"，色稍黄而绿。再次是"菠菜绿"，绿似菠菜。

[清·乾隆] 翡翠鼻烟壶

[清] 白玉鼻烟壶

[清] 墨玉鼻烟壶

宝石鼻烟壶：清代御用鼻烟壶制作材料繁多奇珍，任何珍贵之材，都可利用。宝石鼻烟壶的原材料有红蓝宝石、珊瑚、玛瑙、琥珀、水晶、珍珠、碧玺、青金石、孔雀石、木变石、芙蓉石等，这些天然珍贵的材料，经过技艺超群的匠师们精心雕琢，石身一变，价值连城。传说清代曾有一个非常名贵的珍珠鼻烟壶，是用一颗硕大的天然珍珠挖腹制成的。

[清]影子玛瑙雕松下骏马鼻烟壶

[清]青金石花鸟纹鼻烟壶

[清]剔红漆人物鼻烟壶

　　漆鼻烟壶：漆鼻烟壶是将漆雕工艺饰于鼻烟壶上。主要种类有平雕、雕漆、彩漆及在镂雕处嵌镶等，其色朱红艳丽，色彩华美。

　　葫芦鼻烟壶：葫芦历来用以装药，其造型独特有趣，所制鼻烟壶风格朴素，拙趣横生，一般在其底座和口部镶以金、银边，以防磨损。

　　牙角、竹雕、木雕、根雕鼻烟壶：这类鼻烟壶的制作遵循返璞归真，顺应天然的天人合一的思想。手法上随形施艺，巧雕细琢，风格朴实、自然生动。原材料有象牙、犀角、虬角、竹根、木根、核桃及一些贵重的硬细质密的材料。鼻烟壶常见的有扁方瓶式、圆罐式，装饰题材大多为阴刻或浮雕的花卉、人物故事等；动物题材有鸳鸯、喜鹊、鸭、鹤、鹅、象、狮等；植物题材有竹节、葫芦、

茄子、瓜、荔枝、橄榄、桃等。

金属鼻烟壶：金属鼻烟壶种类有金胎、银胎、铜胎三种，以铜胎的制作为多，金、银胎较少。金属有较好的柔韧性，可以随意刻划各种纹饰，而且既耐久，又不容易损坏。

内画鼻烟壶：内画鼻烟壶是中国传统的民间工艺。历史上的内画鼻烟壶四派均起源于北京，其中京派的历史最为久远。京派的艺人用竹笔、柳木笔作画，以画面厚朴、古雅见长，题材广泛，绘画精细，字画结合。鲁派是清代光绪年间，由北京传到山东博山的内画壶技艺法，其用铁砂摇磨法，使瓶的内壁产生毛面，便于作画敷彩。鲁派内画鼻烟壶以画面纤细、艳丽取胜。冀派鼻烟壶有玻璃、水晶、玛瑙三类。"清代帝后肖像"系列内画鼻烟壶，是冀派鼻烟壶的代表之作。冀派的开山鼻祖王习三的鼻烟壶采用单线墨彩技法，立体感强，形象生动。粤派以艳丽的色彩和装饰风格著称于世，该派是一个年轻的派系。粤派源于广东汕头，其代表人物为吴松龄。

冀派王习三"唐太宗内画鼻烟壶"

四、鼻烟壶的鉴定与收藏

鉴定鼻烟壶的优劣、真假，一看做工，二看质地。做工可用眼睛来辨别，而质地就不那么容易了，只能凭借所掌握的知识，或借助一些物理光学的手段来鉴别。

料质鼻烟壶的鉴定：料质鼻烟壶的料质是玻璃。玻璃本身并不名贵，名贵在做工。做工最妙的为"古月轩彩"。古月轩始于清代康熙年间，是用珐琅彩在玻璃胎上施以彩绘，经高温烧制而成。过去因其工艺难度极高，只在皇家御窑中制作极小的器具，如鼻烟壶、烟碟等。古月轩料鼻烟壶以乾隆时生产最多，康熙、雍正时较少，嘉庆以后则绝迹。所以，鉴别料质鼻烟壶，若是古月轩制作的，一定是堆料款（字铭用珐琅彩书写，烧成后凸起），此外，一定要敷珐琅釉和珐琅彩。

瓷质鼻烟壶的鉴定：瓷质鼻烟壶，既要看质地，又要看做工。瓷质鼻烟壶以康熙、雍正、乾隆三朝所制最佳。康熙烧制的青花瓷鼻烟壶，用的是珠明料，色彩明快，传世很少。雍正烧制的青花釉里红官窑鼻烟壶，胎细釉鲜，胎体幼薄。乾隆时注重烧制立体感强的珐琅彩鼻烟壶。当今，古玩市场上所能见到的大都是仿制乾隆时代的产品。

玉石鼻烟壶的鉴定：玉石鼻烟壶的鉴定主要看"料泡"，而不看做工。从质地上讲，用玻璃料和松香料造出的假翠玉鼻烟壶，缺乏重量感，色调欠鲜明，透明度差，毫无"灵气"可言。翠质最贵的鼻烟壶为"祖母绿"，颜色为深绿，质地晶莹纯净。其次为"黄杨绿"，色稍黄而绿。再次是"菠菜绿"，绿似菠菜。

玛瑙鼻烟壶的鉴定：玛瑙是胶矿物，鉴定玛瑙鼻烟壶要注意观察颜色变化，色鲜质匀为好。作伪者常常把色差、黯淡的玛瑙染上鲜红色或其他鲜艳的色彩。假玛瑙烟壶花纹混乱，好比调和漆，而且过分光滑，不莹润明亮。假玛瑙烟壶硬度差，多杂质与瑕疵。作伪者将玛瑙放入电炉中用高温烧出"红色"，这种红玛瑙叫"烧红玛瑙"。

琥珀鼻烟壶的鉴定：琥珀是一种多成分有机质树脂混合物。在鉴定时要注意观察质地和物理现象、琥珀摩擦后有无静电，若有静电现象则真，反之则假。另外，质地软容易受刀刻饰，则大多是假琥珀。古玩市场上常见含有木皮或昆虫的琥珀鼻烟壶，这都是人为制成的。

碧玺鼻烟壶的鉴定：碧玺是电气石宝石的工艺名称。碧玺鼻烟壶的鉴定可根据晶体柱状的形态，壶身晶面

［清］景泰蓝银质鼻烟壶

上有纵纹、断面，壶内部颜色匀称，少"棉柳"状体，透明度高的为佳品。最好的碧玺鼻烟壶为红碧玺，优质者如同红宝石一样，但比较罕见，其次为粉红色等。据说当年慈禧太后特别喜爱碧玺，一时京城里广为风行碧玺宝石。慈禧去世后，碧玺身价一落千丈。

第三节　　名　石

古往今来，无论过去的文人墨客，还是今天的知识分子，对石的嗜好都极度浓厚，哪一个不是以石为伴友、为对象，甚至人文一体。如园林必须有石，庭院必须有石，案头必须有石，室悬绘石画，架插谈石之书，笔放瓷石之筒。一石一人一世界，文人墨客谁个不善爱石钟情？知识分子谁个不善惜石而痴？陶渊明醉卧醒石，面南山而思；道生坐白莲池而众石点头；苏轼古盆供怪石；米芾执笏拜石丈；郑板桥笔下丑石出雄出秀；蒲松龄石清虚笞恶抒情；齐白石以"片真老空石"送领袖。石头中迸发着文化，石头里述说着人生，故"石不能言，最可人"。

一、名石种类

中国主要名石

中国的主要名石有：大理石、英石、泰山石、太湖石、雨花石等。

大理石：大理石因产于云南省大理而得名。大理石是一种白色带有黑色花纹的石灰岩，有白色、杂色两种。白色大理石俗名汉白玉，为火成石灰岩，由粒状的结晶质集合而成，亦名寒水石。杂色大理石，为水成石灰岩，质极致密，含铁及黏土等不纯物质，有黑、黄、青等色。白色大理石以洁白如玉为上品，杂色大理石以石剖面形成一幅天然的云雾之状、水墨山水画为最佳。否则毫无装饰收藏价值。古代有价值的大理石，常选取具有天然成型花纹的大理石来制作画屏或镶嵌

大理石

画。现代的大理石常用于纪念性建筑物，如碑、塔、雕像以及镶嵌大理石家具等。大理石还可以雕刻成工艺美术品、文具、灯具、器皿等实用艺术品。

英石：因产于广东英德市而得名英德石，为中国传统四大园林名石之一，居四大园林名石之首。英石源

英石

于石灰岩石山，自然崩落后的石块，有的散布地面，有的埋入土中。英石，经大自然千百年骤冷曝晒，箭雨风刀，神工鬼斧雕塑而成，玲珑剔透，造就成"瘦、皱、漏、透"、千姿百态的石灰岩奇石。英石大的可砌积成园、庭之一山景，小的可制作成山水盘景置于案几，或石刻成人像、佛像等。英石也是传统文房供石的主要代表品种，极具观赏和收藏价值。

泰山石：泰山石产于泰山山脉周边的溪流山谷，以其美丽多变的纹理而著名。泰山石实得益于母体泰山在中华民族中的神山地位，以其外表古朴、苍劲、凝重的格调和我国民间有泰山石能辟邪、镇宅等传说而名扬海内外。泰山石质地坚硬，结构细密，有的结晶颗粒较粗；形态为自然块体，古朴墩厚，呈次棱角形、浑圆形，多见不规则卵形，以显示图纹为主；基调沉稳、凝重、浑厚，多以渗透、半渗透的纹理画面出现。在灰白、灰黑、灰绿、浅红、黛青、黄、褐、黑等颜色的石面上，交织着千姿百态的白色纹理，凸凹有致，构成高山流瀑、古木枯枝、飞禽走兽、风流人物等图案，且光润亮泽，构图均衡，清晰逼真，各得其妙。色调多以黑白为主，有水墨画的清高淡雅，有的还巧妙地嵌入红或黄色的纹饰。

太湖石：太湖石，又名窟窿石、假山石，是一种石灰岩，产于水中的为水石，经千百年波涛所冲击而形成孔，面面玲珑。产于旱地土中的为旱石，旱石则枯而不润，赝作弹窝，极具天然之美。北京皇家园林里所叠假山，多为太湖石。据文献记载，宋徽宗登

泰山石

基之初，皇嗣未广，信方士言，遂于艮方建岳，大兴土役。所用山石，均由太湖运来。金人下汴京后，完全将艮岳山石辇至北京，修筑琼岛（北海之岛）。太湖石形状各异，姿态万千，通灵剔透，其色泽最能体现"瘦、皱、漏、透"之美，以白石为多，少有青黑石、黄石，尤其黄色最为稀少。太湖石最适宜点缀园林庭院、都市草坪等人文景观。

苏州狮子林太湖石假山

雨花石：雨花石因产于南京雨花台而得名。雨花石五色俱备，均为小种石子。以"花"为名，花而冠雨。雨花石是花形的石，是石质的花。雨花石"质、形、纹、色、呈象、意境"六美兼备。雨花石被人们欣赏、收藏已有千年历史。近年来，复古之风盛行，雨花石备受人们的青睐，已成为馈赠亲友、家居收藏的珍贵礼品。雨花石赏玩，概为"雨花八法"。即汲水埋盆、群石配景、迎光透影、挂佩祈年、书斋摆谱、把石握玩、与石同眠、与石同归等。

雨花石

四大印章石

中国的"四大印章石"，即寿山石、青田石、巴林石、昌化石。

寿山石：寿山石是我国传统的"四大印章石"之一。因产于福建省福州市北郊寿山乡而得名，五色皆备，为中国"四大印章石"之首。寿山石的矿物成分主要为黏土矿物叶蜡石。因含有少量各种金属元素杂质，使寿山石颜色丰富，硬度也高于纯叶蜡石。寿山石在宝石和彩石学中，属彩石大类的岩石亚类，它的种属、石名很复杂，约有一百多个品种。寿山石的硬度非常适合于刀刻，加之石质细腻柔润，使得雕刻成的工艺品和图章都具有润泽的油脂和蜡状的光泽，透出浓厚的"金石味"，深得金石雕刻家和画家们的喜爱。

［清］钱松寿山石章

［清］寿山薄意山水人物章

［清］寿山玛瑙冻狮钮章料

寿山石根据产地和质地可分为"田坑石"、"水坑石"和"山坑石"三大类。最著名的是零散埋藏于溪流两旁水田下的砂砾层中的"田坑石"，其中又以黄色为最佳。

（1）田坑石，专指在水田里零星产出的寿山石，多以小块又形似卵石状形态。有白色、黄色、红色、黑色等颜色。根据颜色又可分为黄田、红田、白田、灰田、黑田和花田等。

黄田石，又叫田黄，是田石中的瑰宝，也是最具代表性的石种。田黄的共同特点是石皮多呈微透明，肌理玲珑剔透，且有细

"中华古玩艺术"将古玩所涉及的内容进一步理论化、系统化。从陶器、青铜器、玉器、杂项等二十多个方面，分门别类地介绍了多部古玩器物的人文历史，工艺美术及鉴别，将仿伪等方面的知识，几乎涉及中华古玩的各个领域，既光分地把握了明确的系统性，又解决了物与史的结合

密清晰的萝卜纹，尤其黄金黄、橘皮黄为最佳；枇杷黄、桂花黄次之；桐油黄是田黄中的下品。其中称为田黄冻的，是一种极为通灵澄澈的灵石，色如碎蛋黄，十分稀罕，素有"石帝"之称。田黄产量极少，价值逾黄金，向有"一两田黄一两金"之说。

红田石，田石中色红者称为红田石。生为红田有两种原因，一为自然生成一身原红色；一为人工煅烧而成田红。天生的红田石称为橘皮红，是稀有石种，极其珍贵。

白田石，是指白色的田石，又叫田白。质地细腻如凝脂，微透明，其色有的纯白，有的白中带嫩黄或淡青。石皮如羊脂玉一般温润，越往里层，色地越淡，而萝卜纹、红筋、格纹却越加明显，似鲜血储于白绫缎间。石品以通灵、纹细、少格者为佳，质地不逊于优质田黄石。

杨玉璇田黄冻达摩面壁像

田黄冻双凤钮闲章

［清］橘皮黄田黄冻浅刻云纹扁方章

（2）水坑石。寿山村乡东南面有山名坑头山，是寿山溪的发源地，依山傍水，有坑头洞和水晶洞，是出产水坑石的地方，故称之为"坑头石"。水坑石出石量极少，优质品种更是罕见。当今市场上所能见到的水坑石上品，均为数百年之物，故有"百年稀珍水坑冻"之说。水坑石，主要品种有水晶冻、黄冻、天蓝冻、鱼脑冻、牛角冻、鳝鱼冻、环冻、坑头冻及掘性坑头等，色泽多黄、白、灰、蓝诸色，也多以颜色、透明度及花纹等特征来命名。白的叫"白"寿山，黄的叫"黄"寿山，蓝的叫"蓝"寿山。

（3）山坑石，即五花坑，是指寿山村乡周围高山矿坑中开采的寿山石。主要分布于寿山、月洋两乡方圆几十公里内。山坑石是寿山石中的大宗品种，品种多达近百种，是高中档寿山石印章和石雕艺术品的主要原料来源。山坑石通灵莹丽，石质优劣各异，命名多不规范，以色、以相、以产地、以坑名，也有以质地和透明度等诸因素命名。山坑石以色分类有红高山、白高山、黄高山、虾背青、巧色高山。以相分类有高山冻、高山环冻、高山晶、掘性高山、高山桃花冻、高山牛角冻、高山鱼脑冻、高山鱼鳞冻。以矿洞命名的有和尚洞高山石、大洞高山石、玛瑙洞高山石、油白洞高山石、大健洞高山石等。

青田石：因产于浙江省青田县而得名。《青田县志》载：青田县南十余里，有山产石，附近居民多采取以售于图章店。因多年之采伐，山石成洞，俗称图书洞。山石采伐约始于南宋庆元年间，距今已有800年的历史。青田石，亦是我国传统的"四大印章石"之一，与巴林石、寿山石和鸡血石共同被称为中国"四大名石"。

青田"皮蛋绿"

青田"蓝星"

朱砂青田

青田石的主要组成矿物成分以"叶蜡石"为主，显蜡状，油脂、玻璃光泽，不透明、微透明至半透明，质地坚密细致，是中国

"中华古玩艺术"将古玩所涉及的内容进一步理论化、系统化，从陶器、瓷器、青铜器、古币、古墨、玉器、紫砂壶等二十多个方面，分门别类地介绍了各类古玩器物的人文历史、工艺来历及鉴别，种仿等方面的知识，几乎涉及中华古玩的各个领域，既充分地把握了古玩的系统性，又解决了博与史的结合

陆俨少自用青田石章

篆刻用石最早石种。青田石以"封门"为上品，微透明而淡青略带黄者称封门青。青田石石质细嫩湿润，半透明者称灯光冻，色如幽兰，通灵微透者称兰花青。青田石与田黄、昌化鸡血石并誉为"三大佳石"。

青田石的颜色有白、黄、绿、褐、黑等。青田石名贵品种除灯光冻、兰花青、封门青外，还有黄金耀、竹叶青、金玉冻、白果青田、红青田（美人红）、紫檀、蓝花钉、封门三彩（三色）、水藻花、煨冰纹、皮蛋冻、酱油冻等。

巴林石：因产于内蒙古自治区赤峰市巴林右旗而得名，亦是我国传统的"四大印章石"之一。巴林石在矿物学中隶属叶蜡石，富含硅、铝元素的流纹岩，是受火山热液蚀变作用发生高岭石化而形成的。巴林石石质细腻，温润柔和，透明度较高，硬度却比寿山石、青田石、昌化石软，适宜治印或雕刻精细工艺品。

巴林石大体上可分为福黄石、巴林鸡血石、彩石、冻石等四大类。

巴林福黄石，与寿山田黄石不分伯仲，被称为"姊妹石"，其石质地透明而柔和，坚而不脆，色泽纯黄无瑕，集细、洁、润、腻、温、凝六大要素于一身，凤毛麟角，珍贵至极，金石界素有"一寸福黄三寸金"之说。

巴林鸡血石，是巴林石中的极品，其石质地温润坚实，石上斑斑血迹聚散有致，红光照人，犹如红霞映月，锦上添花。新近开

巴林鸡血石

巴林福黄石　　　　　　　　　　巴林冻石

采大块鸡血石，其色彩对比强烈，光彩可人，分外夺目。巴林石中鸡血石，又有"草原瑰宝"之美誉，难怪有人称极品的巴林石是集"寿山田黄"之尊，融"昌化鸡血石"之艳，蕴"青田封门青"之雅的印坛奇葩。

巴林彩石，其彩色图案以天然见长，色彩艳丽多姿，纹理惟妙惟肖，美丽奇妙。巴林彩石上有色彩绚丽、线条流畅、形式栩栩如生的水草松枝等天然画面，鬼斧神工地表现了大自然的奥妙。国内唯巴林盛产彩石，实属独一无二。

巴林冻石，石质细润，同灵清亮，质地细洁，光彩灿烂。其中，彩霞冻石最为珍贵。

昌化石：因产于浙江临安昌化而得名，亦是我国传统的"四大印章石"之一。昌化石的矿物成分以黏土矿物地开石为主，常含有高岭石等黏土矿物。还常含有未完全蚀变成地开石的硬质石英斑晶，硬度远远大于地开石，工艺上称其为"砂丁"，为雕刻家所忌。因而，"砂丁"的多少直接影响昌化石的质量。

昌化石石质相对多砂，一般都较寿山石和青田石稍坚，且硬度变化较大。质地也不如二者细腻。但也有质地细嫩者及各种颜色冻石。昌化石的颜色有白、黑、红、黄、灰等各种颜色，品种也细分成很多种，多以颜色划分。如白色者称"白昌化"，黑色或灰色杂黑色者称"黑昌化"，多色相间者则称"花昌化"。而昌化石以红如鸡血、质地微透明者为佳，俗称"鸡血石"。

昌化鸡血石，是一种含有红色辰砂矿物的昌化石。辰砂矿物以浸染状或是细脉状分布于地开石基质之上，或浓或淡，或斑或片，艳红如鸡血，与基质相映，给人以强烈的视觉效果。昌化鸡血石的硬度通常为2.5～4，密度2.7～3，油脂光泽，微透明至半透明。

昌化鸡血石中的基质被称为"地"，颜色多为白、黄、灰等色；而辰砂形成的红色则被称为"血"，有各种不同色调的"血"色。以"地"的不同颜色以及质地等划分出很多品种，其中最著名也最珍贵的品种有：

大红袍，含"血"量大于50%~70%。这类石材极为难得，以冻地鲜红血为昌化石中的最佳品。

一中华古玩艺术。讲古玩所涉及的内容进一步理论化、系统化，古币、书画、瓷器、紫砂壶、玉器、青铜器，从陶器、方面，分门别类地介绍了各类古玩器物的人文历史。工艺美术及鉴别、辨伪等方面的知识，几乎涉及中华古玩的各个领域，既充分地把握了中华古玩的系统性，又解决了细切与史料的结合……明确的系统性，又解决了细切与史料的结合……

古玩

红帽子，石材上部为全红，下部为冻石，含血量约占三分之一左右。

红云篇，"血"在"地"中常常不连续，而呈云出雾状图案，这类石材非常珍贵。

刘关张，即红、白、黑三色相间者，均属普通品种石。

桃花地鸡血，在冻地上布满"血"斑，如落英缤纷，鲜艳夺目，为昌化石中的极品。

白玉地鸡血，月白色(地)，上布红斑，鲜艳夺目。

玻璃地鸡血，"地"通透，内外含"血"，叠映生辉，价值连城。

昌化石中优质的鸡血石，一般都用于制作各类图章，质地较次一些的石材则选用于雕刻工艺美术品。

昌化大红袍鸡血冻石　　　　齐白石刻昌化刘关张鸡血石印

二、名石的鉴定与收藏

对名石真伪与优劣的鉴定可以从以下几个方面入手：

完整度：指名石的整体造型是否完整，花纹图案是否完美，纹理是否成章，石肌、石肤是否天然等。

石质：包括硬度、密度、质感、光泽等因素。其中，硬度是决定石质优劣的关键。

石肌：石肌是名石的表面肌肤，也叫石皮。石肌具油脂光泽、金刚光泽者为上，玻璃光泽、金属光泽者为下。如为中国"四大印章"之首的寿山石，石皮多呈微透明，肌理玲珑剔透，且有细密清晰的萝卜纹，尤以黄金黄、橘皮黄为上品。

石音：上品名石，用硬棒扣击，能发出悦耳的声音。

造型：天然造型、奇异美妙的名石为上品。如英石、太湖石头，具有天然的"瘦、皱、漏、透"的特征。

纹理：对图案石来说，纹理是否天然成章，美观耐看，是鉴别名石的主要条件。

色彩：色质纯一，或色彩重叠奇妙的石色为上品。如昌化玻璃地鸡血就要具有"地"通透，内外含"血"，叠映生辉。

第四节　　古　墨

一、墨的渊源

中国文字发明之初，采用刀契而书，故史前无墨。三代创行鸟迹文字后，均为漆书。所谓用竹挺点漆而书，亦无墨。至周代后期创兴大篆，笔画工整，之道规律，先前的漆书改用石墨磨汁而书。到了西汉时期，文化传播需要更轻便的书写材料，于是便有了纸。纸张的发展脉络先是丝絮制成的纸，后来便造出了植物纤维的纸。东汉和帝时，任尚方令的蔡伦改进了造纸方法，采用树皮、麻头、旧布和破鱼网为原料，造出了优质轻薄的植物纤维的纸，这种纸非常便于书写，史称"蔡伦纸"。随着汉代科学技术的发展，纸张的普及和应用，石墨磨汁而书，已被一种墨丸所代替。墨丸是以漆烟和松煤为主要原料制成的墨丸。书写时磨汁而书，这就是日后所用墨的滥觞及源头。三国时期，制墨技术得到发展，已知和胶之法。到了魏晋之时，制墨技艺精湛，纸墨量大增，石墨已渐渐淘汰。当时最流行的是螺子墨，属墨丸之类，只是变丸形为螺形。唐代开创了中国封建社会的又一个盛世，经济、文化空前繁荣。书画之风气前所未有，朝廷对制墨极为重视，设厂造墨。墨料选用古松烟和麋鹿胶汁制成。中国研墨之风兴盛于唐代。到宋代文治昌明，文人辈

古墨

聚墨堂精制般若波
罗密多心经墨

〔明〕琵琶古墨

出，崇尚书法，视墨为上，故制墨考究，墨品精妙，舞文弄墨，登峰造极，造就了一批大书画家和大文豪，其墨宝字画垂名千古。元明时期，制墨没有太大的发展，只是继续沿用宋代墨风。明代中期，制墨手法和取材配制有了进步，此时则多用兰烟、棉烟，且墨色黑润，气味馨香，制墨技艺比起前代有了显著的发展。清代的康、雍、乾时期，崇尚文治兴国，各朝帝王均善于书画，对制墨极为重视，御制墨品，精绝千古。嘉庆、道光以后，国家多事，无暇舞文弄墨，御制墨品大大不如前代。至清末，国家变法维新，进行书写工具革命。这时，铅笔、钢笔成为社会各阶层的书写工具，名毫墨宝，无人问津。数千年的老字号墨商已纷纷改行。古墨演变到今天，它已渐渐成为古玩藏家的工艺品。

二、历代名墨

历史上不同时期的名墨很多，著名的古墨品牌有：〔明〕吴乔年制柔翰斋墨；〔明〕祝彦辅制天国香墨；〔明〕潘方凯制九玄三极墨；〔明〕吴去尘制云龙墨、八仙墨；〔明〕吴羽吉制天下文明墨；

［明］吴和卿制梦草堂墨；［明］吴石臣制玄圭墨；［明］谵斋制谵斋墨；［明］一峰道人制将磨子墨；［明］食灵斋制食灵斋墨；［明］文园制渊云墨；［明］三玉主制字邮墨；［明］丁叔明制笥友墨；［明］方于鲁制青麟髓墨。

［清·乾隆］御制"咏墨诗"墨

［清］乾隆年制八角朱砂墨

三、古墨的鉴定与收藏

古墨重质而不重名，鉴定古墨可以从以下几方面入手：

观漆衣。墨的构成，必须有胶。古墨经数百年的空气侵蚀，胶制极易干枯。所以，年代越久远的墨，越有自然氧化的破碎痕迹。明代古墨几乎不易见到，清代墨偶然能见，民国墨时能见到。

闻墨香。旧墨制作，多用鹿胶，而且配兑均衡，既不落墨，又不显胶性，书写极其随意。新墨气味有燥性，触鼻刺激。古墨则香而不艳，散发芝兰的馨香，故古墨的香兼而有之。

看墨色。古墨，其原料都是秘方特制。如兰烟、松烟、锦

烟、漆烟等，均为真品。新墨则是用皂烟、烟囱烟、火车头烟，故灰而不黑。

辨款识。古代名墨多有款识，要注意看款识和墨质是否与年代相符。另外，款识的避讳对于古玩的鉴别也有一定的参考价值，这对于明清两代古墨的鉴别尤为重要。如在古代制作墨品时，品名、斋名常用"玄"字，在明代并不忌讳。但是康熙时期，因为康熙名玄烨，所以"玄"就改为"元"，以避讳。

第五节　砚

一、砚的渊源

砚台与笔、墨、纸是中国传统的文房四宝。砚，又叫笔砚，用于研墨、验墨浓淡、盛放磨好的墨汁和搋笔。因为磨墨，所以有一块平坦的地方；因为盛墨汁，所以又有一个凹陷。汉代刘熙《释名》中解释："砚者研也，可研墨使之濡也。"

砚创始于何时，没有太多的实证可考。中国文字发明之初，采用刀契而书，故史前无墨，更无砚。就是三代时期，均为漆书，也有漆画，但也未见砚的身影。到了汉代，纸的革命，带给了砚与墨的结合。汉许慎《说文解字》："瓦砚，石滑也。""滑"训作"利"，与研磨同义。据有关文献记载，古砚多以瓦制为砚，瓦砚并非是用房屋上的瓦制作，而是以秦砖汉瓦形制权制做成，其质坚硬，其音清脆，绝无沙眼，更无石粒掺杂其中。比起澄浆金砖，尤为细腻。在唐代以前千余年间，书写绘画大多都是用这种瓦制砚。

唐宋时期所用的砚，种类繁多。除特制的瓦砚外，并以秦砖汉瓦砚为多。除瓦砚外，石砚也开始流行。唐代时端砚和歙砚已经开始使用，由于石砚开发难度大，制作之精，故产量不大。所以，唐代时期用瓦砚者较多，而用石砚者仍占少数。唐代石砚尤以端砚和歙砚为佳。

经五代十国以后，石砚的产生日益增多，到了宋代瓦砚虽仍在通用，但由于它的低廉，逐渐地被石砚所替代。元明时期，社

［清］曹素功"紫玉光"墨

［清］秦砖砚

[清] 汉长生未央瓦当砚

古玩

（一）中华古玩艺术：将古玩所涉及的内容进一步理论化、系统化。从陶器、青铜器、古币、书画、瓷器、文房四宝、玉器、碑帖、杂项等二十多个历史、工艺美术及鉴别等方面的知识，几乎涉及中华古玩的各个领域，眼光分地把握了明确的系统性，又解决了物与史的结合。

会各阶层多用石砚，只有民间少数人仍在使用瓦砚。清朝乾隆时期，砚坑解禁，重新开始大肆制作石砚。故乾隆时期所制石砚与日俱增，其质地花纹都大大优于以前。经过很长时间的历史，砚早已不再是单纯的研墨的工具了。演变发展到今天，砚已经成为集雕刻、绘画于一身的精美工艺品，人称砚台，成为众多文人收藏的对象。

二、砚的种类

四大名砚

从唐代起，端砚、歙砚、洮河砚和澄泥砚被并称为"四大名砚"，其中尤以端砚和歙砚为佳。

端砚：始于唐代，盛于宋朝。端砚产于广东省肇庆市（古称端州）的端溪斧柯山，由此得名端砚，约始于唐代武德年间，至今已有一千多年的历史。

端砚的砚石，其石质优良、幼嫩、细腻、滋润，具有发墨不损毫、哈气可研墨的特点，加之端石有天然的纹理、美丽的色泽，被称为中国的四大名砚之首。端石之美，石品之好，纹彩之佳者，有青花、鱼脑冻、蕉叶白、天青、冰纹、火捺斑、鸲鹆眼、马尾纹、胭脂晕等。端石以子石为上，子石因生成于大石中，故视为石中的

精英。端石有眼者最贵,眼之美者为"鸲鹆眼",它形似八哥眼,圆晕中还有"瞳仁",是"眼"中之上品。

　　现代端砚的式样充分体现了实用和欣赏相结合的原则,根据不同时代、各种不同的需要,产生了蛋形、瓶形、神斧形、古鼎形、古琴形,以及苏东坡所倡导的依据自然美形状稍加雕凿,便形成自然砚等形状。自然砚构图简练,雕刻线条流畅,主题突出,使用方便,风格古朴大方。在图案上,多以花鸟、鱼虫、走兽、山水、仿古器皿等为主。

[清]沈竹宾刻人物端砚

　　歙砚:歙(音舍),因产于江西省婺源县的歙溪,故名歙。婺源不但产砚石更制砚。自古以来婺源就有婺源人制砚的记载。如宋代黄庭坚的《砚山行》中载:"居民山下百余家,鲍戴与王相邻里,凿砺磨形如日生,刻骨镂金寻石髓。"

　　歙砚是我国四大名砚之一,始于唐代开元年,盛于南唐时期,南唐李后主曾派专门的砚务官制作官砚。歙砚还一度得到欧阳修、苏东坡等人的推崇。

　　歙砚的砚石因产于婺源县龙尾山,故又名"龙尾砚"。歙砚的石品有金星、银星、罗纹、刷丝、眉子等。金星,指砚面布满金黄色小碎细点,此品为最贵者。以斑点鲜明如泥金,为最佳者;金星若散布如花瓣落满地者次之;如有金星者,必带绿色,或纹似芦花,或似织罗样,或似眉毛,或似鸲鹆斑,其纹样白色如银,皆为最次品。银星,指砚面多白点如粟米大。金银星石呈淡青黑色,并粗糙,有星处均不堪磨墨。罗纹,指砚纹如细罗纹,而质润如玉。

刷丝，指砚纹细密如发。若黄白相间者，则为镜银间，刷丝亦细密精雅。眉子，指纹如甲痕，如人画眉，遍地成对。歙石以卵石为贵，此类砚石极为难得。

［唐］王丘六足莲花奉双凤池歙砚

［宋］鳝黄鱼子歙砚

洮河砚：因产于我国甘肃省临潭县境内的洮河沿岸，故名"洮河石"、"洮河砚"，是我国四大名砚之一。全名为"洮河绿石砚"，简称"洮砚"。洮河砚相传始于唐代，已有一千多年的历史。洮河砚取材于深水之中，非常难得，是珍贵的砚材之一。洮砚石质地细密晶莹，石纹如丝，色泽雅丽，发墨细快，保湿利笔。洮石有绿洮、红洮两种，其中以绿洮为贵、最佳。

民国时期的洮砚，大多为椭圆形带盖的双砚，比较简单。现代的洮砚，吸收了敦煌艺术的优点，设计了具有地方特色和民族风情的"敦煌砚"，上刻浮雕佛像、飞天，并饰以云彩、诗词和书法等，更具有诗画意。

［宋］宋代十八罗汉洮河砚

澄泥砚：澄泥砚为澄结细泥烧炼所成的砚。澄泥砚始于六朝、唐代，兴盛于宋朝。唐以前，端、歙两石砚还未发现之时，六朝人书写作画，就是以泥砚作为研墨之器。古代的澄泥砚唯以山西省绛县所烧制的最有名。据说，此泥砚是取绛泥，装入绢袋，置于汾水河底，数年后泥已沉淀包裹，取出泥后晒干再切成各式砚形，入窑烧制而成。澄泥砚质地坚硬耐磨，易发墨，可与石砚媲美，是我国四大名砚之一。澄泥砚的颜色以鳝鱼黄、蟹壳青和玫瑰紫色为主。

除此之外，江苏省苏州市吴县的澄泥砚也有名。它是以当地太湖地区的澄泥页岩精工雕凿而成的，质地坚硬而细腻，色泽深沉，具有发墨快、不渗水等优点。清初，著名制砚匠师顾二娘在历史上著称一时。

［清］随形澄泥砚

［清］仿唐八棱形澄泥砚

历史名砚

中国历史名砚种类繁多，分布较广，遍及全国。著名的代表砚品有：秦砖汉瓦砚、乌金砚、淄砚、灵岩石砚、开化石砚、大沱石砚、沅州石砚、洮石砚、紫金石砚、红丝砚、角石砚、绿石砚、金星石砚、菊花石砚、漆沙砚、鲁砚、贺兰石砚、河北易砚、河南盘砚等，其中，以秦砖汉瓦砚最具历史收藏价值。

秦砖汉瓦砚，又称"瓦头砚"、"瓦砚"，是以秦砖汉瓦形制所制成的古砚，其成分完全与澄泥相同，添加有金属成分，做工精纯，质地紧密，质感沉重，声音清越。

［汉］未央东阁瓦砚

［清］龙纹红丝砚

苴（音左）却砚：产于中国云南楚雄永仁县、攀西大裂谷金沙江沿岸地区。"苴却"为地名，云南省楚雄永仁县古称"苴却"，故名 "苴却砚"。此地域为彝族聚居区，"苴却"是用汉字表注的彝音，当地人读"苴"为"左"。 苴却砚始于宋代，后经几代潮起潮落的发展，今天达到鼎盛。

苴却砚石品天生丽质、斑斓多姿，有青花、金星火捺、眉子、金线、银线、绿膘、黄膘、玉带膘、鱼脑冻等。苴却砚有石质

苴却砚

温润细腻，发墨如油、存墨不腐、历寒不冻、耐磨益毫、呵气可以研磨之优点。砚雕工艺集浅浮、镂空、圆雕、深雕、薄意、减地雕刻于一体，形成了厚重浑实、明丽浓郁的多元风格。苴却砚被称之为中国彩砚，被视为"砚中珍品"，20世纪初，苴却砚曾在巴拿马万国博览会上获奖，名震中外。

三、名砚的鉴定与收藏

砚以四大名砚最为著称，四砚中又以端砚为上。歙砚早在宋代时就已绝迹。今天的古砚制伪者，大多伪作端砚居多。砚石品种繁多，当属端石为贵。鉴别端砚的品质，一是看端砚石的石品，佳砚应该发墨宜笔，这就要求石品是上品。所谓石品，是指石质是否莹润细密，是否有美纹象征。二是看端砚石的纹彩，端砚石品的佳者，有青花、鱼脑冻、蕉叶白、天青、冰纹、火捺斑、鸲鹆眼、马尾纹、胭脂晕等纹彩。

青花：微细如尘，隐隐浮出，或人虮虱脚者为上品，以鹅毻堆集为次。

鱼脑冻：白如晴云，吹之欲散；松如团絮，触之欲起者，是为上品；灰色、褐色者，为下品。

蕉叶白：如蕉叶初展、含露欲滴者，为上品；素而洁者，为次品。

天青：傅于天青者，为上品；大西洞以鱼脑带青花者，为极品；次则鱼脑、蕉白、天青无青花者。

冰纹：所谓冰纹，就是冰纹冻，不多有。

火捺斑：火捺纹斜斑处如火烧状。

鸲鹆眼：形似八哥眼，圆晕中还有"瞳仁"，是"眼"中之上品。

马尾纹：如五铢钱，四轮有鋑，澹而晕，为金钱火捺，为贵。

胭脂晕：鱼脑、蕉白外，有紫气包围，艳似明霞，为胭脂晕。

发墨宜笔的佳砚，就要求石品为上等。所谓石品，是指石质是否莹润细密，是否有美纹象征。

第六节　笔　筒

一、笔筒概述

笔筒是中国古代除笔、墨、纸、砚以外最重要的文房用具。古代的笔筒材质多种多样，一般为竹、木、漆、玉、牙、瓷、紫砂等。笔筒正式而普遍地作为一种文房用具出现，大约是在明代的晚期，确切地说是在明嘉靖、隆庆、万历时期。明代遗留下来的绘画作品很多，大量写实的作品应该能够准确地记录文人的案头陈设，可明中期以前有关文人活动的绘画中并没有发现笔筒，其他文具均时有所见。

根据记载，我国春秋时期就已经开始使用毛笔和笔筒了。楚国人善用毛笔书写，也用毛笔绘画。当时楚人所使用的毛笔，笔豪硬度较大，能产生流畅的线条。但是，楚人用的毛笔与现代的毛笔并不完全一样。楚人的毛笔，笔毫是绑在一根实心的竹木笔杆上，而不是装在空心的竹管里。另外，楚人用的笔筒是一根细竹管，与现代的粗矮笔筒截然不同。另有记载，三国时期笔筒开始出现，西晋文学家陆机在《毛诗草木鸟兽虫鱼疏》之《螟蛉有子》中载："取桑虫负之于木空中，或书简笔筒中，七日而化。"虽然文中没有言明笔筒的材质，但从桑虫放的地方，一为木空（木），二为书简（竹、木）推论，三国时期的笔筒也应是竹木之质。至于春秋及三国时期的笔筒与后世的笔筒是否一样，这还有待考证和研究。据说，东晋的王羲之有巧石笔架；献之有斑竹笔筒。此说法并无史载，只能算传说。

唐代的笔床

盛唐时期的著名诗人岑参在《山房春事》（其一）中留下了"风恬日暖荡春光，戏蝶游蜂乱入房。数枝门柳低衣桁，一片山花

［春秋］笔筒

落笔床"的经典诗句。笔床就像今天的笔筒，是用来搁放毛笔的专用器物。诗中所引的笔床，就是笔筒的老祖宗。唐时的文人书写绘画完毕后，都是将毛笔横卧在笔床上，一只笔床上面至多可放三四管笔。虽然造型新巧，但使用起来不太方便。笔床和笔船到了明代中期以后就渐渐地被笔筒取而代之，清代便少见踪影。笔架至今仍在使用，笔筒则盛而不衰，成为存放毛笔的主要案具。笔筒大都造形简单，口底相若呈筒状，非常实用，是案头工具中不可替代的美器，极具观赏和艺术价值，深得古代文人墨客的宠爱。

[清·乾隆]青花笔床

明代笔筒

真正对"笔筒"一词的记载始见明代。文震亨的《长物志》卷七《笔筒》专条载："（笔筒）湘竹、棕榈者佳，毛竹以古铜镶者为雅，紫檀、乌木、花梨亦间可用。"屠隆的《文房器具笺》笔筒条曰："（笔筒）湘竹为之，以紫檀、乌木棱口镶坐为雅，余不入品。"文、屠二人皆为明代晚期的著名文人，对当时的文房器具多有记述。只是二人钟情于竹木的雅洁，对其他质地的笔筒关注不够。今天，我们所看到的圆筒状笔筒，多为清代所制。

综上所述，笔筒是一种最为常见的置笔用具，它的前身是唐代的笔船、笔床和笔格。笔筒的明确记载始见于明代，传说中的所谓宋代瓷笔筒并不确切。故从实物和文献两方面看，笔筒应该出现于明代中晚期。

朱松邻为明正德嘉靖年间嘉定派竹刻的开山始祖。松邻其子名缨，号小松；其孙稚征，号三松。他们的作品闻名一世，三世相传，被称为"嘉定三朱"（即朱鹤、朱缨、朱稚征）。所制笔筒采

"中华古玩艺术"将古玩所涉及的内容进一步理论化、系统化，从陶器、瓷器、赏玩壶、玉器、青铜器、古币、书画、杂项等二十多个方面，分门别类地介绍了各类古玩器物的知识、工艺美术及鉴别、神伪等方面的知识，凡涉及中华古玩的各个领域，既充分地把握了明确的系统性，又解决了物与史的结合。

用圆雕、透雕和高浮等手法，刀法深峻，立意古雅，题材纹样以人物故事为多。著名代表作有"雕竹窥简图笔筒"。该作品以仕女为题材，用高浮雕技法，採通景式构图方式雕制而成，其构图以明晚期画家陈洪绶为"秘本西厢记"题材，器壁上梳高髻的女子即崔莺莺，她背屏风而立，含羞地细读着情书。屏风后躲着红娘，正偷窥着她主人的反应，以右手食指掩唇，似乎在压抑笑声。屏风上浅刻梧桐，枝叶繁茂，枝上立一鸟。左方屏风后浮雕木几，几上放置插着荷花的花瓶，植着灵芝的盆景，包裹着的琴、香炉、笔、砚、水盛等文具。作者朱稚征将其号"三松"二字，刻在屏风右下方，款识好似屏风上花鸟画的款识。

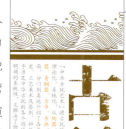

[明]朱松邻竹刻松鹤笔筒

[明]朱缨竹刻仕女画屏笔筒　　　　[明]朱三松雕竹窥简图笔筒

清代笔筒

清代是中国笔筒发展史上之高峰时期。清代早、中期最著名的雕刻竹木笔筒的名家有吴之璠、周颢、潘西凤、邓渭。

吴之璠，康熙时期的雕刻家，为朱三松之后嘉定竹雕第一高手。其雕刻技法：一是继承明代三朱雕镂法，用深刻作高浮雕，深浅多层。二是模仿龙门石刻的浮雕法，创制出"薄地阳文"，即去地浮雕法。传世作品有"二乔并读图笔筒"、"老子骑牛图笔筒"、"松荫迎鸿图笔筒"、"松溪浴马图笔筒"等。

［清］吴之璠松溪浴马图笔筒

周颢，是清雍、乾时期的竹刻大家。所制笔筒常以山水、竹石为题材，并且以阴刻为主要技法，刀法纯熟，能以一刀表现纹理的宽窄、长短、深浅，极具画意。笔筒画面的布局有两种形式。一是通景，多为山水题材；二是一边景物，一边文字布局。独创"陷地深刻"之法，为清代竹雕史上承上启下之人。传世作品有"周芷岩松壑云泉图笔筒"和"竹石图笔筒"均采同阴刻法，以刀代笔，表现墨韵，极为流畅自然。而"竹雕杏花笔筒"、"竹雕兰花纹臂搁"和"竹枝图臂搁"等，则为"陷地深刻"法之风格，颇有新意。

［清］周芷岩竹雕滚马笔筒

［清］潘西凤罗汉竹刻笔筒

潘西凤，以各种技法雕镂笔筒，浅刻、深刻及留青极佳，所制留青笔筒晕褪变化，如墨分五色，精妙绝伦，郑板桥称他的技艺为濮仲谦之后，为金陵派竹刻第一人。传世民间竹品有"竹根状笔筒"。

邓渭，擅长刻竹和治印。深刻高浮雕、浅浮雕、薄地阳文，又善刻行楷，字迹秀丽，为乾隆朝嘉定竹器刻字第一高手。传世作品有"邓渭款白菜笔筒"等。

继吴、周、潘、邓四位竹雕名家后，清代竹刻名家还有马国珍、应绶伦、封氏、杨谦、方絜、尚勋、普世模、杨湘、张辛、王素、周之礼、王素川、岳鸿庆、龚爵武等数十人。

[清] 邓渭竹雕报捷图笔筒

文革笔筒

1966—1976年，是中国史无前例的"文化大革命"时期。在"文化大革命"中，由于政治斗争的需要，"文化大革命"时期的笔筒文化，又成为中国笔筒发展史上的一个高峰时期。1966—1970年的中国人，人人胸前都要别毛主席像章。无论单位还是家庭的桌子上，总是要摆放一只笔筒，以此标志一个人、一个家庭的政治觉悟和文化革命水平。

"文化大革命"时期的笔筒，极具"文化大革命"特征，最有革命特色。"口诛笔伐，毛主席挥手我前进"成为那个时期每个中国人的革命态度，笔筒成为革命的宣传招贴。"文化大革命"时期的笔筒，以瓷笔筒和竹笔筒较为常见。

瓷笔筒多采用印、贴花工艺。图案设计内容丰富多彩，题材层面极具广泛性，涉及毛主席形象、毛主席语录、毛主席诗词、革命口号、工农兵形象、样板戏题材、知识青年上山下乡、赤脚医生等

文革毛主席诗词笔筒

425

内容。文革瓷笔筒，以"哥窑"瓷多见，胎体细洁，釉面有细小的纹片，纹路交错，俗称"百圾碎"。

竹笔筒多采用绘画、电烙画、翻簧竹刻、贴花烫压等技法。图案设计内容大多是竹子、月季、梅花、兰草、锦鸟、山水、楼阁毛主席诗词、革命口号等。

二、笔筒工艺

笔筒是文房用具之一。为筒状盛笔的器皿，多为直口，直壁，口底相若，造型相对简单，没有大的变化。明代的笔筒传世品极多，清朝各代的笔筒均有存世。

明代笔筒行制变化不大，从制作材质上看：有竹、瓷、木、铜、象牙、玉、水晶、端石、漆等，主要以竹、瓷、木材质为主。从装饰手法上看，有刻、镂、雕、绘等，以瓷笔筒为例，有青花、五彩、粉彩、三彩、颜色釉等。

竹笔筒：明代的竹笔筒为筒式。制作方法是截取一段适宜的竹子，并且留节。制成筒状后，在竹面上雕刻各类纹饰图案。制作手法，采用圆雕、透雕和高浮雕法等。题材纹饰图案以花卉、植物和人物故事为多。明代的竹雕笔筒制作成就最大的当属朱松邻制的"松鹤纹"竹笔筒。清代的竹笔筒开始流行翻簧竹刻工艺，采用镂雕、浮雕、拼镶等技法。

瓷制笔筒：始于明代嘉靖、万历年间，但传世品中极难一见。天启、崇祯时的瓷笔筒生产量较大，以青花为主，纹饰有植

［明·崇祯］青花人物笔筒

物、动物、人物等。其基本形制为直口，平底，腰微束。如青花人物故事笔筒，直口，平底无釉。筒壁绘有青花人物，直花呈色淡雅，绘工精细。器口器足处有暗刻纹饰为崇祯瓷笔筒的典型特征。

木笔筒：明代的木笔筒多为筒式。木质多为紫檀、黄花梨木等。笔筒器型为上大下小，素面，口沿处有一周凸起的带状纹，附座，座下承三矮足。传世的明代木笔筒纹饰有浮雕的蟠螭、花卉、云龙等。刀法圆熟、流畅而古雅。除此之外，明代还有漆笔筒和象牙笔筒、玉器笔筒存世。

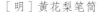
［明］黄花梨笔筒

［明］紫檀木笔筒

清代的笔筒中，从存世的情况来看，瓷笔筒仅次于竹笔筒，其品种涉及青花、青花釉里红、釉里红、墨彩、五彩、粉彩、斗彩、单色釉等。其中，康熙的青花、雍正的墨彩和乾隆的粉彩笔筒，体现了各朝瓷器烧制的最高水平。

从瓷笔筒的纹饰上看，有山水人物、花鸟、松鹤、百寿字等，但以山水人物故事为多，如虎溪相送、竹林七贤、春夜宴桃李园等。此时期有少量的玉笔筒和象牙笔筒，这些笔筒大多通景，以深雕、镂空和阴刻技法琢制山水人物等纹样，人物与景色相配，纹饰精致，层次丰富，布局繁密，立体感强。

顺治时期的笔筒传世品略少，但器型品种较多，有直口直壁式，束腰侈口式等。一般来讲，前者瘦高，后者粗壮。以青花为主。青花花鸟纹笔筒，为顺治时器物，体型较大，束腰侈口，筒壁有暗刻及青花纹饰。

427

一中华古玩艺术一博古玩所涉及的内容进一步理论化、系统化。以陶器、瓷器、青铜器、古作、古画、玉器……分门别类地介绍了各类古玩器物二十多个方面。工艺精美与繁杂，分门别类地介绍了各类古玩器物二十多个方面的人文历史，工艺美术及中华古玩器物的各个领域，辨伪等方面的知识，几乎涉及中华古玩的各个领域，飘光分地把握了中华古玩的系统性。又解决了物与多的结合。

[清·康熙]五彩
竹纹笔筒

[清·顺治]青花绘花鸟圆笔筒　　[清·康熙]青花诗文束腰笔筒

　　康熙时期，瓷笔筒的生产达到了鼎盛时期，款式丰富多彩，品种琳琅满目，有青花、五彩、斗彩、釉里红、洒蓝釉、青釉、墨彩、红彩描金、釉里三色、红釉、珐琅釉等。纹饰内容丰富，有人物、动物、山水、花鸟、博古等。器型有束腰侈口形、直口直壁形、竹节形、方形等。其典型特征是胎釉结合紧密，胎质细腻。无款者居多，少量有堂名款，器壁上亦见有干支款。

　　雍正、乾隆时期，瓷笔筒进入繁荣时期，画工之精湛，制作之精巧，前所未有。新颖器型随处可见，如六方形、扁方形、双联形等。艺术装饰味道浓郁，如粉彩双联方胜型山水笔筒，为乾隆时笔筒的典型。这一时期瓷笔筒的品种有青花、青花釉里红、粉彩、各种颜色釉地粉彩及单色釉。雍正瓷笔筒的特征是清新典雅，乾隆时期的则富贵华丽，官窑器物多有纪年款，民窑则为干支款或堂名款。

[清·雍正]粉彩花蝶笔筒　　[清·乾隆]松石绿粉彩山水笔筒

　　嘉庆、道光时期，清代瓷笔筒生产仍继续向前迈进，粉彩瓷笔筒仍为主要品种，器型以细高为主。纹饰以人物等居多，较为侧重观赏性。此时的另一特点是雕瓷笔筒开始出现，多模仿竹雕器物，以黄釉雕瓷笔筒最为出色。如黄釉雕瓷笔筒，以剔地手法刻出松、石，口沿及底绘成竹节断面痕迹。官窑多有纪年款识，民窑有堂名款或刻工名号。

［清·道光］陈国治制池上篇图黄釉雕瓷笔筒

晚清瓷笔筒仍较盛行，但质量有所下降，最典型的特征是胎釉结合不紧密，釉面泛灰，青花浮于器表。多有六字青花款和六字红彩图章款。素胎剔地笔筒，为光绪时难得一见的精品。

三、笔筒的鉴定与收藏

鉴定和收藏笔筒，可以从以下几个方面入手：

竹木笔筒可以清代收藏为重点，明代笔筒传世品较少，无须刻意追求。瓷质笔筒当以清代的早、中期为重点。要注意鉴别清末及民国时期仿制的康熙、雍正、乾隆年制的青花、五彩、粉彩器物。

木笔筒：其材质有黄花梨、紫檀、鸡翅木等，以紫檀木、黄花梨木、沉香木等为贵。明代木雕笔筒简朴大方，花纹疏密有致；清代则纹饰繁缛，雕刻精细，借鉴了牙雕、竹雕等技巧。鉴别木笔筒重点要注意雕工刀法、工艺水平和时代特征。年代久远的木器还形成有传世古色（包浆）。

瓷笔筒：其种类有青花、五彩、粉彩、颜色釉等。明代嘉靖时期的瓷笔筒，以青花为主，直口、平底、束腰。康熙时瓷笔筒到达鼎盛，品种丰富，釉色、造型、画意笔法、书画题字极为讲究。瓷

［清·光绪］素胎剔地反瓷松鹤延年笔筒

［清·道光］绿釉雕瓷笔筒

［清］黄花梨木笔筒

［清］菠萝漆笔筒

［清］牙雕云龙笔筒

笔筒的瓷胎、品相、画工和釉色是鉴别优劣的标准。瓷笔筒除了要看胎、釉的瓷胎外，主要看青花的发色。另外，瓷画水平不同，价格也有天壤之别。在瓷笔筒中，以人物图案为主的青花笔筒价格比山水图案的要高。

竹笔筒：收藏竹制笔筒，主要看属哪个朝代，是否为名家之作，最后看款式与雕工。竹制笔筒随着时间存放与环境温湿度变化，表皮会起皱不光整。年代久远的竹器形成有传世古色（包浆）。

漆笔筒：收藏此类笔筒的价值主要在于笔筒制作工匠的名气，注意鉴别纹饰是否是原创的。其中的镶嵌饰物还要看是否完整，有无后镶添补痕迹。

象牙、玉质笔筒：这类特质笔筒多见于清代，以白玉笔筒价值最高。牙、玉笔筒鉴定方法与鉴定玉器、牙雕的方法相似，或借鉴竹木雕的鉴定方法，按时代风格、表面包浆、雕工技艺依次鉴定。

总之，清代的笔筒主要是以竹木器为主，而瓷笔筒一般为明代或清代早期所为。明代的藏品存世极少，清代的藏品时有可见，民国的藏品随处可寻。收藏要懂得物以稀为贵，越是年代久远的藏品，它的价格也就越是昂贵。反之，赝品的可能也就越大。

第七节　　古　书

一、古书概说

从史前至清代，中国所有的书籍，按照形式可分为三个时期，即史前至周代末，为"简牍时期"；由秦代至唐代，为"卷轴时期"；由宋代至清代，为"线装时期"。

简牍时期

夏、商、周三代以前，所有以载文的书，都刻写在甲骨、青铜之上。公元前21世纪，禹子启破坏了尧舜时期的民主推选首领的制度，王位世袭制取代了禅让制，中国历史上第一个奴隶制国家建立。距今三千多年以前的商朝，又称殷。殷墟甲骨文的出土，给我们提供了大量关于商代社会的生活资料，从此揭开了商代社会的真实面目，商代是我国有文字可考的最早的一个朝代。中国的汉字在商代开始逐渐成熟，并广泛用于书写和记刻在龟甲、兽骨之上。这一时期，汉字也被广泛应用在印章文化中。西周时期，文字较为广泛地用于雕刻和铸造在青铜器皿之上，同期，用毛笔书写在竹简、木牍之上，并编连成"策"的书籍制度业已形成；汉字已进化到"大篆"阶段。在西周时期的奴隶制社会，已经采用刻制单个反体字模，用以拼排成完整版面，再铸于青铜器皿之上的工艺技术。到了春秋战国时期，雕刻凸版和漏版（孔版）印花已得到了广泛使用。大量的出土文物证明，中国在春秋战国时期，已经出现并广泛采用了以织物为承印材料的凸版和孔版印花技术。

　　由史前至周代末，所有以竹、木载文的书籍都为简牍，故称之为"简牍时期"。

［商］甲骨文

［战国］楚国竹简

［三国·吴］简牍

春秋时代的到来，犹如一剂催产素注入摇摇欲坠的奴隶制社会的机体中，催生出了中国的一个历史大变革时代。春秋战国时代，经济上，由于铁器的广泛使用，生产力的大大提高，促进了阶级结构的变化。随着"井田制"的瓦解，新的封建制度的生产关系开始萌芽并确立。政治上，旧的宗法制度受到严重破坏，新兴的地主阶级登上了政治舞台。思想上，私人讲学之风兴起，孔子、孟子、老子、韩非子、孙子等各持己见，著书立说，出现了"百家争鸣"的局面，大批经典作品问世，特别是儒家的《大学》、《中庸》、《易》、《礼记》四篇成为后来封建社会的基本教材，对后世教育

作出了不可磨灭的贡献。正是这种争鸣和理论，大大促进了思想学术的活跃和繁荣，推动了印刷术的发展。同时，也为后世留下了丰富的物质财富和精神财富。

春秋时期，孔子所读的书籍仍为竹简、木牍、缣帛作为记事材料。

卷轴时期

公元前221年，秦国以秋风扫落叶之势，一举灭了韩、魏、赵、楚、燕、齐六国，统一了中国。秦始皇建立了中国历史上第一个中央集权的封建王朝，成为中国第一个皇帝，称始皇帝。秦始皇统一六国后，中国社会文化与科学技术的发展跨入了一个崭新的历史时期。自诸子百家争鸣之后，中国思想文化领域蓬勃发展，文字由周朝的"大篆"进化到秦朝的"小篆"，进而再发展成为今天我们仍在广泛使用着的"隶书"和"楷书"，完成了中国汉字的规范和易于记刻的演变过程，同时刻石技术发展到一个新的高峰。可以说，秦汉时期盛行的盖印封泥和砖瓦模印，是转印复制术发展史上的里程碑。

秦代"隶书"通用，开始以缣帛作书。但由于缣帛昂贵，一般平民百姓无力购用。故缣帛虽兴，只为官方通行，社会尚不普遍，民间也并不流行。

自汉武帝"罢黜百家，尊崇儒术"后，经学传播逐渐昌盛起来。汉朝初年，儒家经典只能靠学者们背诵记录，再由当时通行的文字"篆书"和"隶书"抄写下来。用秦统一的"篆书"抄写的称为古文经，用"隶书"抄写的称为今文经。

随着汉代科学技术的发展，纸张的革命开始了。纸的发明是中国人民对世界文化发展的伟大贡献。我国古代有文字以后，用来写（刻、铸）文字的材料很多，有陶器器壁、龟甲兽骨、青铜器皿以及绢帛、竹木等。汉代书写使用竹、木比较普遍，称为竹（木）简，这种文字书写材料很不方便。西汉时期文化发展，文化传播需要更轻便的书写材料，于是便有了纸的创造。纸张的发展脉络先是丝絮制成的纸，后来便造出了植物纤维的纸。东汉和帝时，任尚方令的蔡伦改进了造纸方法，采用树皮、麻头、旧布和破鱼网为原料，经过挫、捣、抄、烘等一系列的工艺加工，造出了优质轻薄的植物纤维纸，这种纸非常便于书写。东汉元兴元年（105年），蔡伦向汉和帝献纸，受到和帝赞誉。于是，造纸术广为天下所知，蔡伦造的纸被称为"蔡侯纸"。后来，中国的造纸术逐渐传播到朝鲜、日本和中亚各国，又经阿拉伯传到欧洲，对世界文化的传播发展起到了重要的促进作用。

由于纸的发明，汉代开始以纸为书，竹木、缣帛渐渐地被淘汰，这一时期，无论缣帛或纸张，其文字均为手书写，所谓书籍也不过是由手书写成的纸卷，并非我们今天的书籍。帛书即为书写在丝织品之上的书籍，由于汉代将丝织品统称为帛或缣，故人们一般称之为"帛书"。在发明纸以前，商、西周时期曾将文字刻写在甲骨、青铜之上，春秋至魏晋时期流行的书写材料为竹木材料的简牍，同时也有缣帛织品。竹木材料的简牍在使用中并不方便，其中最大的不便就是一般长约23厘米（相当于汉尺一尺）、宽1～2厘米的简书也写不了多少字，若要写一部书将需要很多的简。据《史记·滑稽列传》记载：东方朔向汉武帝上书，这"三千奏牍"靠两个人才勉强抬进宫内。"帛书"在这方面较简牍要优越得多，幅宽质轻，抄写一部书也用不了多少缣帛。晋代盛行的读书、抄书和藏书之风都得益于纸的普及和推广。抄经热、藏书热和因传抄左思《三都赋》而出现了洛阳纸贵的现象，这都说明了纸的普及和推广

马王堆三号墓出土的《天文气象杂占》帛书（局部）

马王堆三号墓出土的《周易》帛书残片

马王堆三号墓出土的《天文气象杂占》帛书（局部）

产生了前所未有的效应。

唐代是中国封建社会经济的盛世，随着封建社会经济的繁荣，文化领域出现了蓬勃发展的新气象，科学技术、哲学、宗教、文学、绘画艺术、印刷术和茶文化，都有卓越的成就。始于隋唐时期的雕版印刷术，到了中唐时，已有了雕版印刷的佛像。从绘画艺术上看，以宗教为题材的敦煌石窟壁画，呈现出异彩。据记载，唐代高僧玄奘每年都用大量的纸来印制佛像。8世纪80年代，有了作为纳税凭据用的"印纸"，现存世界最早的雕版印刷品，是在敦煌千佛洞里发现的咸通九年（868年）印刷的《金刚经》卷子刻印。《金刚经》为卷轴装，前有插图，后有年代，图案精美，说明我国的印刷术在唐代就已经相当成熟了。

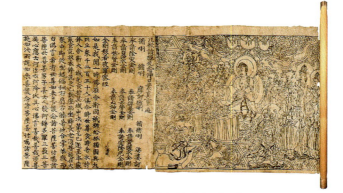

［唐］雕版卷轴《金刚经》

唐代中期，创用叶子印刷，即将长卷折叠成为若干叶，其形式宛如手摺，或前清朝考之大卷，大致相同，不过只是变舒卷为折叠。

五代十国，印刷地域有所扩大，品种增多，最突出的是政府开始在国子监组织编印儒家经典。五代所有的书籍，无论缣帛或纸张，无论手抄或刻印，一律都成卷成轴，史有"邺侯架插三万轴"之说，讲的就是成卷成轴的书。并非我们今天装辑成本、成册、成部、成套的书籍。《史记》载，宋以前之书籍，均系若干卷，并无若干本者，盖系记实，非如今日以卷为虚设之符号，有名无实也。由秦到五代，所有书籍，其形式完全为轴，故称之为"卷轴时期"。

雕版《华严经疏抄》

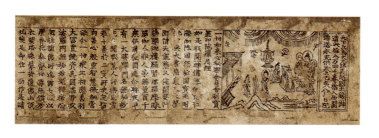

［宋］吴越《木刻宝箧印陀罗尼经》

一、中华古玩艺术一讲古玩所涉及的内容进一步理论化、系统化，从陶器、瓷器、掌印、玉器、青铜器、古币、书画、信件等二十多个方面，分门别类地介绍了吴各古器物的几工艺美术及鉴别，种伪等方面的知识，几乎涉及到古玩的各个领域，既充分地把握了中华古文物的多个侧面，既充分地把握了中华古文物的多个侧面，又解决了文物与史的结合

线装时期

两宋时期，随着社会经济的上升和政治形势的复杂变化，宋代科学技术的发展突飞猛进，中国的四大发明，除造纸以外，其他三项发明，即火药、印刷术、指南针都是宋代发明或得到广泛应用的。两宋时期，雕版印刷达到鼎盛，从中央到地方各级政府的内府刻印书、官刻印书、私刻印书、坊刻印书遍及南北各地，形成了杭州、建阳、汴京、眉山、江西等印书基地。印书数量大，品种繁多，除佛经外，经、史、子、集等成为印书的主流。宋代书籍，注重校勘，刻印精良，代表了宋版书的特点。

木活字模

泥活字模

［宋］《资治通鉴》书影本

随着印刷术的发展，宋代依据唐代叶子的格式，将书籍形制改进为我们今天的古籍线装书。即将一叶分割，使不连续，以一叶为一板，一叶为一篇，分割分印，印好后装订成本。可以说，宋代以前绝没有线装书，文字多为刻印，抄写者甚少。到了宋仁宗庆历时期，才出现了毕昇的活字印刷。元王桢以后，木活字印书一直在

"中华古玩艺术"将古玩所涉及的内容进一步理论化、系统化。从陶器、瓷器、青铜器、玉器、杂项等二十多个方面，分门别类地介绍了各类古玩物的人文历史、工艺及其地域性等鉴别知识。几乎涉及中华古玩的各个领域，既充分地把握了明确的系统性，又解决了扬与史的结合。

我国流行。明、清两代雕版印刷地域之广、品种之多、数量之大，都超过前代。清乾隆三十八年（1773年），清政府曾经用枣木刻成253进制500多个大小活字，先后印成《武英殿聚珍版丛书》138种，共计2300多卷。《武英殿聚珍版丛书》的刊刻，是我国古籍印刷史上的一件大事，它继承和总结了宋明以来各种活字印刷术的成果和经验，把我国古代活字印刷术推向了发展的高峰。

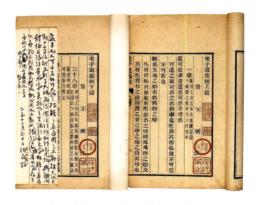

［清］武英殿聚珍版《老子道德经》

1840年鸦片战争爆发，中国被沦为半殖民地半封建社会。甲午战争后，帝国主义列强利用传教、办报、办学等方式，对中国进行文化侵略。历史上的雕版与旧式的活字版逐渐被西方的石印和铅印所取代。近现代的凹版印刷，如印制钞券的雕刻凹铜版、雕刻凹钢版，都是沿袭采用古代的雕版方法。

总之，自宋代至清代，书籍的形式完全相同，均为线装，故称之为"线装时期"。清末则渐渐出现洋装，民国后洋装书流行，取而代之为洋纸装订书。

民国以后，中国基本进入了大众阅读时代。这一时期，流行一种舶来的洋装书，叫"毛边书"。所谓毛边书，也叫毛边本，就是印刷的书装订后，只裁地脚（即下切口），不裁天头（上切口）和翻口（外切口），即书籍的三面不经裁剪，不修边幅，追求一种原始朴素的参差美、残缺美。读阅毛边书时，需要将书页——裁开，耐心静思。毛边书最早源于德国、法国、英国等欧洲国家，是西方

［民国］毛边书

书籍文化中的一种异型读物。后传至日本、中国，20世纪的二三十年代，毛边书得到了以鲁迅为代表的作家的宠爱，巴金、茅盾等作家也成为毛边书的追捧者。今天，毛边书又在古书收藏界里悄然流行，成为少数爱书、读书、藏书、著书的文人学士的一种雅好，是他们追求的一种雅致情怀。

二、古书的鉴定与收藏

线装古书，以宋刻为最古，亦以宋刻为最佳。宋刻本经严格校勘，无讹文、脱字的书本，史称"善本"。书写都出自名家高手，并非匠人所为。字体均肥细有则，佳者有欧柳笔法。纸质匀洁，墨色清润，故印刷异常皓朗，用墨恰到好处，虽着水湿，燥无烟迹，开卷一种书香，自生异味，格用单边。凡宋帝之名，在刻印前，均避圣讳，每字均缺一笔。宋刻本中，以活衬竹纸为佳，蚕茧纸、鹄白纸、藤纸为美，存遗不广，不易得到，糊褙纸次之。宋刻本就其收藏价值而言，以坟典、六经、骚国、《史记》、《汉书》、文选为最，以诗集、百家次之，《文集》、《道释》二书又次之。

宋代书籍为线装书，伪造宋版线装书，因工艺繁杂，极为困难，是非一般作伪者所能够办到的。伪制宋版古书，历史上就流行着元仿宋、明仿元、清仿明这一规律之说法。

元刻仿宋版，单边字画不分粗细，较宋版边条阔宽一线，纸松刻硬，用墨秽浊，中无讳字，开卷无臭味。

明代以后，线装书均为匠人雕刻，字体不古不今，字形奇异，与宋版均不相同。

清代书籍的刻本大致可分内府刻本、官刻本、私刻本、坊刻本等四大类别。内府刻本，主要指武英殿刻本；官刻本，主要指各省、府、州、县学校、书院刻本；私刻本，主要指私人刻书；坊刻本，指书坊刻本，如苏州扫叶山房、扬州文官堂、宁波群玉山房、安徽屯溪茹古堂、金陵奎璧斋等。清代的线装书，以殿版最佳，武英殿所刻之殿版书均为帝王、皇室及国家所珍藏。乾隆时，朝鲜人金简以枣木制活字，乾隆赐名为"聚珍板"，它是一种活字印刷工

[清] 刻本《通雅》

"中华古玩艺术,请古玩所涉及的内容进一步理论化、系统化。从陶器、青铜器、古币、书画、杂项二十多个方面,分门别类介绍了各类古玩器物的人文历史、工艺美术及鉴别种种伪等方面的知识,几乎涉及中华古玩的各个领域,既充分地把握了明确的系统性,又解决了物与史的结合。

艺。殿版书民间不易得到。

　　清代书籍的纸张大多为开化纸、绵纸、黄榜纸、毛边纸、毛太纸等,颜色呈暗黄,纸质柔软耐久。书籍的版式为左右双边,也有四周双边、单边,多白口,少黑口,装帧大多为线装。

　　历史上的古籍版书可分为:①线装本,将书页有字的正面正折,书口向外。书背不再糊纸,而是打孔穿线,便于翻阅而不易分散。有时还在上下角用绢或绫包角。②原刻本,即初印的图书。通常认为原刻本校勘精确,内容更贴近于原稿,而重刻本难免讹衍脱误,一般原刻本为贵。③覆刻本,又称影刻本。覆刻本保持宋、元刻本面貌,用宋版覆刻的称"覆宋",用元版覆刻的称"覆元"。④初印本,为版片雕成最初印刷的书。其特点字迹清晰,墨色匀称,边栏完整。⑤后印本,经反复印刷的图书,版片模糊,字迹漫漶,边栏缺损。⑥彩绘本,用多种颜色绘成的书籍。⑦百衲本,选择零散不全的各种书版聚集一起印成的图书。⑧影写本,依照宋、元旧版书籍原貌摹写,字体笔画,行格款式与原本几乎相同。⑨丛书本,收入丛书中的单本著作。⑩批校本,经过藏家或学者批注和校勘的本子。如果出自名家之手批注,收藏的价值更高。⑪写本,未经刊刻,仅以工楷抄写的图书。如《永乐大典》、《四库全书》等,皆工楷缮写。⑫配本,将不同地区的版本书籍配成一部完整的系列图书。⑬抄本,用手写的书籍称为抄本。⑭手稿本,已经定稿而未刊印出的书稿。由著者亲笔所书写的称为手稿本。

　　古书收藏的最高奢望和追求,就是能收藏到古籍善本书。善本,简单地讲就是好的书本。善本最初的概念是指经过严格校勘、无讹文脱字的书本。古籍善本的主要投资收藏渠道是拍卖会,民间很难寻到。古籍善本收藏市场的赝品没有字画杂项那么多,但冒名人批校、加盖伪章、残本充全、挖改描补、撕去序跋的事也常有。所以,投资收藏者,要多参加拍卖会、多看、多请教专家,以免打眼上当。

　　收藏古书有"五好"的标准。所谓"五好"就是:①版刻好;②纸张好;③题跋好;④收藏印章好;⑤装潢好。

第十一章　雕刻器

第一节　玉　雕

常言道"玉不琢不成器"。任何一块好的玉石，经过人工雕琢，才能赋予其新的价值和魅力。早在原始社会阶段，我们的祖先就已经会用玉石制作成像镞、矛、刀、斧、铲等一类生产工具和各式各样的玉雕装饰品。距今约7000年的河姆渡新石器时代遗址，就发现用玉料和莹石制作璜、管、珠一类的装饰品。到了商周时期，制玉成为一种专业，玉器成了礼仪用具和装饰佩件，我国的玉雕工艺进入新的时期。

商代的玉器已逐渐从原始社会的日常实用型转向装饰欣赏型，成为奴隶主所重视的装饰品。据文献记载，周武王灭商时，商纣王披玉自焚。武王所得到的商代玉器更是多得惊人，有"旧宝玉万四千，佩玉亿有八万"之说。商代的玉雕种类丰富多彩，有礼器、动物和人物等。

"中华古玩艺术"将古玩所涉及的内容进一步理论化、系统化，从陶器、青铜器、古币、书画、瓷器、玺印玺、玉器等二十多个方面，分门别类介绍了各类古玩器物的人文历史、工艺美术及鉴别，仿佛等方面的知识，几乎涉及中华古玩的各个领域，既充分地把握了明确的系统性，又解凑了玩与历史的综合。

［商］殷墟玉虎

［商］殷墟玉马

［商］殷墟玉剑

周代的玉器，由于与伦理道德有直接的关联，所以得到社会的特别重视。周代崇尚以"德"，强调"礼治"，所以周代的玉文化也体现在玉雕风格上。玉器在周代除了作为礼器，已成为作为装饰佩带的工艺品。人物、动物、神瑞等题材的玉雕作品大大增加，雕刻技艺精湛，玉雕成为商代的重要手工业之一。

［西周］玉猪

　　玉雕工艺发展到明代，进入了百家齐放、推陈出新、欣欣向荣的新时期。明代的雕刻技艺十分发达，玉雕生产更是独领风骚。明代朝廷有"御用监"，下设有玉作坊，专门从事玉器制作，以供皇室使用。民间也有玉雕生产地，当时的苏州就是著名生产地之一。所谓"良玉虽集京师，工匠则推苏郡"。

　　明代的玉雕除制作簪、珠、坠、环等佩饰外，还制作各种杯、碗、瓶、壶、洗、盂、花插等。在风格上，明代前期比较简练自然，后期多采用吉祥内容和神仙题材。

　　清代的玉雕，由于玉材来源扩大，琢玉技艺得到迅速提高，制作工艺十分发达，乾隆时玉雕工艺达到极盛。乾隆时期玉器的特色是巨型玉雕，巨雕作品著名的有"大禹治水图玉山子"、"会昌九老图玉山子"、"秋山行旅图玉山子"以及"丹台春晓图玉山子"等。其中"大禹治水图玉山子"和"会昌九老图玉山子"最为有名。

　　"会昌九老图玉山子"，又称"碧玉会昌九老图御题诗砚"，高114.5厘米，宽90厘米，厚65厘米，重832千克，玉色碧绿，玉料上乘。正面浮雕为九老山间聚会图，人物表情各具其态：有的亭内对弈，有的松下抚琴，有的岩旁观画，还有策杖而来者。构图严谨，远近布局合理，视觉层次感强，雕工技艺娴熟。背面刻："御题会昌九老图。簪盖车悬乐且康，引年颐志洛之阳。宛教抚迹寻崖口，不异同时睹会昌。九老八百十六岁，夜筵翰墨衣冠香。披册犹忆东都路，惜未曾逢履道坊。"作品表现的是唐代大诗人白居易与高年者八人会昌五年（845年）于洛阳香山宴游的故事。

［清·乾隆］会昌九老图玉山子

清代存世的玉雕作品中，唯有"翠玉白菜"称得上国家瑰宝。"翠玉白菜"是清代艺人巧妙地运用完整的一半灰白、一半翠绿的灰玉雕琢而成的翠玉部位雕成菜叶，白玉部分雕成菜帮，菜叶自然反卷，筋脉分明，上面还攀爬着两只红色小憩的螽斯虫（属飞蝗科，俗名"纺织娘"，又叫"蝈蝈儿"）。翠玉白菜与真白菜一样大小，制作精致，极为仿真。白菜象征家世清白，螽斯虫则有子孙绵延之意，这是件别有含义的嫁妆工艺珍品。据说"翠玉白菜"是珍妃的嫁妆。

清代玉雕制作地有北京、扬州、苏州等地。北京玉雕以仿明器著称。扬州玉雕多为大型的作品，苏州玉雕则以精巧见长。

近现代的中国玉雕工艺分为南、北两派，北派以北京为代表，南派以苏州为代表。北京玉雕，称为"北玉"。以两淮、苏州为中心的南方玉雕则被称为"南玉"。

北京玉雕：北京玉雕的发展是在元代建都北京以后，尤其是

［清］翠玉白菜

［清］白玉高浮雕
龙纹活环盖瓶

明、清两代，基于北京成为政治文化的中心。为了满足内外交往及王公贵族的需要，朝廷和民间都将全国玉器之精华聚集北京，随之美玉良师、能工巧匠荟萃京城，使得明、清两代的玉雕技艺达到了空前的高水平。清朝顺治初期，成立了养心殿造办处，康熙年间又成立了武英殿造办处，清代宫廷的部分玉器都由造办处下的玉器作在宫内直接琢制。

北京玉雕的工艺特点：首先，玉材。北京玉雕的质地坚硬、晶莹细腻，而南派玉雕用的一般是软玉。其次，风格。北京玉雕色彩绚丽，玲珑剔透，南派的玉雕色彩柔和。再次，手法。北京玉雕的雕刻十分注重造型，具有宫廷艺术的风格，而南派玉雕一般造型比较随意，风格比较粗犷。总之，北京玉雕不仅色润形美，而且能保存千年万载，因此深受收藏爱好者的喜爱。

苏州玉雕：苏州是我国有名的琢玉产地之一，据文献记载，早在唐、五代时期，苏州就有了琢玉的工场和良匠艺人。宋应星在《天工开物》一书中盛赞过苏州玉工："良玉虽集京师，工妙则推苏郡。"可见，苏州的玉雕在明代即以其精良、细、灵巧闻名大江南北，明代苏州琢玉艺人陆子冈，被称为"吴中绝技"。徐文长题水仙诗有"昆吾峰尽终难似，愁熬苏州陆子冈"之句，此诗虽然是咏颂水仙的，却侧面反映了陆子冈琢玉技艺的高超。传世作品有"梅花纹茶晶花插"、"青玉合卺杯"（刻有"明月松间照，清泉石上流"句）、"青玉雕琴式合"等。

［明］陆子冈白玉杯

白玉杯上的陆子冈款

此外，扬州也是我国玉雕的传统产区，以乾隆时期最为兴盛。现在，故宫博物院珍藏的大型玉雕作品"大禹治水图玉山子"、"会昌五老图玉山子"等都是扬州玉雕匠师的杰作。

清代时期，天山南北交通无阻，玉材来源增多，玉器生产更加发展。至道光年间，苏州制玉业进入全盛期。据统计，苏州一城就有两百余家琢玉工场，良匠艺人近千。苏州玉雕以小件为主，多为瓶炉、人物、花卉、鸟兽。仿古炉瓶，古朴端庄、浑厚壮观；仕女人物，婀娜多姿、婉约丰韵；花鸟产品，善用巧色，红嘴绿鹦哥等。在技艺上，善于运用镂雕，产品玲珑剔透，飘逸俊俏；剔地阳纹、浅刻阴纹，是苏州传统技艺，大量用于炉瓶的纹样装饰。常用玉石有翡翠、白玉、绿松、青金、珊瑚、碧玉、黄玉、玛瑙、芙蓉、密玉、独山玉、紫晶、水晶、贵翠、河磨、新玉等。

第二节　牙　雕

中国牙雕刻有着极其悠久的历史，始于新石器时代。在云南元谋大墩子新石器时代遗址中，发现大量的骨器、蚌器，骨器类型有锥、凿、抿、镞等，蚌器类有刀、镞等。在北京猿人的遗址中，已发现大量的旧骨片，其中有似乎经过有意加工痕迹的工具。在山顶洞人的遗址中，也发现了磨光的骨锥、骨凿、骨契等多种工具。

距今约7000年的河姆渡新石器时代遗址出土的牙雕刻品达12件

［河姆渡］形象盖帽形器

［河姆渡］圆雕鸟形象牙匕

［河姆渡］双鸟纹匕柄

大汶口文化时期透雕象牙梳

以上，其中最著名的是 "双鸟骨匕"。双鸟异首同身，组成两组图案，形象栩栩如生，准确地刻划出鸟的特点。骨匕的两端用平行线和点线组成有节奏的几何纹装饰，形成一个完整的装饰画面。鸟首在匕的柄端，匕的正面和侧面均以直线和短斜线装饰，象征着鸟的双翼和羽毛。整体采用圆雕和单线阴刻技法，表现了静态的猛禽形象，反映了河姆渡人琢刻精湛的雕刻技艺和高度的艺术想象力。

山东大汶口新石器时代文化遗址中出土的雕塑品有象牙雕筒、象牙琮、象牙梳、雕刻骨珠、骨雕筒、骨梳、牙雕饰、嵌绿松石的骨筒、雕花骨匕、穿孔玉铲、玉珠以及陶塑动物等。这些牙雕作品，制作精细，造型优美。尤其是透雕象牙筒，透雕出4个花瓣交错的图案，新颖别致，是大汶口文化中颇具特色的象牙雕艺术制品。这些史前的牙骨雕艺术制品，充分表现了原始社会的先民们已经懂得使用阴刻、镂雕甚至圆雕等技法来表达他们的意念和行为。

商代的玉器已经逐渐成为奴隶主的装饰品。在商代已经有规模较大的牙骨作坊，人们运用牙骨制成各种装饰品。牙骨雕的品种有牙骨箕、牙骨梳、骨匕、牙觚、牙杯、牙鸮尊等，此外还有骨珠、骨贝等。雕刻手法常运用线刻、浮雕和镶嵌等手法，装饰纹样有夔纹、兽面纹等。

［商］兽面纹嵌松石象牙杯

元、明两代，牙雕技艺有了工艺美术化的发展，透雕技法在宋代的基础上推陈出新。透雕，即在平板材料上按设计图样进行拉花镂刻，再结合浮雕手法进行雕刻，形成剔透玲珑之美。透雕技艺成熟为镂雕的重现基定了基础。

中国的牙雕工艺经数千年的发展，至清代进入鼎盛时期。清代牙雕与竹、木、角、金石等小件雕刻一样，成为几案上陈设的珍玩。清代前期，象牙雕刻继承了明代的传统，不论在生产技术或艺术创造方面都有所发展。以乾隆年间的做工最精，所制秘阁雕极为精美，足以与前朝旧器相媲美。乾隆时期象牙球已发展到镂雕十三层。清代常见到的牙雕制品有笔筒、秘阁、画轴、笔管、人物、牙牌、棋子等。中期以后，牙雕艺术走向了烦琐堆饰，形成宫廷手工艺与民间手工艺两大类别。清代牙雕刻技法完备，手法多样，圆雕、浅浮雕、高浮雕、镂雕，在象牙雕刻工艺中普遍运用。清代中期陆续形成了南北各异、相对集中的中心生产地，主要以北京、苏州、广州为代表。南北各生产地之间不仅在题材和形式上保持着各地的风格特色，而且互相渗透，在技艺上又相互交流。

北京牙雕：北京牙雕自明朝开始盛行，到了清代，象牙雕刻多是内廷御用作坊生产，牙雕艺人大多来自扬州、广州等地，他们在继承传统技艺的基础上，把圆雕、浮雕、平刻和镂雕等技法结合运用，融为一体，并从古代绘画、石雕、泥塑和皇家园林等艺术形式中吸取丰富的营养，逐渐形成了北京象牙雕刻。

北京的牙雕以刻制人物、花卉、草虫见长，尤以刻制人物最为闻名。京师艺人能充分利用象牙质地细腻坚韧的特点，精确地表达

［清］象牙白菜

［清］象牙萝卜

人物的动态和感情，比例协调，构图优美，人物生动，神态逼真，刻工谨严精致。常见局部加彩，和象牙本色形成鲜明对比，使产品更为生动多姿。北京牙雕以小件器物居多，一般是文具用品摆件等文玩，清代晚期也曾出现大件作品，多为立体圆雕，刀工精细、刀法圆润，造型比较生动。北京牙雕主要面向官僚，在风格上追求精致、华丽，可能受宫廷的影响。

苏州牙雕：苏州是明、清时期江南的经济、文化中心，传统文化深厚，牙雕工艺深受吴派、虞山派、娄山派绘画的影响，故苏州牙雕一直充溢浓郁的书画气息。牙雕工艺吸收了竹雕、绘画等传统艺术的特色，山水画题材作品具有国画风格，妇女和儿童形象仿效工笔画，而花卉又有清初恽南田流派的气质，各种图案古色古香，有清淡明朗、秀美野逸的风格。苏州牙雕总体风格典雅醇厚。江南雕刻善用隐起手法，在其隐起适应的面上施展技艺，形象生动，意境幽远，布局疏朗得当，给人以园林恬静之感。雕刻刀法采用流畅自如的浅浮雕、阴刻、圆雕、高浮雕，用刀有力简洁，打磨圆滑光亮。题材来源十分广泛，有人物、花草、鸟兽、山水、神话传说，追求意境的表现，明显受明清文人画的影响。

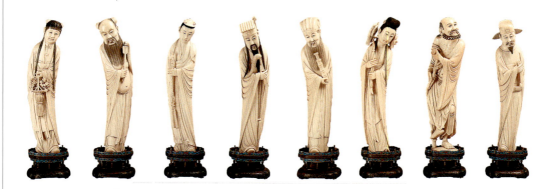

［清］苏州牙雕八仙人物立像

广东牙雕：广州牙雕又称南派牙雕，富有装饰性，素以精细工整、玲珑剔透而闻名于世。据文献记载，早在秦代，就已有象牙制成的武器。晋代，有了编结象牙细簟的精湛工艺。康熙海禁以后，广州成为对外贸易的唯一港口，得天独厚的地理区位优势，为牙雕工艺提供了原料通道。这一时期出现了镂雕的薄壳象牙球工艺品。1915年，广州的26层象牙球在美国巴拿马博览会上荣获金质奖。从此，广州牙雕工艺远超内地，成为全国之冠。

广州牙雕重视雕工，讲究牙料的漂白和色彩装饰，牙雕作品多以玉质莹润、精镂细刻见长，以玲珑精巧、不留空白为特色。雕刻技法为雕刻、镶嵌、编织三大类。雕刻多采用阴刻、隐起、起突、镂雕等，其最擅长镂雕工艺。广州牙雕品种有象牙球、画舫、人物、笔筒、插屏、鸟兽等欣赏品，还有筷子、梳子、图章、鼻烟壶、瓶、烟嘴、灯具、粉盒等日用品。其中以镂雕象牙球最为有名。象牙雕刻与其他多种材料，如紫檀、犀角、玳瑁、翠羽等巧妙镶嵌于一器之上，使图案更富有立体化，增加图案的层次，是广州牙雕工艺的显著特色。

［清］象牙镂空雕庭院人物套球摆件

20世纪70年代后，随着社会制度的变革，交通、信息化技术的发展，我国各地的牙雕艺人频繁交往，切磋技艺，取长补短。南北各地区的牙雕工艺一方面加速发展，形成了北京、上海、南京、广州四个主要地区，另一方面，地域风格逐渐淡化，中国当代元素题

材更加突出。

　　当代牙雕艺术可分为人物、动物、花卉及风景四个种类。其中，牙雕人物题材主要以古代的神话传说及历史名人为主。牙雕人物题材从类别上又可分仕女、罗汉、佛人、武人及历史人物等。人物画稿一般运用白描的手法，表现出人物面部的表情、身体的姿态、衣饰的形状等，有的还要着重刻画人物的身份特征，以达到完美的艺术效果。牙雕动物题材主要有林中虎啸、深谷狮吼、雄鸡报晓、鱼跃荷池等，其中十二生肖在牙雕艺术中占有一定位置。牙雕花卉一般以花为主，以鸟、蝶、蜻蜓、青蛙等作陪衬，雕刻题材有牡丹、月季、菊花、玉兰、碧桃、松、竹、梅等，托件整体造型上有花篮、花瓶、竹筒、折扇、假山等，起到了主角与陪衬体很好的搭配效果。牙雕风景题材大多为表现山水、岛屿及日月风云等，表现嶙峋的山石、斑驳的海岩、滚动变幻的云朵，这些都是牙雕艺人尤为喜欢的挥刀题材。

［当代］送医到非洲

第三节　　竹　刻

　　竹刻者，刻竹也。竹刻，也称竹雕，就是在竹节、竹根或竹制器物上雕刻人物、动植物、花鸟鱼虫等，或雕刻文字、图画等图案。竹刻工艺，历史悠久。汉·郑玄注《礼记·玉藻》载：士大夫饰竹以为笏，是用竹于典仪，且有文饰之施焉。迄今最早的竹刻工艺品，是西汉马王堆一号墓出土的"髹漆竹勺柄"。漆勺是由斗与柄榫接并加竹钉结合而成，斗以竹节为底，作筒形，柄以长竹条雕制。斗内髹红漆，光素无纹；外涂黑漆为地，上以红漆描饰花纹，其中底部绘一四出柿蒂纹，外壁饰一周由鸟头纹和几何纹相间组成的纹带。柄部分三段进行装饰：近斗一段略窄，中部浮雕编辫纹，上髹红漆，编辫纹上下雕长条形透孔；中部一段两端涂红漆横带与上下分隔，上浮雕三个编辫纹，两个居上并列，其间雕三条透孔，周边以红漆描饰线纹，近下部一段还涂以红漆横带，并勾以云纹；柄端一段中部髹红漆为地，上面浮雕龙纹，龙昂首吐舌，身躯孤曲，长尾上卷，正举步奔腾向前，龙身涂黑漆，鳞、爪等部位再描以红漆。它们结合使用描漆、雕刻两种工艺技法，装饰之精丽，堪称西汉日用漆器的存世珍品。

［汉］马王堆一号墓髹漆竹勺柄

明代的雕刻十分发达。竹刻工艺成就颇大，明人刻竹朴雅厚实。由于竹刻的不同而形成了不同地区的特色。明中期以后，形成了著名的嘉定派和金陵派两个艺术门类：以朱松邻为代表的嘉定派，也称"朱派"；以濮仲谦为代表的金陵派，称为"濮派"。

朱鹤，字子明，号松邻，又名朱松邻，明嘉定人，是嘉定派竹刻创始人。朱鹤创竹刻之术，擅长工诗文，善丹青，精篆刻、雕镂、图画之技，以南宗画派为基础，融入北宗绘画技法，创造出深雕技法。所创的嘉定派竹刻艺术风格，以

［明］朱松邻竹根雕松鹤大杯

竹、草、楷、隶，或人物、山水，并称绝技。浓郁的诗、书、画气韵和文人高雅的色彩，对后世影响深远。

朱缨，字清父，号小松，松邻之长子。他继承竹刻家法，精书善画，一生不事权贵，清高自珍，气魄不凡，人称"貌古神清"。常寓情于诗酒、书画与竹刻。朱缨则以刻古佛像而闻名。

[明]朱小松竹雕佛手

[明]朱三松竹雕渔翁

朱雅征，号三松，小松之子。他传承祖孙三世竹刻家法。擅长高浮雕、圆雕、竹刻。以刻笔筒、香筒、杯、簪钗等见长。有"刘阮入天台香筒"传世。他刻竹克承家学，多以文学作品为题，所刻物象，神完情足，造诣颇深。朱三松的作品刀不苟下，结构精巧。

"刘阮入天台香筒"，高16.5厘米，径3.7厘米，为透雕作品。香筒上透雕有两老者携锄行于山间，一人回首相望，高处两仙女松下捧桃而谈，雕刻刀法流畅犀利，包浆温润。题材故事"刘阮入天台"，是汉代刘晨、阮肇两位秀才误入天台山，得遇桃源仙女。半年后，刘、阮返回家乡，家中已传七代。长松之下，一男子与女子对弈，另一男子居中观棋。松后洞门半开，门额刻阴文"天台"二字，后有"朱缨"、"小松"印。洞门前一女子手执蕉扇，俯视驯鹿及仙鹤，所雕乃东汉刘晨、阮肇入天台遇神仙故事。香筒镂刻极精，堪称朱三松的代表作。

[明]朱三松刘阮入天台香筒

濮仲谦，名澄，复姓濮阳，单称濮，金陵派竹刻创始人，擅长用刀很浅的浮雕技法，有人称之为"水磨器"。他的作品据《初月楼闻见录》记载："用竹之盘根错节，以不事刀斧为奇"；"勾勒数刀，便与凡异"。其风格是用刀较浅，刀法简洁。存世的代表作品有"竹雕松枝小壶"等。

"竹雕松枝小壶"用天然盘连的竹根雕成松树形，以松干为主体，松枝盘曲成柄，断梗做流，壶盖巧雕成枝叶形，叠压错落，形似折枝，又与壶身主干相连，柄下隐刻阴文"仲谦"楷书款，壶呈棕褐色，采用深、浅浮雕技法雕成，奇思巧想，古雅可爱。

［明］濮仲谦竹雕松枝小壶

清代竹刻艺术在明代的基础上又有了飞跃性发展。清人竹刻以精奇新妙见长。清代的竹刻技法主要有竹雕、留青、翻簧等。

竹雕：清代的竹雕集中地及流派仍如明代，有嘉定派和金陵派两个艺术门派。嘉定派的著名竹雕艺人吴之璠，他的刀法圆润，布局疏朗，以薄地阳刻最为绝妙。其代表有封锡禄、封锡璋、施天章等。此外还有沈兼、尚勋、周颢等。金陵派虽不如明代时那样兴盛，仍有竹雕大师辈出，最著名的是潘西凤、方洁等。吴、封、周、潘等清代四大竹刻艺人，将中国竹刻艺术推向了鼎盛。

留青：留青竹刻是留下竹子表面的一层青筠作为雕刻图案的装饰，去掉图案花纹以外的竹青，露出下面的竹肌作地。因留青是保留竹子表皮，所以又名"皮雕"。著名的艺人有张希黄等。

翻簧：又叫"竹簧"。翻簧竹刻，是乾隆时期流行的一种竹雕工艺。它是将竹锯成竹筒，去掉青皮，经热水煮后压平，胶合或镶嵌在木胎上，然后磨光，再在上面雕刻各种人物山水、花鸟等纹

［清］竹雕留青山水人物笔筒

浙江黄岩翻簧竹雕

饰。制成器皿如盒、瓶等，在其加工后的竹簧上进行细雕。由于簧色温润，有象牙的质感。翻簧竹刻产于浙江黄岩和湖南邵阳，翻簧竹刻风格清新而雅致。光绪三十二年（1906年），湖广总督张之洞将一把邵阳翻簧竹刻折扇进贡给光绪皇帝。慈禧太后生日时，张之洞特意定制了翎毛筒、烟丝盒、朝珠盒等为慈禧太后献寿。1915年，在美国巴拿马博览会上，邵阳竹刻荷叶花瓶获银质奖章。

第四节　　木　雕

中国木雕工艺最早起源于距今约7000年的河姆渡新石器时代。从河姆渡文化遗址中，发现了原始人类的木构建筑遗迹，遗迹中有木器、木刻。

河姆渡文化时期双鸟朝阳纹象牙碟形器

战国至秦、汉时期，开始有了大量木雕俑和动物雕刻作品。秦、汉两代木雕工艺已趋于成熟，除了恢弘的砖瓦，绘画艺术之外，雕刻艺术步入新时代。施彩木雕的出现，充分标志着我国古代木雕工艺已达到前所未有的历史水平。

唐、宋时期，木雕工艺推陈出新，木雕创作题材有人物、仙佛、鸟兽等。

明、清时代，小型木雕摆件、建筑木雕装饰和木雕日用器物有了较大的发展，并形成地方特色，如东阳木雕、广东金漆木雕，福建龙眼木雕，以及苏州雕刻、湖北木雕船、山东曲阜楷木雕刻等。建筑装饰木雕，出现不少以民间传说、戏曲、历史故事为题材的作品；玩赏性木雕则注重发挥木质本身的美感，相形度势，因材得意，成为人们喜爱的艺术品。

中国的木雕种类纷繁复杂，按地域可归纳为七大种类：

乐清黄杨木雕：乐清黄杨木雕创始于宋、元，流行于明、清。黄杨木雕的主要产地是在浙江的乐清和温州，乐清黄杨木雕发源乐清，由此得名"乐清黄杨木雕"。黄杨木雕起源于民间元宵节时盛行的"龙灯会"，内容题材大多表现中国民间神话传说中的人物，如八仙、寿星、关公、弥勒佛、观音及小佛像等。20世纪初，清末温州著名的黄杨木雕艺术家朱子常创作的"捉迷藏"等不少木雕作品，在南洋劝业会、巴拿马博览会上获奖，从而使得黄杨木雕的声誉倍增。

乐清黄杨木雕的主要木材为黄杨，是一种矮小的常绿灌木，生长缓慢。俗话说"千年难长黄杨木"，黄杨木适宜于雕刻小型人物，供案头欣赏。黄杨木质地坚韧，表面光洁，纹理细腻，硬度适中，色彩黄亮，如同象牙，年久后色泽渐深，古朴美观。黄杨木经精雕细刻磨光后能同象牙雕相媲美。

［清］黄杨木雕松竹盒

［清］黄杨木雕笔掭

福建龙眼木雕：龙眼木雕是福建木雕中最具代表性的工艺品，也是我国木雕艺术中独具风格的传统工艺品，因其使用的雕

古玩

"中华古玩艺术"讲述古玩所涉及的内容进一步理论化、系统化。从陶瓷器、青铜器、青铜、杂项等二十多个方面，分门别类地介绍了各类古玩器物的人文历史、工艺美术及鉴别等方面的知识，几乎涉及中华古玩的各个领域，既充分地把握了明确的系统性，又解决了物与史的结合

［清］黄杨木雕达摩立像

刻材料是福建盛产的龙眼木而得名。福建木雕主要产地是福州、莆田、泉州等。龙眼木（即桂圆树）材质坚实，木纹细密，色泽柔和，便于雕刻。老的龙眼树干，特别是根部，虬根疤节，姿态万状，是木雕的好材料。

龙眼木雕的表现题材多为古典的老翁、仕女、仙佛、武士等，并以雕刻寿星、渔翁、弥勒、达摩、仙女等人物见长。草虫、花卉、果盘和牛、马、熊、狮、虎及金鱼、仙鹤等也是龙眼木雕常用的题材。

龙眼木雕以圆雕为主，也有浮雕、镂透雕。龙眼木雕造型生动、稳重，布局合理，结构优美，既有准确的解剖原理，又有生动的夸张变形。刀法上既有粗犷有力的斧劈刀凿感，又有浑圆细腻娴熟的刻画。人物形神兼备，衣纹流畅，富有不同的质感。产品色泽古朴稳重，具有"古董"之美。

［清］龙眼木雕寿星像

广东金漆木雕："金木雕"，选用优质樟木精雕细刻，又经磨光，层层髹漆，最后再贴上金箔而成。作品金碧辉煌、工精秀美、技艺精湛。金木雕有浮雕、通花雕和立体通雕，尤以径路通畅、镂空多层次的雕刻为擅长。广东金漆木雕历史悠久，在明、清两代，

［清］金漆木雕阿閦佛背光坐像

已有很高的艺术水平。广东金木雕历史上分为潮州和广州两大类，各有不同风格。潮州金木雕主要用于挂屏、座屏等装饰陈设品，以花鸟、鱼虾为主要题材，内容丰富多彩，表现手法擅长透雕，刻工细腻，形象生动传神，作品立体感强。广州金木雕主要用于建筑物的装饰，特点是刀法利落、流畅、雕塑感较强，适合于高、远的视距欣赏。广东金木雕清朝光绪年间尤其盛行，清宫之作有"金漆木镂空雕人物、花鸟纹神龛"。

"金漆木镂空雕人物、花鸟纹神龛"是一件集镂空雕、浮雕和金漆铁线绘为一体的木雕工艺品，高43厘米，宽38厘米，深17厘米。龛座为高束腰式，座下变异膨腿足，神龛所嵌花板题材多为传统吉祥图案，如"喜上眉梢"、"一路连科"等。

浙江东阳木雕：东阳木雕因产于浙江东阳而得名，"东阳木

一中华古玩艺术一将古玩所涉及的内容进一步理论化、系统化。从陶器、青铜器、瓷器、紫砂壶、玉器、古董、书画、杂项等二十多个方面，分门别类地介绍了各类古玩器物的知识，几乎涉及中华古玩的各个领域，既充分地把握了历史、工艺美术及鉴列、辨伪等方面的知识，又解决了物与史的结合，明确的系统性。

古玩

［清］金漆木镂空雕人物、花鸟纹神龛

雕"与"青田石雕"、"黄杨木雕"、"瓯塑"并称浙江三雕一塑。东阳木雕约始于唐而盛于明、清时期，自北宋代起已具有较高的工艺水平。到了明代，东阳已成为明代木雕工艺的著名产地。至清代乾隆年间，东阳木雕已闻名全国，约有400多名匠师曾进京修缮宫殿。除此之外，杭州灵隐寺、东阳南寺塔（建于宋建隆二年，即公元961年）等处，都保存有当年东阳的木雕作品。清朝末年，东阳木雕逐渐具有商品性，木雕艺人制作的工艺品及箱柜家具被商人买去远销香港、美国、南洋等地，形成东阳木雕产品的盛期。

东阳木雕

浙江东阳木雕：东阳木雕以浮雕见长，木雕手法多样，以平面浮雕为主，还有薄浮雕、浅浮雕、深浮雕、高浮雕、多层叠雕、透空双面雕、锯空雕、满地雕、彩木镶嵌雕、圆木浮雕等类。东阳木雕选料严格，多用椴木、白桃木、香樟木、银杏木、红豆杉、台湾松木等材质木料。东阳木雕的一大特点就是木雕作品大多不加彩绘，常用本色透明清漆涂罩，以保留白木的天然本色，使人们能更好地欣赏雕工的高超技艺。

湖北木雕船：湖北木雕船是我国木雕工艺中具有独特民间风格的传统工艺品，具有浓郁的民间气息和强烈的装饰趣味。湖北木雕船的创作素材主要来源于我国古今内河和沿海的民间木帆船、古代的漕船、战船、画船以及龙舟、凤舟、民间灯会上的彩船等，种类繁多，反映出不同年代、不同地区木船的不同特点。

湖北木雕船

从雕刻技法上看，湖北木雕船注重花纹装饰、镂空镂空和精工制模。镂空镂空的技艺要求很高，花纹清晰、匀称而纤细。湖北木雕船制模的技艺也有独到之处，它根据每件产品的不同造型，设计出各种不同结构、工艺严谨的零部件，技术上要求方圆规矩，衔接自如。

云南剑川木雕：剑川木雕始于唐代，兴盛于宋、元，发展于明、清时期。明、清以来，剑川木雕的技艺有了显著的发展，剑川木匠遍及云南各地，云南省内一些著名的木雕建筑，如昆明的金马碧鸡坊、保山的飞来寺、大理洱海的八角亭以及鸡足山寺庙的木工

《中华古玩艺术》将古玩所涉及的内容进一步理论化、系统化，从陶器、瓷器、紫砂壶、玉器、青铜器、古币、书画、金银等二十多个方面，分门别类地介绍了各类古玩器物的人文历史、工艺来采及鉴别、种伪等方面的知识。它涉及中华古玩的各个领域，匠心独运地把握了明晰的系统性，又解读了物与史的结合。

一中华古玩艺术，将古玩所涉及的内容进一步理论化、系统化。从陶器、瓷器、青铜器、书画、玉器等地介绍了各类古玩器物的人文历史、工艺美术及鉴别、辨伪等方面的知识，几乎涉及中华古玩的各个领域，既充分地把握了明确的系统性，又解决了浮雕与塑的结合。

部分，均出自剑川木匠之手。

剑川木雕以浮雕为多，独具特色的是创造出云木雕花镶嵌大理石家具，它用优质硬木精心雕出龙、凤、狮、孔雀、梅花等传统图案，制成桌、椅、茶几等，再镶嵌上苍山特产的彩花大理石，显得古朴大方、新颖高雅，富于民族特色，既实用，又华美。剑川木雕题材多以花草、动植物图案为主，也有神仙传说故事的题材，常见的有"八仙过海"、"八仙庆寿"等。还有香草、纹龙、纹凤、狮头、凤头、云纹等图案。

剑川木雕

第五节　　石　雕

一、石雕概说

石雕在我国历史悠久。殷墟曾发现各种大理石雕刻，有坐人、虎首人身怪兽、虎、牛、鸱鸮、鹭鸶、蝉、蛙等。这些石雕手法简朴，形象生动。此外还有饕餮纹石皿、羊耳夔纹壶。1950年在安阳武村大墓出土的虎纹大石磬，它用双钩线刻，表现一个张口伸腰的虎形，虎身布满装饰斑纹，是一件精巧的石雕珍品。

汉代的石雕十分发达，特别是东汉时期，更是流行一时。汉代的石雕，按表现方法可分为圆雕和平雕两大类。

圆雕，是指具有三度空间的立体雕刻。汉代圆雕，往往利用

［商］殷墟虎纹大石磬

「中华古玩艺术」将古玩所涉及的内容进一步理论化、系统化。从陶器、瓷器、青铜金玉器、青铜器、古币、书画、杂项等二十多个方面，分门别类地介绍了各类古玩器物的人文历史、工艺美术及鉴别、种伪及等方面的知识。几乎涉及中华古玩的各个领域，既无分地地把握了明确的系统性，又解决了物与史的结合

石的自然形状，寥寥数笔，略加刻饰，既表现出物象的性格特征，又具有质朴古拙的装饰效果。陕西兴平县霍去病墓的石人、石鼠、卧虎、卧马、卧牛、奔马、马踏匈奴、猩猩抱熊、怪兽吞羊、石鱼等，是汉代圆雕的珍品。

［汉］霍去病墓马踏匈奴石雕

　　平雕，即平面浅雕。它有平面阴刻、平面阳刻等。平面阴刻以孝堂山石刻为代表，它是在石料平面上阴刻出线条，用线条表现物象动态。平面阳刻可以武氏祠石刻为代表，它是保留物象的线或面，而将空余的地方刻去。

　　汉代的石雕数量很多，题材丰富，是我国珍贵的雕刻艺术遗产。它以平雕为主，表现出一定的情节内容的石雕，称为"画像石"。汉代的画像石大多是祠堂、墓室等建筑的装饰画。它不仅表现了汉代石刻装饰艺术的卓越成就，而且反映了汉代社会生活和思

想的具体内容。

　　汉代的画像石的分布，主要集中在山东地区、安徽地区、苏北地区、河南南阳地区、陕西绥德地区和四川地区等。

　　清代的雕刻十分发达，著名的石雕工艺主要是砚石类，有端砚、歙砚，另外还有青田石雕、寿山石雕、菊花石雕及广元石雕、云南大理石雕刻等。

　　端砚，产生于广东端州（今肇庆），是历史悠久的一种石雕工艺，唐代就已成为著名的石雕产品。至清代，端砚制作到达了鼎盛时期。雕刻题材有花鸟、鱼虫、云龙、丹凤、蝠鼠、山水、人物等。清代著名的端砚作坊有玉铨斋、美人斋、绿石斋等，它们都集中在端州城内。著名的端砚艺人有擅长雕刻云龙的黄纯甫，有擅长雕刻凤穿牡丹的罗赞、罗宝兄弟等人。

　　歙砚，因出产于江西省婺源县的歙溪，故名歙。著名的作品有竹节砚、芦蟹砚、苦瓜砚、风字砚、莲叶砚、云龙砚、双鲤砚、明月天心砚等。此外，还有新月、马蹄、古钱、宝饼、灵芝、犀牛、龟、琴等多种形式。

　　青田石雕，因产于浙江青田而得名。青田石雕，清代时期极为盛行。以雕刻松鼠、葡萄闻名，故又称"葡萄山"。

　　寿山石雕，产于福建福州市郊寿山。寿山石雕，石料色彩富丽、晶莹如玉，以圆雕见长。寿山石雕始于明代，清乾隆时期得到发展，著名艺人有杨璇、周尚钧等。作品多以各种人物、动物、花果等陈列品。寿山石也是雕刻印章的名贵材料。

　　菊花石雕，产于湖南浏阳永和镇浏阳河一带，以河底的石质最佳，也因其石料有白色秋菊形状的花纹而得名。菊花石雕始于清代乾隆年间，已有200多年的历史。乾隆时期流行用它作为雕刻材

［清］菊花石砚

料，制作砚台、笔筒、笔洗、笔架等文具及烟具等生活用品，清末发展为花屏、桌面等家具装饰。著名艺人有欧锡潘、程维达等。

广元石雕，产于四川广元而得名。以广元地区产的石料为原料，多选用细密柔润的石料，在猪肝色和墨绿色的石块中，呈现出白色、灰白色、淡绿色的石层，雕刻成各种风格的文具，如黎渊石砚、玉花石水盂等，以及花瓶、烟缸、糖果盆等生活工艺品。广元石雕被中外誉为"百花石刻"。

云南大理石雕刻，因产于云南大理而得名。以大理点苍山的大理石为原料，约始于唐代以前。精美的大理花石犹如着色山水，泼墨丹青，危峰断壑，飞瀑随云，层叠远近，笔笔灵异，云皆能活，水如有声，五色灿然。

［清］红木嵌大理石座屏

二、中国四大石雕之乡

我国的石雕工艺源远流长，博大精深。自1949年10月新中国成立后，形成了当代以浙江温岭、福建惠安、浙江青田、河北曲阳等地为中心的"中国石雕之乡"。

浙江温岭：温岭是我国四大石雕之乡之一，有江南"石雕之乡"的美誉。温岭石雕始于宋代，至明代嘉靖时期，温岭的石雕艺人就用长屿石板来垒筑房屋：以石块为基，石板为壁，石条作梁；采用拼、叠、勾、压、挤、顶、勒等法而建，因其形似一反盖的簸

"中华古玩艺术"将古玩所涉及的内容进一步理论化、系统化。从陶器、青铜器、古币、书画、杂项等二十多个方面，分门别类地介绍了各类古玩器物的知识，几乎涉及中华古玩的各个领域，既充分地把握了史、工艺美术及篆刻、辨伪等方面的知识，又解决了物与文的结合，明确的系统性。

［五代］温岭铁狮

温岭石狮子

箕，故当地人称之为"簸箕楼"。雕刻技法有：素平、线雕、沉雕、浅浮雕、高浮雕、圆雕、减地平面阴刻等。产品多以石狮子、石屏风、石碑、石腰鼓等为主。

福建惠安：惠安有"中国石雕之都"之美誉，也是我国四大石雕之乡之一。惠安石雕起源于汉代，承袭晋、唐遗风，广纳宋、元神韵，吸取明、清风范，集中原文化、闽越文化、海洋文化于一体，形成玲珑、纤巧、流丽、繁缛的南派石雕艺术风格。惠安石雕技法有圆雕、浮雕、线雕、影雕、彩雕、沉雕等。其中，沉雕主要用于建筑墙面的装饰及碑塔、牌坊、摩崖石刻、匾额、宅居楹联

惠安石雕（浮雕）

等，以线的造型为主要特色，要求线条劲挺有力，柔顺畅达，在全国雕刻艺术中独树一帜。

浙江青田：青田有"中国石雕艺术之乡"之美誉，也是我国四大石雕之乡之一。青田石雕历史久远，据史料记载，青田石雕始于六朝时期，至唐、宋时有较大的发展。青田石雕自成一派，奔放大气，细腻精巧，形神兼备。雕琢手法有圆雕、镂雕、浮雕及线刻等，以精雕细刻见长，创造出具有"精、细、美、奇、真"特点的工艺精品。题材大多为山水、花卉、人物、动物以及文具等。

［清］青田石雕人物山子

河北曲阳：曲阳是我国四大石雕之乡之一。据当地县志记载，汉代曲阳已有雕刻佛像。北魏至隋唐，由于佛教兴盛，大量修建寺庙，使曲阳汉白玉石雕刻更为繁荣。唐代时期，曲阳成为北方汉白玉雕像发源地和石雕中心。元代曲阳石雕进入历史的鼎盛时期，元世祖忽必烈兴建大都（北京），召集各地能工巧匠。曲阳石雕艺人杨琼因雕技精湛，被任命为总管。据记载，天安门前的金水桥就是由杨琼设计并监造的。明、清时期，曲阳石雕工艺更加精巧，石雕作品名扬海内外，以致有"天下咸称曲阳石雕"之说。中国古今的一些著名石雕建筑，如云冈石窟、乐山大佛、敦煌石窟、五台山佛像，阿房宫、故宫、圆明园、颐和园，天安门前的金水桥、人民大会堂、人民英雄纪念碑、毛主席纪念堂等建筑，以及大

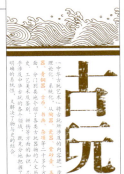

人民英雄纪念碑浮雕（局部）

型引滦工程组雕、石家庄的白求恩纪念堂等建筑，均出自曲阳石雕艺人之手，为子孙留下了曲阳人的石雕艺术杰作。

第六节　　扇

一、扇概说

中国的扇文化，内涵丰富，源远流长，拥有厚重的历史积淀和人文底蕴，是中华民族文化的重要组成部分。扇古人称"箑"。《说文解字》中载："箑，扇也。"古代悬挂于室中，用绳系牵荡周围栩栩扇动。今天所俗称的诸葛扇就是由此演变而来的。据文献记载：扇的制作始于尧。尧时有厨生箑莆，不摇自扇，以其似箑，故名以箑。后或编竹辑羽为之，取其轻而多凉。据晋朝人崔

《中华古玩艺术》一书古玩所涉及的内容进一步理论化、系统化。从陶瓷、青铜器、古币、书画、紫器、紫砂壶、玉器、杂项等二十多个方面，分门别类地介绍了各类古玩器物的人文历史、工艺未来及鉴别、辨伪等方面的知识，几乎涉及中华古玩的各个领域，既形象地把握了明确的系统性，又翔实灵活物与史的结合。

豹在《古今注》中载："雉尾扇起于殷世高宗。"就是说真正圆而有柄的扇始于周武王。《周礼·巾车》载："掌王后之五辂，重翟锡。"注："重翟，谓翟雉之扇。"比谓掌扇，亦名"障扇"，长柄建于车上。这时期的扇，并非用来拂凉，而是一种仪仗或装饰车上的饰物，由持者高擎为帝王蔽日障尘。

到了汉代，"障扇"又改称"障扇翣"，公卿大夫皆有之。其质或用竹，或用羽，汉代已有用罗绢制扇。西汉以后，扇子开始用来手持其以驱暑取凉。至东汉时，扇面多改为丝、绢、绫罗之类的织品，并点缀绣画，既轻巧，取凉效果又好。其中明月形扇子称之为"纨扇"或"团扇"，亦称"合欢扇"。这种对称式团扇出现以后，成为我国历代相传的传统风格的扇型主流。

三国时期，诸葛亮摇晃鹅毛扇，运筹帷幄，料事如神，妙计横生，神采飞扬。曹植在《扇赋序》云："先君侍奉汉桓，赐上方竹

「中华古玩艺术」将古玩所涉及的内容逐一步理论化、系统化。如陶器、青铜器、瓷器、紫砂壶、玉器、书画、邮票等二十多个方面，分门引类地介绍于各类古玩器物的知识，几史、工艺采本及鉴别、辨伪等方面的知识，几乎涉及中华古玩的各个领域，既充分地把握了明确的系统性，又融洽了物与史的结合。

扇。"道及曹操得到皇帝赏赐的上方竹扇。北宋文学家、书画家苏东坡曾在《念奴娇·赤壁怀古》中一句"雄姿英发，羽扇纶巾"，描写出周瑜的风采，道出了羽扇的情节。

宋代，流行至今天的折扇开始出现。折扇，古代称"聚头扇"、"撒扇"、"折叠扇"，以其收拢时能够二头合折为一而得名。到了南宋，折扇的生产已经具有了相当大的规模。

［北宋］剔犀脱胎柄漆扇

明代永乐年间，折扇更为流行，帝王将相、才子佳人题扇画扇之风盛行。朝鲜撒扇也流入我国，皇帝曾下诏，命宫内工匠仿制高丽（今朝鲜）扇，采取外来工艺制作，从而促进了国内制扇业的发展。题扇、画扇、卖扇、藏扇之风随之繁荣，并出现了专业的扇面画家和扇铺商人。从明代晚期花鸟画大师周之冕、唐寅、沈周，到清初书画大师恽寿平、郑板桥、金农、石涛和晚清杰出画家任伯年、吴昌硕，以及近来现代著名画家齐白石、张大千、徐悲鸿、傅抱石、李可染等，个个都是题扇画扇的艺术大师，他们的扇面画艺

［明］唐寅枯木寒鸦扇面

术作品至今仍有存世。在这一时期众多的扇画作品中，最具代表性的扇面为唐寅的《枯木寒鸦图》。

二、扇的种类

中国扇的种类繁多，自称 "箑" 为 "扇" 算起，已有3000多年的历史了。扇的种类归结起来大致有：羽扇、团扇、藤编扇、竹扇、麦秆扇、鸭脚扇、牛骨折扇、折叠扇、龚扇、玉版扇、篾丝扇、芭蕉扇（葵扇、莆葵扇）、棕扇、轻便扇、自开扇、檀香扇、槟榔扇、木雕扇、牙雕扇、纨扇、莹扇、火画扇、抗扇等。其中，历代最常见的扇类有以下几种：

［清］象牙丝编织玉堂富贵图宫扇

竹扇：箑从竹，扇从羽。最早的中国扇就是编竹辑羽成扇。从汉魏以来的辞赋中，我们都能看到多处提到竹扇，曹植有《扇赋序》，道及曹操得到皇帝赏赐的上方竹扇。晋《东宫旧事》载："皇太子初拜，供青竹扇。"可见，汉魏晋时期竹扇已经十分流行。

竹扇是用篾编成的扇子，短柄，扇面略呈梯形，用细篾片编制成斜向矩形图案，篾片编制前，先涂上红、黑两色漆，构成明丽鲜亮的素面。竹扇做工严谨，编制精细。

羽扇：羽扇，又叫"羽毛扇"，是一种古老的扇子，至今已经有3000年的历史。羽扇以禽羽编成者，种类很

烫画山水图竹扇

多，如雉尾、凤羽、鹊翅、鹤翎、鹅毛、雕毛、孔雀尾、鹰毛等，唯以鹅毛雕翎最为多见。诸葛亮摇晃的就是鹅毛扇。鹅毛扇制作的主要原料是大型禽鸟的羽毛，通常禽鸟每翅有10片羽毛最适于做羽扇。禽鸟的翅膀从外端起算，1～5羽依次称为"千金"、"合度"、"阔度"、"大屏"、"二屏"，6～10羽因毛质细硬，形如匕首，俗称"刀翎"，它们都是制作羽毛扇的上等材料。

［清］象牙把羽毛扇

［民国］象牙把羽毛扇

纨扇：纨扇，团扇也。《班婕妤歌》载："新制齐纨素，皎洁如霜雪，裁为合欢扇，团圆似明月。"又因其由丝织物制成，故又称"罗扇"或"纨扇"。

团扇的制作精细、装饰华美，绢宫扇以团圆似明月为多。除圆形外，其他扇形如六角形、八角形、瓜楞形、蕉叶形、梧桐叶形等，其中海棠形、马蹄形、梅花形较为常见。

折叠扇：折叠扇，今天叫折扇。刘元卿《贤奕编》谓："折叠扇，一名撒扇。盖取舍则折叠，用则撒开之义也。"

［清］缂丝花鸟牙柄刻八仙团扇

［清］绛色纳纱绣佛手花鸟檀柄团扇

宋时已有之。苏东坡谓："高丽白松扇，展之广尺余，合之止两指许。"这就是今天的折扇。唯用之甚少。明永乐年间折叠扇在中国盛行开来。折叠扇携带方便，可出入怀袖，又可扇面书画，还可扇骨雕琢，是文人雅士的随身宠物，所以又有"怀袖雅物"之称谓。折叠扇的款式有蚱蜢腿、琴式、竹节式等，其骨有湘妃、桃丝、乌木、檀香、象牙、玳瑁等。

［清］象牙彩绘月宫图折扇

［清］玳瑁刻人物纹折扇

［清］檀香木贴牙月金绸服人物图扇

我国扇子的种类很多，除了上述几种外，折扇以杭州、苏州为主，竹编扇以四川自贡产品最为有名，广东新会葵扇更是为世人所喜爱，羽毛扇以浙江湖州、江苏高淳、湖北洪湖等地为主。

第七节　　漆　器

一、漆器概说

中国是世界上最早发明漆器的国家，五帝时期，上古文字就以

［战国］漆盒

漆而书。据文献记载，"漆"在黄帝时就用之。《韩非子》与刘向之《说苑》都说：舜造漆器，是漆书在前也。

战国时期十分重视漆树的栽培和生产，并设立官吏进行管理，据《史记·老庄列成》记载，庄子就曾经担任过管理漆园的官吏（即漆园吏）。随着漆树在秦、楚、魏、宋、晋等诸侯国的大量种植，漆器工艺兴起，一部分生活用品开始由漆器所代替，漆器制作进入一个新的发展时期。器物品种及数量大增，在胎骨做法、造型及装饰技法上均有创新。

汉代的漆器工艺基本上继承了战国的风格，并有了新的发展，达到了中国漆器工艺的一个鼎盛时期。当时漆器生产的主要中心是在蜀郡和广汉郡等地，制作产量之大，工艺之精美，前所未有。漆器成为汉代贵族的生活用品和身份的象征。

三国、两晋、南北朝时期，国家动乱，战祸连年，漆器生产凋零，加之青瓷的大幅发展，使得漆器的产量规模已远不如汉代发达。但在漆器的制作技术方面仍在向前发展，并取得了一些新的突破，最具六朝漆器特色的就是夹纻造像的流行和斑漆、绿沉漆的创制。

唐代的漆器继承了汉代和六朝的发展，并达到了空前的水平。唐代的漆器工艺，在前代基础上又有了新的发展，为后代的漆器工艺开拓了更加广阔的道路。

漆器在汉唐时期大多为官营作坊生产，主要供宫廷和贵族使用，到了宋代制漆业已成官方的一个专门机构。两宋时期制漆业发达，漆行、漆店繁荣。北宋时期的漆器生产是在定州、温州、嘉兴等地，南宋时期浙江成为重要的漆器生产地。

漆器是元代最为出色的品种，其成就仅次于瓷器和染织，漆器中最具特色的是雕漆、戗金和螺钿等。

明代的漆器工艺得到很大发展，取得了突出的成就，民间的漆器生产遍及南北各地，并涌现出许多制漆名家，明代的漆器工艺呈现出欣欣向荣的发展势头。明末黄成著《髹饰录》问世，标志唐、宋，尤其是元、明漆器工艺的发展达到了一个崭新的阶段。

清代的漆器在明代的基础上继续发展，并形成各自的地方特色，如北京的雕漆、扬州的螺钿和福建的脱胎器等，都是清代最具有特色的品种。

二、漆器的工艺

战国漆器的器胎，主要有木胎、木片卷粘胎、夹纻和皮胎等几种形式。木胎，是在木材上直接剜制成形，再进行髹漆。木片卷粘胎，是用木材做成薄片，卷成器形后进行粘结，胎薄必须加固，又往往再贴麻布，这就是木片卷粘胎。夹纻，是用漆灰和麻布制成，先用漆灰作器胎，再用麻布裱糊在胎上，然后去胎成器，这是我国最早的脱胎漆器。皮胎，是用牛皮制作成形，然后加以漆饰，多制成漆盾，既坚韧又轻便。

战国漆器的种类：生活用品有羽觞、豆、笾、盘、盆、奁、案、床、几等；武器用品有盾感；乐器用品有漆瑟、钟鼓架等。战国漆器的装饰主要有彩绘、针刻、金银扣和描金等。战国漆器的装饰纹样主要有动物纹、云气纹、几何纹以及反映社会生活题材的各类纹样。尤其流行车马、舞蹈、涉猎、宴乐等题材。战国漆器的色彩，一般以红、黑两色为主，以黑地红纹为多，红地黑纹较少。对比强烈的红、黑配色，成为我国古代漆器的传统色彩。

［战国］黑漆朱绘卧鹿

［战国］彩绘几何纹漆方豆

《中华古玩艺术》将古玩所涉及的内容进一步理论化、系统化。从书中瓷器、玉器、青铜器、古币、书画、常玩金石等二十多个方面，分门别类地介绍了各类古玩器物的人文历史、工艺美术及鉴别，种传导等方面的知识，了解历手法及中华古玩的各个领域，既充分地把握了中华古玩的各个领域，既充分地把握了古玩的系统性，又解决了物与史的结合。

汉代漆器的器胎，主要有木胎、竹胎、夹纻胎等。汉代漆器的种类有：耳杯、漆盘、漆盆、漆罐、漆奁、漆匜、漆案、漆几、漆鼎、漆壶、漆钫、漆屏风等。汉代漆器的装饰纹样有：人物纹、动物纹、云气纹、植物纹、几何纹等。汉代漆器的色彩，如同战国漆器的色彩，以红色和黑色为主。以黑地红纹为多，红地黑纹较少。汉代漆器的装饰手法多以彩绘为主，同时辅以针刻、扣、贴金银片等。西汉漆器十分流行黑地彩绘，如湖南长沙马王堆一号墓中的黑地彩绘漆棺，外表通体髹饰黑色，内壁则涂饰朱漆，其整体虽装饰素雅，但髹漆精整，出土时光亮如新，堪称当时一色漆器的佳作。

［汉］马王堆一号墓黑地彩绘漆棺

唐代漆器的品种主要有金银平脱、螺钿、漆雕等。

金银平脱：平脱漆器是由汉代的贴金片演变而来的。其做法是：将薄金片或薄银片根据设计的需要剪刻成各种图案，金银片上镌刻精致的图案细部，然后用胶漆粘贴在髹涂打磨光滑的漆胎上，干燥后髹漆两三层，再经细致的打磨推光即可显示与漆底完全在一个平面上的金银图案花纹。金银平脱漆器集漆艺的精巧和金银的华贵为一体，是工艺和材料的巧妙结合，反映了古代漆艺匠人对材料熟知和装饰技艺的高超水平。

螺钿：螺钿亦即螺甸，也称螺甸器，是用贝壳裁切成人物、鸟兽、花草等形象嵌在雕镂或髹漆器物上的装饰技法。螺钿技法是古代漆艺匠人对装饰技艺的创新和探索。

［唐］金银平脱漆器

[唐] 玳瑁嵌螺钿荷花鸳鸯图八方盖盒

「中华古玩艺术」将古玩所涉及的内容进一步理论化、系统化。从陶器、瓷器、紫砂壶、玉器、青铜器、古币、书画、杂项等二十多个方面，分门别类地介绍了各类古玩器物的人文历史、工艺美术及鉴别等各个领域的知识，几种仿冒等方面的知识，既充分地把握了明确及中华方古玩的各个领域，又解决了物与史的结合，平涵及的系统性。

漆雕：漆雕是漆器工艺重要的品种之一，是唐代的一个新品种。其制作方法，是将调好的朱漆，或其他色漆料涂在底胎（铜质、木质等）上，髹涂数十道多至数百道，叠涂到所需的厚度，趁尚未干透时镂刻出浮雕效果的花纹，再烘干、磨光。因漆色不同，工序有别，漆雕具体可分为剔红、剔黑、剔彩、剔犀等。

唐代漆器的器型有镜、瓶、盘、碗、琴，生活器皿，以及箱、床等家具。

宋代漆器的品种主要有金漆、犀皮、螺钿、雕漆等。

金漆：金漆是用金粉作为漆器装饰的一种工艺，主要有戗金和描金。戗金，是先用特制的工具在漆面上雕刻出花纹，在刻纹中上漆后，再填入金粉。描金，是用金粉在漆器上绘画花纹，也称泥金，日本人称为莳绘。

[北宋] 东坡居士琴

[北宋] 描金堆漆舍利函

犀皮：犀皮漆器，俗称虎皮漆或菠萝漆，是宋代创造出一种新漆器。犀皮漆器其实是一种斑纹漆器，是对六朝斑漆的发展。犀皮漆器的制作，先用稠密的色漆在器胎上涂成凹凸不平的漆面，待干后，再用各种对比鲜艳的色漆分层涂漆，形成多色多层的漆面叠层，最后用墨炭打磨。因漆层的高度不平，打磨后显露出"片云、圆花、松鳞"等各种斑纹。

雕漆：是元代漆器中最高端的品种，在堆起的平面漆胎剔刻花纹的技法。元代以剔红最为有名。元代浙江嘉兴的张成、杨茂以制剔红著称。康熙《嘉兴府志》记载："元时张成和同里杨茂，俱善髹漆剔红器。"雕漆器国内外均有收藏，做工藏锋清楚，隐起圆滑，纤细精致。

［元］张成栀子纹剔红盘

明代漆器品种繁多，有一色漆器、罩漆、描漆、金漆、堆漆、填漆、雕填、螺钿、犀皮、剔红、剔犀、款彩、戗金、百宝嵌等，其中以雕漆、螺钿、百宝嵌和金漆最为有名。

雕漆：明代初期，雕漆受浙江雕漆的影响，注重磨工，边角圆润，藏锋不露，推漆肥厚。多以花鸟、云龙、山水、人物为题材；明代中期，雕漆工艺加进了云南雕漆的地域风格和工艺元素，刀法棱线清楚，不藏锋，雕活渐见棱角。题材有龙舟竞渡、聚宝盆、货郎图、吉祥文字、吉祥图案、福禄字等；明代晚期，刀法繁密，构图严谨，形制和器型由小形盒、盘逐步变为屏风、桌、椅等。

螺钿：明代螺钿比宋、元时期有较大提高，明代流行的螺钿品种又分为两种：硬螺钿和软螺钿。

［明］犀牛金漆盒

［明］剔红花鸟纹漆提盒

古玩

"中华古玩艺术"将古玩所涉及的内容进一步理论化、系统化，从陶器、瓷器、紫砂壶、玉器、青铜器、古币、书画、碑帖等二十多个方面，分门别类地介绍了各类古玩器物的人文历史、工艺美术及鉴别等方面的知识，几乎涵盖及中华古玩的各个领域，把握了明确的系统性，又解决了物与文的结合。

百宝嵌：是用多种珍贵材料在漆器上镶出华美的图案的一种名贵漆器，创始于明末的扬州。

金漆：金漆的工艺技法为描金、描金加彩、彩漆描金、描金罩漆、戗金、洒金等。明代最有名的金漆高手是苏州艺人蒋回回，擅长金漆彩绘，技艺精湛，金漆作品制作精良，为世所珍爱。

清代的漆器工艺最具盛名的有：北京的雕漆、扬州的螺钿、福建的脱胎器等。

北京雕漆：北京雕漆产生于元代。明清两代一直作为宫廷装饰的一个重要组成部分。北京雕漆工艺是清代雕漆中最具有代表性和最出色的品种，它在清代不同的时期有不同的特点：早期带有明代雕漆的风格，刀法简洁不露痕迹；中期渐渐摆脱明代浑厚风格而流于烦琐。典型的作品有剔红婴戏圆盒、剔黄春字捧盒、剔彩面子碎长方盘等。清代光绪年间北京民间雕漆兴盛，其中以"继古斋"最为有名，当时由肖乐安、肖兴达、吴瀛轩等优秀艺人所创制的"群仙祝寿"大围屏，曾在巴拿马博览会上获金奖。

北京雕漆工艺的特点是技艺要求高，工艺程

［明］黑漆嵌百宝"喜上眉梢"顶箱

序复杂，生产周期长。一件雕漆工艺品，从设计到完成，需要几十道工序，一般需要半年的时间，精细的雕漆工艺品则需要两三年的时间。雕漆工艺品是在各种胎形上反复髹饰多层，达到15～25毫米的厚度后，在漆层上以刻刀雕刻出各种纹样。

［清］剔红婴戏图八棱盒

［清］外剔红献花图内填彩漆锦纹四层套盒

［清］剔红乾隆御制诗笔筒

扬州螺钿：扬州的雕漆工艺源于秦汉，发展于盛唐，鼎盛于明清，具有浓郁的民族风格和地域特点。扬州最具代表性的雕漆工艺品种有螺钿、百宝嵌等，其中以螺钿最有特色。扬州的螺钿工艺以点螺最为精巧。点螺是精心选用蚌壳、云母、夜光螺等优秀贝壳，将其磨成相当于人发的三分之一的细丝，再用特制刀具切割成细若秋毫的点、丝、片等，镶嵌成各种纤细的花纹，五彩斑斓，光泽闪烁。螺钿加金丝、金片，经髹饰、推光则更为华美。作品五光十色，灿若虹霞，精致纤巧。

福建脱胎器：福建漆器始于南宋。最为著名的是脱胎漆器，为福州三宝之一，已有200多年的历史。福建脱胎漆器，质地轻巧坚牢，造型古朴大方，色泽鲜艳，光亮如镜，髹饰方法繁多。制作方法是在木质或泥制模型上，用麻布、绸料等以漆粘裱上，经层僧裱褙刮灰，使漆作用过的外壳顺底胎干固成型，脱去内胎，再加上填灰、上漆、打磨、装饰等几十道工序，即可制成瓶、盘、盆、围屏等日用品。

三、漆器的鉴定与收藏

漆器的鉴定，首先看漆器表面。漆器的年代远近，与其色相和段纹有着密切的关系。

［清］福建脱胎器

至今民间存世的宋代漆器，经过上千余年的时光洗磨，漆面乌而不亮，其状如炭，似火烧之物。漆面上已有细碎断，似人手上的皱纹。

明代的漆器，漆面上虽略显光亮，但是其光亮发暗并散发不出光尖。漆面上已显出炭化积成的糟痕，其色也是反木纹。唯断纹有蛇腹、手皱两种。明代雕漆的红色已变为紫色，大多黑色器物已有断纹。

康熙时期的漆器亮者多，无亮者少，虽亮而不尖。质地糟朽，有木纹等，其性状大致与明代相同。乾隆时期的漆器，大多以华丽著称，存世可见。

乾隆时期的漆器，其黑中虽亦间反木纹，与以上所说的木纹，色有的或黄，有的或紫，与木无异者，盖迥不同矢。

新的漆器，经日晒风吹，也能有断纹。暂且也能糟朽，色黑中仍觉透着尖光，只是不能发现木纹而已。暂且漆还在，只要一

［清］脱胎漆器达摩立像

479

闻就知道了。

第八节　木　器

　　木器虽然不是什么精细古玩，但也算是中国文房器物中重要的物件。本章着重介绍木器中的几种名贵木质和明、清家具。

一、木器名材

　　中国的木器名材，主要有紫檀、黄花梨（降香黄檀）、红木、楠木、酸枝木、鸡翅木、乌木、桦木、黄杨木等。

　　紫檀：紫檀是世界上最名贵的木材之一，为中国木器名材之首。紫檀别名"青龙木"，属蝶形花科，亚热带常绿乔木，高五六丈，直径通常为15厘米左右，几乎无大材。树干扭曲少有平直，空洞极多，素有"十檀九空"之说。紫檀叶为复叶，花蝶形，果实有翼，木质甚坚，色赤，入水而沉，主要产于南洋群岛的热带地区，其次是交趾。我国海南岛、广东、广西等地也产紫檀木，但数量不多。紫檀百年不能成材，一棵紫檀木要生长几百年以后才能为制作木器所使用，故而珍贵。

　　紫檀分为大叶紫檀和小叶紫檀两种。大叶紫檀，蔷薇木。大叶檀纹理较粗，颜色紫褐色，褐纹较宽，脉管纹粗且直，显得木质比小叶紫檀粗糙。打磨后有明显脉管纹棕眼。小叶紫檀，俗称"小叶檀"，是一种稀有木材，为紫檀中的精品。质纹极细密、坚硬，径切面上有带状条纹，一般条纹通直，深、浅相间，条纹宽度在3～5mm左右。色泽初为橘红色，久则深紫色如漆，几乎看不出年轮纹。脉管纹极细，呈绞丝状，如牛毛。小叶紫檀细可分为牛毛纹小叶紫檀、檀香紫檀。檀香紫檀为上品，木质极细，易出光泽。

　　紫檀木器在明、清两代皇室家具中占据重要的地位，为历代皇家用木。在拿破仑·波拿巴的墓前，静放着一只五寸长的紫檀木棺椁模型。参观者无不惊慕，此足以说明紫檀木的世界人文地位。

　　黄花梨：黄花梨是一个民间的俗名，实名叫"降香黄檀"，又

小叶紫檀

称"海南黄檀"、"海南黄花梨"。黄花梨木，主要产于我国的海南省，其木材的名贵程度仅次于紫檀木，是因为黄花梨木的木性极为稳定，不管寒暑都不变形、不易开裂、不弯曲，有一定的韧性，适合作各种异形家具。黄花梨木按木纹又可分为海南黄花梨、越南黄花梨两种。海南黄花梨也称之为海南紫檀；越南黄花梨也称"越南檀"。

海南黄花梨

黄花梨木色金黄而温润，心材颜色较深，呈红褐色或深褐色，有犀角的质感。黄花梨木的比重较轻，放入水中呈半沉状态。黄花梨木的纹理很清晰，如行云流水，非常美丽。最具特色的是，木纹中常见很多木疖，这些木疖平整而不开裂，呈现出狐狸头、老人头及老人头毛发等纹理，美丽可人，被世人称为"鬼脸儿"。黄花梨是明、清时期硬木家具的主要用材，以心材呈黄褐色者为好。明、清时期考究的木器家具都选用"黄花梨"制造，备受明清匠人宠爱。古往今来，黄花梨家具卓尔不群，无论是从视觉美学，还是从家具造型艺术的角度上看，黄花梨木都无可挑剔，可称为世界家具艺术中的珍品。

红木：所谓"红木"，其称谓从来就不是专门指某一类特定树种或家具，它是明、清两代以来对稀有优质硬木或硬木家具的统称。红木必须具备三方面条件：其一，树种。有五属七类之说，五属，即紫檀、黄檀、柿属、崖豆、铁刀木；七类即紫檀木、花梨木、黑酸枝木、红酸枝木、乌木、鸡翅木等。其二，结构。木材结构甚细至细。其三：密度。质地密度极高。红木的特点为：颜色深，木质重，较油腻，有香味（檀木），材质硬，密度高，耐磨损，耐久性好。

楠木：楠木，是一种极为高档的木材，有"中华第一木"

楠木

酸枝木

鸡翅木

之称。楠木为常绿乔木，主要产于四川、贵州、湖北、湖南（九山）、云南、广西、西藏（聂拉木）、福建（闽楠）等地。楠木其色浅橙黄略灰，纹理淡雅文静，质地温润柔和，无收缩性，遇雨有阵阵幽香。明代宫廷及重要建筑其栋梁必用楠木，是历代封建帝王建筑宫殿和陵寝时的首选之材。如北京故宫及京城皇家古建筑大多为楠木构筑。楠木不腐、不蛀、有幽香，木质坚硬，被行业界称之为金丝楠、豆瓣楠、香楠、龙胆楠。

　　酸枝木：酸枝木，主要产地为东南亚国家。其木色不均，心材橙色，浅红褐色至黑褐色，深色条文明显。木材有光泽，具酸味或酸香味，文理斜而交错，密度高，含油腻，坚硬耐磨。酸枝木有黑酸枝、红酸枝和白酸枝三种。它们的共同特性是在加工过程中发出一股食用醋的味道，故名"酸枝"。其中以黑酸枝木最好。其颜色由紫红至紫褐或紫黑，木质坚硬，抛光效果好。有的与紫檀木极为相似，常被人们误认为是紫檀，唯大多纹理较粗。红酸枝纹理较黑，酸枝更为明显，纹理顺直，颜色大多为枣红色。白酸枝颜色较红，酸枝颜色浅淡，色彩接近草花梨。

　　鸡翅木：鸡翅木，又称"杞梓木"、"鸂鶒木"，产于广东、海南岛、广西等地，干多结瘿，白质黑章，纹如鸡翅，故名"鸡翅"。理有云纹，颜色突兀，木质坚硬，密度高，色暗红或紫褐色，生长年轮不明显。新鸡翅木色泽紫黑，纹环不清，老鸡翅木纹理细腻，像羽毛一般漂亮。鸡翅木传世家具很少，多用于制作小型木器。

　　乌木：乌木系四川人的俗称，也有人称"阴沉木"。乌木系常绿亚乔木，产于热带地区。它是由于地壳的变化，几十年乃至几百年的苍天古树，被埋于泥土之下、河床之中，经过高温高压，几千年甚至上万年碳化而成。它是在岩石挤压、多种矿物质渗透、吸啄，所谓"采天地之灵气，集日月之精华"造就出的形态奇异、色彩斑斓的木材，被世人称作万木中之"精灵"。乌木质地坚硬，色彩乌黑华贵，断面手感柔滑，不腐、不蛀。民间传说它有祛风湿、促进血液循环、延年益寿之功能。老乌木色纯黑，皇家与民间都将乌木用做辟邪之物，或用它制作各类工艺品、佛像、镶饰等，被历朝官吏作为进贡朝廷皇室的贡品。用乌木制作的护身符挂件，素有"法物"、"护身圣物"之美称，古来有"家有乌木半方，胜过财宝一箱"之说，在民间又有"软黄金"之称。可见乌木之稀少珍贵。

桦木：桦木产自我国东北地区，木质虽不贵，但木纹极佳。树皮平滑，含树脂，白色或杂色，有横走的皮孔，桦木多生瘿结，俗称桦木包。锯为横段面，花纹奇丽。桦木多用于制作桌面、柜面等。

黄杨木：黄杨，又名"山黄杨"、"千年矮"、"百日红"、"万年青"、"豆板黄杨"、"瓜子黄杨"等。同属植物细叶黄杨，又名"雀舌黄杨"，产于我国，分布在山东、江苏、福建、湖北、四川、云南、贵州等省区。黄杨木在古典家具的使用中多用来与高档红木搭配镶嵌或加工成极其精细的雕刻作品，少见有大件作品。黄杨木生长周期缓慢，故木质极其细腻，肉眼基本看不到棕眼（毛孔），也因其生长缓慢，难有大料。

［清］黄杨木雕济公摆件

二、明清家具

明式家具

明代家具是在继承五代、宋、元的俊秀清雅的髹漆家具的形式与风格的基础上发展成熟的，形成了最有代表性的中国民族风

格的"明式"。不过明代家具改用紫檀、红木等外域珍贵木料，烫蜡而不髹漆，使木质裸露，突出木料的色质美，造型单纯洗练，因而具有天然质朴、浑厚、高雅的艺术韵味。明式家具的产地主要有三处：北京皇家的"御用监"；民间生产中心以苏州与广州为代表。其中苏州名气最大，故而得名"苏州明式家具"，简称"苏式家具"。

明式家具，指明代中期以来用紫檀木、花梨木、酸枝木、铁力木、杞梓木（鸡翅木）等国内或进口的优质硬木，也采用楠木、樟木、胡桃木、榆木及其他硬杂木，其中花梨木是明代家具的首选用材，它有着浓厚的书卷气，最适合做书斋、厅堂家具，它符合文人雅士所追求的安详、舒适的惬意之感。

明式家具的工艺特点：首先，具有结构严谨、线条流畅、技艺精良、漆泽光亮的特点，以其鲜明的艺术风格和地方特色独树一帜。其次，结构严谨，善用卯榫技艺，注重结构的整体性及力的平衡。再次，以线条为主，少有雕饰；讲究选料、配料、木工、打磨、漆工等技法，无懈可击。最后，采用民间生漆传统技艺，通过十几道工序的精工细作，达到似漆非漆的效果。

［明］紫檀藤心矮圈椅

明式家具的装饰纹样有松、竹、梅、兰、石榴、灵芝、莲花和鱼藻、祥麟、瑞狮、喜鹊等类型，祥云龙凤、缠枝花草、人物传说题材比较多见，以"拐子"组织装饰母题的很多，如花草拐子、如

［明］紫檀龙戏珠纹箱

［明］黄花梨卷草纹方桌

［明］花梨格柜

［明］黄花梨十字连方罗汉床

一 中华古玩艺术一�古玩所涉及的内容进一步理论化、系统化，从陶器、瓷器、青铜器、古币、玉器、杂项等二十多个方面，分门别类地介绍了各类古玩器物的人文历史、工艺美术及鉴别等方面的知识，几乎涉及中华古玩领域的各个领域，既完分地纯究了物与史的结合，明确的系统性，又解决了

意拐子、龙拐子、草龙拐子、兽面拐子、回纹拐子等。另外，明式家具纹饰图案中最突出的就是大量采用带有吉祥寓意的母题，如方胜、长、万字、如意、云头、龟背、曲尺、连环等。

明式家具的装饰手法：明式家具多以名贵硬木制成为主，所用材料有优美雅致的色泽和纹理。仅在显眼的部位，如椅子的靠背板、桌案的牙子等部分进行小面积的装饰，雕刻一些花草瑞兽或镶嵌一块玉石等，使大块的素面与小块的装饰形成鲜明的对比，既突出了装饰的效果，又不破坏器体的完整性与自然美。

明式家具的榫卯结构：中国古典家具的榫卯结构在明式家具中得到了充分的发挥。明式家具的榫卯结构有上百种之多，主要榫卯有棕角榫、格角榫、托角榫、套榫、燕尾榫、夹头榫、抱肩榫、挂榫等。明式家具的榫卯阴阳互交，凹凸错落，亲密无间。在构件之间，不用金属钉子，以鳔胶粘合为手段。全凭榫卯就做到了扣合严密，连接合同，天衣无缝，显示出了明代木器匠人的高超技艺。

［明］黄花梨螭纹圈椅

清代家具

中国传统家具工艺发展到清朝的康熙、雍正、乾隆时期，形成了有别于明式家具的又一个流派。清代家具追求富丽华贵，繁缛奢华，以镂空雕绘，绚烂华贵见长。制作手法汇集了雕刻、镶嵌、髹漆、彩绘、堆漆、剔犀等多种手工技艺。紫檀、黄花梨是清代家具的首选用材，它有着厚重博大的气势，最适合做皇室家具和书斋文房用具。清代家具与明代家具的用材基本一致，但在形制与装饰上则截然不同。

清式宝座

清代家具的装饰纹样有植物、动物、风景、人物、几何图案等。这一时期，吉祥纹饰非常盛行。民间家具多用"鹿鹤同春"、"年年有余"、"凤穿牡丹"、"花开富贵"、"百果丰硕"、"连生贵子"等；宫廷贵族则多用"祥云捧日"、"双龙戏珠"、"洪福齐天"、"五福捧寿"、"龙富贵"等。另外，还常见"八卦"、"八仙"、"八宝"等带宗教色彩的题材。清代后期受西洋文化的影响，出现了一些西洋纹饰。

清代家具的装饰手法：清代十分注重家具的用材，家具上很少见到大片作素，常常是运用多种工艺手段，如刻加镶嵌、彩绘加贴金、包铜或珐琅、丝绣等。所用镶嵌材质千奇百怪，除常见的纹石、螺钿、象牙、瘿木之外，还有金银、瓷板、百宝、藤竹、玉石、兽骨，甚至景泰蓝等。

明、清代家具的种类

明、清代家具品种繁多，款式多样。保留至今的明、清代家具可分为凳椅类、几案类、橱柜类、床榻类、台架类、屏障类等六

［清］鸡翅木六开光坐墩

一 中华古玩艺术，将古玩所涉及的内容进一步理论化、系统化，从陶器、瓷器、紫砂壶、玉器、青铜器、古币、书画、杂项等二十多个方面，分门别类地介绍了各类古玩器物的人文历史、工艺美术及鉴别等方面的知识。几半涉及中华古玩的各个领域，神韵与笔端的结合。既充分地把握了明晚的系统进，又解决了物与史的结合。

清代屏风

[清]紫檀半圆桌

[清]填漆戗金龙戏珠纹宴桌

[清]紫檀
嵌黄杨木香几

大类。凳椅类：宝座、交椅、圈椅、官帽椅、玫瑰椅、太师椅、躺椅、背考椅、灯挂椅、扶手椅、春凳、机凳、鼓凳、方凳、滚凳、脚凳、条凳、锈墩等。几案类：长（方）条桌、方桌、圆桌、炕桌、琴桌、香桌、半圆桌、画桌、酒桌、棋牌桌、翘案、条案、画案、平头案、香几、漆几、花几、套几等。橱柜类：管皮箱、文具箱、书箱、衣箱、书橱、橱柜、圆角柜、两条柜、闷户橱、多宝格、书格、方角柜等。床榻类：圈子床、罗汉床、拔步床、架子床、木榻、凉榻、木床、折叠床等。台架类：衣架、盆架、花架、镜台、灯台等。屏障类：挂屏、插屏、围屏、落地屏风等。

第十二章　秦砖汉瓦

在人类发展史上，建筑是人类将自然界改造成符合自己的需要而作出的一项重大改造。然而建筑成为人们审美的对象，却是一个历史的产物。最初的建筑，仅仅是基于实用的目的而营造的，是遮风避雨、防寒御兽的简陋住所。后来，随着物质技术的发展和社会的进步，建筑才越来越具有审美的性质，直至发展成为以引起权势象征为重要目的的宫殿建筑和以供观赏为重要目的的园林建筑。但从总体上来说，建筑仍然是一种实用与审美相结合的艺术。这是它与别的艺术相区别的一个重要特点。

从新石器时代的半坡遗址等处来看，方形或长方形的土木建筑体制在当时便已开始，它终于成为中国后世主要建筑形式。与世界许多古文明不同，中国古建筑不是石建筑而是木建筑，成为中国古建筑的一大特色。但是，对建筑的审美要求达到真正高峰则是到了春秋战国时期。春秋时期由于社会经济的发展和科学水平的提高，以及奴隶制的没落、封建制的兴起，引起了社会思想的激烈变革。一股"美轮美奂"的建筑热潮盛极一时地蔓延开来。这股建筑热潮大概到秦始皇统一六国后大修阿房宫而达到顶点。

中国古代建筑，大体可分为四大类型：宫殿、陵墓、寺庙和园林。宫殿建筑以皇宫为代表，所有建筑构件又以砖、瓦、木为主要材料。中国建筑无论宫殿、陵墓、寺庙，还是园林，都十分注重砖、瓦、木的烧制。毋庸赘述，砖、瓦、木构成中国古代建筑的灵魂，显示出古代建筑的风采与成就。

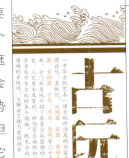

［战国］人物树木双鹿半瓦当

［战国］饕餮纹半瓦当

第一节　秦　砖

　　"秦砖汉瓦"是中国古代建筑构件上的艺术典范。秦砖的建筑艺术恢弘而富有成就，它的雕塑艺术具有"雄壮伟大、富丽豪华"的气魄，给人以深刻的印象。如工程浩大的万里长城，巍峨多姿，举世罕见。从出土的秦代建筑遗物中可见，一块大瓦长49厘米，大的一端宽30厘米，小的一端宽28厘米。它的制作工艺也令人惊叹。再如名振千百年的阿房宫，其间雕梁画栋，壁画、壁饰充满各个角落，气势之磅礴，建造之宏伟，史无前例。据《史记·秦始皇本纪》载："乃营作朝宫渭南上林苑中，先作进前殿，东西五百步，南北五十丈，上可以坐万人，下可以建五丈旗……作宫阿房，故天下谓阿房宫。……"可惜这富丽堂皇、空前绝后的阿房宫没有能保留下来。近年陕西考古工作者在咸阳六国宫殿和秦宫遗址牛羊沟的发掘中，发现在第三号宫殿阁道左右两残壁上，绘有秦王车马出行的壁画，其中有人物、车马、楼台以及树木、植物等，还可看到出土一部分壁画残片图案是以红、黄、蓝、黑等颜色绘成，色彩鲜艳，富于变化，风格雄健。线条运笔流畅，平涂设色，豪放大气。

［秦］夔凤纹瓦当

　　秦代建筑的审美特点，主要是在其特殊的物质材料和技术的基础上建立的形体构造所体现的造型的美。秦代建筑的美，不是直接地模仿和再现自然或人自身，而是偏重于概括性地反映一定时代、一定社会和一定阶级的政治、精神面貌、情趣、理想。因此，建筑的美尽管带有一定的"抽象"性，但是我们完全可以从其内容与形式、材料与设计相统一的风格上，看出其时代性和民族性的特征。在宏伟博大的秦代建筑中，最具特色并能传世至今的就是秦代的砖瓦。

秦代的砖素有"铅砖"之美喻，其以颜色青灰、质地坚硬、制作规整、浑厚朴实、形式多样的特点而著称于世。秦代的砖有空心砖、条形砖、长方形砖、五角形砖、拐子砖、券砖等，一般为模制。空心砖大多是长方形，作二、三级踏步用。秦砖的特征，纹饰主要有米格纹、太阳纹、平行线纹、小方格纹等图案以及游猎和宴客等画面，也有素面，还有用于台阶或壁面的龙纹、凤纹和几何形纹的空心砖。有的秦砖上刻有文字，字体瘦劲古朴，这种古砖十分少见。

秦代砖瓦在中国历史上颇负盛名。秦代的瓦有板瓦、筒瓦、瓦脊、瓦当等，而尤以瓦当著名。秦代的瓦当前承战国瓦当的技艺，仍以陶制为主，形制已从战国半圆形瓦当（半规瓦）发展到圆形瓦当。装饰纹样主要有植物纹、动物纹和云纹三种。还出现了文字瓦当。秦代瓦当上常用的文字，多是较典型的小篆，有纯文字，也有文字与图案相结合的类型。如"羽阳千秋"、"千秋利君"等，字体为小篆书体，行款亦较固定，少见繁杂图案。

【中华古玩艺术】将古玩所涉及的内容进一步理论化、系统化。从陶器、青铜器、古币、书画、瓷器、紫砂壶、玉器，分门别类地介绍了各类古玩物的人文历史、工艺术及鉴别，样例等方面的知识，几乎涉及中华千世纪的各个领域，既无巨细地把握了明确的系统性，又解剖了个体与具体的结合。

［秦］十二字文瓦当

［秦］双兽纹瓦当

［秦］鹿纹瓦当

［秦］碣石宫夔纹瓦当

493

第二节　　画像砖

　　画像砖起源于战国时期,盛行于两汉,多在墓室中构成壁画,有的则用在宫室建筑上。画像砖是古代用于祠堂及墓室里的陶砖,因其上面印有或刻有浅浮雕的图像,所以称之为画像砖。汉代流行厚葬之风,墓葬形式已由墓裹墓发展为砖石墓道。汉代的画像砖有空心砖和方砖两种类型。空心砖又称圹砖,流行于河南、山西等地区,它是一种大型的长方形陶砖,由于中空,因此易烧。砖体轻并可防潮,在河南南阳地区出土最多。方砖,多为四川成都地区所产。它表现出一定的主题内容,像一幅装饰的小品画。根据不同的内容,目前已发现七十一种。其装饰题材有生产劳动、车骑出行、社会风俗、神话传说、庭院建筑等。这一时期以表现生产劳动题材的最具特色。其最著名的有弋射收获砖、盐井砖、桑园砖、采莲砖,以及丸剑舞乐砖、庭院砖等。其中最具特色的是"弋射收获画像砖"、"丸剑舞乐画像砖"作品。

［东汉］弋射收获画像砖及拓片

　　东汉"弋射收获画像砖"出土于四川省凤凰山,纵39.6厘米,横46.6厘米。它是在方形砖面处的三分之一处,用一条横线将画面的内容分为上、下两部分。上层画面是表现弋射狩猎的情景。内容为在美丽的池塘边,有两个猎手正张弓引弦而射,一群野鸭冲天飞起,仓皇逃走,几条大鱼似乎也感到了威胁,摆着尾巴游开。所谓弋射,是将系着绳子的箭射出去,然后可以将箭和射中的猎物一起收回。此图描绘的正是这种弋射。下层画面是表现收获的劳动场面，共六人。前面两人挥着长镰收割，后面三人弯腰拾穗，构成坟衡的动态场景。最左方还有一人挑担提篮送饭。这是一幅优美歌颂狩猎农耕劳动的装饰小品画，人物动态优美自如，产生了很强的韵律感，使人感到收获的欣慰和劳动的愉悦。

东汉"丸剑舞乐画像砖"，也叫"乐伎画像砖"，出土于四川省杨子山，高40厘米，宽46.4厘米，厚5.3厘米。画像砖构图严谨，表现宴后歌舞的场面。画面分为上、下两组，上组左方有一男一女，坐在榻上，可能是墓主人夫妇。右方二伎人，一人表演跳丸，一人持剑舞瓶。下组右方有一女伎执长巾而舞，与之对应的手执鼗鼓的男伎，神态诙谐而夸张。整个画像砖用简朴的阳线兼浮雕的手法表现，画面作对角线的穿插安排，左方坐着的四人用线条表现，右方活动着的四人用面来表现，形成线与面、动与静的对比，布局精细合理，准确地刻划了主题人物们的动态。画面充满了热烈活泼、富于变化的气氛。

[东汉] 丸剑乐舞画像砖及拓片

画像砖的制作方法：画像砖为陶砖，主要采用拍印和模印及刻划方法，砖坯制成后，经火烧而成。砖上画面的表现形式有浅浮雕、阴刻线条和凸刻线条等。有的还有红、绿、白等颜色。多数画像砖为一砖一个画面，也有一砖分上、下两个画面的。

画像砖的装饰方法：画面的装饰题材丰富多样，有的表现劳

古玩

"中华古玩艺术"将古玩所涉及的内容进一步理论化、系统化。从陶器、青铜器、古币、书画、玉器、瓷器、珠宝等二十多个方面，分门别类地介绍了各类古玩器物的历史、工艺及鉴别神仿等方面的知识，几乎涉及中华古玩的各个领域，既充分地把握了明确的系统性，又解决了学以致用的结合

动场景，如播种、收割、舂米、酿造、盐井、桑园、放牧等；有的描绘社会风俗，如宴乐、杂技、乐舞等；也有神话故事，如西王母、月宫等；还有的表现统治阶级宫廷记事和车马出行等。

汉代灭亡后，六朝又将汉代的画像砖文化发展到一个新的时期。六朝时期的画像砖，继承了汉代的艺术传统，加入了一些人间生活情趣，还添加了佛教的宗教色彩。六朝时期画像砖文化的中心主要集中在北方河南邓县，南方则以江苏为中心，并集中在南京等地。

［东汉］乐舞百戏画像砖

［东汉］伏羲女娲天地日月崇庆画像砖

此外，四川汉代的画像砖也非常具有地域特点。画像砖幅面不大，刻画内容为车马出行及歌舞狩猎、生产耕织、宴乐场面和庭院建筑，活泼生动，表现了汉代社会生活的不同侧面。著名的画像砖有"西王母画像砖"、"伏羲女娲画像砖"、"仙人骑鹿画像砖"、"凤阙画像砖"等。

第三节　汉　瓦

汉瓦，指汉代瓦当，是在战国瓦当和秦代瓦当的基础上发展起来的，形制有汉代早期的半圆形和圆形两种。真可谓青出于蓝而胜于蓝，与秦瓦当相比，汉代瓦当不仅数量繁多，种类齐全，纹饰图案丰富多彩，尤以文字瓦更具时代特色。与秦代瓦当相比，汉代瓦当流行圆瓦当，时代特征鲜明，文化内涵丰富，艺术风格突出，把中国古代瓦当艺术推到了最高峰。今天，只要说起中国的砖瓦文化，无不异口同声提到"秦砖汉瓦"艺术。

汉代瓦当中心多有圆钮，边轮整齐，制作精美。装饰纹样有卷云纹、动物纹、四神纹和文字瓦当等。

卷云纹瓦当

卷云纹瓦当是汉代瓦当中数量最大、时代特征最明显的大类。从瓦当的装饰上看，当面中心多为圆钮，在圆形面上作四等分，各饰一卷云纹。其形式变化多样，有的饰以三角、菱形、分格形网纹、乳钉纹、叶纹、花瓣纹等。这类瓦当规律性强，形成了程式化的特色。

［汉］卷云纹瓦当

动物纹瓦当

动物纹瓦当主要装饰纹样有兔纹、鹿纹、牛纹、马纹、燕纹、鱼文、凤纹等。

"中华古玩艺术"将古玩所涉及的内容进一步理论化、系统化。从陶器、青铜器、古瓷、瓷器、玺印及各面、分门别类地介绍了各类古玩器物的人文历史。工艺美术及鉴别，种仿造等方面的知识，几乎涉及中华古玩的各个领域，既充分地把握了平碟的系统性，又解决了物与史的结合

［汉］动物纹瓦当

497

四神纹瓦当

四神纹，又称四灵纹，是汉代四种被人为神化了的动物，即青龙、白虎、朱雀、玄武等合成的一组动物图案。在汉代，四神能守四方，辟不祥，又能表示方位和季节，并合"五行"学说和"五色"联系对应起来。其中，青龙，主方位是东，代表春季，色青，属木；白虎，主方位是西，代表秋季，色白，属金；朱雀，主方位是南，代表夏季，色赤，属火；玄武，主方位是北，代表冬季，色黑，属水。此类瓦当汉长安城遗址多有出土。

[汉] 青龙、白虎、朱雀、玄武纹瓦当

文字瓦当

文字瓦当是汉代瓦当中最具时代特色的。瓦当文字内容丰富，辞藻极为华丽，内容有吉祥颂祷之辞，文字数目不定，最长可达十多字，如"长生无极"、"千秋万岁"、"长乐未央"、"万寿无疆"、"千秋万岁"、"延年益寿"等。还有宫苑、陵墓、仓庾、私宅等，如"长陵东当"、"长陵西当"、"冢上"等。现存北京故宫博物院的汉代"冢"字瓦当，就是一件极为珍贵的文字瓦当作品。文字瓦当绝大多数为阳文，字数从一到数十不等。

[汉] 长乐未央文字瓦当

[汉]与华无极文字瓦当

第四节　　画像石

画像石是与写字绘画相辅而形成的雕刻，是一种砖石艺术。两汉盛行刻字，同时也盛行刻画。在石材画像上施以阴线或阳线的雕刻，一般称为画像石。

汉画像石与历史故事在时间上的回顾相对应，是世俗生活在空间上的展开。汉画像石同商周的青铜器、南北朝的石窟艺术、唐诗、宋词一样，成为我国文化艺术中的杰出代表和文化艺术瑰宝。

汉画像石在雕刻技法上，主要有阴线刻、凹面线刻、凸面线刻、浅浮雕、高浮雕、圆雕等。

阴线刻法：即在石面上直接用阴线条勾勒出图像。这种技法又可分为平面阴线刻和凿纹地阴线刻两种。这是汉画像石最基础的雕刻方法。早期即西汉晚期到东汉初的阴线刻画像石作品，线条粗深，图像稚拙。

凹面线刻法：所谓凹面线刻，就是在石面上沿物像的轮廓线将物像面削低，使物像面呈略低于余白面的凹面，物像细部用阴线来表现的雕刻技法。这种技法也因石面的处理方法不同，而分为平地凹面线刻和凿纹地凹面线刻两种。凿纹凹面线刻主要流行于西汉晚期到东汉早中期。西汉晚期作品，线条呆板，图像简单。

凸面线刻法：这是一种与凹面线刻截然相反的雕刻技法，即在磨平的石面上，将物像轮廓线以外的余白面削低，使物像面呈平面凸起。

浅浮雕法：是汉画像石最重要、最基本的雕刻技法，是一种表面稍稍隆起的装饰纹样，寻求绘画效果。

高浮雕法：这是一种铲地较深、物像浮起很高、物像细部也根据立体表现的原则用不同的凹凸来刻划的浮雕方法，即深浮雕更加独立，而且接近于全部深度的造型描绘。

圆雕法：指具有三度空间的立体雕刻，汉代圆雕往往利用石头的自然形状，顺势而雕，略加刻饰，即能表现出物象的性格特征，又在质朴古拙中透出一种气势和力量，具有极强的艺术装饰效果。

汉画像石的内容十分广泛，主要有：①农、工、商类。如以播种、收割、春米、酿酒、盐井、桑园、采莲、市井等为主题。②墓主仕宦经历和身份类。如车骑出巡图、丸剑起舞图等。③墓主享乐生活类。如宴饮、庭院、庖厨、乐舞、百戏等。这类题材从一定的角度反映了汉代建筑、民俗风情等的实际情况。④社会生活和政治制度类。如市集、杂技、讲学授经、尊贤养老等。⑤历史故事类。主要宣扬古代帝王，强调人身依附关系的忠臣孝子、节妇烈女和古代圣贤的故事。⑥神话故事类。主要有东王公、四神和象征神仙世界的奇禽怪兽等。

汉画像石的分布大多集中在山东、河南、四川、江苏（苏北）、安徽、陕西等地。其中，最具代表性的是山东、河南两地的画像石。

［东汉］曹操高陵画像石

山东画像石

山东省汉画像石资源极为丰富，全省一半以上地区都出土过画像石，以鲁南地区最多。山东地区汉画像石的雕刻技法，有阴线刻、平面剔地刻和平面剔地加线等。以孝堂山郭氏祠、嘉祥武氏祠和沂南画像石最典型，两祠所画故事与鲁灵光殿大体相似。

孝堂山郭氏祠：孝堂山郭氏墓石祠位于山东肥城（今长清县）孝里铺的孝堂山。郭氏墓石祠是一座石祠，祠的各种建筑构件上雕刻有藏纹、垂帐纹、菱纹等简朴的装饰，石壁和三角形石梁上还雕刻有精美的图画，内容包括神话传说、历史故事、天文星象以及朝会、出行、迎宾、征战、献俘、狩猎、庖厨、百戏等。内容丰富，风格简练，清秀质朴，具有很强的写实意味。雕刻手法多采用平地线刻法，在汉画像石中独具一格。

［汉］孝堂山郭氏墓石祠画像（局部）

嘉祥武氏祠：武氏祠在山东嘉祥县城南十五公里处，是汉画像石出土最著名的地区。有武梁祠、武开明祠、武班祠、武荣祠四个石室和两个石阙以及一对石狮子。石室里的画像石内容有"荆轲刺秦王"、"孔子见老子"、"泗水捞鼎"以及西王母、东王公、古代帝王、烈女孝子、刺客义士、宴饮车骑、祥瑞等。最具代表性的

画像石作品是"荆轲刺秦王"。

"荆轲刺秦王"是一幅惊心动魄、慷慨激昂的画像石。石面上图案为：荆轲怒发冲冠，双手高举，奋力挣脱侍从往前冲；秦王猛然跃起躲在柱后；一手伸向背后欲拔宝剑，燕国副使秦武阳已被吓得瘫倒在地；荆轲投掷的匕首扎在铜柱上。画面人物有勇武的荆轲、惊慌的秦王、懦弱的周围人，情态逼真。无论是刻画题材，还是构图技法，或视觉艺术效果，都堪称汉画石刻的杰作。

［汉］荆轲刺秦画像石

沂南：沂南汉画像石墓，又称将军冢，位于沂南县北寨村。沂南汉画像石墓约建于东汉末年，距今已有1700多年。墓南北长8.7米，东西宽7.55米，分前、中、后三个主室，均在一中轴线上；东西两面各有侧室，东三室，西三室，共八室。墓由280块石材砌成，其中画像石42块，画像72幅，总面积442.27平方米。画像内容有攻战、祭祀出行、宴享、乐舞百战、历史故事、神话人物、奇禽

［汉］沂南北寨汉墓墓室

异兽等。画面刻工精丽、线条纤劲流畅，是两汉雕刻绘画艺术中的珍品。雕刻手法多采用平剥地法，但在形象中加刻细线，更增加了画面的层次感，强化了主体效果。从石刻艺术上看，沂南画像石比武氏祠画像石更加生动活泼。

［汉］沂南北寨汉墓画像石《顶杆》拓片

河南画像石

河南省汉画像石资源主要集中在南阳地区。南阳是东汉时期我国经济文化发达的地区之一，当时达官商贾云集，厚葬之风盛行，壁上艺术十分繁荣，留下了大量的画像石实物资料，仅南阳博物馆就收藏了数以千计的画像石，被称为中国汉画像石造型艺术的瑰宝。南阳画像石流行于西汉中晚期至东汉早期，多以高浮雕、剔地衬线的技法来表现丰富多彩的现实生活，呈现出气势与古拙、写实与夸张的艺术风格，具有较高的文化价值与造型艺术价值。南阳画像石最具特色的作品，有表现天文星象的"玄武星座"等；有表现神话传说的"嫦娥

奔月"、"伏羲女娲"等；有表现历史故事的"伯乐相马"、"鸿门宴"等；还有表现狩猎骑射和乐舞百戏的画像石。

［汉］河南南阳"嫦娥奔月"画像石

［汉］河南南阳"斗牛博狮"画像石

［汉］河南南阳"舞乐百戏"画像石

与此同时，汉代的雕塑在中国雕塑艺术史上占有重要的地位。长安、洛阳宫苑多有巨型雕塑，贵族陵墓祠堂亦列置石兽。汉墓中小型俑以陶俑最多，除兵马俑外，主要是塑造家奴和仆人等底层人物形象。他们或侍立，或劳动，或作歌舞百戏表演，面部浮现温顺善良的微笑，造型简练而注意神似。俑中的动物形象也十分精彩，甘肃武威东汉墓中出土的一套铜车马俑，其中"马踏飞燕"以新颖的手法、奇异的想象、卓越的技巧表现天马行空的雄骏，令人叹服。

画像石或画像砖已经没有了颜色，但在当时的建筑、雕塑、壁画上，却都是五彩斑斓的。今天，全国各地不断出土的汉墓壁画和陶俑就证实了这一点。

［东汉］马踏飞燕

1. 史树青主编：《古玩收藏鉴定》（实用百科彩图版），福州：福建美术出版社2006年版。

2. ［清］赵汝珍著：《赵汝珍讲古玩》，北京：长征出版社2008年版。

3. 木霁弘、韦国忠主编：《古玩手册》，昆明：云南科技出版社2009年版。

4. 范文澜著：《中国通史》（1—4卷），北京：人民出版社1978年版。

5. 梁隆炜主编：《中国通史·图鉴版》（全十卷），北京：中国档案出版社1999年版。

6. 戴逸、龚书铎主编：《中国通史·少年彩图版》（全十册），郑州：海燕出版社2001年版。

7. 田自秉著：《中国工艺美术史》，上海：东方出版中心2000年版。

8. 陈鸿俊编著：《中国工艺美术史》，长沙：中南大学出版社2007年版。

9. 史树青主编：《中国艺术品收藏鉴赏百科》（全六卷），郑州：大象出版社2003年版。

10. 谷菽著：《千古不朽百户侯》，成都：四川教育出版社1998年版。

11. 邓力群等主编：《当代中国的工艺美术》，北京：中国社会科学出版社1984年版。

12. 李泽厚著：《美的历程》，北京：中国社会科学出版社1984年版。

13. 杨辛、甘霖著：《美学原理》，北京：北京大学出版社1983年版。

14. 高等艺术院校编著组编著：《艺术概论》，北京：文化艺术出版社1986年版。

15. 谭家健著：《中国文化史概要》（增订版），北京：高等教育出版社1997年版。

16. 张岱年、方克立主编：《中国文化概论》（修订版），北京：北京师范大学出版社2004年版。

17. 《1966—1976中国百姓生活实录》，北京：警官教育出版社1996年版。

18. 高皋、严家其著：《文化大革命十年史》，天津：天津人民出版社1988年版。

19. 杜晓辉编著：《珠宝鉴赏》，昆明：国际文化出版公司1990年版。

20. 朱和平著：《中国设计艺术史纲》，长沙：湖南美术出版社2003年版。

后 记

《中华古玩艺术论》终于在金秋时节付梓，心情格外的高兴。心中的波澜，久久难以平静。想说的话很多、想做的事太大，但惟有一件事情是要雷厉风行说出来的，那就是对承蒙与我携手合作过的云南大学出版社社长周永坤、设计师刘雨和责任编辑张丽华、李红，以及支持过我的亲朋好友，在此一举表示诚挚的谢意。

器里乾坤，其实，一件件古玩汇集在一起，就是一本史书，一部电视剧。是啊！器如人生，戏出生活，而人生又如同古玩陶器上的线条、青铜器上的纹饰、丹青上的墨色，它们勾勒出一幅幅图案；而一幅幅图案组成一个个故事，一个个故事讲述了一个时代、一段历史，见证了中华五千年灿烂文明的前世今生。

为了收藏、鉴定与课堂教学的需要，作者还制作了一套幻灯片，本书选用了九百余幅图片作为插图，以飨读者。

本书由于编纂的时间仓促，书中错误和乖谬，在所难免。公开引用的，做到了注意核实。另外，书中的一些观点还只能说是探讨性的，还不够成熟，这些都有待于今后再版时加以完善。再此，希望读者批评指正，多多提出宝贵意见，以便今后学习和修正。

再此还要声明一点，本书中所使用的一些图片来源于网络，在参考文献中有详细罗列，这里一并声明，并表示谢意。

杨昆宁
己丑年